阳明学
与现代儒学发展研究

YANGMINGXUE YU XIANDAI RUXUE
FAZHAN YANJIU

（第二辑）

李洪卫　主编

上海三联书店

图书在版编目（CIP）数据

阳明学与现代儒学发展研究. 第二辑/李洪卫主编.
上海：上海三联书店，2024.9. —ISBN 978－7－5426
－8641－1

Ⅰ. B248.25；B261

中国国家版本馆 CIP 数据核字第 2024RU4646 号

阳明学与现代儒学发展研究（第二辑）

主　　编／李洪卫

责任编辑／郑秀艳
装帧设计／徐　徐
监　　制／姚　军
责任校对／王凌霄

出版发行／上海三联书店
　　　　　（200041）中国上海市静安区威海路 755 号 30 楼
邮　　箱／sdxsanlian@sina.com
联系电话／编辑部：021－22895517
　　　　　发行部：021－22895559
印　　刷／上海惠敦印务科技有限公司

版　　次／2024 年 9 月第 1 版
印　　次／2024 年 9 月第 1 次印刷
开　　本／710mm×1000mm　1/16
字　　数／320 千字
印　　张／21.25
书　　号／ISBN 978－7－5426－8641－1/B·920
定　　价／88.00 元

敬启读者，如发现本书有印装质量问题，请与印刷厂联系 13917066329

《阳明学与现代儒学发展研究》编委会

学术委员会（以姓名拼音排序）

目　录

儒学工夫论专题

阳明学文献学与阳明后学专题

现象学与中国哲学

现代新儒学研究

现代中国思想研究

儒学工夫论专题

从内在体证的工夫进路诠释胡五峰之《知言》兼及朱子与韩儒之争议

李瑞全*

摘　要： 胡五峰之义理是上接明道以下，由谢上蔡、胡安国而来的系统，其义理见于《知言》，别具卓义，创立南宋初年极盛之湖湘学派。但《知言》受朱子之强烈批评，而湖湘学派也人才零落，以致五峰之学几不见经传。牟宗三先生独具只眼，见出《知言》之特殊义理，且推许为宋代儒学之圆教体系的不可分的部分。牟先生更称许五峰之工夫为"内在的体证"，与李延平之"超越的体证"，同为传承明道之学的嫡系。本文从工夫进路，申论内在体证之工夫义理，及由此解读《知言》之义理和所涵之道德形上学之义。本文借朱子之"《知言》疑义"反显朱子之工夫问题，并以韩儒之四端七情之争议，以见工夫诠释之确切性。最后申论胡五峰之义理系统为内在论之自律型态，以及展示工夫论如何补足西方只从思辨和欲望以论道德判断与道德动力之关系之失焦与不足之处。

关键词： 胡五峰；工夫；《知言》；韩儒争议

引　言

湖湘学派是南宋儒学最早成立的一个盛大的学派，创始人是胡五峰。

　　* 李瑞全，中国哲学研究中心、台湾中央大学哲学研究所教授，（兼任）台湾桃园医院医学伦理委员会委员。

胡五峰是继承北宋周、张、二程之义理发展而创立的第一个宋明儒学的义理体系。五峰之父胡安国拜明道之大弟子谢上蔡为师，五峰也曾谒拜杨龟山，后又受教于避战乱南来的湖湘的侯师圣，是二程的再传弟子。五峰可谓程门的嫡传。胡五峰的义理见诸所著之《知言》。此书曾被吕祖谦誉为"胜于《正蒙》"。朱子于所谓"中和旧说"期间，曾引为同道。因为朱子受教于五峰之堂兄，故五峰亦注意到朱子之存在，时朱子尚禅宗，似无意出仕，故五峰以为有体无用，为诗以劝进之。但朱子生平并未曾与五峰论学。五峰死后，朱子与五峰门人张南轩结交论学，由是得习《知言》之义理，更向师友推荐，以为五峰之日用工夫，很有受用，云云。但朱子不久自疑"中和旧说"之义理，转而依伊川之义理，结成"中和新说"，更进而质疑五峰之学，提出著名的"《知言》疑义"，以八端致疑，并得南轩之认可，后更与五峰门人的湖湘学派中人论辩"仁说"，反对五峰所传之"先察识后涵养"的工夫进路，推倒五峰之学。湖湘学派中人在抗金之战事中，死亡殆尽，后继无人，湖湘学派竟因此而中断，而《知言》受朱子之批驳，到南宋末已失传。《知言》之义理近乎湮没，至明代方有程敏政寻得一旧本，但由于程是朱子学中人，把朱子在"《知言》疑义"所批驳的部分文献全数删除，使《知言》之全貌失传，因而无人问津。迄20世纪中叶之后，由于牟宗三先生之解读与发扬，更誉为在原有的程朱、陆王二系之外，为能继承北宋四家的义理，是宋明儒学的第三系。五峰之学始重现于学界。

　　经牟先生之疏释品评之后，《知言》之义理和特色始再呈现于学界。但由于《知言》之义理自成一格，不但融贯北宋四大家之义理，更进而有诸如"天理人欲，同体而异用，同行而异情"之类的"诡谲相即"的圆教说法，而流行之版本又因朱子之"《知言》疑义"之批判，儒学中人仍然强烈怀疑和批判《知言》之义理是否得当，更遑论是宋明儒学的一大宗派。本文回归儒学之"成德之教"所重的"成德工夫"的取向和基本义理依据，采用"工夫诠释"的进路，除了解读《知言》之重要文献，重构《知言》之义理结构和根源，以及其不同于程朱、陆王二系的重点以外，并申论此中的工夫诠释，如何有助解读受朱子影响的韩国儒学中的一个重要课题，即"四端七情"之论争，以见《知言》之学术贡献。

一、工夫进路之经典诠释之有效性：《知言》第一章第一段之诠释所见

在中国哲学近年的现代化过程中，不但遭逢西方哲学与文化的强势入侵，更由于中国知识分子之疯狂的自我否定，对中国传统中重德与重成德之教的核心方法，即工夫进路的"成德之教"的否定，以致遗忘了中国哲学的工夫实践的方法。而受西方哲学熏陶而研习中国经典的学者以西方哲学之"理性思辨"的方式来解读和重构中国经典的内容，由于中国传统文化经典中缺少系统的理性思辨的论述而被认为"没有哲学"或被认为只有极少相似于西方思辨与知识取向的零星论述，因而被判为都是初阶的粗浅的哲学思辨，都是落伍和无足取的表现。这两种取向实都是以打倒中国文化与哲学为取向的"全盘西化"的表现。不但对传统尊重德性人格的成就，如崇圣之以"立德"为首的价值取向加以轻蔑，更以"崇圣"为权威崇拜是中国文化与哲学落后的根源。由于反孔，对于修身的工夫更全面排斥，以致近百年的知识分子基本上都不知"工夫"为何物，可说是"工夫的遗忘"①。尚幸传统哲学重视实践的取向和成就，得到当代新儒家几位大师的护持，如唐君毅、牟宗三、徐复观等诸位大儒以一生的心血，对中国经典做了大量正面的诠释和发挥，方留下工夫进路所成的不可磨灭的哲学与文化的贡献，而有复兴中国哲学与文化价值的基础。此在诠释胡五峰的《知言》不但具有重要性，也是我们今日展示中国哲学的特质所必有的工作。以下先以诸家如何诠释《知言》一书的核心文献和义理，作一例示，以见工夫诠释在解读中国文化与哲学的重要性与相干性。

---

① 对于工夫的排拒，不但见诸无数的有名的知识分子的表现，当代新儒学大家牟宗三年青时也坦言自己"不做工夫"，工夫对自己的哲学工作毫无帮助，云云。详论此种工夫的遗忘所造成的对中国哲学的扭曲，请参阅李瑞全之《由工夫进路诠释之王阳明"致良知教"——儒学之核心课题与工夫方法的遗忘》一文，此文刊于李洪卫主编《阳明学与现代儒学发展研究》（第一辑），石家庄：河北人民出版社2023年版。

　　《知言》一书乃是南宋第一位大儒胡五峰的义理著作之一。但很不幸的是，不但胡五峰在政治上受到当时的执政者如秦桧的排斥与压迫，该书的重大贡献又被当时在学界中著名的"东南三贤"，即日后成为北宋儒学的集大成者的朱子、胡五峰的大弟子张南轩和素以博学兼容著名的吕祖谦，所共同质疑，因而被忽视和失传。朱子的贬斥尤其重要，以致《知言》不但被儒林所排斥，而且其内容中最重要的论述竟被后来的儒者所编的《知言》版本所删除，使《知言》的义理架构被支解，义理内容模糊和被严重误解。此书之成就与贡献，实由于牟宗三先生在宋明儒学革命性的巨著《心体与性体》中，发掘出《知言》的义理，详论其中所含的高度原创和发挥与继承先秦和北宋周张二程的义理，而所建构的宋明儒学圆教的深邃内容，被牟先生推崇为北宋儒学的嫡传和集大成者，更是儒学发展的高峰，足以成为与传统所谓程朱、陆王两大系统之外的独立的第三系，在义理上实超过这两系的成就。①

　　由于朱子的大力批判，写成的"《知言》疑义"长文，把《知言》中最具有代表性的文字加以批驳，以朱子日后所具有的宋明儒学集大成者的地位和《四书集注》日后成为科举义理和命题的经典，做成后之儒者对《知言》之不解和不敢在义理上为五峰代言力争。而其中最重要的是对原是《知言》一书开宗明义的第一句最重要文献的批评，以下先以此段文献作为以工夫进路的经典诠释的重要意义之例示。

　　　《知言》曰：天命之谓性。性，天下之大本也。尧、舜、禹、汤、文王、仲尼六君子先后相诏，必曰心而不曰性，何也？曰：心也者，知天地，宰万物，以成性者也。六君子，尽心者也，故能立天下之大本。②

在黄宗羲的《宋元学案》中，此段文献也只列在"五峰学案"所附的朱子

----

① 吕祖谦曾称誉《知言》为超过张横渠之《正蒙》，不可谓不推崇之至了，但吕氏其后也没有多加推广，以至参与朱子和张南轩对《知言》之质疑，使胡五峰的哲学失传超过千年！而牟宗三先生更推崇《知言》所涵的儒家的圆教，实高于程朱、陆王二系的学术贡献之上。

② 胡宏著，吴仁华点校：《胡宏集》，北京：中华书局1987年版，第328页。

的"《知言》疑义"一文中，也形成牟先生顺《宋元学案》所列的文献而进行的对胡五峰义理的诠释时，没有以这一段文献为首出。因而，后世儒者读《知言》此段重要文献时实受朱子的诠释所影响。但牟先生独具只眼，见出五峰之学的特殊意义和贡献。而此段文献实是解读《知言》最关键和最重要的一段。但历来从无善解，更无人为五峰辩护。牟先生可谓千年以来，首先针对朱子的批评而加以大力反驳的第一位儒者。

自牟先生之突破性诠释之后，论述《知言》义理的专书专文渐多，兹以王立新先生之《胡宏》[①] 一书的诠释为例，以见"工夫的遗忘"的严重影响。王立新的《胡宏》一书出版于牟先生《心体与性体》之后，当然也受了牟先生的重要影响。王立新的论述，基本上是接受牟先生之诠释而加以发挥，特别在增加《知言》与北宋四家的义理联结上所做的功课最多。但对于牟先生对胡五峰之学最根本的定位为北宋儒学嫡传和第三系之说，自言"笔者吃不透牟宗三关于'胡宏为正宗'的思想，但却以为胡宏所开创的'性本论'路线，确实属于由《中庸》《易传》而回归于《论语》《孟子》之较为圆满的发展，亦于程明道（颢）之所谓'圆教模型'受启并挥发颇多"[②]。但《胡宏》一书没有领受牟先生的解读所运用的"工夫诠释"的要旨，对《知言》的文献只重其中所含的"性""心"之概念，只作概念分析的论述而已。如在对五峰在以上所引的文献依据《中庸》首句"天命之谓性"认定"性，天下之大本"之论，作了如下的诠释：

> 胡宏认为："天命之谓性。性，天下之大本也"，指出"性也者，天地之所以立也"。说"大哉性乎！万理具焉"。……从而在根源处，克服了周敦颐和张横渠性论中可能出现的二元论倾向，同时又将"性"从二程"天理"的框制下解放出来，摆脱了其所处的"天理"的附庸地位，从宇宙论和本体论的意义上，确立了伦理哲学的"性"一元论的路线。[③]

① 参见王立新：《胡宏》，台北：台湾东大图书公司 1996 年版。
② 王立新：《胡宏》，台北：台湾东大图书公司 1996 年版，第 101—102 页。
③ 王立新：《胡宏》，台北：台湾东大图书公司 1996 年版，第 90—91 页。

这段解说不但没有引出全段文献，也只是对"性，天下之大本也"作过场式的一提，对于何谓和何以"性"为"天下之大本"，根本没有任何说明。对于全文最重要的五峰所创的义理中之性与心的关系，特别是"尽心"的工夫意义，在此整章竟无一词提及。至于王立新采用大陆儒学以为胡五峰的说法为"性本论"之说，乃是表面言词之论，也不是本文之论旨，姑置不论。王立新在《胡宏》此章中又说：

> 胡宏将"性"从具体事物的个别属性中抽象出来，提升为一个普遍性的原则，这样就使得"性"成了永恒不灭的"与天地并生，与万物齐一"的看不见摸不着但却能够感受的"存在者"。由此才有了"天下莫久于性"的规定。①

这不但是依西方思辨的方式，把胡五峰所说的"性"视为一抽象化过程所产生的"普遍的概念"，是一种认知上独断的形上学，而且，又说是我们"能感受的"存在者。王立新也没有说明胡五峰如何作了"抽象化"的程序把"性"抽象出来作为普遍的原则。至于我们如何能"感受"此"看不见摸不着"的"存在者"之说，似是想把对儒家说的"性"之实践之知混同感官认知之知，但却实在只是混淆了胡五峰之义理。王立新后文又认为胡五峰不以"善恶论性"是"在认识史上无疑是大大进步"，也可以说是一贯地从感性知性了解儒家数千年来所说的"性"是一种被认知的对象，以符合中国学界趋向以"科学知识"为知识典范的潮流，而实不知西方哲学近百年实已批判和放弃类似的逻辑实证主义的观点。王立新的诠释不但扭曲了儒家的实践进路的说法，也扭曲了胡五峰说"性"的意义，自然也无法说明胡五峰之"心"与"心性之关系"以提供相应的工夫实践的解读。此点以下再详明。

以下再引《胡宏》一书第五章"'心'的发扬"对于心和心性关系的说法。但本章引述以上的主文是在第三节，而在引文之后，王立新首先基本上略说了牟先生之解读，却忽略了牟先生所理解五峰之"心"，是以"仁

---

① 王立新：《胡宏》，台北：台湾东大图书公司1996年版，第92页。

者心之道"之仁心而言。以下先引牟先生对此段文献的诠释以明之：

> 心是形著原则。其"知天地"之知是"乾知大始""乾以易知"之知，是"主"义。"知天地"即是"官天地"，是由"仁心体物而不遗"而来。"宰万物"亦如之。此皆是本体性的心之本体宇宙论的直贯义与通澈义，非是认识论的"知"也。知之照澈与通澈是立体直贯地照澈之与通澈之，是竖知，非横知。横知是认知心之认知的知，竖知是实体性的心之直贯；知之即通澈之，通澈之即是实现之或存在之。故心对性言，是形著原则，对天地万物言，即是生化原则或创生原则也。①

换言之，牟先生之解是从实践上的实现或体现天命天道的"实践之知"而言心之形著之意义。即由心之照澈与通澈而实现天地万物之存在，使性之为天地之大本的意义具体地确立。这不是所谓"认知"的"知"，也不是思辨理性的推论，而是由圣人之工夫实践到"尽心"而证立性之真实而具体的意义。此心是仁心，仁是生生之德，心之形著天下之大本，自是贯彻而实现此仁德于天地万物而为天地万物之性。而其中的关键是圣人之能"尽心"。"尽心"是工夫。五峰学的核心义理是在圣人之能"尽心以成性"的工夫实践。但王立新对"尽心"或"尽心成性"都没有真正对题的申论，只作了如下的说明：

> 胡宏之所以强调尽心，无非是强调开务成物之作为目的的道德修养的出发点和用力处乃在于心。只有"尽心"，才可使"成性"落于实处，只有这样，才不致使性之为道成为玄虚的和近于不可提摸的东西。……从而使"性"不再像"太极"等那样玄奥，而成为既是远在天边的根据，又是眼前普通的现实了。胡宏的这一成就，应当说是为儒家伦理的存在，找寻根据的成功的贡献。这一成功便使现实的修身行为，不再成为受制的，不再具有盲目性，而即成了必须而且必然如此的了。同时，修身为本，也就感之于外，召之于内，既是性所使然，

---

① 牟宗三：《心体与性体》第二册，台北：台湾正中书局1968年版，第447页。

又是心所实然的了。①

此引文之说明只浮泛地说由"尽心"而使性之玄虚意义"既是远在天边的根据，又是眼前普通的现实"，完全忽略了"尽心"之工夫义，特别是由尽心之工夫以形著性体之重要意义。如上所已点明的，五峰在此提出"尽心"最直接的依据自是出于《孟子》之"尽心知性知天"之义。扩充本心即是道德实践的工夫，即从"见孺子将入于井"而自然呈现的"怵惕恻隐之心"，即有由此心之"仁"而行的践仁的道德实践行动。此即由道德情景中而见不忍人之心的跃动，自觉其本心之仁之道德逆觉的体现。而由不断如是之实践，即工夫之不断持续至尽，即为"尽心"（五峰言"尽心"的文献见后文）。能达到此"尽心"的实现，即达到圣人的境界，即是圣人。引文的六君子都是圣人。圣人由工夫达到"尽心"的地步才能挺立性之大本。孟子的"扩充本心"即是"尽心"工夫的第一步也是第一义的工夫。每一由充尽本心而发的行动都是在一事一物上显示"性善之性"的意义，即客观地实现人人所本有的"人性"的道德意义与实现意义到我们日常的伦理生活之中。"尽心"即通过工夫实践把"不忍人之心"充尽地实践出来。而由此即可"知"性之真实而具体的全部的意义与内容，依孟子，此即"知"超越的性与天之真实而具体的全部意义和内容。此是由尽心之工夫以证悟性与天之内容与形上意义，此即是儒者基本的"道德的形上学"②。在圣人"尽心知性知天"的境界中，心、性、天是一的具体表现，亦即儒者所谓"天理流行"的体现。此即是孔子所谓"践仁知天"的工夫实践所达到的"知"。也就是上文牟先生所说的照澈通澈天地万物之"知"，即直贯地实现天地万物之生化之实践。此自是实践之知。③ 王立新在此只含糊地说胡五峰的"尽心"之说只在强调以"开务成物"为目的的道德修养的出发点和用

---

① 王立新：《胡宏》，台北：台湾东大图书公司1996年版，第141页。
② "道德的形上学"乃牟宗三先生所名，用以形容宋明儒者所成功的对形而上或超越的存有的论述，而此确立是依儒者的道德实践所体证的形而上的存有。故说为"道德的形上学"，以别于西方的思辨的"独断的形上学"，以及康德的"道德的神学"。胡五峰所成的形上学自然也是儒家的"道德的形上学"，详论见下文。
③ 此亦是宋明儒者所说的与"见闻之知"不同的"德性之知"。

力处在心，完全不触及五峰之由圣人之"尽心"所至的立天下之大本之"形著"实现之天道的意义和功能。王立新也没有见出"尽心"方能澈尽心之照澈通澈天地万物之"性"的胜义，即全尽地呈现天命之"性"的全幅的创生意义。儒者讲天道天命、太极天理等都必认为在任一事物上都在呈现和实现之中，孔子即指"天道"在"四时行，百物生"的自然流行之中，彰彰在目，没有所谓"远在天边"的玄奥不可知见的说法。胡五峰也不过秉承此义理而进一步发挥之而已。而王立新在此所犯的错误更在于颠倒了道德实践的工夫的首出性，即，由在道德情境中，道德本心的直接呈现，决定所应是、所应行的道德的行为，由此开物成务，由实践而成就道德行动，即在宇宙之间成就一道德的世界，也是一人间的生活世界。五峰与所有儒者一样，是在工夫实践中体认出此中的道德价值即是性与天道的价值，即是心所照澈通澈的价值与存在。五峰自是认同孟子所说，由此心之道德能力的呈现与开展而见出"性"与"天"的存有或存在的真实性与内容意义。这是由道德实践而证立的"实践的形上学"，即牟先生所说的"道德的形上学"。这种形上学，依儒家的实践表现来说，可以更明确地说是由道德工夫所实践地实现和证实的形而上的存有与存在。因此，充尽此道德本心的表现，即真实地实现了性与天的创造生化的意义和内容。但圣人在不断的工夫上开展，才足以言在工夫上达到"尽心"，而"尽心"即是五峰所接受的圣人由实践而达到的最高境界。此所以五峰认为圣人之所以传心而不言传性，所以说由尽心而立天下之大本之意义，因为心是道德实践的中枢。由尽心之工夫以实现性之大本意义，正是五峰的义理核心，也是此段文之重要意旨。

王立新与现代许多研习中国传统哲学的学者一样，并不了解也不能掌握传统经典中到处透显或预设的工夫实践的进路，有如西方汉学家常以统计数字的方式以某一用语出现的次数来论证中国哲学家的"理论焦点"所在，而为该哲学家的哲学核心。此不但是以"理性思辨"来解读中国经典，更是以统计的方式来论哲学，实是无理之极。朱子虽然有误解误读《知言》的义理之处，但仍然可以看出朱子对经典的诠释本上仍然是以工夫进路为

11

主的。如朱子在"《知言》疑义"一文中对五峰的主要文献的论述，虽然含有强烈的不认同的论断，但仍然是站在工夫实践上的批评。如朱子"《知言》疑义"所记对五峰此一文献之批评曰：

> 熹谓"以成性者也"，此句可疑。欲作"而统性情也"，何如？
>
> 栻曰："统"字亦恐未安，欲作"而主性情"，如何？
>
> 熹谓所改"主"字极有功。然凡言删改者，亦且是私窃，讲贯议论，以为当如此耳。未可遽涂其本编也，何如？熹按孟子尽心之意，正谓私意脱落，众理贯通，尽得此心无尽之体，而自其扩充，则可以即事物而无不尽其全体之用焉耳。但人虽能尽得此体，然存养不熟，而于事物之间一有所蔽，则或有不得尽其用者。故孟子既言尽心知性，又言存心养性，盖欲此体常存，而即事即物，各用其极，无有不尽。夫以《大学》之序言之，则尽心知性者，致知格物之事；存心养性者，诚意正心之事；而夭寿不贰、修身以俟之者，修身以下之事也。此其次序甚明，皆学者之事也。然程子"尽心知性，不假存养，其唯圣人乎"者，盖唯圣人则合下尽得此体，而用处自然无所不尽，中间更不须下存养扩充节次工夫。然程子之意，亦指夫始条理者而为言，非便以"尽心"二字就功用上说也。今观此书之言尽心，大抵皆就功用上说，又便以为圣人之事，窃疑未安。（朱子自注：旧说未明，今别改定如此。）[1]

朱子首先主张把五峰之"以心成性"之"成"改为"统"，即为"心统性情"之说。此自是要改为朱子"中和新说"之后对心性情的关系的说法去，而此即是朱子在工夫上所确立的心的功能，即心不是五峰所主张的"以心成性"之心义，而是需要经过"涵养须用敬，进学则在致知"之工夫而得以成为依性理而发的"道心"。此意自是不同于与五峰以心为能"成性"，为能"知天地、宰万物，以成性"之与性为一的心，即道德本心。五峰所说之心乃是"仁者心之道"之心，心即以仁为主的道德的本心，而不是朱

---

① 胡宏著，吴仁华点校：《胡宏集》，北京：中华书局1987年版，第328—329页。

子之"气之灵"之心。张南轩之改为"心主性情"虽有所本于五峰所言之"性之流行,心为之主",但在工夫上实已改从朱子之说,实质上已改心为纯然是结合性与情的形而下的气心的工夫。此实去除了心之本体义而真成为朱子所批评的"心以用尽"之心,无复能与性为一之"形著性体"之本体义的仁心。

朱子更进而以《大学》之"格物致知"和"涵养"之义以诠释孟子之"尽心"之说。孟子之工夫,如上所述,乃是由扩充"四端之心"而行。朱子固然深知五峰之"尽心"乃是工夫之义,但却必扭转为"心统性情",更采用伊川之说而主张"先涵养"此"统性情"之心为工夫的第一步。孟子与五峰都不以涵养本心为工夫的第一步。程明道也批评过在没有先察识仁体之前,此种空头的"涵养"实不知"涵养什么"。五峰的论旨是就心之功能见出心所具有的本质是能成性的本心,并不再需要先涵养心才能成圣。朱子也似乎接受一种可以不须涵养工夫的情况,即已达到"尽心"的圣人,方可不用涵养工夫,因圣人之实践是"不思而得,不勉而中"的"从心所欲不逾矩"的自然流行的表现。但以此否定孟子工夫中明说先察识"不忍人之心"或四端之心的跃动,或五峰之由心之在日常的道德实践中形著性理而显之道德本心之自觉的工夫,是把孟子之工夫说为"圣人的工夫",则是否定孟子之工夫为"彻上彻下"之工夫,是全盘否定孟子之"扩充本心"之工夫可使凡众直抵圣人境界的实践工夫,实无异于否定孟子之工夫为一"顿悟"之顿教,转而为渐教,此可见朱子之歧出,而不见顿悟工夫之本义。但朱子仍然是从工夫的考量来理解五峰之说,在此点上并没有歧出,但由于工夫入路所见不同,所体会之成圣工夫以及圣人之境界不同,所以其疑义与批驳,并不如理。至于朱子以《大学》之工夫条目比拟孟子之"尽性""存养""修身"之类比之不当,牟先生已详尽分析和批驳了①,请参考,不在此详论。以下只就牟先生对此段文献的分析以见工夫诠释之对当性与必要性。

---

① 参见牟宗三:《心体与性体》第二册,台北:台湾正中书局1968年版,第447—454页。

　　牟先生对此文献之诠释，除了上引的第一段开宗明义之就五峰之以仁或仁心而开展的"以心成仁"的意旨，以及心之"知天地，宰万物，以成性"之直贯创生要义，亦即反驳了朱子以"心统性情"取代"以心成性"之要旨，随即指出此段文献中"尽心"的重要意义：

　　　　"知天地宰万物以成性"，"成性"是形著之成，非"本无今有"之成。即因心之形著而使性成其为真实而具体之性也。性至此，始真成其为性。"六君子尽心者也，故能立天下之大本。"此"立"亦是形著之立，非"本无今有"之立。此言惟因"尽心"，始能使作为"天下之大本"之性得其具体化与真实化，彰显而挺立，以真成其为"天下之大本"也。岂有离仁心而别有空言之"大本"也哉？此形著之义本无可疑。此是由《中庸》《易传》之以"於穆不已"之天命之体言性，而复回归于孔、孟，而欲会通孔子之仁与孟子之心性所必应有之义。此义几乎是必然的，而且亦是恰当的。然朱子则始终不能正视此义。于此空生枝节，纠蔓其辞，欲纳于其"心统性情"之格局而后快。此亦因思理不同，心有定本，故不能声入心通，平其情以尽他人之实也。①

牟先生在此再进一步点明的是"性，天下之大本"之义是由"尽心"所形著地确立的，并不是空想玄想之猜测，更不是由纯粹思辨式的推论而来。形著即由工夫实践使性之内容意义得以真实化具实化，此即是工夫的诠释。牟先生更进一步提示指出，朱子之以"心统性情"之转换，实已触及朱子工夫之不同路数，由是而有的"误解"或批评。牟先生下文即详论朱子之所引的文献和误解之处，以明朱子之误解与说明孟子、胡五峰之义理之本义。对于尽心之义理，牟先生又指出：

　　　　至于孟子"尽心"之义……五峰于此段虽只综言"尽心"，未扣紧孟子之语句而言，然亦不悖孟子义。（唯一差别是五峰是"以心著性"

---

　　① 牟宗三：《心体与性体》第二册，台北：台湾正中书局1968年版，第447页。

之系统，而孟子则是"本心即性"之系统。)①

牟先生在此先点出五峰之说虽秉承孟子之义理而来，但不同于孟子之"以心说性"之方式，而进一步发挥为"以心著性"或"以心成性"之系统，此乃五峰吸收北宋诸子之义理而成的新的综合的体系。牟先生再进而明确地说明孟子"尽心"之工夫意义：

> 依孟子，"尽心"之尽，是道德地尽，非认知地尽，是充分实现或体现之意，扩充之意，非格物穷理之意也。是则"尽其心者，知其性也"，句意是能充分实现或体现人之本心者便能明白人之性，犹言"能尽其心者就知其性了"。"知"是明白洞晓之意，非格物穷理之"知"也。"知"即在尽中知。下句是：如能明白洞晓人之性，就可以明白洞晓天道矣。句意皆是顺着说下来。②

这是牟先生说明孟子"尽心知性知天"一句之义理。"尽心"乃是道德之尽，不是朱子的工夫所设想的"格物穷理"之"知"。此"尽性之知"是由道德实践的充分实现或体现的"知"，即五峰之由尽心而使心之澈照澈通的创生的生化之直贯而来的真实具体地呈现"性"之意义，亦由此而形著地确立性之为天下大本义。因此，牟先生总评说"胡氏此处，言尽心不悖孟子之意"③。牟先生是依儒家之成圣工夫以诠释《知言》此段文献之重要意义与内容，以及批评朱子以其不同的工夫进路和体悟之误解和批驳之失，故能见出儒家义理的精微和精深的差异之处。

通观牟先生对五峰《知言》的文献之解读与诠释，不但能做到句句地解说，而且能掌握其中的工夫的意义，使五峰之学不但重光，且能确立为宋明儒学中的第三系，而且是最正统的嫡系，一扫千年之混乱而无意义的争论。以下试说明如何从工夫进路全面解读和诠释《知言》之文献和确立胡五峰之义理和贡献。

---

① 牟宗三：《心体与性体》第二册，台北：台湾正中书局1968年版，第448页。
② 牟宗三：《心体与性体》第二册，台北：台湾正中书局1968年版，第452—453页。
③ 牟宗三：《心体与性体》第二册，台北：台湾正中书局1968年版，第447页。

二、《知言》之义理根源：继承《孟子》之主旨与《中庸》之义理架构

胡五峰名其义理专著为《知言》，明显是采用孟子之"知言"之义。孟子于论"四十不动心"之时，提出"我知言，我善养吾浩然之气"，"知言"自有贬斥杨朱墨翟等异端之说，以立儒宗。《知言》也力辟佛道二家，旁及诸子之不见道之言，五峰更重视其中所含之工夫之义。此可见于五峰以孟子之扩充不忍人之心之工夫而提出"尽心知性知天"之义，由"尽心"之工夫以证成《知言》最重要之原创性之"以心成性"之义。最后更扩展孟子之仁政王道，以"仁覆天下"畅论治国之道。故五峰可说是继北宋四子更进一步倡言孟子为继孔子之后的儒学之传承，是建立儒学道统之先驱。

《知言》之义理架构从上引原为全书第一句的义理宣示，即以《中庸》首句"天命之谓性"说起。由此建立"性，天下之大本"之要义。而此段文献之义理最重要的自是由孟子之"尽心"之义以立"以心成性"之义。此详如上一节所作的申论。但五峰以此句开展儒学之义理，实有继承《中庸》之密义。但由于朱子之"《知言》疑义"首先批驳的即是此段文献，因而，不但《知言》之核心义理失落，而《知言》之义理架构竟也被模糊掉了。虽然牟先生畅发出《知言》之核心义理，却也不知《知言》与《中庸》的义理的内在关系。我在《〈知言〉之版本源流和章节考订：并论张南轩〈知言〉序与朱子'中和旧说'期间对五峰学之理解》① 一文曾对五峰在写《知言》之衍申式论述方式，提及《知言》的理论结构的一面，但尚未点明其中所含的由《中庸》而来的整体的义理架构。当时虽已考知"天命之谓性"一段是《知言》之第一句，但尚未留意到五峰实由《中庸》第一章而展开《知言》之论述，发挥《中庸》之义。其后才留意到《知言》后文有直以《中庸》之"率性之谓道，修道之谓教"两句展开的论述。

---

① 此文刊于《鹅湖学志》第四十八期，台北：台湾鹅湖月刊出版社 2012 年版，第 39—86 页。

五峰有直接由"修道之谓教"一语展开申论的方式，却没有直接引用第三句"修道之谓教"一语。但细读《知言》在引述《中庸》第二句之论述，其下半段即是发挥第三句"修道之谓教"的义理。至于《知言》许多重要的论述都在发挥《中庸》第一章的相关义理，如论"戒谨恐惧""中和"等，以至论"诚者天之道""道充乎身""仁者心之道""惟仁者为能尽性至命""太极之蕴""致知"等等，都是结合《中庸》与《论语》《孟子》《大学》《易传》之说，并由此通贯而成集北宋儒学之大成的开创。不幸由于朱子之大力贬斥，《知言》之伟大贡献竟湮没无闻！

在此谨先引上文所提到的《知言》直接引述《中庸》第一章第二句"率性之谓道"一段，以见五峰之全幅义理所在：

> 子思子曰："率性之谓道。"万物万事，性之质也。因质以致用，人之道也。人也者，天地之全也。而何以知其全乎？万物有有父子之亲者焉，有有君臣之统者焉，有有报本反始之礼者焉，有有兄弟之序者焉，有有救灾恤患之义者焉，有有夫妇之别者焉。至于知时御盗如鸡犬，犹能有功于人，然谓之禽兽而人不与为类，何也？以其不得其全，不可以为类也。夫人虽备万物之性，然好恶有邪正，取舍有是非，或中于先，或否于后，或得于上，或失于下，故有不仁而入于夷狄禽兽之性者矣。唯圣人既生而知之，又学以审之，尽人之性，尽物之性。德合天地，心统万物，故与造化相参而主斯道也。不然，各适其适，杂于夷狄禽兽，是异类而已，岂人之道也哉！是故君子必戒谨恐惧，以无失父母之性，自别于异类，期全而归之，以成吾孝也。①

此段文献，不但直由"率性之谓道"，进而申言人之虽备性之"天地之全"，但在现实上却不免"好恶有邪正，取舍有是非，或中于先，或否于后，或得于上，或失于下，故有不仁而入于夷狄禽兽之性者矣"，必需有"修道之谓教"之要。五峰由圣人立教之"学以审之""尽人性、尽物性"而"德合天地，心统万物，故与造化相参而主斯道"，得以"参天地之化育"，以

---

① 胡宏著，吴仁华点校：《胡宏集》，北京：中华书局1987年版，第14页。

明儒者之"教"与圣人之义。而最后仍必归于"戒谨恐惧"之工夫，毋失所禀之天命之性，为"乾坤之孝子"，以尽人之道之义。此中圣人之"修道之谓教"之义实极明显。此义再参看以下同章继上文而来的说明，自更清晰。五峰曰：

> 中者，道之体；和者，道之用。中和变化，万物各正性命而纯备者，人也，性之极也。故观万物之流形，其性则异，察万物之本性，其源则一。圣人执天之机，惇叙五典，庸秩五礼。顺是者，彰之以五服，逆是者，讨之以五刑。调理万物，各得其所。此人之所以为天地也。①

圣人之教自是发挥人性物性之本源之同与流形之异，而以天地位万物育之致中和为极。而五峰求治之意，最后必见于心之形著，此即由圣人而立五典、五礼、五服、五刑之礼乐制度，即是修道之教也。五峰再进一步发挥《知言》之核心义理曰：

> 欲修身平天下者，必先知天。欲知天者，必先识心。欲识心者，必先识乾。乾者，天之性情也。乾道变化，各正性命，命之所以不已，性之所以不一，物之所以万殊也。万物之性，动殖、小大、高下，各有分焉，循其性而不以欲乱，则无一物不得其所。非知道者，孰能识之？是故圣人顺万物之性，惇五典，庸五礼，章五服，用五刑，贤愚有别，亲疏有伦，贵贱有序高下有等，轻重有权，体万物而昭明之，各当其用，一物不遗。圣人之教可谓至矣！②

此文已直接点出"圣人之教"矣。由此可见，《知言》是秉承《中庸》，涵摄《论语》《孟子》，以及《易传》而成的儒家的内圣外王之巨构，称之为超过《正蒙》，亦非过誉也。在内容章节结构上，《知言》通论"仲尼""文王"，最后结之以论"复义""汉文""中原"等章，畅论春秋、战国与秦汉之治，正是发挥《中庸》之"知所以修身，则知所以治人；知所以治

---

① 胡宏著，吴仁华点校：《胡宏集》，北京：中华书局1987年版，第14页。
② 胡宏著，吴仁华点校：《胡宏集》，北京：中华书局1987年版，第41页。

人，则知所以治天下国家矣"，"仲尼祖述尧舜，宪章文武；上律天时，下袭水土。辟如天地之无不持载，无不覆帱，辟如四时之错行，如日月之代明。万物并育而不相害，道并行而不相悖。小德川流，大德敦化。此天地之所以为大也"。仁者心之道，故《知言》必曰：覆天下以仁也。此实是《中庸》一书之全部义理之发挥。由此可见，孟子以下，儒者岂只是特重心性而已，必连同天下之大治而立言，此见儒家之内圣外王必然连结之义，此亦是，五峰著《知言》之深意，是亦为"制治之蓍龟"（张南轩语）也。

此自亦是我们诠释《知言》义理所必有的规范，而不可如五峰批评诸子之只妄自执一面之"性"而斑斑自以为全。在今之世，当然更不可忘记工夫之进路，而妄以思辨理性批评中国哲学之实践成圣的基本义理。哲学并非只是空言思辨，而必是进入实践之"成德之教"，学以成圣是传统儒家的核心理想。儒家主张人人皆可以为圣人，但没有天生的圣人，而工夫正是达到圣人所必由之方法。宋明儒者所各显的特色正是在他们切身的道德实践中，所体证体会的成圣的工夫。

三、何谓工夫诠释的进路：
由工夫以证存有论之内容和结构

中国文化的原始经典，如五经及先秦的典籍，已有非常突出的重德的精神表现。在治理社群或共同体的生活中，很早就"有正德利用厚生"（《尚书·大禹谟》）的宣示[①]，而周初更以"皇天无亲，惟德是辅"（《尚书》）、更常劝勉统治者"疾敬德"以保天命，徐复观先生更提出此中所代表的中国文化中的"忧患意识"，开展了"天命"之德化，在春秋时代之文献，明显地见出"天命下贯而为人之性"之发展。[②] 由此孔子以仁为人之生命价值所在，特重"学"，即"学以效法古圣先贤之德行"，由"践仁知

---

① 参见牟宗三先生《历史哲学》第一章，香港：人生出版社 1962 年版，第 1—29 页。
② 详见徐复观先生《中国人性论史：先秦篇》，台北：台湾商务印书馆 1969 年版，第 1—4 章。

天"而立儒家的"成德之教"。此自是儒家自孟荀以下所重之由工夫实践以"成圣"之义。不但孟子、荀子皆以孔子为圣人之楷模，《中庸》《易传》更广言圣人之圣境，与天道流行之无限价值与意义。宋明儒复兴儒学，即依《论语》《孟子》《中庸》《大学》与《易传》之义理而开展，以成圣为"为学"之最高理想。成圣并不是一朝一夕之事，"学以成圣"必经长期之工夫努力，孔子亦自言自十五岁而有志于学，到七十岁方达"从心所欲而不逾矩"的境界，此即是圣人之境界。在长期的生命历程中的努力，即是不断的工夫实践。而工夫之归宿必指向超越的天理、天道之绝对价值。圣人乃是由工夫实践而体现天道，与天合一的道德人格。对于此"成德之教"，牟先生引申其义曰：

> 自宋明儒观之，就道德论道德，其中心问题首在讨论道德实践所以可能之先验根据（或超越的根据），此即心性问题是也。由此进而复讨论实践下手问题，此即工夫入路问题是也。前者是道德实践所以可能之客观根据，后者是道德实践所以可能之主观根据。宋明儒心性之学之全部即是此两问题。以宋明儒词语说，前者是本体问题，后者是工夫问题。[1]

牟先生析论宋明儒"成德之教"之为心性问题与工夫问题。此两问题皆由我们的道德实践经验而来。由道德经验而见心之超越而内在之意义，即超越于日常之生活与心理之流程而见出道德本心所具有的不受限于日常之气化流行，跃出气化流行之上，呈现出自觉而且觉他之道德能力，并且由此分辨气化流行的生活中之是非，而不受限于既定的生活流程而可超越之，自主自律而呈现为道德行动。此见出道德本心之既内在而具有超越之意义，内在于生命与生活之中，又不受日常生活流程所限，而可跃起而自主自立，呈现道德本心之实践意义。由逆德经验中的本心之逆觉，而见道德本心之"知是知非""好善恶恶""为善去恶"的道德表现。由道德经验而所证之道德本心之不受限于生理机体之情欲，而有之自主自律之自我的道德义务

---

[1] 牟宗三：《心体与性体》第一册，台北：台湾正中书局1968年版，第8页。

要求，乃是出于人人所生而有之本性。所立的道德法则出自道德的本心，此为道德的超越根据所在，故孟子即说"恻隐之心，仁也；羞恶之心，义也；辞让之心，礼也；是非之心，知也"。因此，道德本心所示现的超越根据即是人人所生而有的"人性"。此在孔孟之典籍已多明之。是以，所谓心性问题所论是道德实践所以可能的先验根据，而工夫是道德实践所以可能之主观根据，实都是由道德经验、道德实践而来的道德自觉的反省或体悟。总的来说，也就是"成圣"之道德实践如何可能的问题。前者是本体论，后者是工夫论。简言之，心为主观原则，性为客观原则，天为绝对原则，圣人所体现的界乃是三者之结合，由此以见人之生命中内在而超越的意义，亦"即有限而可无限"的生命价值。

依圣人所达至之境界而为与天合德之义，则圣人即是一"以人体法"之真实而具体的生命。[①] 此由孔子之生命境界可见。故孔子自"五十而知天命"，即以文王自况，以"文王之道"自持，率弟子周游列国，期能得君行道。最后虽不能一展天命天道于天下，亦无惧于一切环境与武力之胁迫，无改于颠沛流离之困苦，实以"天命""天道"为自身生命所证悟，进而有"六十而耳顺"，声入心通，人我无隔，而亦与天地相似，故自况为"四时行焉，百物生焉"之境界。孔子最后达至"从心所欲而不逾矩"之"圣而不可知之谓神"的圣人神化之境界。故程明道即能相应而感悟孔子之言，如指出"居处恭，执事敬，与人忠"乃是彻上彻下之工夫，"老者安之，朋友信之，少者怀之"之言是天地之气象的表现。明道更由孔子之生命气象而悟"仁"之生生不易之理，由"学者必先识仁"乃下学而上达之工夫，"仁者与天地万物为一体"之生命存在的呼应（牟先生语）。此即显示孔子所达之圣人境界即全面体证天道性命之实相。心、性、天、命、理、道等存有之存在与实义都在此由道德实践所确立的形上学之内。此即儒者由道德实践工夫所成的"道德的形上学"，即，由道德工夫所证成的形上存有之

---

① 牟先生指出的道德理性三义中的第三义即以孔子为"以人体法"的典范。详论见牟先生《心体与性体》第一册第三章。

实义，绝非从思辨而立的独断的形上学，自亦不同于西方所谓由思辨所成的形上学或存有论。儒家的形上学，更明确切实而言之，即是工夫实践的形上学。①

圣人所达到的境界亦非一朝而成，而是经历一生之工夫而步步达成。此即成圣之工夫所累积而成的生命。其中各个阶段，自有不同之体证。故圣人以下，人之立志成圣即可进而成为士、贤、君子、仁人等不同位阶的道德人格。孟子即有"可欲之谓善，有诸己之谓信，充实之谓美，充实而有光辉之谓大，大而化之之谓圣，圣而不可知之之谓神"等"善、信、美、大、圣、神"六个德性人格的位阶。② 由此可见，由不同工夫所成之不同位阶，人人所证和确立于自己生命的境界亦可各自不同。这是孟子所谓"践形"，儒者所谓"德润身"的表现，亦称为"气象"。此中自以最高的圣人的境界为标准，但圣人之境界亦必如天地之无所不覆盖无所不涵容，故各层次之境界亦必相通。③ 不通者只是各执一境界为唯一真实，而自以为是绝对真实而排斥他人之所见，特别是不知更高境界之更圆融与更广包，由是有种种之思辨上的争持。此在宋明儒者亦有之。由圆教之为存有论上之圆满无外之义，故必有分判以安其序，因而有判教。但判教不是断然之排斥他教他说之为全非，而是容纳不同阶段所见证亦同样具有其客观性与真实性，只是未能见全体之实相，故不免有隔阂耳。

在中国传统经典文献中所记录的正是历代圣贤的生命实践所达到的对生命与宇宙实相的体悟与感悟。因此，要解读这些文献也得以工夫的进路进行诠释，方能相应和有效。此在宋明儒学也如是。若以西方的思辨进路，

---

① 这种由工夫实践所证见的形而上的存有，佛道两家皆有，故中国哲学之主流哲学皆是实践哲学，皆由工夫所证成。儒家特由道德实践工夫而立耳。

② 对于孔子与孟子所示或所言之人道德人格之位阶，详论请参见李瑞全之《实践进路的哲学：儒学之工夫论与哲学诠释》，《当代儒学研究》第二十一期（中坜：台湾中央大学儒学研究中心2016年12月），第1—26页；《孟子之道德位阶论之意义：工夫与道之诠释》，《鹅湖月刊》第501期，台北：台湾鹅湖出版社2017年版。

③ 唐君毅先生最能体会此种圆融境界之意义，故必说最高的第九境之"天德流行境"亦必涵容其他八境而为一圆教之境界。详请参见唐先生之《生命存在与心灵境界》一书。牟先生亦自有分判而以为凡能达"无限心"所成之圆教，亦必相通。

或认知进路、语言分析的方法，实无法进入传统经典中哲人所要传达的感知感悟。我们不但需要也可以由工夫的进路以解读和诠释前贤由工夫实践而成的对宇宙与生命之存有实相，由此更全面见出生命与宇宙的实相。这是对世界的实践进路所证见的生命与宇宙实相，在儒学就是道德的形上学。这可称为工夫诠释学。由此可以打开不同于西方思辨式的形上学另一更内在的形上学的境界。由此更可见当代西方哲学所偏向的经验认知与语言分析的方法，实不能进入中国哲学的堂奥。由于工夫实践中不但由我们的生命所实证的真实，在此种解悟、证悟与彻悟之中，同时即具有明觉与感知感通，可以涵盖思辨与感性知性所认知的性相。在感性知性所及的经验即现象界，这一部分相应于在工夫实践中所被超越和突破的感性的生理心理与知性的思辨经验。若以两层存有论来说，感性知性所证知的存有，即是现象界的存有论，或心灵九境中的前五境之存在。①

以下专就五峰的《知言》的文献中所记录的核心义理，进行工夫进路的解读，以明其中所呈现的对生命宇宙实相的诠释。

四、《知言》之核心文献与工夫进路的诠释：圆教与非分别说的说法

在第一节的讨论和引文中，我们已进行了相应的工夫的诠释，并比较了几种不同的诠释，应由此可见出五峰的核心义理是由"尽心"的工夫所打开的心之关键地位，以及由此而确立的性之为天下的大本的意义，并借此了解心之"知天地，宰万物，以成性"之实义，和所以能证成的心性在五峰学中的存有论地位的成立之依据。此依据落实下来就是五峰对道德经验和道德实践工夫的实践的体悟和由工夫所达至的境界的证悟。以下再就五峰学的重要课题与相关文献分别说明《知言》在这方面的义理。

———————————

① 至于如何涵盖现象界的存有和相关的事物性相，需进一步地建构，不是本文所能及。或可参考牟先生的《现象与物自身》与唐先生的《生命存在与心灵境界》。

　　儒家最重要的关怀自是成圣的工夫问题。五峰对于日常的道德经验与工夫的开展，有如下的一则例示：

　　　　《知言》曰：彪居正问："心无穷者也，孟子何以言尽其心？"曰："惟仁者能尽其心。"居正问为仁。曰："欲为仁，必先识仁之体。"曰："其体如何？"曰："仁之道弘大而亲切，知者可以一言尽，不知者虽设千万言亦不知也；能者可以一事举，不能者虽指千万事亦不能也。"曰："万物与我为一，可以为仁之体乎？"曰："子以六尺之躯，若何而能与万物为一！"曰："身不能与万物为一，心则能矣。"曰："人心有百病一死，天下之物有一变万生，子若何而能与之为一！"居正竦然而去。他日某问曰："人之所以不仁者，以放其良心也。以放心求心可乎？"曰："齐王见牛而不忍杀，此良心之苗裔，因利欲之间而见者也。一有见焉，操而存之，存而养之，养而充之，以至于大，大而不已，与天地同矣。此心在人，其发见之端不同，要在识之而已。"①

　　这一段也是朱子"《知言》疑义"中所摘引和批评《知言》的一段。在此段引文中，五峰所示之工夫是"先识仁之体"。此乃从明道之"学者必先识仁"之工夫而来。明道之说自是指在日常生活中常自警觉仁心之跃动，再进而涵养此仁心，所谓以"诚敬存之"，实践于日用伦常之中。此即是五峰所倡"先察识后涵养"之湖湘学派的工夫论。但在上述文献中，似有一用词上的差异，即"先识仁之体"与明道之"先识仁"的语言上的差别。朱子即批评五峰此工夫"先识仁之体"为不合理。盖朱子认为孔子没有教人当下认取全体的仁体的工夫，而只是教人日常"为仁"的实践，在实践中常加以涵养，才能慢慢识得仁之体。朱子的批评实有片面周纳的表现。但五峰之意——吕祖谦实已代为回复，并不是由一事例即达到仁体的全部朗现，而是由一事而见"良心之苗裔"，即仁之发端，以见仁之根本。由识得此根本，再加以操存涵养，扩而充之，以至于久而大，如是则可与天地同矣。此中最重要的是，五峰所指的"良知之苗裔"或"仁心"之跃动即在

---

　　① 胡宏著，吴仁华点校：《胡宏集》，北京：中华书局1987年版，第334—335页。

日常的生活的道德经验中见出。彪居正当时似不了解五峰之工夫入手之意，遽问"仁者与天地万物为一体"之义，不切于当下的不忍人之仁心之呈现。五峰之教学实揭示此"仁者与天地万物为一体"的境界不是口说的一体，实是需要不断的实践扩充自己的本心才能达到的圣人境界。彪居正当时实可谓一时忘了本心在工夫上的呈现问题。因彪居正忘记初问时乃是心之思之工夫活动，但转而追求与天地万物为一体之境界，反而遗忘了心在当下的活动和存在。彪居正此时可谓如一般人所常犯的毛病：忘了工夫的本务或"放失其心"。在"放失本心"的情况，需要一由放心以求心的工夫，方可望回到由"识仁"而不失本心，再操而存之等工夫进程，最后才能达到仁心与"天地万物为一体"之境界。但彪居正当时受了警惕但不能进而再问此工夫之入手问题并离去，似乎之后数天也竟不能自觉回到此工夫问题上再讨论。因此，五峰他日再以自问自答的方式，不但为彪居正，也为学子在此工夫问题上的困扰进一疏解。在日常的生活流程中，一般人亦有如齐宣王之陷于利欲之中，本心实已放失。而对治此工夫之病也只能由心之自觉来入手。此即是"以放心求心"之工夫，这是五峰发挥孟子之"求其放心"的入手工夫。此工夫之所以可能，是因为此不忍人之仁心虽似"放失"，但"心无不在"，仍然会自行跃动呈现，甚至是在利欲之间仍然会呈现。此如齐宣王之只在意自己的利欲和征服天下，但在看到牛无辜受死而有的觳觫恐惧之状，他的不忍人之仁心仍然不自已地呈现。工夫即由自觉此仁心之呈现，即，感悟和分判何所当为，何所不当为开始。此即是一逆觉体证的道德实践的经验，道德本心即逆一切利欲而跃起，由此自觉自主而回复本心的主宰行动的地位，此即发挥心之思的能力，由自觉而"先立其大"的工夫。犹如孟子举例以"见孺子将入于井"的日常事例中，即有怵惕恻隐之仁心的呈现。本心由此驾临在一切利欲之上，而展开道德的分判与行动，此即是仁心的自我的义务要求。若能依此仁心之不忍人的自我要求而行，即可完成真实的道德的义务与行动。察识此仁心，即是第一步的工夫。察识而存养之，由此即有步步的扩充，故五峰曰："一有见焉，操而存之，存而养之，养而充之，以至于大，大而不已，与天地同矣。此心在人，其发见之端不同，要在识之而已"①。此中实有无穷无尽之工夫在内，但舍此亦无从实践成圣。

因此，五峰非常强调孟子求放心之工夫，曰：

> 心无不在，本天道变化，为世俗酬酢，参天地，备万物。人之为道，至大也，至善也。放而不知求，耳目闻见为己蔽，父子夫妇为己累，衣裳饮食为己欲，既失其本矣，犹皆曰我有知，论事之是非，方人之短长，终不知其陷溺者，悲夫！故孟子曰：学问之道无他，求其放心而已矣。②

换言之，在我们的日常道德经验中，作为成德的依据的道德本心实无时不在，只是在我们是否能自觉到或能否引发它的道德自觉的呈现。五峰从道德实践经验即见出，纵使我们在最极端的似乎完全丧失本心的情况之下，仍然可以由"心之官则思"，即心之道德自觉反省而使其本有的良知之能力跃动起来，即由此而察识此本心并确立其主宰地位，此实是本心之自我察识与自立。察识之而更进而存养扩充此仁心，以至于久且大。察识此本心是入手工夫，操持存养和扩充此仁心即是久且大的工夫。但在日常生活中，人常为物欲所引，而道德本心若存若亡，有若完全放失不见了。故五峰一再引孟子之求放心之工夫以教学者，这是五峰在工夫上的特色，即在日常生活中的"内在体证工夫"。而朱子也实曾称赞此乃"极有使人能着力的工夫"。由此"察识存养"的工夫的不断实践扩充，"全之尽之"，即可达到成圣的"尽心"境界。

五峰亦深知人之生命在气化流行之中，心与气亦实有互为主动而不得不随的情况，故指出：

> 情一流则难遏，气一动则难平。流而后遏，动而后平，是以难也。察而养之于未流，则不至于用遏矣；察而养之于未动，则不至于用平矣。是故察之有素，则虽婴于物而不惑；养之有素，则虽激于物而不

---

① 胡宏著，吴仁华点校：《胡宏集》，北京：中华书局1987年版，第335页。
② 胡宏著，吴仁华点校：《胡宏集》，北京：中华书局1987年版，第331页。

悖。《易》曰："艮其背，不获其身；行其庭，不见其人。无咎。"此之谓也。①

此即在日常生活中时时进行的察识涵养之工夫。而此工夫之优点是先就所识之仁体而直接发挥，如孟子之本心之直接之"扩充"，明道之以察识仁之后即以"诚敬存之"，先于物欲之流行，"志一则动气"，故简易而有力。此在工夫上真正是从容而达道。故五峰之工夫绝不是只"察识"即为完事，而必继之以不断的"涵养"，如此方不致由于气禀物欲之流动，层出不穷，"气一则动志"，实践上即不免左支右绌，仁心难以一一对治，加以克服。因此，五峰之工夫，既如明道与象山之简易，亦能对治各种生理欲与内外之障碍，为成圣之道。由此，我们可以再进一步说明如之何斯为"尽心"：

> 天命为性，人性为心。不行己之欲，不用己之智，而循天之理，所以求尽其心也。②

"尽心"自是"尽其心"的意思。但此词的运用也常有不同的意旨。"尽心"一词之原义自是指工夫上的"尽其心"，此即包含最初的扩充本心的第一步，即依"识仁"而开展的工夫。但"尽心"又有"充尽其心"的意思，即指已经"充尽其心"的境界，这是指圣人的境界而言。故孟子之"尽心知性知天"首先自是指圣人在工夫上充尽其心时即体证"性"与"天"的内容和价值，由工夫以证本体。此即是道德形上学之义。而在"充尽其心"时，即达到圣人的境界，此时"尽心"也被借用以指圣人的境界。这三重意义自须依语脉来解读。"心"所指的是我们所生而有的内在的道德本心，而此即是禀赋于天命的人性，而人性是由人心所形著而呈现。在当下的道德情况中，所呈现就是逆觉体证中之良知，即是我们不忍人之仁心。由识仁之心而顺仁心而行，不由私心与用智，此即由仁心以形著人性。尽心工夫至其极即是"尽性"，即在工夫实践上全尽性之所含的天理天道的义蕴，即达到最高的圣人的位阶。五峰这种工夫的观点与发挥，是继承明道

---

① 胡宏著，吴仁华点校：《胡宏集》，北京：中华书局1987年版，第28页。
② 胡宏著，吴仁华点校：《胡宏集》，北京：中华书局1987年版，第4页。

之工夫之"顺万物之情而无情""物来而顺应"而来，即只是顺天理自然而行。圣人也就是能尽心尽性的天道流行的体现者。故五峰赞孔子曰：

> 仲尼从心所欲不逾矩，可谓尽心矣。天即孔子也，孔子即天也。①

孔子是圣人的典范。五峰认为孔子七十岁所达到的"从心所欲不逾矩"的境界即是"尽心"的表现，尽心即是尽性，即是尽天德合天理天道的表现或境界。孔子此时的行动即如天道之流行，此即圣人以人体法之义。犹如伊川说"观圣人以知天地"。因此，圣人也是经历长期的工夫进程，才得以尽心尽性，才得以形著地确立性为天下之大本。因此，没有一日能逆觉体证即全证仁体，也没有不经过工夫实践的天生的圣人。朱子与南轩之质疑与反对实不如理。由于此逆觉体证不但在日常可见，甚至在利欲熏心的恶劣环境中，仍然自动呈现，因此，此乃是一彻上彻下的工夫，即人人可为，而可由此以直达圣域而成圣。此即是最终的顿悟或彻悟。我们之所以能有此最终的顿悟，是在识仁体之时，即仁心呈现时，我们即有一道德的顿悟，即仁心之顿觉其自己之真实存在，和发挥其道德实践的力量。由此再经长期的存养，不断扩充此仁心之力度而使仁心无所不覆盖时，所谓"仁覆天下"，即是圣人。因此，五峰的尽心成性的工夫乃是从日常的道德实践入手而成，故牟先生称之为"内在体证之工夫"。

此工夫既是内在的道德经验的体证，而心所形著的性也在此，故两者必有不可分的内在关系。对心性与日常的生命流程的关系，五峰曾作了多次反复的说明。首先，从天地生化流行的广度上说：

> 气主乎性，性主乎心。心纯，则性定而气正。气正，则动而不差。动而有差者，心未纯也。②

> 气之流行，性为之主。性之流行，心为之主。③

> 性定，则心宰。心宰，则物随。④

---

① 胡宏著，吴仁华点校：《胡宏集》，北京：中华书局1987年版，第10页。
② 胡宏著，吴仁华点校：《胡宏集》，北京：中华书局1987年版，第16页。
③ 胡宏著，吴仁华点校：《胡宏集》，北京：中华书局1987年版，第23页。
④ 胡宏著，吴仁华点校：《胡宏集》，北京：中华书局1987年版，第30页。

由道德本心之工夫，即见出心与性与气的关系。五峰俱以"为主"来联结之。但此两种"为主"的实义实有不同。由心之道德实践即见出性之理在气化过程内的表现，不但主导气化的流程，也是气化和气化中的事事物物的存在的依据。因此，在气与性的关系上，性之为天下之大本，即是气之存在之理，是气之所以能真实存在之创造与生化根源。性为气之主即由气之不断流行衍化而草木繁衍所示。若此气化流行由性所主宰，则自然是天道之流行。此流行即表现天之大德之生生不已。但性之能如是贞定气，是由心之能精纯而便性之理能贞定气。因此，在心与性的关系上，性乃是奥体，其流行必经由心之形著而呈现。心乃性之形著之主，即性之奥义密义必须通过心之形著才能真实地见之于具体的事物上。而在此形著发用之中，心之纯即心之纯粹即心之纯乎其"知天地，宰万物，以成性"之功能而形著性之时，即见出性之为天下大本之理之定常性，即心之形著都直由性之大本之道而行，正直而无差；因而宇宙之气化流行，即天理之自然流行，动而不差。若气化不正，则是心有不纯，故有违心之不仁之动，或自私用智之弊出来，即产生种种人欲的偏差。此在工夫上必须以诚敬存养此心，使心之发动都是根于大本之性而行，而气也自然表现为天理流行，即达到天理流行的状态。故圣人尽性，也只是物来顺应，依天理之自然而行，即达到人无弃人，物无弃物。故五峰一再说明尽心尽性与宇宙气化，人类之伦理价值与圣贤所证之仁心本性都必存在于人们的生理情欲、社会伦常的日常生活之中，故五峰申论指出：

> 天命不已，故人生无穷。其耳目、口鼻、手足而成身，合父子、君臣、夫妇、长幼、朋友而成世，非有假于外而强成之也，是性然矣。圣人明于大伦，理于万物，畅于四肢，达于天地，一以贯之。性外无物，物外无性。是故成己成物，无可无不可焉。[①]

人世间一切事物与关系，都是由性所主导的气化流行中所自然而具备。盖性外无物也。而善与不善的生活情状，可说在根源上都由大本之性而来，

---

① 胡宏著，吴仁华点校：《胡宏集》，北京：中华书局 1987 年版，第 6 页。

都不出性之外，即都必具备以性为体的现实的存在，即气化的存在。气化即是具体特定的有形的存在物。此时心、性、情、欲同为一体：

> 性譬诸水乎，则心犹水之下，情犹水之澜，欲犹水之波浪。①

心、性是形而上的，是理的一层的存有；情、欲是形而下的，是气的一层的存有。两者在心为主宰之下，在道化流行与气化流行之中同为一体，不可割离。割离则心、性之外有物，此则不符心、性之至大无限之意义。若物之外有理之存在，则有无所挂搭之理或心、性之世界，则又成虚妄。因此，从宇宙整体上说，心性情欲俱在存有上不可分割，可用水之二种本质与二种特殊情状来叙述或类比四者的存在关系。而四者则在道德经验为同体同行。

但是，情与欲在气化流行之中却不像心、性本身自为纯粹至善之存有，情与欲是有善有恶的。但此亦无妨情与欲与心性俱属于生命流行中的一体，此如明道所谓"善固谓之性""恶亦不可不谓之性"之说。但必须在义理上有一圆融的结合，否则只成无解的混沌状况。

> 万物生于天，万事宰于心。性，天命也。命，人心也。而气经纬乎其间，万变着见而不可掩。莫或使之，非鬼神而何？②

心性与情欲在宇宙气化流行中确是一体而现，但如何明之，却必须有进于一般世情俗见之陋。此中所涵之圆教意义，留待下节详论，在此先顺五峰之说以明修身与为学之必要方法：

> 道充乎身，塞乎天地，而拘于躯者不见其大，存乎饮食男女之事，而溺于流者不知其精。诸子百家亿之以意，饰之以辨，传闻袭见，蒙心之言。命之理，性之道，置诸茫昧则已矣。悲夫！此邪说暴行所以盛行，而不为其惑者鲜矣。然则奈何？曰：在修吾身。③

要真能切中无穷而至善之道如何充于有限之形躯与饮食男女之中，并非纯思辨所可能了解之奥秘，而是道德实践中之事，所以必须由修身进德以解

---

① 胡宏著，吴仁华点校：《胡宏集》，北京：中华书局1987年版，第13页。
② 胡宏著，吴仁华点校：《胡宏集》，北京：中华书局1987年版，第6页。
③ 胡宏著，吴仁华点校：《胡宏集》，北京：中华书局1987年版，第3页。

悟之，进而证悟之，以至彻悟之。圣人之能妙解此中之奥义，乃由致知之工夫而通之：

> 探视听言动无息之本，可以知性；察视听言动之不息之际，可以会情。视听言动，道义明著，孰知其为此心？视听言动，物欲引取，孰知其为人欲？是故诚成天下之性，性立天下之有，情效天下之动，心妙性情之德。性情之德，庸人与圣人同。圣人妙而庸人所以不妙者，拘滞于有形而不能通尔。今欲通之，非致知，何适哉？①

换言之，万事万物都由天生，都以性为大本，而万事万物或气之万变，都由心之主宰贯彻而呈现。但有是道义明著之事，是为天理；亦有是物欲所牵引而为人欲。五峰指出："诚成天下之性，性立天下之有，情效天下之动，心妙性情之德。"此中之能证立天理人欲之同体异用，亦只能由心之妙合性情，即，在圣人之尽心达到的境界中，方得以被通明澈照。因为，道在我们身上，但实并不拘限于我们有限的形躯，而是充塞乎天地；道在我们的一切日常流程之中，但我们常不能自觉之，而陷溺于逸乐，物交物引之而已矣，不知逆返自己的本心，而不陷溺其中。由是而有各种邪说暴行。唯心为无所不在，唯性为无外，故只有达到"尽心"而为圣人，才能以其尽心所达到的最高的境界，生命与天道一同流行，妙合性情之德，而证天理人欲之相即之奥义。因此，人必须修身，而修身即要致知。五峰在此接上北宋的主流自伊川所提的工夫，即《大学》的"致知"说法。此致知的说法，由于伊川的大力提倡，后又为朱子所继承而发扬光大，成为宋明儒的工夫的基本形式。但此工夫形式实有各种实践的诠释，而实为不同的工夫进路。明道也肯定致知的工夫，但诠释的内容却与伊川不同。五峰的修身工夫，顺二程下来即是致知之工夫。但五峰之致知是指"学为君子者之致知工夫"②，实是明道的体仁的工夫，不是伊川朱子式的格物穷理的形式。五峰的诠释如下：

---

① 胡宏著，吴仁华点校：《胡宏集》，北京：中华书局1987年版，第21页。
② 参见胡宏著，吴仁华点校：《胡宏集》，北京：中华书局1987年版，第31—32页。

自观我者而言，事至而知起，则我之仁可见矣；事至而知不起，则我之仁不可见也。自我而言，心与天地同流，夫何间之有？①

因此，致知之表现是事物之来，我之仁心之知即感应而起动，实即心之良知良能起动。此感而动即是仁心之呈现，即由仁心以回应事事物物。这是逆觉体证之工夫，使本心常惺惺、常呈现，由此无私心用智，只是顺天理而行，物来顺应，与天地同流。这尚是就第三人所见而言，我的仁与事相应而为一，犹似有人我之区分，似落于明道所斥之"参赞天地"之说已多了"参赞"二字，有二本之弊。因此，五峰即补充以化解此种言说上的可能有的歧出或误解，故进而说，若就自己之仁心而言，心本自与天地同流，根本无所隔阂。此亦五峰的"尽心"工夫义理所表示的：心与性同为大且久，同为无限的生生不已的天命天理，与气化的宇宙实无区隔，即同为一体。致知实只是通过自觉的工夫实践，使本心本性做主，心妙性情之德而成天道之流行，即达到圣人之情顺万物而无私意私情之智而行，即是圣人与天为一，而直下即是天理之流行，与天地万物为一体，自无区隔可言。此如理说，自是圆融无碍。但五峰已提出此中天理人欲有同体同行的情况："探视听言动无息之本，可以知性；察视听言动之不息之际，可以会情。视听言动，道义明著，孰知其为此心？视听言动，物欲引取，孰知其为人欲？"② 由日常之"视听言动"之"无息之本"即其中所含的生生不已之本体，则可以知性之义。天下之大本之性即在具体的日常行事之中。若察乎此日常活动中的"不息"而绵绵滚动的发展，即见气化之实情和表现。若就其中的"道义明著"之呈现，则可证其为心之跃动。凡此皆为"心妙性情之德"的具体呈现。但此"视听言动"亦同时可为"物欲"所引导或摄取，如此则成为人欲的表现。是以"同一事物"很可以为天理或为人欲的表现。此所以"天理人欲"同体同行，若不作分辨，则有陷于混天理人欲为一之弊。这自是在义理上严格区分天理人欲的儒者所不能接受。故朱子

① 胡宏著，吴仁华点校：《胡宏集》，北京：中华书局1987年版，第12页。
② 胡宏著，吴仁华点校：《胡宏集》，北京：中华书局1987年版，第21页。

必大力批驳之，而南轩与祖谦亦不能不有所疑义也。此中的课题，必须由工夫所证之圆教的意义，方能解决其表面似矛盾不兼容之分判。此乃是五峰的圆教的宣示。

五、圆教之判准与五峰之圆教模型

圆教之义理源自佛教之天台宗之说。宋明儒者亦多引用"圆教"一词，以说儒家为圆教。但对圆教之意义，实无明确的说法，常只以"圆融"来表示所说者为圆教。西方哲学自然也无此概念。当代唯有牟宗三先生消化天台宗而明确地确立圆教之判准和儒家圆教之义理。为说明五峰之学是否为一圆教，先引述牟先生之说法，再引而明五峰之义理。牟先生对于圆教之说明，先指出教之为教之意义：

> 凡圣人之所说为教。凡能启发人之理性，使人运用其理性从事于道德的实践，或解脱的实践，或纯净化或圣洁化其生命之实践，以达至最高的理想之境者为教。①

此即见"圆教"之教乃是指人运用理性而从事于实践为教。此实不限于儒家的"圆教"，故佛家与道家亦有圆教之义。而圆教乃是从实践而立，是实践理之事，不是思辨理性的虚构。而儒家之实践则是以道德实践而立。此中自有一通过实践而达到的最高的境界。此境界或名为圣人、真人、佛。但皆由工夫从实践初阶入手而步步进升到的最高境界。因此，其中必有实践之工夫作为成圣成真人成佛的方法。牟先生继而指出：

> 若就道德意识而言儒圣之教则当如此言：那能启发人之理性，使人依照理性之所命而行动以达至最高理想之境者为教。依理性之所命（定然律令）而行动即曰道德的实践。行动使人之存在状态合于理性。因此，道德实践必涉及存在。此涉及存在或是改善存在，或是创生一

---

① 牟宗三：《圆善论》，台北：台湾学生书局1985年版，第306页。

新存在。①

依牟先生之反省，"圆教"不只是纯然的实践行动而已，而是通过行动改变存在的状况。而道德的实践即创造出在宇宙中存在的事物。但能创造宇宙中的事物之实践理性不是有限有定的感性知性所表现的认知理性，而是实践上的无限智心。由无限智心方可有创生。如道德实践所成就的，就是在本无道德意义的自然世界，创造出一无限价值的道德事实。创造此道德事实之道德本心即是一无限的智心。牟先生说：

> 此所谓理性即是无限的理性，无限的智心。其为无限是因其润泽一切存在而然。此无限的智心必须首先被确立……②

此本心即是仁心。五峰之"仁者心之道"，即由仁之为润泽一切存有而改变或创造出依仁而有的价值，此即是一无限智心。牟先生在《圆善论》详论自孔子以下至明道，所言之仁之实义，即是由仁心之实践而见出"仁确是一无限的智心"，牟先生的说明如下：

> 仁者或大人即是能操存践履以天地万物为一体的人。其能以天地万物为一体非意之也，意即非主观造作臆想虚设其是如此也，乃是"其心之仁本若是其与天万物而为一也"。此即由大人之操存践履定知仁心为一无的智心。此心不独大人有之，人人皆有之，甚至一切理性的存有皆有之，惟大人能勿丧耳。③

仁心之建立是由道德实践的经验中而见。仁心的实践是一自日常的气化流行中跃起的呈现。此即由逆觉体证而立的道德本心或良知的呈现。此逆觉体证即化原为主客对立的个体为在仁心中的一体，无分彼此。而此逆觉体证呈现之仁心，即由此心之"仁"生起道德的创造，使存在之气物得以被改造，即，气化流程为仁心所转化而成为有无限的道德价值的存在，或从无到有的道德事物的创造，而成一本无今有的无限价值的道德事实。此在实践者身上即呈现为"践仁"之主体。道德实践使行动主体与所成之事物

---

① 牟宗三：《圆善论》，台北：台湾学生书局 1985 年版，第 306 页。
② 牟宗三：《圆善论》，台北：台湾学生书局 1985 年版，第 307 页。
③ 牟宗三：《圆善论》，台北：台湾学生书局 1985 年版，第 262 页。

与所及所对之对象成为一体，即由仁心而呈现为一体。因此，由践仁而成为"仁者"或"大人"当下即由道德实践而与天地万物为一体。换言之，"仁者与天地万物为一体"不是实践者的主观臆想，而是在道德经验中实现为"一体之存在"，而且是在仁心之覆盖下的一体存在。

道德实践之行动之能使主客合一乃在于仁心之"感通"，感通表现为同情共感，无分彼此的存在。此感通虽由一特定之状况而起，此为仁之被确认之"机"缘，犹如"见孺子将入于井"，必有相应的不安不忍之"怵惕恻隐之心"之呈现，此呈现是一不能自已的自动呈现。在此仁心之现中，仁心视孺子之伤痛犹如自己之痛，由是人我结合为一体之仁心之感动感通。牟先生说：

> 不安不忍乃是"当机指点"之意……但此心之本身则不为此机此缘所限而有其无限性与绝对普遍性，此则由大人之操存践履而已体之矣。故云"其心之仁本若是而其与天地万物而为一也"。此即此无限的智心之证成。此则纯由实践理性而证立者，决不涉及思辨理性之虚构。①

由工夫实践之全幅的展现或成就，即证立仁心之无限性与绝对性：

> 有此无限而普遍的理性的智心，故能立道德之必然且能觉润而创生万物使之有存在。只此一无限智心之大本之确立即足以保住"德之纯亦不已"之纯粹性与夫"天地万物之存在以及其存在之谐和于德"之必然性。此即开德福一致所以可能之机。②

心之无限性由仁而见，而由心之无限方见出道德实践之为纯亦不已的无条件的善，并由仁心之创造或转化存在之为仁之现，即可保住天地万物与人之德相和谐的必然性，此方可保"德福一致"之实践理性之要求。故仁心即是无限智心。

上节曾引五峰之言"心无所不在"、心能形著"性之大本"，而"性外

---

① 牟宗三：《圆善论》，台北：台湾学生书局 1985 年版，第 263 页。
② 牟宗三：《圆善论》，台北：台湾学生书局 1985 年版，第 265 页。

无物""心外无物"等，皆见五峰所谓心乃是无限之智心。而五峰更表示在道德实践中，"心与天地同流，夫何间之有？"① 即表明五峰之心与天地为一，即气与性为一，并无间断之处。此即如牟先生认为明道的"只此便是天地之化"所表示的"非分别说"，即，一本论之圆说之圆实教②。由此，我们可以进而申论五峰之诡谲相即的圆教义。

五峰之即事明理与即事显心之说中，实有一不易解而深邃之圆教义理，即心性情欲或理气圆融的圆教问题。心性与情欲自有形上形下之不同的存有论意义，而性情与理气之不同也必有的本质上的差异，特别是理气中之天理人欲之对立，如何圆融为一而又不是混沌一起，实是儒学所不能不克服的义理课题。然虽五峰已在前文中所点示的，此中之性与情之圆融体现，实为圣人之由尽心工夫所证之"心妙性情"之德所实践地体证。换言之，依五峰所见之宇宙实相，心性即在万事万变之中而实无区隔。区隔之乃是于儒学之义理不通彻之见。依心性情之关系与存有论上的定位，万事万物必在心性之化育之中。此亦明道肯断的"道亦器，器亦道"之圆融义。③ 在理之本义而真实存在于人而言，这是无分圣人与庸人都相同的，只是圣人由"尽心"而达"妙性情之德"而得实现实证性情之无间，而庸人则常执以为二。因圣人能致知而"尽心"，以仁德妙化性情而实现圆融之为一。道固纯乎善而无恶，即天理之流行，但在气化之中必带有出于己私用智之好恶而来之恶之蔽，即人欲之表现，此两者如何在"性外无物，物外无性"，与"以心成性"之儒家义理中予以安排和说明，此实是存在上的吊诡。胡五峰在此天理人欲之同体上，一再提出如下的说明：

> 夫妇之道，人丑之者，以为淫欲为事也；圣人安之者，以保合为义也。接而知有礼焉，交而知有道焉，惟敬者为能守而勿失也。《语》

---

① 胡宏著，吴仁华点校：《胡宏集》，北京：中华书局1987年版，第12页。
② 参见牟宗三：《圆善论》，台北：台湾学生书局1985年版，第324—325页。
③ 程明道之圆教义，请参阅牟宗三先生之《心体与性体》第二册，"程明道一本论"第一节"天道篇"与第四节之"一本义"中关理气之"圆顿化境之一"与"圆顿一本"之义，特别是第25—27、91—99页。

曰"乐而不淫",则得性命之正矣。谓之淫欲者,非陋庸人而何?①
夫妇之道乃人道之伦常之行,即天道天理之流行。一般人只是以淫欲之事
视之,只为满足人之生理欲望,而圣人则实见其为"保合"人伦之天理。
因为在夫妇之交接中有礼有道,故为天理之表现。而"敬"即礼义相接不
断,故能守而勿失,而一依天道而行。换言之,同一事行,在男女满足生
理欲望的表现,则为淫欲之事,但在夫妇之道中却是保合人伦所必有之天
理之安排。此中的关键是夫妇之道乃是有礼、有道、有敬之交融,而男女
则只是苟合之行。故就此同一行为,若纯以为只是淫欲之事者,实不知此
中具有人伦德性之义,且为人道所不能无者。此即见此中的天理与人欲实
为一体,不可分割,但也不可混同为一,否则有违道德之逆觉体证之基本
经验。此义,五峰也用性之"好恶"来点示:

> 《知言》曰:好恶,性也。小人好恶以己,君子好恶以道。察乎
> 此,则天理人欲可知。②

此文也是朱子"《知言》疑义"所严加批评的一段。五峰只是指出人性自有
好恶的表现。有生理欲望之好恶,也有道德本心之好恶。在生理欲望之好
恶表现,自是以好自己之所欲得而满足之事物,而恶于己不利之事物,因
而常流于为恶而已。依于心性之道德大本之义而来的好恶,自是逆觉体证
之好,即"好善恶恶"之道德上的"知是知非""好善恶恶""为善去恶"
的工夫实践上的表现。以朱子如此重视心中常暗藏许多人心之欲望,难以
克服的体验,岂有不知之理。但朱子之评却解之为指性体而言,既斥为性
"无善恶之意",又以为不知"人欲非性也"之儒家本义:

> 熹按:此章即无善恶之意。若果如此,则性但有好恶,而无善恶
> 之则矣。"君子好恶以道",是性外有道也。"察乎此,则天理人欲可
> 知",是天理人欲同时并有,无先后宾主之别也。然则所谓"天生蒸
> 民,有物有则,民之秉彝,好是懿德"者,果何谓乎?龟山杨子曰:

---

① 胡宏著,吴仁华点校:《胡宏集》,北京:中华书局 1987 年版,第 7 页。
② 胡宏著,吴仁华点校:《胡宏集》,北京:中华书局 1987 年版,第 330 页。

"天命之谓性，人欲非性也。"却是此语直截，而胡子非之，误矣！①
儒者自是以心性之好恶为"好善恶恶"之意，无儒者以性为"无善无恶"
之解。五峰岂如此不察乎！而朱子以及相与讨论的张南轩等却似完全不明
五峰之用词和在此特指君子与小人行为之差别之根源，是亦可怪。故牟先
生评朱子之说常有"因思理不同，心有定本，故不能声入心通，平其情以
尽他人之实也"②，此实解读先贤典籍所不可有之先入为主的曲解。

五峰对天理人欲之相即的经典表示是：

> 天理人欲同体而异用，同行而异情。进修君子宜深别焉。③

牟先生解读此所谓"同体"是同一躯体之义，不可解为"同一本体"，
并批评朱子初有解为"同事而异行，同行而异情"，相当于同一事体而已，
但其后却又上升为"同一本体"，"天理人欲混为一区"，而指斥为"此亦性
无善恶之意"之说，不合儒家以性言本体之纯粹至善之本义，使五峰之说
成为违反儒家义理不通之言。但是，五峰是就"进修"即工夫而立言。而
此中即表示，天理人欲在我们的日常行事之中，常在"同一事物"上相即。
同一事也，从一面视之，是为天理，而从另一面观之，则为人欲。二者相
即而不可分。牟先生盛称之为儒家的"诡谲相即"的圆教义。

牟先生就前引"气之流行，性为之主。性之流行，心为之主"④ 即解读
其中义理实即"心为气之主"，心性与气或仁理与气为一体，"此就形著之
圆顿义而言也"⑤。而由事至而知起，乃仁心之呈现而润泽所遇之事而成天
理流行，实无所对，"心与天地同流"，即此便是天地之化育，只是一本而
无二、无三，即参赞天地之化育而无所谓"参赞"。此即由分别说进而以非
分别说之圆说以表示仁者与天地万物为体之义。此即见天理人欲之"诡谲
相即"之义。

---

① 胡宏著，吴仁华点校：《胡宏集》，北京：中华书局 1987 年版，第 330 页。
② 牟宗三：《心体与性体》第二册，台北：台湾正中书局 1968 年版，第 447 页。
③ 胡宏著，吴仁华点校：《胡宏集》，北京：中华书局 1987 年版，第 329 页。
④ 胡宏著，吴仁华点校：《胡宏集》，北京：中华书局 1987 年版，第 22 页。
⑤ 牟宗三：《心体与性体》第二册，台北：台湾正中书局 1968 年版，第 438 页。

综言之，五峰之义理不但以心为无限智心，即，心外无物、性外无物的无限无对义；而且从分别说的展开，分立心与性，以心著性，以尽心工夫融贯心性情欲，也更以明道式的一本论，以非分别说的陈述展示心与气之为圆融无外的存有论的圆教。而心与情之无间相即也是非分别说的说法，可谓基本上符合或表达出牟先生之儒家圆教之意义。由此可证五峰之义理也是由工夫实践所证的理气与心性情欲诡谲相即之义。五峰之学展示出儒家最终极的义理，即，气化流行即天道流行。圣人之"心妙性情之德"，犹如横渠所谓"圣人尽道其间，兼体而不累者，存神其至矣"。[①]

六、工夫之证悟与道德形上学之差异：
五峰与朱子论"心"之工夫与存有地位

宋明儒之形上学所含的存有论说明，皆由工夫进路而立，我们可以由工夫的诠释，明确分判宋明儒者所达至的境界，与所体证的道德的形上学与形上存有的意义。以下试由此以解读五峰与朱子在心、性、天、道，以及情、气、天地物之存有论的意义与地位。

上述所论，五峰对于心、性、天、理、道之存有论意义，可以简要综述如下。五峰由"内在的体证"的进路所证立的，首先是心之超越的意义，即心由道德经验之逆觉反证自己为超越的本体，为能"知天地，宰万物，以成性"的本体。而心之全部内容即是仁，仁即是理，心是以仁形著天下之大本之性。因此，心即为本体，为理，为无所不在的超越而内在的本体。由仁心之感通无外，可以全幅形著性体之义，即见心及无所不在，心之无限性，故心实为天地之心，即是宇宙生生之大德所在。以心著性即见性体之全幅内容意义。性自为理，是天地万物存在之存在之理。性自是超越之本体，是理，是一切存在的根源。性为天地鬼神之奥体，乃隐而微，性体之全幅意义由心之道德实践工夫所著而见，而亦为内在于人与天地万物而

---

① 张载著，章锡琛点校：《张载集》，北京：中华书局1978年版，第7页。

为天地之性。此超越而内在之性体即是天之为天的全幅内容。是以，五峰所体证之形上之理，即心、性、天、理为一体。此即明道之"心性天是一"之旨。"内在的体证"即由心之道德实践乃见出天地万事万物实可由心之无限性所创造和化育。化育之即转化之。化育转化即天道之流行。而能证此心之天地化育则有待"尽心"工夫之完成，此即由圣人之"尽心"成圣，由圣人之"尽显心之形著性之意义而化育天地万物"，"以人体法"之具体境界而证心性之普遍性与普遍意义，由此得以体证而确立性为天下之大本。"尽心"乃是实践工夫，圣人之"尽心"而成"天下之至诚"之圣人，以立天下之大本，即由"人之道"开物成务，由此率性而证道立教。立教使世间成为"仁覆天下"之内圣外王之仁政王道之礼乐制度，以化育天下，此即圣人之"尽己性，尽人性，尽物性"所极至之"仁覆天下"的大同世界。

朱子自延平去世之后，在工夫上颇有茫然不知所归的情况①，后与张南轩结交，以及在自身的工夫体验中，曾欣喜与五峰的观点互相印证，因而有"中和旧说"的建立。所体证之心体近于孟子与五峰之义。但不久自疑，转而接上伊川的路数，摒弃旧说而成"中和新说"。新说的最重要关键是"心"的地位转变，心体不再是道价值之根源，转成为形而下的"气之灵"的虚灵明觉的表现，但仍然是工夫的枢纽。朱子"中和新说"对心、性、情的理解，可从以下几则文献见出：

> 问："人心形而上下如何？"曰："如肺肝五脏之心，却是实有一物。若今学者所论操舍存亡之心，则自是神明不测。故五脏之心受病，则可用药补之；这个心，则非菖蒲、茯苓可补也。"问："如此，心之

---

① 朱子对于自孟子与明道以来对心之道德根源之肯定，与乎心之通于性与天义，自早期以来实掌握不住，早期只是朦胧接受北宋诸儒与圣贤之说而来，在"中和旧说"前即常有感心之"泯然无觉之中，邪暗郁塞，以非虚明应物之体"（"中和旧说"中第一书）见于《朱文公文集》卷第三十，《与张钦夫十书》第三书），对心之意念难定与幽暗一面实多警惕，故唐君毅先生常指出朱子之工夫对人心之负面着力最深，此与朱子对肯定心体之说常以禅宗批驳，亦深有关系。虽然与南轩结交而建立起"中和旧说"，但对心之负面形象恐怕难以消除，因而不久即产生自疑，而转成"中和新说"，自成一贯通的体系，但已非孟子与五峰之类了。

理乃是形而上否？"曰："心比性，则微有迹；比气，则自然又灵。"①

问："心之为物，众理具足。所发之善，固出于心。至所发之不善，皆气禀物欲之私，亦出于心否？"曰："固非心之本体，然亦是出于心也。"又问："此所谓人心否？"曰："是。"子升因问："人心亦兼善恶否？"曰："亦兼说。"②

第一段虽似有以心为不同于性，也不同于气的表示。由于儒者论心重点不在心官之生理心理功能表现，不似五脏六腑之为生理器官，主要是论其在日常活动中的"操舍存亡"，虚灵明觉的表现。因此，依性即理之义，性只是理，完全无任何具体的情状可说。而心之为物，不管心如何虚灵，却总是具体的有形状可言之物，因而"微有迹"。心之有迹，在理气二分之下即属于气，是善与不善之根源。朱子不以为善恶是心体本有的，但亦出于心。于心之所发为善，则是心依性理而发，若为恶，则是由人欲而来。前者为"道心"，后者为"人心"。

朱子由深觉心在实践上常受内外所藏之利欲的影响，虽然为"气之灵"而有虚明灵觉之功用，但无法自立自定，须依赖性理为依据，方能自定。因而采取伊川所提的工夫进路："涵养须用敬，进学则在致知"，以"敬"涵养心之体，使心能"主一"，而专注于"格物穷理"。而朱子由此道德工夫之实践而见心之可为"人心"，亦可为"道心"。因此，心为已发，是形而下之气的存有，不是道德之根源，道德根源在性理。因此，而必须凭依心所具有之超越的性理，转化成为"道心"，得以依性理而行，即创造出真实的"道德行动"。

性不可言。所以言性善者，只看他恻隐、辞让四端之善则可以见其性之善，如见水流清，则知源头必清矣。四端，情也。性则理也。发者，情也，其本则性也，如见影知形之意。③

性为形而上的存有，实不可见不可言。而呈现在道德实况中，即为气为情；

① 黎靖德编：《朱子语类》，北京：中华书局 1986 年版，第 87 页。
② 黎靖德编：《朱子语类》，北京：中华书局 1986 年版，第 86 页。
③ 黎靖德编：《朱子语类》，北京：中华书局 1986 年版，第 89 页。

在道德表现中，即为恻隐辞让之道德之情。四端之善乃善情，由此所示之"端绪"可推而得知性之本质，即由恻隐辞让之善而知四端之源头，即性，为纯粹至善之理。至于"性则理也。发者，情也"是指性与情之形上形下之体用关系与分别，不可视为由工夫上的"性发为情"之道德实践的活动。因朱子的说法中，理是无形迹的客观普遍的存在，没有活动义，而能发动行动的只是气之灵的心。朱子是由道德行动中四端之情为纯善，由此推论作为情之存在之超越的根据的性也是纯粹至善的，由此证成性即理。但此是由然推所以然之理所建立的性即理。因而性与理不同于情与气，性理具有形而上的存有论地位。此处所言之"性"乃专就本源上说，不与气禀杂处而言，故又称为"本然之性"，或"天地之性"。此皆就"性"之就性之超越存有而言，也是心与气之超越的所以然理。此与下文之"气质之性"之兼气而言不同。但朱子常不明确区分二者，而综言之为"性"，因而产生日后韩儒的争论。心为气之灵，属形而下之气。由此而成心性二分、理气二分之格局。朱子对心、性、情三者的关系，作了如是的说明：

> 心者，主乎性而行乎情。故"喜怒哀乐未发则谓之中，发而皆中节则谓之和"，心是做工夫处。①

性与情是客观的存在，心则是气之虚灵灵动处。心之"主乎性"并不是以心为性之主之意，而是以心为能依性理而行，心所发所行而成即是情。"人心""道心"是工夫所成的心之境界。在工夫上，由道心而发即成天理的道德行动，由人心而发则只成违反道德的人欲的表现。要成就如何的道德行动，端视乎心的工夫表现，因此工夫落在心的涵养和格物致知上，使心能依所格之理而发，发而皆中节，成就真正的道德行动。② 由于心可为道心或人心，故必须以敬加以涵养，通过格物致知，务使心成为依性理而行的"道心"，不受或减低情欲或人欲的影响，以发为道德的行动。但使心成为道心，须通过格物穷理，使心之行动依理而行，而格物致知之工夫仍须由

---

① 黎靖德编：《朱子语类》，北京：中华书局1986年版，第94页。
② 依朱子之义理系统而言，能发的是心，而心属气，故相应韩儒之四端七情所论的"理发气发"问题，实只有"气发"。详论见下。

心之虚灵明觉来完成，方能转为"道心"，依理而行。最值得注意的是，朱子在上明确指出"心是做工夫处"，即，一切工夫与道德实践之行动，都是心所发动的。因此，在成德工夫上是属于"人心""道心"的问题。但心却不是道德本体，因心只是"气之灵"。然而，心也总管人之一切情之发，故也是四端与七情所发自之枢纽。至于由心之虚灵明觉而成圣的工夫只在发挥心之"知晓"性理之上（见下引文），与圣人之道德人格的完成，实有区隔。依朱子在中和新说之后对于"心"之存有地位与功能，有如下的明确表示：

> 性便是心之所有之理，心便是理之所会之地。①

> 性是理，心是包含该载，敷施发用底。②

> 问心之动、性之动。曰："动处是心，动底是性。"③

> 问："灵处是心，抑是性？"曰："灵处只是心，不是性。性只是理。"④

> 问："心之为物，众理具足。所发之善，固出于心。至所发不善，皆气禀物欲之私，亦出于心否？"曰："固非心之本体，然亦是出于心也。"又问："此所谓人心否？"曰："是。"子升因问："人心亦兼善恶否？"曰："亦兼说。"⑤

此数条可见朱子心性之定位是以性为心所有之理，确言之，即心只具理，而本身不是理，性才是唯一即是理。心为"包含该载"性之理。而心之积极功能是发挥性之理于行动之中。动处是心，而性不活动，只是心之活动之底据，即是活动之理而不是活动。

朱子以太极与阴阳以喻性与心，这是朱子对心与性之存有论的定位：

> 性犹太极也，心犹阴阳也。太极只在阴阳之中，非能离阴阳也。然至论太极，自是太极，阴阳自是阴阳。惟性与心亦然。所谓一而二，

---

① 黎靖德编：《朱子语类》，北京：中华书局1986年版，第88页。
② 黎靖德编：《朱子语类》，北京：中华书局1986年版，第88页。
③ 黎靖德编：《朱子语类》，北京：中华书局1986年版，第88页。
④ 黎靖德编：《朱子语类》，北京：中华书局1986年版，第85页。
⑤ 黎靖德编：《朱子语类》，北京：中华书局1986年版，第86页。

二而一也。……①

太极自是形而上之理，阴阳是形而下之气。性如太极，即是理；心如阴阳，即是气。太极自然不能离阴阳而自存，也无离开太极而有的阴阳存在。但就本质而言，太极与阴阳是不同存有层次之存有，两者不可混。故理气乃是"不离不杂"的关系。心与性亦如是。即，性自不能离开心而存在，但心与性却是不同的形上形下之存有。此中所谓"一而二，二而一"或指理与性和气与心虽名义不同，而实是同指；但更重要的是：不是说心性是一，而只是指性与心类似理与气之存有上的不同却又不可离，即把"理气之不离不杂"落于心与性之上来说，心与性亦不离不杂。综言之，理气或心性自是存在同一空间之中而不可分，但两者为形上形下两层存有，不可相混杂。性为未发，心为已发。性理没有活动义，性理是情之超越的体，活动落在心之发上。总言之，朱子之"心统性情"之义，实不同于孟子之"即心言性"以及五峰之"以心成性"所涵的"心性是一"的存有论为一之意义，即心为道德本体之实体。

朱子由工夫所体悟之心之重要功能为"心统性情"之说：

> 在天为命，禀于人为性，既发为情。此其脉理甚实，仍更分明易晓。唯心乃虚明洞彻，统前后而为言耳。据性上说"寂然不动"处是心，亦得；据情上说"感而遂通"处是心，亦得。故孟子说"尽其心者，知其性也"，文义可见。性则具仁义礼智之端，实而易察。知此实理，则心无不尽，尽亦只是尽晓得耳。如云尽晓此心者，由知其性也。②

在体用上，性是情的超越的本体或存在之理，情是性之具体呈现于气化中之用。

综而言之，理是气之超越之体，气是理在生活经验上之发用。而心只是气之特殊的虚灵的表现。由于心之虚灵，因此，心可就其所统之性而言

---

① 黎靖德编：《朱子语类》，北京：中华书局 1986 年版，第 87 页。
② 黎靖德编：《朱子语类》，北京：中华书局 1986 年版，第 90 页。

"寂然不动"，盖就性即理而言，性乃是不活动之本体，"心统性"时尚未有任何发动，故可说为心之"寂然不动"。但若说此亦即说性之"寂然不动"，有若说心即性，则大谬。此在朱子之心性之义理上是不通的。若就"心统情"，即在情之发而言，心即在发动之中，则可谓"感而遂通"。但此实是就心之未发与发动时而言，并不是说心之体用关系。即，只是就心之未发之时，称其体为"寂然不动"之未发的状况。就其发动而呈现为行动时，说为心之"感而遂通"，此时心之动即为情的表现。此时心若是能使性理贯于情与气，则形成一道德行动。朱子此说自与孟子之"尽其心者，知其性也"之义不同。孟子之尽心是扩展本心之义，而朱子之"尽心"只是尽心之虚灵明觉以格物穷理，不是充尽心之理之义。故朱子曰："尽亦只是尽晓得耳。"至于以此两句比附《大学》之"尽心为知至，知性为格物"实颠倒孟子之义理之为尽心然后得以知性之次序。牟先生已屡言之矣。故朱子亦自言此"尽心"之"尽"实只是"尽晓得"而已，不是实践地充尽地实现心之理之意。此自是与五峰之"尽心成性"之"尽"不同。此实显朱子与五峰和孟子对于心之存有论地位之巨大差异所在。而在工夫上而言，心之格物致知尚未完成实践的工夫，尚需待心能依所格之理发为行动，做出具体的道德行动，才完成道德实践之历程。朱子又有评五峰之心性说，亦可见朱子自述其体系的实义：

> 旧看五峰说，只将心对性说，一个情字都无下落……后来看横渠"心统性情"之说，乃知此话有大功，始寻得个"情"字着落，与孟子说一般。孟子言："恻隐之心，仁之端也。"仁，性也；恻隐，情也，此是情上见得心。又曰"仁义礼智根于心"，此是性上见得心。盖心便是包得那性情，性是体，情是用。"心"字只一个字母，故"性""情"字皆从"心"。①

如上节所申论，五峰自对心、性、情、欲皆有所论列和在存有论上有明确之区分，岂得谓对于情为无理会。朱子此批评实不如理。朱子只是依自己

① 黎靖德编：《朱子语类》，北京：中华书局1986年版，第91页。

之"中和新说"之格局，而不满意不同的论述，因而对五峰文献之诠释皆不中肯，所批评亦不如理。或由此可见朱子之义理系统实与一般儒者对经典所述有异解，故对《知言》之说多不满，而所评却又不如实、不如理。此亦诠释经典所不可不注意者也。朱子在此所言心性情的关系，实套于朱子之"心统性情"的系统而言，并不正视孟子以心为仁义礼智的根源，即道德价值之根源，即心即理之义。此义则由五峰之"以心成性"继承和发扬为儒门之基本义理。

综上所述，可见朱子由切身的道德经验之反省与分解，见出心之或善或恶的表现，心性为形上形下的关系，心之功能只依性理之规范而行，方能成就道德行动和道德的实践。由是，理、气也成形上形下的关系，理为由气之然所推之所以然之理，此气之然之实即是情，由是立"心统性情"之三分的格局。心宛似是体，可以有已发未发之情状，但实只是一虚灵明觉之气之用，其"统"性情，亦实只是功能上的联结，而不是道德创造之化育之通贯。性与理有待心之为道心而起动。活动义之工夫全归心之表现。性理本身即为普遍存在而没有活动（变异）之存有。在此义理架构之下所成之道德实践于气化流行的，即只是发挥气或事事物物所本具之"性理"而成为行乎事物中的天理。如是，则性、理、天为形而上之存有，心、情、欲、气为形而下之实然的存在。这是朱子由工夫所体证的"道德的形上学"的内容。圣人乃是由心之"致知格物""格物穷理""莫不因其已知之理而益穷之，以求至乎其极"，最终达到"至于用力之久，而一旦豁然贯通焉，则众物之表里精粗无不到，而吾心之全体大用无不明矣。此谓物格，此谓知之至也"（《大学章句·格物致知补传》）。由此所立之教为"复其性"（《大学章句·序》）之教，并非《中庸》之修道之谓教之由率性而来之教义。此因圣人不是由道德根源之性体之发扬（尽性）以立天之道，不是以此道德主体化育天下之义，也不是如孟子之由仁心之扩充实践而立尽心知性知天之"扩而充之，足以保四海"，也不是五峰之"尽心"而立性为天下之大本义，而是发挥气之灵之心之格物穷理而成，所充尽的只是心之虚灵明觉之知晓之尽，所成之道德人格虽似有道德至极之形象，但实只是遵行外于心官之外的天理性理之道，不能直言"以人体法"之义。圣人之行事，实不能呈现为"天道流行"之化境。圣人也只是依所格知之性理而"仿行"天道而已。故牟先生评之为"他律道德"，是一"横摄而非直贯之体系"。至于天下万事万物无穷，而心实为有定有限之气之灵之心，心之官如何能"一旦豁然贯通"全体之性理，能使心之官必"格知物理而为用"，以至"心之全体大用无不明"之如何即为圣人之义，实均有可疑。由此可见朱子之道德实践工夫，与心性天、情气理之存有论区分，实与孔孟由践仁尽心之工夫与所证之心性天之关系不同。

七、韩儒四七之争：朱子"心统性情"说之下的四端七情之异同和理据

朱子之学传到韩国成为韩国之主流义理之学，备受尊崇，影响广泛深远，成为韩国儒学讨论的基本原则和理据。而韩儒亦对心、性、情之关系，多有申论，亦可谓对朱子之义理有所发扬与发挥。其中最源远流长而影响韩国儒学最深刻的，无过于"四端七情"之论争。此论争源自朱子之工夫论所及的道德实践中之道德行动由何发动而来，此即心所发之情的善恶问题。因而对于孟子之怵惕恻隐羞恶辞让四端之情与一般喜怒哀乐爱恶欲之七情之间的异同，特别是道德上的差异，产生争论。争论的焦点是四端七情由何发动，如何产生善与恶等，皆由诠释朱子在工夫上所论之心、性、情的论述而起。除了上述所已陈，以下先试引朱子更切近此论争的一些文献作为诠释之基础如后。朱子曰：

"心统性情"，故言心之体用，尝跨过两头未发、已发处说。仁之得名，只专在未发上，恻隐便是已发，却是相对言之。[1]

朱子对心、性、情的论述主要是"心统性情"的结构。此词在横渠只是一孤语，本义如何实难推敲，目前所见，实只是朱子自行的发挥。所谓"心

---

[1] 黎靖德编：《朱子语类》，北京：中华书局1986年版，第94页。

之体用"并非以心为形上之本体而有其用，而只是心之本质如是，与发用上如是如是而已，不是由本体发出应用之意。而朱子所谓"心之体"实指心未发动之前的"寂然不动"的状态，由于朱子之"性体"乃纯为理而不活动，故朱子常以此为心"统"性之时，但实质上心没有主宰性之能力，只是能知晓性理和发挥性理到实践活动中，而成功道德的行动。由此而说心之体为纯善，实有跳跃，盖纯善的只是性，心只是虚笼其上，只是不离而已，但心与性仍然是不杂，即不是一的，心是气，自不能说为是纯善的。所以，心之"寂然不动"只就其未发动而言，而心之用即心之发动，可谓心之"感而遂通"之呈用之时，而心之动用即成为气之活动，即是情。因此，朱子以心之"跨过两头未发、已发"言心之体用。实即朱子所谓"心统性情"之义。性与情是客观的存在，心只是一虚灵明觉之知。在此，朱子更明确指出，仁"只专在未发上"，实即指性之而言，不是心之内容。因此，心不是道德本体。不管在已发未发，心仍然只是气之灵，即属气而不是理。恻隐之情则是在已发之中。由仁与恻隐对言更见出朱子之性与情之关系，即，仁是恻隐之情的所以然之理。

此上所言之"性"，但朱子却又顺横渠、明道以来而言"气质之性"，主要是就人有生之后，所禀得之"性"必兼气而言。故"气质之性"即落在气化流行中之性：

> 问气质之性。曰："才说性时，便有些气质在里。若无气质，则这性亦无安顿处。所以继之只说得善，到成之者便是性。"[1]

> 性只是理。然无那天气地质，则此理没安顿处。但得气之清明则不蔽锢，此理顺发出来。蔽锢少者，发出来天理胜；蔽锢多者，则私欲胜，便见得本原之性无有不善。孟子所谓性善……与夫反本穷源之性，是也。只被气质有昏浊，则隔了，故"气质之性，君子有弗性者焉。学以反之，则天地之性存矣"。故说性，须兼气质说方备。[2]

---

① 黎靖德编：《朱子语类》，北京：中华书局1986年版，第66页。
② 黎靖德编：《朱子语类》，北京：中华书局1986年版，第66页。

性只是理。气质之性，亦只是这里出。若不从这里出，有甚归着。如云"人心惟危，道心惟微"，道心固是心，人心亦心也。……①

论天地之性，则专指理言，论气质之性，则以理与气杂而言之。未有此气，已有此性。气有不存，而性却常在。虽其方在气中，然气自是气，性自是性，亦不相杂。至论其遍体于物，无处不在，则又不论气之精粗，莫不有是理。②

在天地而言性，此时乃就普泛而言性，是气之存在之理，而无所不在。但此种"在"只是作为气之超越的根据，并不能说为直接显现为气。气自气，性自性或理自理，两者虽不离，亦不杂。但性落到天地万物与人之生命时，此时之性却又带有气质，故称为"气质之性"，即由此所产生的气化即不能纯然是理的表现，如四端之心或四端之情，而是兼理气两者，即有善有恶的表现。因而以最普遍存在的意义来指称的"情"，即喜怒哀乐爱恶欲，来表示由"气质之性"所产生的气化的结果。这种遍言的"情"自是有善有恶的不同表现，与四端之情之为纯善无恶不同。情之表现为善或恶，则纯由气之清明与否来决定。气之清明者则不蔽锢性，心顺性而行，此时即为天理胜，所表现即为善之情，如四端之情；气昏蔽锢时，私欲胜天理，心所表现即为不善之情。心之发为善为恶皆由气之清浊所决定。朱子由此说明"四端之情"与"喜怒爱恶欲"之情的区别。换言之，一切情俱出于心，虽然心为"气之灵"，但仍然是由气而定。一切表现都属于情，四端之情属于善情而已。因而，广义地说的情可说为或为善或为恶，并无一定。综言之，心在天理胜私欲时为"道心"，心在私欲胜天理时为"人心"。心之能否成就道德行动，视乎心之发动时为"人心"还是"道心"。"人心"之时，心之所发为由人欲之气而动，则只是人欲的气与情的表现，自是有违性理之行动。若心之发动时为"道心"，即满心依性理而发，则所成功的即是一道德行动，而呈现出四端之道德之情。工夫即在通过"涵养须用敬，

---

① 黎靖德编：《朱子语类》，北京：中华书局 1986 年版，第 67 页。
② 黎靖德编：《朱子语类》，北京：中华书局 1986 年版，第 67 页。

进学则在致知"使心进入"道心"和保持在"道心"的情况，以实现真实的道德行动，即在气化流行上表现为善情。

朱子门人对于四端之属于心还是属于情，也有疑惑：

> 或问："孟子言四端有二，大抵以心为言。明道却云：'恻隐之类，皆情也。'伊川亦云：'人性所以善者，于四端之情可见。'一以四端属诸心，一以四端属诸情，何也？"曰："心包情性者也，自其动者言之，虽谓之情亦可也。"①

此疑是由于对"心"之存有地位不明。因而问"四端"属于心还是情。但就朱子对心、性、情、气之说法，"四端"既是情，纵使是纯善的情，自然即是情。但情也是由心所发，故亦可谓之为属于心。此可明朱子对"四端之情"与各种或善或恶的情都视为情，即是气，也都属于心。在此并无差别。朱子认为在发动上的表现来说，四端与七情不但是心，也同时可直称之为情，即都是气化流行的表现。这对朱子言四端之情与七情之情，自是恰当合理的诠释。但为何同出于心而有此善与不善的差别，朱子则以"道心"与"人心"来区分，而人心道心是工夫所达到的表现，可谓"心所做的工夫"的结果。在心之工夫之下，"道心"所发乃是由心之依性理而发，而一般之七情所发则是由心依理气杂之"气质之性"而发，故兼有或善或恶的情之表现。揆诸朱子之说，七情之发自是心也是情，但看其发之时是依于"气质之性"之理而发或是"气质之性"之情而发。前者即成纯善之"四端之情"之类的善情，后者则成"不善之情"。对于此两者之差别，朱子也用发于理与发于气来说明：

> "四端是理之发，七情是气之发。"问："看得来如喜怒爱恶欲，却似近仁义。"曰："固有相似处。"②

朱子此语之表示，实有简化他的心性、理气与"心统性情"之说。如依上文所引文献和分析，朱子之心之已发即为情，情由心发实即为"气发"。性

---

① 黎靖德编：《朱子语类》，北京：中华书局 1986 年版，第 1297 页。
② 黎靖德编：《朱子语类》，北京：中华书局 1986 年版，第 1297 页。

理为不活动之存有，只是心与气之"动因"而不是直接的活动，故无所谓"情由理发"，发处只在于心，故实无所谓"理发"。但朱子此段之语，却被韩儒有不同的解读，引发韩儒的"四端七情"之"理发"与"气发"之争。但只要我们不要忘记朱子之义理如上说，即不难判明争论两造谁更能符合朱子之说。

八、朱子之成圣工夫与韩儒之"四端七情"之争论与疏解①

韩儒奉朱子之说为唯一理据，对于由朱子说明四端与七情之异同，常引用朱子对心性二分、理气二分、本然之性与气质之性之区分，与"心统性情"之三分之说，以及所涉及的《中庸》与《孟子》之相关文献之诠释，其中所含的义理，作了非常深入和曲折的分析申论，可谓深入诠释了朱子这部分的义理，成果实很丰富。一说此争论之先驱见于韩儒权近（号阳村，1352—1409）依朱子之义理而制成《天人心性合一之图》，其中以四端七情分属于理气，但只以"性发"与"心发"来说明"四端"与"七情"之差别，尚未用"理发""气发"之名。② 而一百年之后，韩儒郑之云（自号秋峦，1509—1561）又制作了《天命图解》以示朱子之义理结构和内容。秋峦承接了韩国性理学之传统，开始以理与气来诠释朱子论四端与七情之异同，而且认为善恶始于"已发"之后，因而提出"四端发于理""七情发于气"之说，在《天命图解》中分别把四端与七情置于理与气之下③。此图在

---

① 本节论韩儒"四端七情"之争，除了若干原始文献之外，主要参考由林月惠、李明辉中文编译之《四端七情论》（台北："中央研究院"中国文哲研究所 2019 年版），与杨祖汉著《从当代儒学观点看韩国儒学的重要论争》（台北：台大出版中心 2005 年版）一书，特别是第二章《李退溪与奇高峰"四端七情"之论争》一长文。谨此志明。

② 参见具春寿《权近的心性论考察》一文，此文收于《四端七情论》为第一章，第 1—18 页。又，杨祖汉在《李退溪与奇高峰"四端七情"之论争》一文第四节"胡云峰及权阳村之有关说法"，第 104—113 页。也因奇高峰之说而略介元儒胡云峰与权阳村之说法，请参阅。

③ 参见丁大丸《郑之云与四七论争之发端》一文，此文收于《四端七情论》为第二章，第 19—36 页。

韩儒之间流传一段时间之后，传到李滉（号退溪，1501—1570）手上。退溪对四端七情之"发"有不同的了解，因而与秋峦往还商讨之后，把《天命图解》，此两句改为"四端理之发，七情气之发"。而奇大升（号高峰，1527—1570）不同意此两句的说法，他的批评当时似尚未成文。但他的批评也流传到退溪知闻。退溪回应高峰的批评，并寄一函给高峰，修订自己的说法为："四端之发纯理，故无不善；七情之发兼气，故有善恶。"① 是为此论争之第一函。而高峰对此函作了一详复，由此正式开展了韩国儒学中第一个重要的论争。

退溪与高峰之辩，共有四次往复信函，原则上，两造皆基于朱子之义理而论。本节只能简略引述，以见两造之争的要点。详论请参阅杨祖汉著《李退溪与奇高峰"四端七情"之论争》一文，文中详引双方的文献和分析深入细微，对退溪与高峰之论据与对于与朱子义理之相应或发挥之判断，虽仍不无可诤辩之处，但可谓精到矣。在此只综述退溪与高峰之四次论争之要点如后，再略申己意以论之。

高峰首先对退溪原先之"四端理之发，七情气之发"之说作出批评，再进而批评退溪第一次之修订的说法。高峰以四端之说出于《孟子》，七情之义则由《中庸》而来，因此如是说：

> 子思之言，所谓道其全者；而孟子之论，所谓剽拔出来者也。盖人心，未发则谓之性；已发则谓之情。而性则无不善，情则有善恶，此乃固然之理也。但子思、孟子所就以言者不同，故有四端七情之别耳，非七情之外，复有四端也。今若以四端发于理而无不善，七情发于气而有善恶，则是理与气判而为两物也。是七情不出于性，而四端不乘于气也。此语意之不能无病，而后学之不能无疑也。

> 若又以四端之发纯理故无不善，七情之发兼气，故有善恶者而改

---

① 奇高峰：《高峰上退溪四端七情说》，[韩]裴宗镐编《韩国儒学资料集成》上，首尔：韩国延世大学校 1980 年版。

之，则虽似稍胜于前说。而愚意亦恐未安。盖性之乍发，气不用事，本然之善得以直遂者，正孟子所谓四端者也。此固纯是天理所发，然非能出于七情之外也，乃七情中发而中节者之苗脉也。然则以四端七情对举互言而谓之纯理兼气可乎？论"人心""道心"则或可如此说，若四端七情则恐不得如此说。盖七情不可专以"人心"观也。夫理，气之主宰也；气，理之材料也。二者固有分矣，而其在事物也，则固混沦而不可分开，但理弱气强，理无朕而气有迹，故其流行发见之际不能无过不及之差，此所以七情之发或善或恶，而性之本体或有所不能全也。然其善者乃天命之本然，恶者乃气禀之过不及也，则所谓四端七情者初非有二义也。

近来学者不察孟子就善一边剔出指示之意，例以四端七情别而论之。愚窃病焉。朱子曰：喜怒哀乐，情也。其未发，则性也；及论性情之际，则每每以四德四端言之，盖恐人之不晓而以气言也。然学者须知理之不外气，而气之无过不及，自然发现者，乃理之本体然也。而用其力焉，则庶乎其不差矣。①

高峰首段区分《中庸》之七情（即就喜怒哀乐而言）乃就所有情而言，而四端则是孟子特别就其中"善情"而言，并无异质上的不同。高峰且驳斥退溪之说为有"理气判为两物"，与"七情不出于性""四端不乘于气"，皆有违朱子所言之义理。此是大病。第二段则进而认为退溪之修订，"四端之发纯理故无不善，七情之发兼气"虽似稍佳，但其实仍然有违朱子与《中庸》和《孟子》之说。因为，"四端"之所以纯善，只因此时"气不用事"，即没有干扰心之发用，故性之本然之善得以直遂，此即是孟子之四端之情之发。但仍然不能外于七情，而另为异类。高峰认为四端之发亦只是七情中"发而中节"的"善情"而已，不能以四端七情对举而作区分。换言之，四端七情都兼理与情而发，都由心所发，即是情所发，即是"气

---

① 奇高峰：《高峰上退溪四端七情说》，收于〔韩〕裴宗镐编《韩国儒学资料集成》上，首尔：韩国延世大学校 1980 年版，第 233 页。

发"。此中，高峰认为退溪"四端纯理发""七情兼理气而发"之说或可在"人心""道心"之义上作如此分别，即在心之工夫上可以有分别。此确有见于朱子之工夫之义，即所谓"理发""气发"只能在工夫上作如此之区分。"人心"所发固可以说是由人之私欲所发，故为不善之情。而"道心"由工夫之格物穷理而至，"道心"所发是直由心所具之理而出，此时气尚未能有所动，实未参与"道心"之发，所发可谓"心纯依理而发"，故为纯粹的道德行动。但若按朱子"性只是理，无活动义"之说而言，"道心"实不可以言"理发"。因为，在工夫上，"道心"只是因"格物致知"所至，而使心能纯然依理而行，即心依性之理而发为行动，此中所具有的是纯善的情，虽据性理而来，但实则仍是心发，而心发即情发，也就是气发。故四端所发固是纯善之情，但仍然是气发，若依高峰之意，仍然是"心之气兼理而发"，而不能说是"理发"。换言之，依高峰之诠释，"四端七情"之论争是在存有论上的理气的体用关系和工夫上四端之情如何发动，特别是善情如何得以发动的问题。高峰所持之论旨是：四端与七情都是情或气，并无不同的"情"。而退溪误把工夫实践中如何使"人心"转化为"道心"，由"道心"所发而得以成就真实的道德行动，视为不同于七情的另类由理所发的特异的四端之情，说为"理发"，而以七情之可为中节或不中节之情，视为不同的"气发"之情。此一评论实是直指退溪对朱子之义理有极深之误解之批评！

高峰最后更以一般论者不察孟子之"就善一边剔出指示之意"，以及不知朱子之用心，"论性情之际，则每每以四德四端言之，盖恐人之不晓而以气言也"，以证实自己之观点，自然也批评退溪之见实无异于一般学者之蒙混之俗解。高峰言词之锋利，虽所言确当，而不无使被评者深感到受伤。然退溪之为大儒，固足以承受此评，亦以高峰之说不无所见，而所言亦深切于朱子之义理，故仍愿再进一步修订。时高峰初出，退溪亦有爱贤之心，故第二书仍详论己意，用以解后学之疑云尔。

退溪虽颇欣赏高峰之直言而确之论，但不认同高峰之说，坚持"四端"

与"七情"之发为不同类。因而有第二次往还之辩。① 退溪在论述之先略陈为学之不易，须就"本源之地下功"，引孟子之说而谓"先儒论学，必以收放心、养德性为最初下手处，乃所以为凝道广业之基"，盖以涵养本原以告后学之高峰，亦示对其锋利之批评有所重视，但亦以为言词中有自大自傲之处。故退溪专纸详复高峰之质疑，亦强调"义理之学精微之致，必须大著心胸，高着眼目，切勿先以一说为主，虚心平气徐观其义趣，就同中知其有异，就异中而见其有同。分而为二而不害其未尝离，合而为一而实归于不相杂，乃为周悉而无偏也"。退溪回复高峰的分疏首先表示赞同高峰之以《中庸》为情之全体而言，而《孟子》乃就所专言之"善情"之"四端"而发，但亦辩护自己之所以主张"四端"与"七情"之分的正是圣贤论述之立意所在，反而批评高峰不许分别二者为不能顾及圣贤分言之意：

> 夫四端情也，七情亦情也。均是情也，何以有四七之异名耶？来喻所谓所就以言之者不同，是也。盖理之与气本相须以为体，相须待以为用。固未有无理之气，亦未有无气之理。然而所就而言之不同，则亦不容无别。从古圣贤有论及二者，何尝必滚合为一说而不分别言之耶？且以"性"之一字言之。子思所谓"天命之性"，孟子所谓"性善之性"，此二"性"字所指而言者何在乎？将非就理气赋与之中而指此理原头本然处言之乎？由其所指者在理不在气，故可谓之纯善无恶耳。若以理气不相离之故而欲兼气为说，则已不是性之本然矣。夫以子思孟子洞见道体之全而立言如此者，非知其一不知其二也。诚以为杂气而言性，则无以见性之本善故也。至于后世程、张诸子之出，然后不得已而有"气质之性"之论，亦非求多而立异也。所指而言者在乎禀生之后，则又不得纯以本然之性混称之也。故愚尝妄以为情之有四端七情之分，犹性之有本性、气禀之异也。然则其于性也，既可以

---

① 以下引文皆退溪回复高峰之《答奇明彦·论四端七情第一书》一函及别纸详论四端七情争论之第二函《附奇明彦·非四端七情分理气辩》一文，此二文收于《韩国儒学资料集成》上，首尔：韩国延世大学校1980年版，第120—125页。

理气分言之，至于情独不可以理气分言之乎？恻隐羞恶辞让是非何从而发乎？发于仁义礼智之性焉尔。喜怒哀惧爱恶欲何从而发乎？外物触其形而动于中，缘境而出焉尔。四端之发孟子既谓之心，则心固理气之合也，然而所指而言者则主于理，何也？仁义礼智之性粹然在中，而四者其端绪也。七情之发，朱子谓本有当然之则，则非无理也，然而所指而言者，则在乎气，何也？外物之来，易感而先动者莫如形气，而七者其苗脉也。安有在中为纯理，而才发为杂气外感，则形气而其发为理之本体耶？四端皆善也，故曰："无四者之心，非人也"，而曰："乃若其情，则可以为善矣"。七情善恶未定也，故一有之而不能察，则心不得其正，而必发而中节然后乃谓之和。由是观二者虽皆不外乎理气，而因其所从来各指其所主与所重而言之，则谓之某为理、某为气，何不可之有乎！①

退溪之反驳也很对位。首先顺高峰之分别指言之意，引出子思与孟子固然都知理气不可相离，但也有分别指言"天命之性"与"性善之性"，因为须特指出性之本原意义，故在洞见道体之全之下仍然用专言以表示所言之为"本然之性"，不指后之所谓在气禀之中的"性"。而后世儒者如程子、横渠乃有"气质之性"一名以分别之，亦是就理之本原与分言的分别。故退溪认为"理"有此分，则"情"亦可以有类似之分，即"四端之情"与"七情之情"可分别专言。此说自只是类比而言，但退溪更进而以产生"四端"与"七情"之基础实不同，故可以分而言之。盖"四端之情"乃由在中之性理之仁义礼智而发，退溪反对一发即夹杂了气，即必为兼理气之情，若如此，反而是以形气为理之本体！若以四端不异于七情，则有本由"外物触其形而动于中"的七情，反而成为理之本体之发，亦即兼理气之发。退溪认为如此混杂理气于四端、七情而以为即同是情没有分别，并不合理，更有违古圣先贤之意。因此，退溪再引孔孟亦有相似的论述，以证四端与

---

① 李滉：《答奇明彦·论四端七情第一书》，《退溪先生文集》，［韩］裴宗镐编：《韩国儒学资料集成》上，首尔：韩国延世大学校 1980 年版，第 120—125 页。

七情之本质上不同之意。反之，若如高峰之必以四端与七情混同为一，反而有"认人欲为天理"的祸患。最后，退溪引出朱子有说"四端是理之发，七情是气之发"一语，印证和确定自己所说为无误。

对于退溪第二函所论，高峰做了更详尽的分析与说明，就退溪所说分列为十二条，逐一反驳退溪的说法。[①] 高峰首先引述朱子之用词，特是心、性、情之确义，以立双相方争论的基础。高峰所引述和诠释实能掌握朱子之用词与义理，由此进而申论退溪引述朱子所说的"四端是理之发，七情是气之发"一语，认为其中实有曲折，不可依字面而接受之，亦实指出在朱子之义理系统中，四端七情实异名同指，俱兼有理气，而不可以七情为只有气，亦不可以四端为只纯理。理只为动底因，而且被断为是在"未发之中"，实不能直接发用以言"理发"。其中高峰认为最核心的批驳是第六节。高峰在此节首明"七情之不专是气"，详引《中庸》《孟子》。以及伊川、延平与朱子之说，论证"七情岂非兼理气，有善恶；而四端者，岂非七情中理也、善也哉！如是而欲以四端七情分属理气而不相管，亦可谓倚于一偏矣"。高峰此函不但批驳了退溪的主要主张，并提出自己的疏解，包括四端与七情都是感物而生、都是由心或气所发，最后高峰更进而主张四端之情也有不善的，特别举人之羞恶或是非其所不当羞恶是非之事，故四端之情亦可以有不善，由此更确立四端七情之共同性质，即皆为情，而只由中节不中节而分，四端不过是情之中节之"善情"而耳。综言之，高峰之回复是以更严谨的文献与诠释证立没有"理发"之事，而只有"气发"或"心发一途"。由于高峰之说于朱子之义理申论，相当严谨而明确，论述实能坚守朱子之本义。退溪之引用《中庸》《孟子》，时或有逾越朱子之义理系统所及，其诠释和发挥，实有如高峰所指为"先生之所自得"，即不符朱子之核心义理之说。高峰之论，实反映了朱子之实义和所含的意涵，不

---

① 由于高峰之讨论详而长，本文不能一一征引诠释，只大要略述。详论参考杨祖汉之《李退溪与奇高峰"四端七情"之论争》一文第三节之详细和深入的分析。至于两造之第三回合的辩论，亦请参考此文之第五节。

是退溪所可容易消解者。① 退溪虽接受高峰对四端七情之同为兼理气等之说，因而对第一书作了"改本"，改正文中一些说法。但仍然主张四端与他情为不同类之"发"，不接受高峰所主张之"四端"只是"七情"全体中的"善情"，因而有第三函之回复。

此第三次来回之辩中，退溪再复高峰第二信之详论，固推崇高峰之"旨意渊深，援引浩博，驰辞骋辩，不穷不测"，而自谦"老人衰耗精力许多，义理包罗不得"，然仍就"全篇每条撮其大要，以类相从"，而分为"有来语本无病，而混错看妄论者、有承诲而自觉己语有失称停者、有来诲与鄙闻本同而无异者、有本同而趋异者、有见异而终不能从者"五种。退溪又把这五种分为两大类，前三者为一类，后两者为一类。对前者只以简示作答，盖以实殊途同归之旨。至第二类之"本同而趋异者"与"见异而终不能从者"则仍详论以示之。在此第三次往复讨论中，退溪认为高峰只坚持四端为理之发，而七情为兼理而发，但没有正式否定"四端为理发"之说，也没有说明朱子何以有七情为"气发"而不明指为"兼理"之发。此即拒绝承认高峰之论辩之有效性，仍然坚持"四端是理之发，七情是气之发"之不同类。退溪更进而论之，指出"盖人之一身，理与气合而生，故二者互有发用，而其发又相须也。互发则各有所主可知，相须则互在其中可知。互在其中，故浑沦言之者，固有之，各有所主，故分别之而无不可"。故四端与七情乃就其各有所主而相异之处而言，并无高峰所论难之后果。如高峰不否定四端为"理发"，则亦不能否定七情为"气发"而与四端有别。是以，退溪认为高峰之反对，朱子实已先回应之，更引文献而确立"四则理发而气随之，七则气发而理乘之"，可谓古圣贤之共识。凡此皆非理外有气，气外有理之说。退溪自谓无此种理气之主张或意涵，批评高峰基本上只是以浑沦之说攻击四端七情本有之分别而不真能攻破之。退溪在论辩中指出高峰之极端之论，如为否定退溪之四端七情之分而以为《朱子

---

① 杨祖汉先生文中的疏析，认退溪之坚持和申论，实有见于孟子之说而倾向孟子之解，因而与朱子之义理，确有差距，但此更证成朱子之学的归宿亦心向孟子而行，云云。对于杨先生此论，以下再作一简论。

语类》所记有误，更有为持己说而强以"四端也有不善"为同于七情之有
善有不善之类，亦重申自己之四端七情之说非如高峰所谓出于他人（如高
峰之以为出于元儒胡云峰之不谛之说），或只是"袭于俚俗相传之语"等。
退溪以为，若如此争辩，"不揆诸道者，终无可合之理，只待天下之公论而
已。志在明道而两无私意者必有同归之日，此非达理好学之君子不能也"。
诚有不欲再辩之意。此或是当高峰就退溪此复而仍有第三书来叩问，退溪
只略复己意而终不再辩。

至于高峰之回复，可说是第四次之往复讨论。高峰此函虽对前辈多了
尊重与推崇和自我谦退之词，唯于退溪驳斥之处，委曲以退溪未解自己前
言之意，以求再教；于义理渊源有误之情据实以告解，非谓退溪亦如俗俚
之说，云云。除了分辩之外，高峰复函最重要的是列出退溪在上函所争辩
理发与气发等未得退溪认可之五条要点，仍然加以追问曰：

> 敢问喜怒哀乐之发而中节者，为发于理耶？为发于气耶？而发而
> 中节，无往不善之善与四端之善同欤？异欤？若以为发而中节者是发
> 于理，而其善无不同，则凡五条云者，恐未可为的确之论也。若以为
> 发中节者是发于气，而其善有不同，则凡《中庸章句》《或问》及诸说
> 皆明七情兼理气者，又何所着落？而诲谕缕缕，以七情兼理气亦者亦
> 虚语也。详此两端，其是非从违，心有所归一者，未知先生以为如也？
> 若此而犹有所未判，则正所谓必后后世之朱文公者，非大升之所敢
> 知也。①

此一追问，实已不容有商讨回环之余地矣。而对于退溪上函所提的进一步
的自我修订之"四则理发而气随之，七则气发而理乘之"两句，更欲改为
"情之发也，或理动而气俱，或气感而理乘"，即，四端七情皆是情发，实
即气发，而只分别之以四端为理动而气随，七情则气感而理乘。此自是高
峰所强力主张，是退溪所不能容让之判断。而退溪之《答奇明彦论四端七

---

① 奇高峰：《高峰集》，《两先生四七理气往复书》下篇卷之二，《高峰答退溪再论四端七情
书》，载杨祖汉《韩儒李退溪与奇高峰"四端七情"之论辩》，台湾《华冈文科学报》2003 年第二
十六期。

情第三书》只略就高峰前函所谓五条未能认可之说作答，所陈之义亦只重复之前所已述之大意，自亦不认可高峰所提之改动自己之主张之议。由是而结束两造间的争议。

高峰后又有"四端七情后说"，亦只反复重提己见，亦呈退溪鉴察，而退溪亦无回应。高峰又拟《四端七情总论》一文，一再重申己见之"四端七情为同类"之解，而以孟子之"扩充"之工夫，与"七情之兼理气而视为气发"亦只为强调于气发之情，虽或善而亦有蔽乎理之处，实戒学者于气发之情省察以治之。如是，则可谓高峰最终以工夫之进路，来诠释"四端七情"之争。此是一可取之方向，亦回应此争论之初，高峰所提朱子之"人心""道心"以正解"理发"与"气发"之分别说之工夫义。此实是四端、七情之根源与分别之正解之途。

至于退溪之说，在文献上实不如高峰之严谨，亦由退溪在工夫上实有感于孟子之"四端之说"为道德实践所呈现之实情，不容杂以气化而失其主旨和证立儒家之"性善"之根本义。此义不但朱子谨守之，高峰亦实谨守之不已。唯退溪是否有取于孟子之说和真情实感，则不易说。① 盖观退溪不但以陈白沙之说亦是"禅家顿悟之机，圣门无此法"，更著《〈传习录〉论辩》长文，痛斥阳明之"心即理"之论，更有甚于白沙，而竟谓："如阳明者，学术颇忒其心，强狠自用，其辩张皇震耀，使人眩惑，而丧其所守。贼仁义，乱天下未必非此人也"，认为此皆是阳明所创之"心即理"之说所致。② 此观之，以为退溪有接上孟子之即心言性，恐非退溪因趋向孟子而有违朱子之本义，盖接上孟子之"心性为一"而必有"心即理"之义，此断非退溪所能接受者。细观退溪之文意，实仍谨守朱子之义理，而直以朱子所说"四端理之发，七情气之发"是朱子本其义理而如实之论，不因高峰之解读而有所动移。如是，则不但朱子，退溪与高峰亦未曾真契孟子之由

---

① 杨祖汉先生妙解退溪此义，详请参上引《韩儒李退溪与奇高峰"四端七情"之论辩》一文。

② 参见［韩］裴宗镐编：《韩国儒学资料集成》上，首尔：韩国延世大学校 1980 年版，第222—228 页。

怵惕恻隐之心之动，由逆觉体证所立之道德本心，以工夫扩充此不忍人之心即可直登圣域之境，以及由此而证性与天道之"道德的形上学"之义，转而纯由体用以解理与气，而拖曳到孟子与《中庸》之工夫论上，而实悬空而言形上形下之存有关系，使此论争难有确解。故退溪与高峰终不相解，而"四七之争"亦在韩国儒学史上流传不断以迄于今。

阳明学文献学与阳明后学专题

王阳明稀见文献版本研究的定论与非定论

邹建锋[*]

摘　要： 对明嘉靖时期稀见阳明文录版本的收集、复制与研究，学术界已取得可喜的成就，但还有不少亟待深入研究的空间。本文立足于近几年国内外新发现阳明先生文录嘉靖稀见版本7种，包括日本九州大学图书馆藏增刻广德版阳明文录4卷本孤本、国家图书馆（以下简称"国图"）藏嘉靖十四年钱德洪增刻黄绾阳明存稿28卷本孤本、云南省图书馆藏增刻阳明文录24卷本孤本、国图藏修缮云南省图书馆藏24卷本孤本、嘉靖三十二年孙昭重刻闾东28卷本、日本国立公文书馆藏胡宗宪嘉靖三十七年刻阳明文录24卷本孤本、首都图书馆藏赣州嘉靖四十四年吴百朋增刻董聪28卷本孤本，并与众所周知、广泛影印出版的阳明先生文录版本5种（中国人民大学图书馆藏嘉靖十八年重刻广德版文录4卷本、孔学堂书局影印上海图书馆藏嘉靖十四年《新刊阳明先生文录续编》4卷本、"苏州版"24卷本、嘉靖二十六年范庆苏州刻文录20卷本、广西师范大学出版社影印首都师范大学图书馆藏嘉靖四十四年嘉兴刻《阳明先生文录续编》8卷本）比较。通过汇校12种嘉靖时期稀见有文献版本学意义的王阳明文录，发现嘉靖时期阳明文录版本源流的真实情况。

　　时任南京礼部右侍郎的黄绾于嘉靖十二年九月刊刻《阳明先生存稿》，但此本散佚。国图今藏28卷文录本，仅收录黄绾嘉靖十二年九月十五日独

---

　　* 邹建锋，宁波财经学院人文学院副教授。

序，但该书公移三最后一篇公移附录正文末尾最后一句，却明显记载为"嘉靖十四年乙未八月钱德洪书于苏州府学"的字句，说明国图存世28卷本孤本并非刻于嘉靖十二年，而是刻于嘉靖十四年八月，早已非黄绾刊刻的嘉靖十二年九月版本。范庆在嘉靖二十六年重刻苏州府藏版文录，其序言中明确说，黄绾《存稿》早于"苏州版"，是与《别录》平行的版本，钱德洪在苏州合并为文录，即"姑苏本"，而国图藏28卷本正文内容恰好符合范庆的自述。因此，任文利先生撰文指出，苏州本实际应改为28卷本。而今存世的题录"苏州本"只有24卷，国内外图书馆均有收藏，且经过邹守益、钱德洪的再次修订。后世影印题录"苏州本"24卷文录本，其实是姑苏28卷本的递修本、节本与选本，不仅删去4卷公移，将7卷公移减少到3卷，更改每一篇公移的题目，且对28卷本进行全面改编，增录与邹守益相关的诗歌4篇，增加其他文录多篇。云南省图书馆藏文录本则是所谓"苏州本"的增刻，除题录"苏州本"序言改动外，仅仅增加杭州洪钟相关墓志铭、祭文2篇，全书其他部分未做任何改变。国图藏重刻云南省图书馆藏本没有序言，对杭州洪钟相关墓志铭、祭文2篇进行精校，改动墓志铭、祭文的重复错误和刊刻错误，且对全书其他部分都进行了一次深度汇校，校对精良。胡宗宪嘉靖三十七年重刻文录24卷本，除序言变动外，则翻刻国图藏重刻云南省图书馆藏本，内容完全一样。而28卷本后来多有重刻，如欧阳德、程文德就曾在约嘉靖二十五年重刻，可惜亦未能传世；闾东嘉靖二十九年重刻28卷本，可惜的是，闾东初刻本今不见；孙昭嘉靖三十二年重刻闾东本，存世的即为孙昭重刻本，未收《传习录》《传习则言》；嘉靖四十四年吴百朋赣州重刻28卷本，增录阳明与王琼书信15通，且赣州诗、江西诗先后次序均有变动。隆庆六年全书本为宋体字，是在语录3卷本（《传习录》3卷本）、胡宗宪刻文录新22卷本（4卷诗歌合并为2卷）、嘉靖四十四年刻《阳明先生文录续编》新6卷本（原8卷）基础上，加上阳明年谱5卷本、《三征公移遗稿》2卷，总计38卷。万历初年用楷体字重刻38卷本，万历二十四年、三十五年分别重刻。今存世四部丛刊本比隆庆本、万历初年本均多出《山东乡试录》一小卷，为后世重刻时增录。

关键词：王阳明；文献版本研究；定论；非定论

1988 年，著名阳明学家钱明先生在《浙江学刊》发表《〈阳明全书〉的成书经过和版本源流》，汇报查访了北京、上海、南京、杭州、余姚等地的图书馆、藏书楼以及在日本查阅九州大学、京都大学人文科学研究所、筑波大学图书馆、名古屋市蓬左文库，对其中收藏王阳明的著作情况作了初步调查，并就《阳明全书》的形成过程作出开创性研究。钱先生对王阳明版本文献的研究，是国内外较早对王阳明全球文献大调研的专业性学术论文，启发后学甚多，居功至伟。四年后，即 1992 年，在充分吸收民国时期上海商务印书馆、中华书局等整理本《王文成公全书》众多优秀成果的基础上，吴光、钱明、董平、姚延福共同编校出版《王阳明全集》（上海古籍出版社），110 万字。随后上古社阳明全集系列在之后的三十多年时间里，与时俱进，形成不同系列简体本、繁体本，已经成为目前学术界阳明文献引用研究的通行版本。

自 20 世纪 90 年代初以后，钱先生利用到日本访学的便利，搭构起海外与国内阳明学研究的重要桥梁。其潜心埋头于阳明文献史料的收集工作，累计整理阳明散佚诗文多种，蔚为大观。历时近二十年，2010 年浙江古籍出版社公开出版钱先生主持编校整理的新编本（《王阳明全集》第 5、6 册），90 万字，增收三百多条王阳明论学语录，增补一百余篇明清与民国学者论阳明的传记、序跋、祭文等资料。在当时，实为收录最全、考辨最精的王阳明文献全集，大幅扩增原上古社失收、未收的大量史料，尤其是永富青地先生编校整理的 142 篇公移（见该书第 6 册卷48—50），文献史料价值意义巨大，推进了王阳明文献版本与学术思想研究。虽然，不少学者钟情于上海古籍出版社系列版本，但依然有不少学者收藏并引用新编本。①

与此同时，日本学者对王阳明文献版本的研究呈现新的繁荣。日本阳

---

① 深入的研究可参见钱明：《王阳明及其学派考论》，北京：人民出版社 2009 年版。

明学著名文献学专家永富青地对日本、欧美与我国内地多所图书馆稀见王阳明存世珍本文献全球大调研，经过多年的刻苦努力与其非凡勇气，于2007年在日本出版《王守仁著作の文献学的研究》（东京汲古书院），所获甚多，启发后学，已经成为目前全球著名阳明文献研究里程碑式的重要著作。尤其是其在上海图书馆发现《关于上海图书馆藏〈新刊阳明先生文录续编〉》（2006年）的研究论文，为学术界所喜爱，对其辛苦辑佚之文内地同仁赞誉有加。

2016年以后，尤其是2017—2019年期间，笔者利用大型丛书《中华古籍总目》、CALIS中国高校古籍数据库目录、国家图书馆中华古籍资源库和国家珍贵古籍目录知识库，接力王阳明文献版本研究，展开密集与系统地对王阳明单刻本稀见珍本文献全国大调研。在2020—2022年期间，在钱明、钟彩钧、林月惠、深川真树、华建新、杨德俊、王强、王学伟、任文利、黎业明、彭启斌、向辉等一大批优秀阳明学文献研究专家的帮助下，不仅获得三十多种王阳明稀见善本全文，还在成都采薇阁捐资下公开影印出版《王阳明稀见版本辑存》《阳明心学文献丛刊》《阳明心学书院文献丛刊》等多种大型丛书七百多册，进一步完善与丰富了阳明心学文献资料库，惠泽后学，助力新的研究推出。①

经过四十多年数十位勤奋跋涉千山万水的阳明文献调研者的连续接力，目前我国学术界已经对王阳明的文献版本学形成深度积累，并掌握了大量的一手文献史料，为未来后学对阳明学的规范与深入研究奠定了良好的研究平台。

而在王阳明文献版本学的调查和研究中，最难的研究领域莫过于对嘉靖时期王阳明单刻本的收集与发现，主要原因是相隔太久，毕竟是五百年后的我们去重新寻找王阳明孤本文献，这本身就是很难的事情，多受制于各个馆藏的特殊性规定与内地与国外的地域之隔。今天王阳明孤本文献寻找之难，更与当时的刊刻之难不无关系，这主要是因为王阳明本人在嘉靖

---

① 参见邹建锋：《回归王学的真实世界》，《浙江社会科学》2010年第1期。

时期被"雪藏"与"打压",独特的历史时代与政治社会背景所致。隐藏于王阳明文献刊刻之难的背后,有一股巨大的动力,是王阳明思想本身具有的前瞻性、现代性与新奇性,其逻辑在于王阳明良知学的超前性与自由价值彰显。王阳明文献刊刻的动力大于阻力,无论时代环境如何的困难,总有一些先行者敢于承担,传播阳明心学。当时明朝的政局,无论是进士、举人等的选拔,还是国家意识形态的传播,均是以程朱理学为宗,而对掌权者还是以正统自居的理学人士而言,王阳明心学所提倡的对传统宗法秩序的冲击、削弱与中央权威的巨大解构力、消解力,相当于洪水猛兽,阳明心学被视为"伪学"。由于王阳明的军事功勋与其多年对国家、地方公共事务的奉献所带有的巨大光环与光明效应,可以缓解程朱理学保守派读书人与各级官员对阳明文献刊刻的阻挡压力,成为推进阳明文献刊刻的时代之光。王阳明自身带有的国家治理精神和事功成效终究会成为朝廷愿意给予其相应的政治地位、学术传播与文献刊刻的权利。王阳明学术自身的通透性和愉悦身心的精神功能,推动当时全国读书人和部分地方官员振兴乡邦,积极踊跃刊刻王阳明文献,创建书院,讲学争鸣,辅仁丽泽,承前启后,改善社会风气,成为一种社会运动与学术思潮。即便是重新以程朱理学为宗的清王朝,官方禁止传播阳明学所带来的苛刻不利的时代背景与政治约束条件,但还是有数以千计的地方乡绅与饱读诗书的学者们默默传播阳明心学,刊刻阳明文献。清朝的王阳明文献刻本传承并未中断,虽然多为选本,且刊刻不精。

讨论王阳明文献的刊刻,我们首先来谈谈王阳明生前身后独特的政治环境,由此来透视王阳明刊刻的有利与不利条件,分析王阳明文献流传的阻力与动力,全面走进嘉靖时期那段王阳明文献版本流传的困难时期。随之,从整体的研究视野,俯视王阳明文献版本源流的概况。最后,则就每一种王阳明单刻本,尤其是孤本,展开专论。先概说,点其源流过程,让读者获得整体印象;再专论,让读者明辨每一个孤本的源流,走进王阳明文献的隐秘世界,那段不为人知的历史。点面结合,以材料说话,让读者明了王阳明文献版本源流。

一、王阳明所处不同政治环境的变动

对于二十七岁（弘治十二年己未，1499 年）考中进士的王阳明而言，其官宦之途的开启，可算是比较正常。其父王华（1446—1522，字德辉，号实庵）成化十七年（1471 年）状元，至弘治十一年晋升右春坊右谕德，先后主持顺天、应天府乡试，弟子门生遍天下，官至礼部左侍郎（翰林学士）、南京吏部尚书，在当时朝廷所拥有的巨大能量为王阳明带来无限的政治资源。王阳明的为官之旅可谓是远远在普通人之上，但或许容易给他带来张狂的为官处事待人的不良习气，尤其是其藐视皇权，敢于与皇帝、权臣刘瑾叫板，显然是非常不利于其后来仕途顺利走向的。其自身生来所具有独特的敢于求真与勇于求善的人生精神，特别是在当时具有多元与开放的宽和学风，加之多年浸染不受世俗所待见的道家与佛学"异端"，使得王阳明被当时社会贴上不敬官学、标立门户与夸张狂妄的标签。不难理解，为何王阳明敢于与正德皇帝正面对抗，甚至公开批评明武宗，显然是在政治上走了错路，与时代"逆行"，导致官运坎坷。

正德元年丙寅（1506 年）十二月乙丑，降兵部主事王守仁为贵州龙场驿驿丞。时南京科道戴铣等以谏忤，旨方命锦衣卫官校拿解未至，守仁具奏救之，下镇抚司考讯，狱具命于午门前，杖三十，仍降远方杂职。① 正德二年丁卯三月辛未，敕谕主事王守仁等递相交通，彼此穿凿，曲意阿附，遂成党比，榜示天下。或伤残善类，以倾上心，或变乱黑白，以骇众听，扇动浮言，行用颇僻。释以后，毋蹈覆辙，自贻累辱。是日，早朝罢，传宣群臣，跪于金水桥南。②

---

① 《明实录》，《明武宗实录》卷二十。需要指出的是，本文所引用权威史料《明实录》为节选，非全文引用，如遇生字、难字或错字，略作改动，以适合现代人阅读。深入与全面的全文阅读，请参阅浙江大学图书馆藏《明实录》，上海书店出版社影印台湾地区"中央研究院"历史语言研究所编本 1984 年版。该书由黄彰健先生主持影印，以原国立北平图书馆藏本缩微胶卷，总计十三朝，两千九百一十一卷，总计约 1600 万字。

② 《明实录》，《明武宗实录》卷二十四。

入仕七年，已升为正六品主事的王阳明本有大好的前程，因为无奈卷入刘瑾试图全面控制朝堂的特殊政治环境，不得不外放于几千里之外的西部山区荒凉小镇（修文县龙场驿），是对其心灵的挫折，也是巨大的磨难历练。历经四年时光的镇、县锻炼，不仅抹掉了王阳明张狂的个性，抹掉了其过分彰显个性的锋芒，也让他对江门一脉的心学思想得到体认与反复感悟，由此获得万事万物之外在天理居于内心信念与信仰的独特理解，这不仅是对吴康斋读书涵养良心的崇仁学派"养良心"理学思想的巨大实践，更是对陈白沙主静"养善端"、湛甘泉"随时随处体认天理"江门学派宗旨的直接消化，推进崇仁理学与江门心学，融合禅宗心性论与道教内丹心学，进而形成其自己崭新的主静补《小学》一段工夫的教法，在全国范围内兴起一股白沙心学修炼和传播的学术思潮。①

总体而言，在升任都察院左佥都御史、南赣汀漳巡抚（正德十一年丙子，1516 年）之前的贵阳、修文、长沙、常德、辰州、庐陵、北京、南京、滁州、余姚、绍兴、杭州等地为官于休假养病时期，四十五岁之前的王阳明，处于"而立"与"知天命"之间，其学术宗旨始终刻意定位于消化、继承、实践与创新江门心学的"白沙后学"时期，属于涵养心学而非事功心学时期②，偏于心体与物体的互动时期，始终处于中国古代读书人所谓的涵养之学时期，尚未有明显的超越与转化，距离良知心学的事功实践之学与万物一体之学还有很大的距离。但随后王阳明征战于江西、广东与福建战场，周旋于盗匪蟊贼，面向"武功"的权谋与权变，成为需要平定地方乱序的地方要员与封疆大吏之后，尤其是他深刻地意识到社会之所以会乱其实取决于人心之变恶或无为，而要转化、进化与改善社会唯有兴起风化、发展地方教育与转化人心，即化"心术"为"仁德"的文治时期③。"武功"大成之后，社会环境趋于安宁，需要文治提高每个人的道德认知和社

---

① 参见邹建锋：《静、敬与存理去欲：崇仁学派道德修养论及其反思》，《哲学与文化》2014年第 2 期。

② 参见邹建锋：《从崇仁心学到阳明心学》，《现代哲学》2010 年第 3 期。

③ 在《王阳明全书》中，曾有四次提到心术，主要指一个人全部的文献思想或心之方法。在阳明时代，本为一个中性概念，而今成为一个贬义词。

会实践能力，即开发良心、提升良知、行动良能"三维一体"。每个人内心的良知需要被唤醒，化每个人的心力为改进社会的执行力、实践力与生活力。在这样的提升社会道德生活质量的思考指引下，王阳明做了很多老百姓所赞誉的事情，新建书院，重视乡贤，启蒙童子，培育士子，讲学争鸣，刊刻并传播心学文献，著书立说，讲解传播心学，让更多落后地区的读书人走进地方与中央的官场，形成心学与利益共同体，增进社会福利，一起推进社会转好，改善人心，鼓舞社会。文治而不是武治，依靠说服、共鸣而不是强制、交换，这其实也是个人前进与社会向善成本最少的一种进阶方式，也就是中国公共管理的精神。

正德七年壬申（1512 年）十二月戊申，阳明由五品吏部郎中升为四品南京太仆寺少卿。① 九年甲戌二月乙巳，由四品南京太仆寺少卿升为三品南京鸿胪寺卿。② 当时兵部尚书王琼面试王阳明之后，给予王阳明较高的中央权威支持，准备超拔他。十一年丙子八月戊辰，由南京鸿胪寺卿超擢为都察院左佥都御史，巡抚南赣汀漳等处。③ 十二年丁丑秋七月庚寅，再命巡抚南赣汀漳等处地方、左佥都御史提督军务。先是江西峰贼作乱，阳明奏盗贼日滋，由于招抚之太滥，招抚太滥由于兵力之不足，兵力不足由于赏罚之不行，乞假以令旗令牌，得便宜行事。兵部议，请许之。④ 正是由于当时著名权臣王琼的用人不疑、知人善任，王阳明获得完全的地方军权，拥有极大的自由裁量权，可以摆脱太监的监督，投身于治理危害赣州地区数十年的匪患。

> 正德十一年丙子（1516 年）五月丁酉，江西提学佥事田汝籽疏荐养病御史举人刘养正，吏部议召景复职养正宜下巡按核实起送，从之。养正，安福人，早有词华，议论英发，然浮薄诡谲，与人不相能，殊无乡典之誉。累赴会试不第，遂规夺郡城外，尼寺居之交，结官司取

---

① 《明实录》，《明武宗实录》卷九十五。
② 《明实录》，《明武宗实录》卷一百九。
③ 《明实录》，《明武宗实录》卷一百四十一。
④ 《明实录》，《明武宗实录》卷一百五十一。

利以自给。后乃为隐者巾服，谈说性理，以耸人观听。王守仁知庐陵，雅敬重焉，遂与定交，相尚为矫，饰盗名之习。一时冠盖，过吉者，无不往造其门。汝耔不察，轻率具荐，郡人闻之，皆哗然不服。①

三年后，正德十四年己卯（1519 年）七月丁巳，刘养正等死于系所。养正，少有词藻，号才子。会试屡不偶，诡谈性理以要名誉，士夫多为所欺，王守仁尤重之，曰："此吾道学友也。"正德十年，养正赴濠聘，一见许以可为汤武，又语及陈桥之变，意甚相得，然厚自掩饰。有庠生康昭者，语中其机，养正密致书于濠左右，计杀之。守仁在南赣，尤为濠所慕，馈遗相属于道；尝贻书陆完，谓"可任江西巡抚者，惟守仁与梁宸耳"。守仁又尝遣其门生、湖广举人冀元亨者，游说濠，时人莫知其故。是岁，濠生日，守仁假公便，先期约养正往贺会于吉安，舟次剧谈。至夜半，养正先别去，遂从逆濠自出南浦驿迎入府，拜为军师，日夕望守仁至，遣人于生米观候之。而守仁至丰城，闻变即返，濠实不虞守仁之见图也。养正就擒后，犹冀守仁活之。守仁畏口，逼令引决，传首至京，妻子没为奴。比守仁自南昌还，其母丧暴露，使人葬之，且祭以文，曰："君臣之义不得私于其身，朋友之情尚可伸于其母。"有儒生上书辩论，"君臣朋友本无二理"，守仁为之愧屈。元亨寻为太监张永捕获，械至京，亦死狱中。②

正德十四年八月丁亥，上至涿州，留太监张忠私第，时都御史王守仁平宸濠之奏已至，上决意南幸，忠及太监张永、都督江彬、许泰等各以兵从，欲掩为已功，于是留守仁之不下。③ 三日后，庚寅，大学士杨廷和言都御史王守仁，将生擒斩首逆贼名颗及逆党家口财产逐一查处停当，奏请定夺。④ 九月乙巳，六科都给事中等官、十三道监察御史等各言南京守备官报，逆濠已于七月二十六日就擒，诸军皆罢，请

---

① 《明实录》，《明武宗实录》卷一百三十七。
② 《明实录》，《明武宗实录》卷一百七十六。
③ 《明实录》，《明武宗实录》卷一百七十七。
④ 《明实录》，《明武宗实录》卷一百七十七。

专敕江西巡抚都御史王守仁严兵防守，收捕残贼，庶外攘内安，一举而两得矣，俱不报。① 两日后，丁未，都御史王守仁以宸濠及诸从逆者，将亲献捷于上。至杭州，上遣太监张永邀之，令复还江西。守仁执不可，时守仁携家而还，永乃潜遣人逻其资重，守仁惧，乃以宸濠付永，且厚结焉，遂与俱还。而张忠、朱泰、朱晖等已由大江趋江西，执伍文定，辱之，又穷索逆党，欲以报功。守仁至，大沮。永及忠等留数旬，复械宸濠等献捷于南京。忠屡谮守仁，祸且不测，赖永为营救得免。②

上述史料，具见于一手文献《明实录》，当为不假，可观王阳明为人豪迈，喜论学术，不拘小节，牵连其弟子冀元亨被冤死于狱中。在正德王朝后期，王阳明在江西任劳任怨，无论是平定地方暴动还是平息藩王造反，应该说是文臣无两，挽救大明王朝于危难之际。虽然兵部给予王阳明以全力支持，但武宗、监察部门和宦官集团对王阳明保持高度警惕。因为审判刘养正案件而牵连到王阳明"勾连"宁王，如王阳明与刘养正关系密切，如收葬庐陵逆臣刘养正母丧。尤其是以学术交心，"相尚为矫，饰盗名之习"，被一批小人抓住把柄，也成为他在武宗后期名声不好的重要原因，更成为嘉靖皇帝所认为的"立异为名""伪学"之小人而被受到被鄙视。

嘉靖四年（1525年）七月己卯，应天巡抚都御史吴廷举荐："新建伯王守仁文武全才，宜暂掌南京都督府事。"兵部覆议："以文臣掌府事未便，俟别缺推用之。"③ 五年丙戌十月乙卯，礼部尚书席书言："新建伯王守仁服阕，年余尚未拜封，请差官催取。""从之。"④ 从白沙好友吴廷举、阳明好友席书等人纷纷举荐来看，朝廷还是有一批优秀的官员希望王阳明出山主持朝廷政事。也由此形成嘉靖六年王阳明不顾年迈体弱、嫡子幼小，扶病踏上思、田、八寨与断藤峡的最后一段伟大而又辉煌的"战场"。实际上说

---

① 《明实录》，《明武宗实录》卷一百七十八。
② 《明实录》，《明世宗实录》卷八十九。
③ 《明实录》，《明世宗实录》卷五十三。
④ 《明实录》，《明世宗实录》卷六十九。

明，尚未大权在握的新晋皇帝还是愿意给予有为之才一些机会，即便是阳明未能公开支持其"大礼议"，在惜才、用才与爱才这一点，他也是毫不犹豫的。一方面固然是在朝官员还有一些王阳明的"铁粉"，如嘉靖七年六月甲辰，御史胡明善言："新建伯王守仁性与道合，思若有神，抚绥广寇，兵不血刃。大学士杨一清有济险应变之才，折冲御侮之略，盖天所授，以佐中兴。幸早召守仁入，与一清同心辅政。"上曰："任用大臣，朝廷自有处置。"下其章于所司。① 如御史胡明善之流，就是王阳明的坚定支持者。当时，新上任的嘉靖皇帝，羽翼尚未丰满，也以此获得朝廷和地方实权派的支持，用王阳明的军事才能博取自己在后世的政绩。另外一个原因，当时的嘉靖皇帝尚未看清王阳明学问的具体宗旨，还在观望中。不难理解，癸巳，广东籍礼部尚书方献夫、詹事霍韬赞誉王阳明平思、田、八寨、断藤峡之乱，"一举荡平，如拉枯朽"，广西之功有"八善"，"劳苦而功高"，颇如周亚夫、范仲淹，且指明王阳明平宁王乱巨大事功"为忌者所抑"，"当时大臣杨廷和乔宇从中饰成其事，至今未白"，"兵部功赏未见施行"，户"部覆题又行查勘"，上批答曰："所言已有旨处分。修建城邑防患事宜，其令守仁会官条画，便宜上之，务在一劳永逸，勿贻后艰。"②

嘉靖七年三月己卯，提督两广军务、新建伯、南京兵部尚书兼都察院左都御史王守仁疏辞兼理巡抚两广，因荐致仕副都御史伍文定、刑部左侍郎梁材、南赣副都御史汪铉皆堪选任。上优诏慰答，不允辞。③ 同月乙未，王守仁上岑猛父子事奏疏。上从部议，"以守仁才略素优，论奏必有所见，但未经询谋佥同，恐非定论。令与镇巡等官熟计以闻，其应施行者，亦许以便宜从事。"④

七月丁亥，锦衣卫指挥佥事聂能迁有罪，谪戍。迁初附太监钱宁，冒功滥升。后以例裁免，复因缘议礼，且交关太监、崔文冒复故秩。

---

① 参见《明实录》，《明世宗实录》卷八十九。
② 《明实录》，《明世宗实录》卷九十四。
③ 《明实录》，《明世宗实录》卷八十六。
④ 《明实录》，《明世宗实录》卷八十六。

比见《明伦大典》书成，不得升职，怨望不平，属闲住工部主事翁洪草诬论新建伯王守仁贿通礼部尚书席书，得见举用，词连詹事黄绾及大学士张璁。于是绾上章自明，言迁"议礼奏文义，心迹非出真诚，故尽黜之，积恨肆诬，无怪其然。意在倾排善类，动摇国是"。因乞引避以谢之。上曰："黄绾学行才识，众所共之。王守仁功高望隆，舆论推重。聂迁乃捏词妄奏，伤害正类，令法司严加审问，并追究帮助之人。黄绾安心供职，不必引嫌辞避。"已而审其事无佐证，尽出诬罔，乃谪戍能迁。翁洪者，福建莆田人，以褫职匿居京城。至是，令发原籍为民。①

九月甲戌，新建伯王守仁督兵讨广西诸寨叛贼，悉平之。病甚，乃上书请告。上曰："卿才望素著，公议推服。近又身入瘴乡，荡平剧寇，安靖地方。方切倚任，有疾宜在任调治，不准辞。"② 庚辰，改升朝州府推官李乔木为田宁府同知。乔木本广西梧州人，新建伯王守仁其才可用，复谙土俗夷情，请如广西军卫有司所属及各学教职例，不必以乡里为嫌。部覆从之。③

当朝廷有人弹劾王阳明，如锦衣卫指挥佥事聂能迁、工部主事翁洪诬论阳明贿通礼部尚书席书案，最后导致聂能迁谪戍、翁洪发原籍为民，这时的嘉靖皇帝考虑到正是用人之际，尤其是牵连到其"大礼议"爱臣黄绾、张璁，最终还是给予王阳明以支持，赞誉阳明"才望素著，公议推服"，并未继续深入追究下去。或许在嘉靖的眼里，王阳明只是一个边疆安定的重要"棋子"，希望王阳明安心守职，"方切倚任，有疾宜在任调治，不准辞。"其实，纵观嘉靖主持朝局长达四十五年的时间里，所有臣子都是"工具人"，从桂萼、黄绾、张璁到夏言、严嵩，大臣们都被他控制于股掌之中，而明末党争的始作俑者就是嘉靖"大礼议"。其间，郭勋案可以看出嘉靖破坏了法制，打击了一批正直的官员，这一点与正德皇帝毫无区别。嘉

---

① 《明实录》，《明世宗实录》卷九十。
② 《明实录》，《明世宗实录》卷九十二。
③ 《明实录》，《明世宗实录》卷九十二。

靖以一己之私，重视面子、"亲情"，在客观上破坏明太祖祖制，为后来朝局的政治体系衰败埋下种子。

由藩王入继大统的嘉靖性格敏感、多疑，醉心于长生不老，几乎对所有科举官员都不信任，甚至在很长的时间里都没有立储君，太子长期缺位，显然与祖制相悖。之所以这样做，据传仅仅是因为一个道士的一句话，"二龙不相见"。一方面，他确实重用一批大臣，但这些大臣都是他的工具，他从未托付过真心。应该来说，嘉靖皇帝是很有主见的能干帝王，执行力很强，且特别固执，性格上不愿意妥协。因此，当王阳明病重要求归家时，他残忍地拒绝这样的诉求，令人遗憾。但阳明在途中去世后，嘉靖顽固地认为王阳明擅离职守，有违大臣事君之道，"恐人皆效，尤有误国事"，嘉靖便开始了报复王阳明的计划，他这种不通人情、重视封建秩序的固执做法，是令人寒心的。纵观整个嘉靖朝，王阳明似乎始终被嘉靖当作"工具人"，从未给其伯爵位举行过正式的授予仪式，并且一直没有给予其应有的待遇。

> 嘉靖七年闰十月戊子，新建伯王守仁以讨平断藤峡诸寨捷闻，兵部覆奏，上曰："此捷音近于夸诈，有失信义，恩威倒置，恐伤大体。但各洞猺贼习乱日久，劳亦不可泯。王守仁姑赐敕奖谕有功人员，下巡按御史核实以闻。宣慰彭明辅等远调瘴乡，身亲陷阵，优加赏赉。官男彭宗舜、彭荩臣就彼冠带袭替；卢苏、王受既改过立功，先行军门犒赏，待始络无过，方与冠带。奏捷人赐新钞千贯，余赏不行。今后宜务实行事，以副委托。"①

> 嘉靖八年正月乙巳，升巡抚郧阳、都察院右副都御史林富为兵部右侍郎兼右佥都御史，代王守仁巡抚两广地方提督军务。时守仁以病笃乞骸骨，因举富自代，不候命即归。上怒其专擅，且疑有诈。谕吏部曰："守仁受国重托，故设漫辞求去，不候进止，非大臣事君之道。卿等不言，恐人皆效，尤有误国事，其亟具状以闻。"无何，而守仁卒

---

① 《明实录》，《明世宗实录》卷九十四。

于南安。①

二月戊辰，吏部奏故新建伯王守仁因病笃离任，道死南安。方困剧时，不暇奏请，情固可原，愿从宽宥。上曰："守仁擅离重任，甚非大臣事君之道。况其学术、事功多有可议，卿等仍会官详定是非，及封拜宜否以闻，不得回护姑息。"给事中周延上言："守仁竖直节于逆瑾，构乱之时纠义旅，于先帝南巡之日且倡道东南，四方慕义，建牙闽广，八寨底平。今陛下以一眚欲尽弃平生，非所以存国体而昭公论也。"得旨："守仁功罪朝廷，自有定议。延朋党妄言，本当论治，但念方求言之际，姑对品调外任。"于是，吏部奏，谪延太仓州判官。② 甲戌，吏部会廷臣，议故新建伯王守仁功罪，言"守仁事不师古，言不称师，欲立异以为名，则非朱熹格物、致知之论；知众论之不与，则著《朱熹晚年定论》之书，号召门徒，互相唱和。才美者乐其任意，或流于清谈；庸鄙者借其虚声，遂敢于放肆传习，转讹悖谬日甚。其门人为之辩谤，至谓杖之不死，投之江不死，以上渎天听，几于无忌惮矣。若夫剿撤贼擒，除逆濠，据事论功，诚有可录。是以当陛下御极之初，即拜伯爵。虽出于杨廷和预为己地之私，亦缘有黄榜封侯拜伯之令。夫功过不相掩，今宜免夺封爵以彰国家之大信，申禁邪说以正天下之人心。"上曰："卿等议是。守仁放言自肆，抵毁先儒，号召门徒，声附虚和，用诈任情，坏人心术。近年，士子传习邪说，皆其倡导。至于宸濠之变，与伍文定移檄举兵，仗义讨贼，元恶就擒，功固可录，但兵无节制，奏捷夸张。近日，掩袭寨夷，恩威倒置。所封伯爵本当追夺，但系先朝信令，姑与终身。其殁后恤典，俱不准给。都察院仍榜谕天下，敢有踵袭邪说、果于非圣者，重治不饶。"③

嘉靖十年十二月戊子，御史喻希礼（湖广麻城人，嘉靖二年进士）

---

① 《明实录》，《明世宗实录》卷九十七。
② 《明实录》，《明世宗实录》卷九十八。
③ 《明实录》，《明世宗实录》卷九十八。

上疏奏言，王阳明"首擒逆濠，进封伯爵嗣，抚两广，赖之耆定。后因疑谤，泯其遗功"，"录守仁之劳，重颁恤典；宥诸臣之罪，宽假生还"，上以其"词语奸巧，欺悖为甚，锦衣卫逮送镇抚司严刑鞫治"。①

嘉靖十四年八月乙巳，上御无逸殿东室，召大学士费宏，因言："辽东事定，湖广贼平，天下亦无事。"上曰："辽东本抚臣行事不当，以致扰乱。"宏曰："例推巡抚，恐不尽得人。臣欲会九卿，推如京堂例。"上曰："善其语，吏部著为令。"宏曰："三边今缺总制，臣敢荐一人。"上问："为谁？"曰："姚镆。往在延绥，甚得志心，时言镇处两广亦是。后来，王守仁却未是。"上曰："守仁，徒虚名耳！"因令宏等语吏部推镆。语未卒，曰："既可用，安事推？"即传谕行。②

嘉靖十六年四月壬申，御史游居敬论劾南京吏部尚书湛若水，"学术偏诐，志行邪伪，乞赐罢黜；仍禁约故兵部尚书王守仁及若水所著书，并毁门人所创书院，戒在学生徒毋远出从游，致妨本业。"下吏部。覆言："若水尝潜心经学，希迹古人，其学未可尽非。诸所论著，容有意见不同，然于经传多所发明。但从游者日众，间有不类，因而为奸，故居敬以为言，惟书院名额似乖典制，相应毁改。"上曰："若水已有旨谕留。书院不奉明旨，私自创建，令有司改毁。自今再有私创者，巡按御史参奏。"③

羽翼丰满、朝权在握的嘉靖皇帝展现出对官员治理的"狰狞"一面，尤其是对不依附、不听话与敢于"创新"的王阳明，更是无所不用其极。嘉靖对王阳明奇袭八寨、断藤峡的巨大军功视而不见，而是说"近于夸诈，有失信义，恩威倒置，恐伤大体"。在嘉靖皇帝眼里，由于王阳明等一大批正德旧臣未能"站位"其旁，甚至公开与其作对，而被他视之为奸诈。而

---

① 《明实录》，《明世宗实录》卷一百三十三。喻希礼被下诏狱后，谪戍边卫，后赦还。隆庆初，赠光禄少卿。

② 《明实录》，《明世宗实录》卷一百七十八。

③ 《明实录》，《明世宗实录》卷一百九十九。游居敬（1509—1571），字行简，号可斋，福建南平人。嘉靖十一年进士，选庶吉士。历任监察御史、应天巡按、浙江按察金事、广东按察副使、山东左布政使、右副都御史（云南巡抚）、南京刑部右侍郎、南京刑部左侍郎。

平叛、奇袭八寨、断藤峡这样重大有效的作战计划，嘉靖"怒其专擅"，故而对王阳明请求离职归家养老的奏疏"且疑有诈"，一直拖延不批，这不正是嘉靖皇帝自身矛盾性格的真实写照吗？俗语说，"将在外，君命有所不受"，这是中国治理的精神。对于王阳明这样一个赤胆忠心的封疆大吏而言，利用隔壁省份借调大部队回军修整之机出其不意剿灭几十年的匪患，这是《孙子兵法》所说的"出其不意"，用最少的成本干最多的事，这对于任何一个开明的君王而言，都是好事。但对嘉靖而言，王阳明显然是"专擅"了，其实他早就暗地里同意过的。从嘉靖之"怒"，我们可以看出，嘉靖反复，犹如宋高宗杀岳飞以求和一样，绝对不是一位明君，可以算是能干，但其醉心于把一切权力掌握在手，他需要的是听话与绝对服从的官员。通过"大礼议"、惩罚王阳明等重要事件可以看出，嘉靖初期的皇帝对官员的控制无所不用其极。

当嘉靖说出他对王阳明的评价，"守仁，徒虚名耳！"可见，嘉靖对王阳明的军事才能与良知心学是如何的无知、轻视与看不上。他甚至对姚谟、费宏这样的无能、昏庸之辈表示出很大的欣赏，仅仅是因为这些权臣喜欢说好话，甜言蜜语。他早期重用的权臣，如黄绾、桂萼、张璁之流，都是一些"怀才不遇"、性格乖张、得罪上司而长期不得升迁、心怀压抑的职位很低的基层官员。一旦这些人得势，他们长期被压抑的"难受"，势必会爆发，而对那些名声正盛的封疆大吏给予压制并苛刻打击。后期则是严嵩之流，溜须拍马，仅仅因为他们会写嘉靖喜欢养生的文学青词，而这些都不足以使一个国家持续繁荣强胜。有学者指出，嘉靖是一个昏君，是有一定合理性的。而他自己的遗诏，也说明了这一点。故而，终于在嘉靖十六年（1537年），当御史提出"禁约故兵部尚书王守仁及若水所著书，并毁门人所创书院，戒在学生徒毋远出从游，致妨本业"，朝廷做出"书院不奉明旨，私自创建，令有司改毁"，湛甘泉创建的百千所白沙书院全被毁掉，这是社会资本的巨大损失。嘉靖的这些作为，与秦朝"焚书"之举并无二致。封建社会卫道士游居敬提出的三项禁令，禁止王阳明书籍出版，毁掉阳明书院，禁止学生游学，放在现代社会，都是不可思议的事情。但这样一个与现代民主法治背道而驰的人，公开主张禁讲阳明心学，居然一路由御史升至都御史，官运亨通，令人不耻。

从正德、嘉靖、隆庆与万历四位皇帝比较而言，正德后期对大臣还是有信任的，嘉靖则是提防，隆庆则是善恶不分，万历则是甩手掌柜。不同皇帝对大臣的态度，往往决定以后吏治的格局。嘉靖一朝，王阳明一直被打压，导致王阳明文献刊刻一路坎坷，步履蹒跚，全集一直不全，亦无法被正式刊刻。隆庆依赖大臣，早期大臣还算自觉，恢复王阳明的待遇；但高拱专权后，朝局变化，决定王阳明在隆庆后期不被正式从祀孔庙。而万历在张居正死后则对首辅申时行言听计从，王阳明终于于万历十二年（1584 年）被配享孔子庙庭。

西风压不过东风，三十年河东、三十年河西，青山遮不住、毕竟东流去。先是，早在嘉靖六年至嘉靖九年（1527—1530）间，阳明心学名臣有意为后世栽培具有担任首辅能力的潜在优秀人才，尤其以培养徐阶为最。在明朝依赖外貌品相确定翰林院人选上，徐阶并不出众，身材短小，但其面目清秀，人小鬼大，聪明有智慧，甚至连严嵩都自愧不如，故而当时杨廷和曾公开赞誉其有未来首辅之相，其语为世人所知，并刻意栽培之。嘉靖三年，杨廷和辞任首辅，而徐阶此年也因父丧丁忧。嘉靖六年，欧阳德服阙，复任翰林院编修，以学术立身，徐阶得以向多位阳明心学名臣求学，周流于众多阳明心学巨子席书、方献夫、黄绾、黄宗明、夏良胜、陈九川、薛侃、聂豹、程文德、应典、陆澄等人之间，以学术声誉赢得很高的政治信任与从政资源，并最终在十二年后经福建、浙江、江西三省的地方事务历练载誉归来，于嘉靖十八年任司经局洗马兼翰林院侍读，开启其完美而又惊险的政治仕途。

二、阳明后学人物群的成长、分化与壮大

因嘉靖三年（1524 年）"大礼议"事件，阳明弟子开始分化，他们在官场的命运各不相同，极少数弟子，依附"大礼议"，官运亨通，先后升至

礼部尚书、大学士；但大多数阳明弟子官场不顺，或被杖伤早逝，或早早被贬为民。大部分在朝阳明弟子因反对"大礼议"，引发嘉靖大怒，或被贬，或系狱。少数得势之人，如黄绾积极捐资刊刻《阳明先生存稿》，方献夫之流在京团结同志、公开讲学。总体而言，嘉靖二十二年之前，阳明心学未能大繁荣，还在蓄势之中，如"潜龙在渊"态势。

首先，嘉靖三年至六年（1524—1527），礼部尚书席书举荐阳明并保护同门陈九川等人。

嘉靖三年春正月丙戌，南京刑部主事桂萼上正大礼疏，"臣久欲以请乃者，复得见席书、方献夫二臣之疏，以为皇上必为之恻然更改，有无待于臣之言者。至今未奉宸断，岂皇上隅未详览耶？抑二臣将上而中止耶？臣故不敢爱死再申其说，并录二臣之疏以闻。"① 三月丙戌，礼部尚书汪俊再乞休致，上以俊"职司邦礼，近奉议尊室未成，故引疾求退，责以违悖正典、肆慢朕躬，令其回籍"。特旨用南京兵部右侍郎席书为礼部尚书。② 五月癸未，巡抚凤阳、侍郎席书进大礼考议，奏入留中。③ 七月己巳，试监察御史、阳明知名弟子王时柯言桂萼辈以议礼迎合，博升美官，上以时珂"玩法奏扰，切责而宥之"。八月癸巳朔，降南京太仆寺少卿、阳明著名弟子夏良胜三级，调外任茶陵州知州。④ 九月丙寅，席书与张璁、桂萼、方献夫大集廷臣于阙左门，辨议既定，始定"大礼"。⑤

嘉靖四年二月辛卯，礼部尚书席书奏荐南京兵部尚书王守仁，"文武兼资，堪任将相。守仁当处之内阁，秉枢机，为忌者所抑。"且云"今诸大臣多中材，无足与计天下事者。定乱济时，非守仁不可。"上不许，曰："近日边方多事，已命廷臣集议。席书身为大臣，果有谋略，宜即悉心敷奏，共济时艰，何必自委中材者负委任。"⑥ 闰十二月甲子，以《大礼集议》书

---

① 《明实录》，《明神宗实录》卷三十五。
② 参见《明实录》，《明神宗实录》卷三十七。
③ 参见《明实录》，《明神宗实录》卷三十九。
④ 参见《明实录》，《明神宗实录》卷四十二。
⑤ 参见《明实录》，《明神宗实录》卷四十三。
⑥ 《明实录》，《明神宗实录》卷四十八。

成，加礼部尚书席书太子太保。①

嘉靖五年三月乙未，上怒，下阳明著名弟子陈九川锦衣卫逮讯。礼部尚书席书等言，"九川等行事乖方，不能抚顺夷人，致生怨谤，罪诚有之。然有进上之物，不得不辨验精详，而拘泥旧规，严禁夷人出入，至待通事人等礼貌过琚，遂使胡士绅挟夷情以快私忿，所属小吏蔑视部官二臣，固不足惜。恐夷人效尤，愈肆桀骜。"上曰："九川等恣肆妄为，堂官不行举奏，反为论救，岂大臣事君之道？"上命逮九川等，照前旨拷问。刑科给事中等言，"独将九川等拷掠势，必诬服治狱之道，恐不当如此。"② 六月壬子，席书有目疾，请假调治，上许之。③ 七月己亥，再命侍医诊席书疾，谕令早出。④ 十月乙卯，席书言新建伯王守仁服阕年余，尚未拜封，请差官催取，从之。⑤

嘉靖六年二月壬子，席书以疾屡疏求退不允，至是疾笃固请，上怜其恳切，诏加武英殿大学士致仕，赐第宅京师调理，仍降敕慰谕之。⑥

自嘉靖三年三月至六年二月，总计三年，阳明心学爱护者席书在任礼部尚书，多次积极举荐阳明，保护陈九川、王时柯、夏良胜等人，其爱护阳明心学人物之行为，历历可见，不愧为阳明心学早期著名名臣。无奈，嘉靖皇帝自视清高，以"中材"视阳明，且特别重视朝廷秩序的和谐，刻意打压陈九川，以致连刑科给事中官员都看不下去了，其违背正义的史料至今留在权威史书《明实录》中，成为嘉靖治国理政的一大"污点"。

其次，嘉靖六年至十三年（1527—1534），阳明著名弟子、学士方献夫举荐王阳明、保护同门欧阳德等人。

嘉靖三年四月庚申，吏部员外郎方献夫上大礼，奏入留中。⑦ 六月丙

---

① 参见《明实录》，《明神宗实录》卷五十九。
② 参见《明实录》，《明神宗实录》卷六十二。
③ 参见《明实录》，《明神宗实录》卷六十五。
④ 参见《明实录》，《明神宗实录》卷六十六。
⑤ 参见《明实录》，《明神宗实录》卷六十九。
⑥ 参见《明实录》，《明神宗实录》卷七十三。
⑦ 参见《明实录》，《明神宗实录》卷三十八。

午，上命方献夫为翰林院侍读学士，时年仅四十。① 十二月丁酉，方献夫上疏，以大礼"意尚微，国是靡定，彼心悦诚服者固有而腹诽巷议者犹多，盖缘臣等之议尚未播之于人，虽朝端达士未睹其说之始终，即闾阎小民何知夫事之曲折，首以礼官之初议，终以近日之会章，请编成上、下二卷"。下礼部刊行。② 嘉靖四年四月庚戌，翰林院侍读学士方献夫以妻故，乞送子还乡，许之。③ 嘉靖五年五月，养病翰林院学士方献夫辞少詹事之命，上不允，趣令赴京供职。④

嘉靖六年七月己丑，命詹事府少詹事兼翰林院侍讲学士方献夫充经筵日讲官，讲《大学衍》。⑤ 九月庚辰，以少詹事方献夫为礼部右侍郎，仍兼翰林院学士，照旧经筵日讲，纂修《明伦大典》。⑥ 壬寅，升为吏部左侍郎；癸卯，方献夫言"思、恩田州比岁称乱，皆由统御非人、制服无术所致，乞专以属之王守仁，而罢镇守太监郑润，且乞特设一都御史与总兵官共驻田州，悉听守仁节制"。上以其言关系地方大计，即令郑润回京，都御史添设可否属守仁议之。⑦ 十一月戊子，升方献夫为礼部尚书，仍兼学士，充史馆副总裁官。⑧

嘉靖八年三月己亥，方献夫辞改吏部尚书，上以"卿才识明敏，学问素优"，不允。⑨ 丁未，廷试天下贡士，太子太保方献夫与杨一清、张璁、桂萼、阳明弟子穆孔晖等充读卷官。⑩ 四月己巳，考选庶吉士，以唐顺之（后为阳明心学名臣）廷试策为冠。⑪

---

① 参见《明实录》,《明神宗实录》卷四十。
② 参见《明实录》,《明神宗实录》卷四十六。
③ 参见《明实录》,《明神宗实录》卷五十。
④ 参见《明实录》,《明神宗实录》卷六十四。
⑤ 参见《明实录》,《明神宗实录》卷七十八。
⑥ 参见《明实录》,《明神宗实录》卷八十。
⑦ 参见《明实录》,《明神宗实录》卷八十。
⑧ 参见《明实录》,《明神宗实录》卷八十二。
⑨ 参见《明实录》,《明神宗实录》卷九十九。
⑩ 参见《明实录》,《明神宗实录》卷九十九。
⑪ 参见《明实录》,《明神宗实录》卷一百。

嘉靖八年九月，吏部尚书方献夫等奉旨详核科道官所论劾，如南京礼部侍郎黄绾、顺天巡抚汪玉、翰林院编修欧阳德、给事中魏良弼、按察使萧璆俱素行无玷。上如拟，俱供职如故。①

嘉靖九年九月底，因夏言、孙应奎等给事中多次上疏攻击方献夫，不得已，以病甚再疏乞归。上察其诚恳许之，给驿以行，仍令抚按官俟其痊可奏闻召用。②

嘉靖十一年五月丙子，方献夫应召至京师，诏进兼武英殿大学士，同辅臣张孚敬等内阁办事。③ 七月己巳，原吏部尚书王琼寝疾，掌吏部事。④ 九月，方献夫举吏部文选司郎中王道学行纯正，堪补宫僚之缺，令充经筵讲官。仍乞将见任讲读修撰、编修年深者拔置宫僚，上从之。⑤

嘉靖十三年四月己酉，因冯恩等上奏攻击方献夫，以身疾三乞休，上以其情词恳切，许之。⑥

自嘉靖三年六月至十三年四月，除去约三年居家养病，在朝约七年，从侍读学士至武英殿大学士掌吏部事，积极举荐恩师王阳明出任广西等四省巡抚，还在嘉靖八年九月党争激烈时保护黄绾、汪玉、欧阳德、魏良弼、萧璆等阳明知名弟子，是阳明门人中重要的保护力量，值得重视和研究。在阳明捐馆后，方献夫任命同门王臣外任浙江佥事，处理王阳明家事，保护王阳明后裔免受乡里纨绔倾轧。正是念叨这份师恩，方献夫成为阳明去世后能够兜底保护阳明门人及其家族身后事的人。在学术上，自嘉靖十一年后，方献夫主动承担在京传承阳明心学的重任，团结徐樾、欧阳德、程文德、黄宗明、黄绾、钱德洪、王畿、戚贤、魏良弼、沈谧、朱衡、林春、林大钦、王惟贤、傅颐等人，定期在庆寿山房小范围、非公开地论学争鸣，为后来阳明心学的传播与阳明文献的刊刻蓄势、蓄力。其中，沈谧、朱衡、

---

① 参见《明实录》，《明神宗实录》卷一百九。
② 参见《明实录》，《明神宗实录》卷一百十七。
③ 参见《明实录》，《明神宗实录》卷一百三十八。
④ 参见《明实录》，《明神宗实录》卷一百四十。
⑤ 参见《明实录》，《明神宗实录》卷一百四十。
⑥ 参见《明实录》，《明神宗实录》卷一百六十二。

林春、林大钦、王惟贤、傅颐等人均非阳明亲传弟子，而是私淑弟子或再传弟子。这些人，如星星之火，传播全国各地，是后来可以燎原的基础。方献夫在嘉靖八年至十三年期间，为阳明心学的发展孕育了不少学术的种子，功劳甚大。而嘉靖十三年方献夫的退野，是阳明心学的巨大损失，中央权威部门失去一位阳明心学的重要保护人。

至嘉靖七年阳明夫子去世后，阳明弟子本就存在早、中、晚三期，亲传弟子众多，彼此之间亦有未曾见面者，故而未能形成一完美和谐团体，少数弟子间彼此内讧，成为朝廷权力斗争之工具，如冯恩为王阳明最后一年在广西所收弟子，求学时未曾见过前辈方献夫，致其攻击方献夫，导致尚书致仕，令人可惜。方献夫积极举荐恩师阳明，且爱护同仁，颇值一书。席书、方献夫、黄绾因"大礼议"而骤贵，自隆庆后，后世历史对这三人评价均不高。嘉靖初期，三人权势显贵，但终因政治投机行为，为世所不齿，遂淹没于后世历史中。

最后，嘉靖初期，阳明弟子，如王思、王时柯、陈九川、马明衡、舒芬、夏良胜、万潮、薛侃、黄直、朱得之、黄省曾、王修易①、黄绾、黄宗明、冯恩、汪玉、王应鹏、冯恩、魏良弼、钱德洪、王畿等人，官场沉浮，纷呈万象。其中，多数性格耿直的阳明弟子官场不顺，或早逝，或纷纷退居山野，未能打开阳明心学传播新格局。即便是少数如黄绾、黄宗明等政治投机派，依附"大礼议"，嘉靖十八年后，或早逝，或退居山野。除黄绾②捐资刊刻文献外，因朝局阻力，在传播阳明心学方面，乏善可陈。真正让阳明心学浮出水面，则之后阳明心学四大名臣欧阳德、聂豹、徐阶、程文德等人在朝廷官位的显赫及其接力。

正德十六年四月，年仅十五岁的嘉靖皇帝登基。是月辛亥，南京吏科给事中孙懋等言，编修王思、修撰舒芬、员外郎夏良胜、主事万潮、博士陈九川等各以直言蒙谪，宜召还擢用，以为忠良之劝。会御史郭楠亦以为

---

① 王修易，号西山，衢州府江山县人，王阳明知名亲传弟子，选编王阳明语录，入选《传习录》下卷，后世多种版本误刻作黄修易，通行本亦误刻，遂成五百年冤案。今改正之。
② 因后文有详述黄绾为官历程，本节略述之。

言，诏下吏部行之。① 这些前朝遗臣，本性格刚烈，在新朝，官运均不顺。上述王阳明数位弟子皆为哭谏阻止正德南巡而下狱或被贬为民，后再因"大礼议"哭谏再次下狱，或重伤去世，或被贬为民，或归家，早早退出权力场。

王思（1481—1524，字宜学，号改斋，原吉安府泰和县人）正德六年进士，授翰林院编修。充经筵讲官。嘉靖三年七月，争"大礼"，偕廷臣伏左顺门哭谏。帝大怒，系之诏狱，杖三十。逾旬，再杖之。凡十七人，皆病创，先后卒。王思时年仅四十四，先于阳明而卒。②

阳明知名弟子王时柯（字敷英，原吉安府万安县人，入选《传习录》）与马明衡、朱浙一样，在嘉靖三年告别政坛。王思最惨，被活活杖打致死。王时柯为正德十二年丁丑进士，历任行人、监察御史。嘉靖三年大礼议，上疏反对，随尚书何孟春等二百二十人跪伏左顺门，且聚众金水桥南号哭，被两次杖打，贬戍编伍，永不得续用。嘉靖十五年丙申十一月，皇子生，大赦天下，放归。③ 在边疆戍所十三年，备受折磨、煎熬，其悲惨程度仅次于王思。家贫，至卒，无以为殓。

陈九川（1494—1562，字惟濬，号竹亭、明水，原抚州府临川县人）正德九年进士，授太常博士。不惧死，谏止武宗南巡，下狱，贬为民。嘉靖初，升礼部郎中。会天方国贡玉石，所求蟒衣，九川为国家节省开支，不为奏覆，天方国大怒，骂通事，通事怨恨九川，在张璁、桂萼授意下，诬告九川，时辅臣费宏被牵连受讦，盖张璁、桂萼图夺费宏位。嘉靖大怒，下其于诏狱。嘉靖五年丙戌，谪戍福建镇海卫。当时仅三十三岁的阳明著名弟子、仗义执言的陈九川，早早告别政坛。颇受阳明欣赏的著名弟子早早退野对未来阳明心学的发展是巨大损失。

嘉靖元年十一月戊午，命升修撰舒芬、员外郎夏良胜、编修王思等俸

---

① 参见《明实录》，《明神宗实录》卷一。
② 《同治泰和县志》卷十七《列传·正传》，《中国地方志集成·江西府县志辑》第64册，第350—351页。
③ 参见王颂蔚：《明史考证攈逸》卷十五，民国嘉业堂丛书本，第12—13页。

各一级，吏部以为可，从之。^①嘉靖三年二月乙丑，诏圣慈寿皇太后圣旦，先期有诏，免命妇朝贺。御史马明衡、朱浙各疏言，上怒曰："明衡等妄言离间，并逮下镇抚司拷讯。"同门、翰林院修撰舒芬（1484—1527，字国裳，号梓溪，原南昌府进贤县人）上疏言救。嘉靖不究，下其章于所司，夺俸三月。马明衡与朱浙，则被同削职为民。^②七月己巳，大礼议起，翰林院修撰舒芬乞归养母，羞于张聪、桂萼、方献夫同列，上以芬方事纂修，不允。未几，参与王思等左顺门哭谏"大事"，下狱，廷杖，夺俸如初。嘉靖四年己酉，母卒于京，扶柩南还。^③嘉靖六年，卒于家，亦仅四十四岁，与同门王思同寿。^④

汪玉（1481—1529，字汝成，号雷峰，原宁波府鄞县人）正德三年进士，授刑部主事、员外郎、湖广按察佥事（摄辰、沅兵备）。构明山书院于沅，日聚生徒讲诵，传播阳明心学，士多兴起。会逆濠反，玉独沿流入蕲，论戎日夜，修城增陴，募民集兵，境安声起。嘉靖六年，御史毛伯温疏其才，擢郴桂兵备副使，补临清兵备，升山东按察使。以卓异升佥都御史（巡抚顺天）。嘉靖八年病卒。

嘉靖十一年十月丙申，巡按直隶御史、阳明弟子冯恩（字子仁，号南江，原松江县人）上言顷者彗星再见东井，奏疏多牵连多人，如献夫侵占山地事，湛若水强致生徒，无用道学；王守仁犹为有用道学；右侍郎黄宗明文学通儒，因人成事等。上怒，谓："恩假以星变，妄骋浮词，论列大臣，中藏恩怨，巧事讥评，大肆非毁，必有主使传寄之人。命锦衣卫官，械来京问。"^⑤戍雷州，亦于十五年大赦归。家居，专为德于乡。隆庆元年四月，升为大理寺寺丞，以年过七十以上，例得引年宜升秩致仕，以示优厚。年八十一，卒。享高寿。好友徐阶名其碑。

---

① 参见《明实录》，《明神宗实录》卷二十。
② 参见《明实录》，《明神宗实录》卷三十六。
③ 焦竑：《熙朝名臣实录》卷二十三《修撰舒公》，明末刻本，第17—22页。
④ 《同治进贤县志》卷十八，第24页。
⑤ 《明实录》，《明神宗实录》卷一百四十三。

黄直（1489—1559，字以方，号卓峰，原抚州府金溪县人）正德十一年举人①，嘉靖二年进士。嘉靖三年，除漳州府推官，先后署漳浦县、长泰县事，日与诸生讲学，大兴教化，民不劳而惠。贬为沔阳州判官，寻以忧去。嘉靖十一年十一月癸丑，原任湖广沔阳州判官黄直以服阕，赴部上言，侍郎黄宗明抗力救，并下诏狱法司。上谓："直本罪人，乃数建言，饰诈欲掩己过，肆行谤讪，不宜拟以常律，令谪发极边卫分，永远充军。"直前为漳州府推官，请早定储议者也。②编戍雷州卫，次年赦还。家居二十余年，卒。

夏良胜（1480—1538，字于中，号东洲，原抚州府南城县人）正德三年进士，任刑部主事、吏部主事。嘉靖初任吏部员外、文选郎中。大礼议起，得罪权臣。迁南京太常少卿，未赴。嘉靖四年，给事中、同门陈洸亦疏斥良胜与尚书乔宇等结党，遂谪茶陵知州。与乡贤张治（号龙湖，茶陵人）重建集贤书院于衡山。嘉靖七年六月《明伦大典》成，良胜所著《铨司存稿》存其中，为仇家所发，两下狱，凡三年不决。嘉靖十年八月戊戌，法司会锦衣卫，论杖当赎，嘉靖以为轻，特旨谪极远地，故戍辽东三万卫。③逾五年，嘉靖十二年癸巳，卒于宁远邸舍。其被贬蛮荒之地且客死他乡的悲惨结局，仅次于同门王思，令人为阳明心学的继续传播而担忧。

王应鹏（1475—1536，字天宇，原宁波府鄞县人）亦正德三年进士，出宰嘉定，九年拜监察御史，出按福建（兼理盐政）、山东。嘉靖元年督学畿内，擢河南副使（督学政），六年观察山东，擢佥都御史（巡抚畿内），改山西巡抚。服阕。嘉靖十年八月壬寅，起副都御史，协理院事。④嘉靖十二年正月甲辰，矢书职名，送镇抚司拷讯。魏良弼、陈邦敷先后疏救，亦受牵连。落职归，嘉靖十五年丙申卒。汪玉与王应鹏同为阳明弟子，结为儿女亲家。

① 黄直生平学界素来不晓，今采抚州市金溪县地方乡贤曾铭（网名金川鸿泥）的研究成果，参阅金川鸿泥新浪博客，具体见《心直以方：记王阳明金溪大弟子黄直》。
② 《明实录》，《明神宗实录》卷一百四十四。
③ 夏燮：《明通鉴》卷五十五，清同治十二年刻本，第26页。
④ 《明实录》，《明神宗实录》卷二百二十九。

魏良弼（1492—1575，字师说、师悦，号水洲，原新建县人）嘉靖二年进士，历任授浙江松阳知县、刑科给事中、礼科都给事中。嘉靖十二年，疏救同门王应鹏，"章奏疏遗不为无罪，第或出于失误，况当履端之始，不宜以微过幽系大臣，请许其自新示以薄罚。"上谓，"君臣之际，严为先，必自大臣始。应鹏职居风宪，首踏不敬，良弼安得辄为论救，欺罔朝廷。令锦衣卫并逮治之。应鹏竟坐是落职闲住，良弼夺俸半年。已，御史陈邦敷复为申救，谪贵州新添驿丞。"① 隆庆初，与同门冯恩俱升官而致仕。居家，在丹阳书院讲良知学四十余年，联络江西、浙江阳明同门，心学涵养工夫极深。享高寿，八十四岁卒。

王臣（1493—1552，字公弼，号瑶湖，原南昌府人）嘉靖元年举人，二年进士。官泰州太守，建安定书院，聘王心斋讲学。升刑部员外，转浙江按察金事，与黄绾、薛侃、黄弘刚、黄宗明、陈九川、钱德洪、王畿等同门抚恤阳明后裔。升广东参议，罢归。嘉靖十四年正月甲申，兵科左给事中薛宗铠具言参议王臣等枉状，乞召还原职，不允，宗铠姑宥之。② 居家，与邹东廓、钱绪山等弘扬阳明心学。其学精思默证，一洗支离，见悟益明。王臣或因护卫阳明后裔得罪绍兴乡绅，故举荐其任浙江金事的方献夫嘉靖十三年四月离职后，也与当年被权臣弹劾罢归。

黄宗明（原宁波府鄞县人，1536 年卒）正德九年进士，授南京兵部主事，升员外。从学阳明，论说良知之学。宁王之乱，上《江防三策》，为大司马乔宇所重。复疏谏南巡。以疾归。辛巳，升为工部郎中，不赴。嘉靖二年癸未，补为南京刑部郎中。会议大礼，与张、桂意合，遂连名署上，升吉安知府。五年正月乙巳，由江西吉安府知府为福建盐运司运使，以大礼书成也。③ 六年正月庚子，升翰林院修撰。④ 八年七月甲午，升光禄寺卿。⑤ 十年秋七月壬子，逮行人司正薛侃，及少詹兼翰林学士夏言、编修欧

---

① 《明实录》，《明世宗实录》卷一百四十六。
② 参见《明实录》，《明神宗实录》卷一百七十一。
③ 参见《明实录》，《明神宗实录》卷六十。
④ 参见《明实录》，《明神宗实录》卷七十二。
⑤ 参见《明实录》，《明神宗实录》卷一百三。

阳德、光禄卿黄宗明、给事中主事薛侨于诏狱。① 十一年四月己卯，升为兵部右侍郎。② 十二年九月丁巳，转礼部右侍郎。前以论救编修杨名，出为福建参政，乃特旨召用之。③ 十四年五月癸酉，升礼部左侍郎。④ 十五年闰十二月庚午，卒。⑤

黄绾（原台州府黄岩县人）于嘉靖五年正月乙巳大礼书成，由南京都察院经升南京工部员外郎，时年四十七。⑥ 六年六月壬午，升光禄寺少卿，入史馆修书；⑦ 九月庚辰，升为大理寺左少卿；⑧ 十月壬申，改为詹事府少詹事，兼翰林院侍讲学士。⑨ 七年六月辛丑，《明伦大典》书成，升詹事；⑩ 十月壬戌，升为南京礼部右侍郎。⑪ 十八年闰七月，黄绾以礼部尚书兼翰林院学士充正使，往谕安南，未行，被罢。⑫

戚贤（1492—1553，字秀夫，原全椒县人）嘉靖五年进士，历任归安知县、都给事中。嘉靖二十年四月乙亥，上疏言，"南京兵部郎中王畿、主事程文德、福建参议徐樾，皆清修积学，可备馆院。"上曰，"戚贤等乃敢因而行私，肆意妄言，变乱邪正，王畿伪学小人，专擅荐引，显是怀奸植党，欺君误国，令从实陈状。"⑬ 得旨，贤灾异陈言，谪一级，调山东布政司都事外任。寻以父老自免。归十余年，卒。

嘉靖三年"大礼议"，是阳明众多弟子在新皇时代被打压的第一次高潮。嘉靖二十二年后，则是阳明众多弟子被打压的又一次高潮。先是，王

---

① 雷礼：《皇明大政纪》卷二十二，万历三十年刻本，第76—77页。
② 参见《明实录》，《明神宗实录》卷一百三十七。
③ 参见《明实录》，《明神宗实录》卷一百五十四。
④ 参见《明实录》，《明神宗实录》卷一百七十五。
⑤ 参见《明实录》，《明神宗实录》卷一百九十五。
⑥ 参见《明实录》，《明神宗实录》卷六十。
⑦ 参见《明实录》，《明神宗实录》卷七十七。
⑧ 参见《明实录》，《明神宗实录》卷八十。
⑨ 参见《明实录》，《明神宗实录》卷八十一。
⑩ 参见《明实录》，《明神宗实录》卷八十九。
⑪ 参见《明实录》，《明神宗实录》卷九十三。
⑫ 参见《明实录》，《明神宗实录》卷二百二十七。
⑬ 《明实录》，《明神宗实录》卷二百四十八。

畿亦因得罪夏言，被诬以"伪学"，由南京兵部郎中谢归；而季本长沙知府被罢，钱德洪则自狱中归家。"江有何、黄，浙有钱、王"，黄洛村、何善山、绪山与龙溪也。浙中钱、王的仕途，自嘉靖二十二年后，便不可能了。可见，浙江籍优秀弟子中年提前致仕；而嘉靖二十九年后，阳明江西籍弟子多已年迈，大多接近致仕年龄，六十岁左右，已无力捐资刊刻王阳明文献。嘉靖二十九年后，岁月侵蚀，捐资刊刻王阳明文献，多为阳明私淑弟子与再传弟子。

何廷仁（1486—1551，字性之，号善山，原赣州府雩县人）嘉靖元年举人，久不第，至二十年谒选新会知县，二十四年迁南京工部主事，二十八年致仕，时六十四岁矣。善山以诸生事阳明甚勤，在赣趋赣，在南浦趋南浦，在越趋越，一不以举业为念。善治生，家故丰，而自奉极吝。至越，接引后学，一如南、赣，盖其善诱。与同志大会于南都，诸生往来者恒数百人。

黄弘纲（1492—1561，字正之，号洛村，亦雩县人）正德十一年举人。十四年六月，阳明仓猝军旅，洛村行间，承担参谋重任，凡张疑设间，必相与谋之。阳明归越，洛村不离者四五年。阳明殁，居越，计二年，以身同旋，以礼自卫，用情于人，内外大小咸信服，莫可指诽。护恩师嫡子正亿，携龙溪、绪山走台州请命而纳聘。士人出阳明之门者，无问远近，莫不知有洛村也。故新建之传，独归洛村。嘉靖二十三年举为汀州推官，二十七年升刑部云南清吏司主事。嘉靖三十年致仕，时六十岁矣。居家，与东廓、双江、念庵讲学，会于青原、玄潭、石莲洞之间，嘉靖四十年卒。

《传习录》其他知名弟子，如王修易、朱得之、黄省曾辈，未能考中进士，为地方乡绅，影响不广。王修易（字勉叔，原衢州府江山县人）至嘉靖三十三年方以贡士任新建训导。朱得之（字本思，号近斋，原靖江县人）至嘉靖二十九年始任建昌府新城县丞，逾月挂冠而归；三十三年，再任桐庐县丞。黄省曾（1490—1540，字勉之，号五岳，原吴县人）嘉靖十年举人，居家授学。

嘉靖二十九年后，欧阳德、聂豹、徐阶、程文德四大阳明心学名臣先后得势，嘉靖自己也似乎被权臣反复折腾后，开始注意到"国难思将"、人才难得，精疲力竭，有些事似乎也看开了，顺便给能尽心办事的阳明心学权臣一丝颜面，对王阳明的态度似乎有所松动，先后在嘉靖三十年补录阳明嫡子王正亿为国子生，在三十九年补王正亿为锦衣卫左所副千户，录阳明嫡孙王承学为国子生。这些补救做法，分别发生在王阳明去世二三十年后，一直未被当今学术界所重视。伴随朝局环境的松动，王阳明文录的编辑和刊刻工作也正式松绑了。嘉靖二十九年后，王阳明文录重新被地方官员大规模公开印刷出版。

> 嘉靖三十年辛亥九月十三日戊戌（1551年10月12日），录故兵部尚书兼左都御史王守仁子正亿为国子生。初守仁历正三品，俸余三年，以在军中未及考满。至是，其妻张氏陈乞，特许之。①

> 嘉靖三十九年十一月戊寅，补荫故新建伯兵部尚书王守仁子正亿为锦衣卫左所副千户，孙承学为国子生。先是守仁以军功荫一子为锦衣卫副千户。后三品满考，复得例荫其子为国子生。时守仁未有子，以侄正宪承荫千户。未几子正亿生，正宪因输粟为王府典仪，而正亿荫入监读书，许之。②

嘉靖还是很看重面子的，而王正亿本人也愿授武荫图报效，而以其子承学补国子生。但是，真正恢复王阳明身份，还需要朝局变更，期待另外一个新皇。终嘉靖一朝，由于嘉靖不喜欢王阳明，认定王阳明是一个奸诈之徒（"伪学"），渴望好名（"虚名"），行事夸张，尤其是喜欢"专擅"，不听从中央一盘棋，对王阳明怀疑、批评与不信任的态度从未改变过。现在看来，嘉靖整顿吏治，是以王阳明为例，从严治吏，树立自己的权威。他要天下读书人认识到，凡是不听我的、不讨好我的，无论你有多大的本事，都是被打击的对象。这也使得整个嘉靖时期的朝局，虽然很有秩序感，但压抑而紧张，没有活力，人人小心谨慎，如履薄冰。比如，徐阶数十年

---

① 《明实录》，《明世宗实录》卷三百七十七。参阅修远山翁2016年3月23日上传的网络编校整理版。
② 《明实录》，《明世宗实录》卷四百九十。

的隐忍，最后清算严嵩家族，诛杀严世藩，官员之间的你死我活引发多少牵连，都不是应该被历史所过分赞誉的。有部分学者美誉为"嘉靖中兴"，但这样的"中兴"，是以王阳明这样有巨大的功勋之臣蒙受冤屈为代价的。

历史总是往前走的，一个朝代被压抑，下一个朝代就会平反、补救，社会的长期压抑需要被新朝所释放。历经阳明心学名臣们多年的持续努力，经过近半个世纪，王阳明家族被追夺的崇高待遇慢慢被承认并最终正式执行。

隆庆元年四月甲寅，诏追赠故新建伯南京兵部尚书王守仁为新建侯，谥文成，赐祭七坛。①

六月丁未，先是御史耿定向亦请以故新建伯兵部尚书王守仁从祀，下礼部议。至是覆言："尚书王守仁质本超凡，理由妙悟，学以致良知为本，独观性命之原，教以勤讲习为功，善发圣贤之旨。若守仁，则世代稍近，恐众论不一，请敕翰林院、詹事府、左右春坊、国子监儒臣，令其广咨博讨，撰议进览。仍下本部会官集议，以俟圣断。"上"是之。"②

十月丙申，户科都给事中魏时亮请录真儒以彰道化，举薛瑄、陈献章、王守仁均得圣学真传，并宜崇祀孔子庙庭。章下礼部议。③

隆庆二年五月戊午，追录故新建伯王守仁平宸濠功，令世袭伯爵。先是嘉靖初，守仁已授封，会忌者媒蘖其事，异议纷然，遂见削夺。上即位，始命江西抚按官勘核功状。至是，以闻下吏部，会廷臣议，皆谓"守仁戡定祸乱之功，较之开国佐命时虽不同，拟之靖远、威宁，其绩尤伟。当时为忌者所抑，大功未录，公议咸为不平。今宜补给诰券，令其子孙世世勿绝，以彰朝廷激劝之公。"从之。④

隆庆二年十月壬寅，命新建伯王守仁男正亿袭爵，岁给禄米

① 《明实录》，《明穆宗实录》卷七。
② 《明实录》，《明穆宗实录》卷九。
③ 《明实录》，《明穆宗实录》卷十三。
④ 《明实录》，《明穆宗实录》卷二十。

千石。①

隆庆二年十月壬寅，王正亿终于袭爵，并获得岁给禄米千石的物质待遇。至少在最高中央层面，至隆庆二年，王阳明的合法身份、地位是被高度承认的。但历史总是会开玩笑。前进一大步，就会后退几小步。以高拱为代表的一批重视封建秩序的官员，不希望看到王阳明身份恢复带来的阳明心学的过分发展，开始抑制阳明文献的进一步传播。高拱左右隆庆皇帝，以所谓不得批评先皇的诏令，事实上是阻挡王阳明进一步从祀孔子庙庭的大事。

隆庆三年五月癸丑，南京监察御史传宠等上言："新建伯王守仁，止以乘藉机会殄灭宁藩，而剖符赐券，至比于国初汗马之勋，人心未服，乞改荫锦衣卫。"于是吏部尚书杨博等覆议，"宸濠谋反非一日矣。一旦杀抚臣而起事，宜走南都，令逆谋得成，则其祸可胜讳哉？守仁首倡义兵，仅一月而擒之，社稷之功也。"上以为然，乃命守仁封爵，准世袭如故。②

万历元年三月乙酉，兵科给事中赵思诚奏罢王守仁从祀之请，言"守仁党众立异，非圣毁朱，有权谋之智功，备奸贪之丑状，使不焚其书、禁其徒又从而祀之，恐圣学生一奸窦，其为世道人心之害不小。"因列守仁"异言叛道者八款"，又言其"宣淫无度，侍女数十，其妻每对众发其秽行。守仁死后，其徒籍有余党，说事关通，无所不至。擒定宁贼，可谓有功，然欺取所收金宝，半输其家，贪计莫测，实非纯臣。"章下该部。③

五月庚子，礼部请敕翰林院等衙门官撰，进王守仁应否从祀孔庙议，以赵思诚与徐栻等三人意异也。④

一年后，有两个人提出反对意见，一个反对世袭，一个反对从祀。隆

---

① 《明实录》，《明穆宗实录》卷二十五。
② 《明实录》，《明穆宗实录》卷三十二。
③ 《明实录》，《明神宗实录》卷十一。
④ 《明实录》，《明神宗实录》卷十三。

庆三年（1569 年），南京监察御史传宠反对阳明后人世袭爵位，理由居然是"人心未服"这样似是而非的论断。竟然，木已成舟，无法反对世袭爵位，但反对从祀应该是可以的。万历元年（1573 年），兵科给事中赵思诚罢从祀之请，理由是"欺取所收金宝，半输其家"，"党众立异，非圣毁朱"，"其徒籍有余党，说事关通，无所不至"，语言夸张、荒诞，这就是历史上著名的王阳明"四大罪证"，涉及贪腐物资、生活作风、学术立场、后学立党四个领域。半个多世纪后，保守派依靠上述似是而非的"举报"材料，很多相关者多已谢世，无法考证其真伪。由此管窥，朝廷保守派对王阳明从祀是坚决反对的。

隆庆六年十二月辛未，礼科都给事中宗弘暹，请会议王守仁从祀孔庙，从之。①

万历元年五月丁酉，浙江道监察御史谢廷杰言，"学圣人之学者，其所表树，不过学术、事功两端，如新建伯王守仁者，良知之说妙契真诠，格致之论超悟本旨，其学术之醇，安可以不祀也？宸濠之变，社稷奠安；两广之绩，荒裔宁谧，而尽瘁戎伍，竟殒于官。其事功之正，安可以不祀也？"昔先臣丘浚有言，曰"有国家者，以先儒从祀孔子庙廷，非但以崇德，盖以报功也。议从祀者，此其律令已。"南京福建道御史亦言，下礼部。②

七月戊子，南京福建道御史石槚上奏，"国家以祀典为重，当祀而不祀，则无以崇报功德；不当祀而祀之，又何以激劝人心？王守仁谓之才智之士则可，谓之道德之儒则未也。因言致良知，非守仁独得之蕴，乃先圣先贤之余论。守仁不过诡异其说、玄远其词以惑众耳。朱子注经书，衍明圣道；守仁辄妄加诋辱，实名教罪人。方宸濠未叛，书扎往来，密如胶漆。后伍文定等擒宸濠于黄石矶，守仁尚遥制军中，始则养虎贻患，终则因人成功，朦胧复爵，报以隆重。若又祀之，不

---

① 《明实录》，《明神宗实录》卷八。
② 《明实录》，《明神宗实录》卷十三。

免崇报太滥。"下礼部。①

户科给事中赵参鲁上，争祀王守仁，并下部。②

十一月癸未，工部办事进士邹德涵奏，王守仁宜祀孔庙。又言"众心同悦者，莫甚乡原；《春秋》最诋訾者，莫甚孔子。求无一诋訾之人，然后议祀，则当首乡原，次孔子矣。"下礼部。③

万历二年六月庚午，巡按浙江监察御史萧廪题，"原任南京兵部尚书王守仁，奉旨下儒臣议从祀久矣。乃或谓其学近于禅，或谓专提良知不及良能，或谓遵德性而遗闻见异于朱子夫。所恶于禅者，以遗弃事物沦于空寂也，使守仁出此，诚不可治国家，乃学术发为事功，既章章矣。其立教大旨曰'致良知于事事物物之间'，是大学之教，明物察伦之学也。其与朱子稍异，诚有然者。然学在不出吾宗，至于启钥开关，何必胶柱鼓瑟。又有谓始尝修仙佞佛者，及门多匪人者，总属苛求，合宜定议。"下礼部覆。④

万历二年十二月甲寅，以新建伯王守仁从祀孔子庙庭。守仁之学，以良知为宗经，文纬武勋，有成绩。其犯中珰，绥化夷，方倡义勤王，芟群凶夷，大难不动声色，功业昭昭在人耳目。至其身膺患难，磨励沉思之久，忽若有悟，究极天人微，妙心性渊源，与先圣相传宗旨无有差别。历来从祀诸贤，无有出其右者。⑤

历经隆庆、万历二朝，经过近二十年数十位阳明心学名臣们的努力，以江西籍官员谢廷杰、邹德涵、萧廪保举贡献最大⑥，终于在万历十二年（1584年）的最后一个月，中央当局似乎默认新建伯王守仁可以从祀，这已

---

① 《明实录》，《明神宗实录》卷十五。
② 《明实录》，《明神宗实录》卷十五。
③ 《明实录》，《明神宗实录》卷十九。
④ 《明实录》，《明神宗实录》卷二十六。
⑤ 《明实录》，《明神宗实录》卷三十二。此则史料是否属于万历二年，有新加坡许齐雄、香港朱鸿林等地学者，提出反对意见。但均为推测，没有明确的反对史料，故系于此。笔者猜测，此条在万历二年十二月，概率是存在的。或由于张居正的反对，此事，最后未曾执行过。
⑥ 据史料记载，早在万历元年，巡按浙江的欧阳南野与邹东廓著名亲传弟子萧廪就祀王守仁于杭州的文庙，这是阳明祭祀地方化的重大案例。

经是近四十五年后的事情。当时的一个"无主"说明，却对王阳明及其心学思想给予极高的评价，令中赞誉说，"以良知为宗经，文纬武动"，"身膺患难，磨励沉思之久，忽若有悟，究极天人微，妙心性渊源"，"与先圣相传宗旨无有差别"，"历来从祀诸贤，无有出其右者"，可谓空前绝后的美誉了，似有过度之嫌。不难理解，王阳明事功以江西地区最著，故而江西籍官员刊刻王阳明文献也最积极，出力最多，版本最多，存世孤本也最多。但万历初期，张居正总揽大权，独断专行，且不喜讲学，是不可能公开让王阳明从祀孔庙的。王阳明正式从祀孔庙，则是在首辅张居正死后。

万历十一年十月壬戌，礼部覆吏科给事中邹元标、兵科给事中王亮各言书院一事，人情向背，视上指挥若不辨公，私毁之未几而复之旋继，又滋地方一番骚扰。私创书院已经拆毁者，不必概复。如果有先贤所遗，或系本朝敕建者，曾经拆毁，量为查复。其天真书院，既云先臣王守仁专祠，仍行抚按查，先年奉何明文盖造，动支何项钱粮，所称书院学田是否学徒置买，应否归入里甲，俱议拟前来，以凭斟酌覆奏。其各省学田，原额不一，今书院拆毁之后，田归何处，一并查明到部，请旨处分。上曰："重道崇儒，原无讲学之禁，亦不系书院有无。若近年私创已经拆毁变卖的，不必一概议复，以费财扰民。"①

万历十二年五月己亥，修盖先臣王守仁天真书院，赐祠额曰"勋贤"。②

庚寅，准王守仁、陈献章、胡居仁从祀学宫。先是隆庆元年，给事中赵思诚御史石槚题王守仁、陈献章不宜从祀，而副都御史徐栻、给事中魏时亮、赵参、鲁宗、洪选、御史谢廷杰、梁许、萧廪、徐乾贞、进士邹德泳俱言二臣应从祀。其后，御史詹事讲上言："孔子有功万世，宜飨万世之祀。诸儒有功孔子，宜从孔子之祀。我太祖高皇帝表扬先师，加意斯学。二百年间诸儒聿兴，直肩斯道，若薛文清瑄、

① 《明实录》，《明神宗实录》卷一百四十二。
② 《明实录》，《明神宗实录》卷一百四十九。

王文成守仁、陈检讨献章，其最著者也。曩言官以三人从祀，上请皇上从礼臣议，以薛瑄入祀矣，乃守仁、献章格于议而不得与。夫守仁之功烈、文章，献章之出处、大节，谁不知之？臣考其学问，虽专言良知，专言主静，若近于偏枯，顾言知而未始废行，言静而未尝离动，合一之功与宋诸大儒之论同归一致，独奈何议论之纷纷也？臣欲陛下大奋乾断，为斯文主，将王守仁、陈献章从祀。"下礼部议。部请敕多官详议以闻，而议者杂举多端，于守仁犹訾诋。部议独祀胡居仁，上因询内阁，"文臣从祀，奈何不及武臣？"阁臣言："武臣从祀于太庙，所以彰武功；儒臣从祀于孔庭，所以表文治。武功莫盛于二祖，文治莫隆于皇上，此典礼之不可缺者。"上悦。于是申时行等乃言："彼訾诋守仁、献章者，谓其各立门户，必离经叛圣，如佛老庄列之徒而后可。若守仁言，致知出于《大学》，言良知本于孟子，献章主静，沿于宋儒周敦颐、程颢，皆祖述经训，羽翼圣真，岂其自创一门户耶？谓其禅家宗旨必外伦理、遗世务而后可，今孝友如献章，出处如献章，而谓之禅，可乎？气节如守仁，文章如守仁，功业如守仁，而谓之禅，可乎？谓其无功圣门，岂必著述而后，为功圣贤于道，有以身发明者，比于以言发明，功尤大也。谓其崇王则废，未不知道，固互相发明并行而不悖。在宋时，朱陆两家如仇隙，今并祀学宫。朱氏之学，昔既不以陆废，今独以王废乎？诚祀守仁、献章，一以明真儒之有用而不安于拘曲，一以明实学之自得而不专于见闻，斯于圣化，大有禅。若居仁之纯心笃行，众议所归，亦宜并祀。伏惟圣明裁断主持，益此三贤，列于薛瑄之次，以昭熙代文运之隆。"上曰："皇祖世宗尝称'王守仁有用道学'，并陈献章、胡居仁，既众论推许，咸准从祀孔庙。朝廷重道崇儒，原尚本实，操修经济，都是学问，亦不必别立门户，聚讲空谈，反累盛典。礼部其遵旨行。"[①]

众所周知，权臣张居正和高拱一样，为了维护中央高度集权的中央权

---

① 《明实录》，《明神宗实录》卷一百五十五。

威，骨子里都是反对阳明心学、禁止书院讲学的保守派，在现实中，他们不可能让王阳明从祀得以真正执行。而王阳明从祀行为被公开进行并确认，是在张居正专权行为被清算之后。万历十年（1582年）六月，张居正病逝，随后被万历皇帝追加处罚。万历十一年十月，邹元标、王亮请求恢复被毁书院，万历因为户部财政预算有限，本着不"费财扰民"国家治理原则，没有恢复被毁的阳明心学书院，但他认为"重道崇儒，原无讲学之禁，亦不系书院有无"，主张不一定需要书院才可以讲学，事实上默许自由讲学的风气，阳明心学正式开启无拘无束、全面扩张和风行天下的新环境。万历十二年甲申十月，万历皇帝不仅公开恢复杭州天真书院、勋贤祠，还正式确认王守仁、陈献章、胡居仁三人均从祀学宫。自后，从1584年到1644年明朝灭亡的六十年时间里，阳明心学风行天下势如破竹，全面繁荣，在全国传播。

乾隆十六年辛未三月辛丑，遣官祭南镇之神，并明臣王守仁祠赐王守仁祠，扁曰"名世真才"。①

乾隆五十八年癸丑四月癸未，乾隆策试天下贡士，其论天下学术，曰："金溪之学流为姚江，紫阳之徒流为河津。世多以河津为正脉，然论者或谓王守仁所树立，断非薛瑄所能可详言之欤。王畿以后讲心学者，又空虚而无实用，其故又安在欤？"②

光绪十六年庚寅十二月壬子，光绪以功德在粤，准明臣王守仁横州思恩府庙祀，列入祀典，王守仁书院扁额曰"教衍云岩"，从广西巡抚马丕瑶请也。③

明末小寒冰时代，农作物连续三年失收，瘟疫横行，藩王土地兼并，地方政府毫无作为，民不聊生，流民增多，社会动荡，农民起义风起云涌，尤其是清政权强势崛起，而多年的战争又消耗明朝的人力、物力和财力，曾经一度强盛的大明王朝走向了末路。清王朝入主中原，社会重新恢复了

---

① 《清实录》，《清高宗实录》卷三百八十四。
② 《清实录》，《清高宗实录》卷一千四百二十七。
③ 《清实录》，《清德宗实录》卷二百九十二。

秩序，并重新确立了朱子学的中央权威，阳明心学彻底被边缘化。乾隆十六年辛未（1751 年），下江南，体察民情，赐王守仁祠扁，并给予王阳明"名世真才"的高度评价，对于复活沉寂近百年的阳明心学不啻为"强针剂"。但乾隆五十八年癸丑，乾隆却给予阳明后学"空虚而无实用"新的定位，尤其是策试天下贡士这样的官方场合，无疑给了阳明心学发展的"断头刀"，阳明心学成为一种新的"忌讳"。迟至光绪十六年（1890 年），为了活跃社会风气，中央当局对阳明心学的态度才有所松动。纵观整个清朝，阳明心学处于边缘化、碎片化与被打压的状态，一直到洋务运动之后，阳明心学才全新崛起，自明朝灭亡已经过去两个半世纪。尤其在 19 世纪上半叶，阳明心学获得比较好的发展态势。清朝对王阳明文献的刊刻，多为地方乡绅、学者组织，或级别低的县令捐资刊刻，额度低，故而版本之精美远不如嘉靖、万历，且版本数量极少。

三、王阳明文献单刻本的首刻与修缮

无论是杭州天真书院还是赣州刊刻的《阳明先生年谱》均明确记载，入赣近两年，赣州地方匪患基本剿除完毕，正德十三年戊寅七月，四十七岁的王阳明在赣州先后捐资刊刻古本《大学》《朱子晚年定论》，均自序；一个月后，再捐资刊刻徐爱、薛侃、陆澄等人编辑的 3 卷本《传习录》，是众所周知较早的《传习录》版本，为九月即将修建完成的濂溪书院讲学作教材和讲义使用。

嘉靖三年甲申四月初一，王阳明居越服阙后，其福建籍弟子、时任余姚知县的丘养浩捐资刊刻由同门韩柱、徐珊编辑的 3 卷本《居夷集》，则为大家熟悉，是收录王阳明正德初年停留湖南、贵州地区所创作的最早的诗文单刻本，该书每页十行，每行二十字。同年十月十八日，陕西籍弟子、时任绍兴知府的南大吉则捐资刊刻由其弟南逢吉编辑的 7 卷本《传习录》（大字版，每页八行，每行十五字），或为今藏于台湾"国家图书馆"，可全文复制下载。

三年后，嘉靖六年丁亥四月，江西籍著名弟子、时任安徽广德州判官的邹守益捐资刊刻由王阳明本人及其弟子钱德洪按时间顺序选编的 4 卷本《阳明先生文录》（正录三卷、附录一卷）。该书原本散佚，但据后来两个不同时期的重刻本（岑庄、岑初、徐学校刻 4 卷本，每页九行，每行十九字；官任贵州的王世隆捐资于嘉靖十八年六月重编 3 卷本，每页九行，每行十七字）可以基本复原散佚的广德版目录和正文内容。

嘉靖七年戊子夏秋间，巡案福建的阳明弟子聂豹与谪戍弟子陈九川重新编辑整理南大吉 7 卷本《传习录》，删减撰要为 6 卷，刻于福州，颁给养正书院诸生。

> 丙戌，竟谪戍镇海卫。先生欣然就道，特以老亲为念。时余以御史按闽，先生自忘其为迁客，余亦忘之，往来商订，互有裨益。己丑，朝廷正郊典恩下，得解戍还。①

> 《传习录》者，门人录阳明先生之所传者而习之，盖取孔门"传不习乎"之义也。匪师弗传，匪传弗觉，先生之所以觉天下者，其于孔门何以异哉？夫传不习，孔犹弗传也。孔门之传，求仁而已矣。孟子曰："仁，人心也。"孟子之求心，即孔门之求心也。然心无形而有知也。知外无心，惟知为心；物外无知，何知非物？

> 予尝闻先生之教矣。学本良知，致知为学。格物者，致知之功也。学致良知，万物皆备，神而明之，广矣，大矣。故曰："知皆扩而充之，足以保四海，无他，达之天下也。"孟子之学孔子者，其在兹乎？祖述孔、孟，宪章周、程，先生之所得亦深矣。而或者犹异之，云其殆于仁、心、知、物之义，有未达欤！盖仁即心也，心即知也，知即物也。外物以求知者，为虚寂；外知以求心者，为枯槁；外心以求仁者，为袭取；外仁以求学者，为泛滥灭裂，此二氏、五伯、百家之学所以毒天下。如以文辞而已者，今之陋也，去益远矣，毒滋甚焉。良知者，通天地万物为一体也。忍其毒而弗之觉，犹弗知也。此先生之

---

① 聂豹：《礼部郎中陈明水先生墓碑》，载《明水陈先生文集》，中山大学藏明刻本。

传，殆有不容已焉者耳。

是录也，答述异时，杂记于门人之手，故亦有屡见而复出者。间尝与陈友惟浚，重加校正，删复纂要，总为六卷，刻之于闽，以广先生之觉焉。①

嘉靖四年乙酉，聂豹召为福建道监察御史，入台数月，连上三疏，直声震动一时。五年丙戌春，巡按应天，得以往赴绍兴亲自问学于阳明，颇得赞誉。六年丁亥，复命未几，遂巡按福建。七年戊子春，正式入闽，建养正书院，捐资增定、编刻《传习录》，不愧为阳明心学名臣。②

阳明先生与双江公书，在嘉靖丙戌。又二年，先生遂有南康之变。是时公犹未执弟子礼，而先生尽以近日所独得者，切切语之，惟恐不尽吐露，斯其付托责望之重，可知矣。

夫万物一体之义，自孔门仁字发之，至宋明道始为敷绎，其后《西铭》一篇，程门极其称美。自是，止以文义视之，微先生，则孔门一脉几于绝矣。故尝以为先生一体之说，虽谓之发千古之秘亦可也。

公珍重是书，既勒诸石，乃以原稿付谢生经，以其责望，岂无意乎？③

一般而言，聂豹于福州刊刻的嘉靖七年6卷本新版《传习录》可能会增入嘉靖五年丙戌阳明写给他的两封书信，因为夫子详细探明"万物一体之义"。此两封书信，即便在罗洪先看来，"切切语之，惟恐不尽吐露，斯其付托责望之重"，"发千古之秘"，亦是极其重要的。念庵先生的"微先生，则孔门一脉几于绝矣"，说其重要的。既然连罗念庵都能注意到的嘉靖五年丙戌"书"如此关键，钱德洪与王畿，又该如何看重呢？今存世孤本、

---

① 吴可为编：《聂豹集》卷三，南京：凤凰出版社2007年版，第45—46页；吴光等编校：《王阳明全集（新编本）》卷五十二《附录三》，杭州：浙江古籍出版社2010年版，第2100—2101页。

② 参见吴可为编：《聂豹集》附录，南京：凤凰出版社2007年版，第641—642页。坊间史料，多错误百出，今据《明实录》载出，以助学术界。

③ 吴光等编校：《王阳明全集（新编本）》卷五十三《附录三》，杭州：浙江古籍出版社2010年版，第2234页。

嘉兴图书馆藏后世重刻南大吉 7 卷本《传习录》残本与台湾"国家图书馆"残本下册四卷篇目、正文内容一致，不仅仅是巧合，可以复原嘉靖三年绍兴版《传习录》。存世两个孤本均未曾收录阳明与聂豹"书"，反证南大吉嘉靖三年本不可能收录嘉靖五年阳明写给聂豹的"二书"。新的问题又来了。阳明与聂豹"二书"是何时被再次增录后世《传习录》？阳明与欧阳德书信，又是何年增刻入后世《传习录》呢？这几个问题，都是王阳明版本文献源流的难解之谜，值得我们深入研究。

我们认为，后世之所以增收欧阳德、聂豹两篇书信，由"七书"增加到"十书"，不仅是出于护航《传习录》的政治考量，更有新增"三书"具有讲学明道的学术意味，钱、王良苦用心，可见一斑。详情，留待后文详说。

嘉靖九年庚寅五月十六日，广东籍弟子、时任行人司司正的薛侃在杭州捐资刊刻由钱德洪于胜果寺编辑整理的 4 卷本《阳明先生诗录》，分为正稿、附稿，每页十行，每行十八字。而同月，供同门论学、讲学与休憩联络之所的天真书院也建成①，由此，阳明心学传播、发展的大本营和主阵地得以形成。虽然，4 卷本《阳明先生诗录》不以时间先后为次序编排阳明诗歌，诗歌收录也不全，但作为王阳明去世后最早大规模收录先生诗歌单行本，具有重要的文献版本学意义。

> 先生既没，吾友宽也，检诸笥，得诗数卷焉；畿也哀诸录，得诗数卷焉。侃受而读之，付侄铠锓梓。②

4 卷本《阳明先生诗录》规模宏大，不仅收录《居夷集》，而且以阳明先生滁州讲学之后至去世这段时间诗歌为正稿，滁州之前的诗歌则为附稿，未收《上国游》诗作，体现出前钱德洪编辑恩师文集"精选"以弘学传道的求精原则。该书为孤本，全本仅见藏于日本九州大学图书馆，残本则见于尊经阁文库（前身为浅草文库），可供阅读复制，但不允许内地出版社公

---

① 参见薛侃撰，陈椰编校：《薛侃集》附录五《薛中离年谱》，上海：上海古籍出版社 2014 年版，第 532 页。

② 日本九州大学图书馆藏孤本 4 卷本《阳明先生诗录》，《阳明先生诗集后序》。因采薇阁王强先生签订保密协议，该书不允许公开影印出版。

开影印出版，故而我国的一般研究者很难阅读到此版本。阳明去世后，接力阳明文献刊刻者当首推薛侃。

其实，三十三岁的薛侃就曾经在赣州主持编辑3卷本《传习录》。在阳明去世后初期，年长钱德洪十岁的薛侃主导过王阳明文集的整理与编辑工作，处于"中心"地位，而钱德洪此时还处于"边缘"地位。薛侃可算是同门中除黄绾、邹守益之后，另外一位著名的前辈师兄了。据年谱，嘉靖八年十一月，得益于权臣方贤夫的提携，阳明著名弟子、行人薛侃（时年四十四）到达绍兴，料理阳明殁后家事，确定轮孤名单。次年，升右司副而去。故而，薛侃在杭州居住的这段时间里，得与钱德洪一起编辑并协调时任建阳知县的侄子薛宗铠捐资刊刻事由。

约在嘉靖十二年，王阳明广西单刻本文献两卷本《阳明寓广录》（《遗稿》）在广西由其原广西参谋舒柏（栢）捐资刊刻。后，胡宗宪亦曾在浙江重刻此书。遗憾的是，此两种刊本今散佚。

> 天不以地多草木而废发生，君子不以时多诗书而废言论。废发生则大化息，废言论则大道湮。辞不可废也。孔子曰：辞达而已矣。辞也，取载道焉耳矣。布帛惟温，菽粟惟饫，固有终身用之而不能尽者。恶之、学之、勋之，在海内也孰不抑之？而不能废辞，而其辞亦未始一涉于废。是故闻之者悦，传之者弥广。

> 嘉靖戊子，先生以新建伯奉上命，提四省重兵，经略思田，虽鞠瘁弗遑，而问书、纪别、答问、祭告、题咏数章，率皆载道之文也。石龙一书，其绝笔焉。柏日侍门下，习而录，录而珍，恐久而或逸，梓之以贻同志，庶领略之余，得先生之所以为先生者。岂敢阿所好，亦岂敢以言论观先生耶？①

约正德十三年戊寅，舒柏从学阳明于赣州军旅中。② 曾陪侍王阳明，讲

---

① 吴光等编校：《王阳明全集（新编本）》卷五十三《附录三》，第6册，杭州：浙江古籍出版社2010年版，第2191—2192页。

② 参见王守仁著，王晓昕、赵平略点校：《王文成公全书》卷32《附录一年谱一》，第4册，北京：中华书局2015年版，第1427页。

学于县西云峰寺（书堂庵）。① 嘉靖二年癸未，阳明作《答舒国用》信。嘉靖七年戊子，舒柏被阳明夫子取赴，升梧州府同知。② 从阳明平田州，有赞画功。主梧山书院，协助林富编撰嘉靖十一年版《嘉靖广西通志》；复主岭表书院，十一年壬辰夏撰文。十六年丁酉，转两浙盐运司。③ 出知南宁府，未之任而卒。其自视歉然，佩服良知之训，根究心性之学，无少懈也。④ 其名字事迹入选《传习录》，为世人所知。两广之士多从之游。由史料可知，2 卷本《阳明寓广录》可能刊刻于嘉靖十二年左右。

嘉靖十二年癸巳九月，台州籍著名弟子、时任礼部右侍郎的黄绾利用其与嘉靖特殊密切的私人关系主持刊刻由同门欧阳德、钱德洪、黄弘刚等人整理的《阳明先生存稿》，全书今散佚无存。⑤ 存稿本的主要编辑得益于欧阳德、钱德洪与黄弘纲三人，当时钱德洪参与其中的一部分，其主要工作或得益于居住在南京的欧阳德、黄弘纲。

嘉靖七年十月壬寅，詹事府詹事兼翰林院侍讲学士、五十九岁的黄绾以疾乞致仕，不允。同月壬戌，升任南京礼部右侍郎，掌部院事，且带管操江。⑥ 十二年七月庚申，升北京礼部左侍郎。至九月后，方离开南京前往北京。⑦ 黄绾在南京虽为虚职，但毕竟是京官外任，且是嘉靖"大礼议"备受宠爱的学士下放，如此与嘉靖皇帝关系亲密的政治背景，是嘉靖十二年九月十五日（望日）最有可能以"礼部右侍郎、前詹事府詹事""门生"身份作为王阳明文集出版的捐资人。⑧ 至十三年二月乙亥，吏部尚书汪铉发邹守益私自归家事，诏革守益职，劾绾不能纠正所属，仪制司郎中季本职

① 《同治南昌府志》卷十四，第 62 页。
② 《乾隆梧州府志》卷十二，同治十二年刻本，第 13 页。
③ 参见《重修两浙盐法志》卷二十一，同治刻本，第 55 页。
④ 参见《万历新修南昌府志》卷二十九，第 49 页。
⑤ 参见《阳明先生存稿》保存大量的王阳明一手稿件，由于存稿本散佚无传，故而学术界历来无法对存稿本进行全面与深入的考察。
⑥ 《明实录》，《明世宗实录》卷九十三。李一瀚所著黄绾行状，黄承忠所撰《黄绾传》，均与《明实录》所载不符。
⑦ 《明实录》，《明世宗实录》卷一百五十二。
⑧ 参见黄绾：《阳明先生文录·序言》，国图藏嘉靖十四年增刻 28 卷本，第 1 页。

在承行虚文掩护并宜加罪。先是南京礼部主客司郎中邹守益引疾乞归，时尚书严嵩尚未抵任，令礼部左侍郎黄绾方以右侍郎摄部篆。久之未报，而守益已回籍年余矣。入，得旨，调绾外任，本降二级、调外任。上念绾尝赞大礼有劳，命复原任充之。铉意不惬，乃再疏攻绾。诏如前旨，仍调外任。于是绾上章自理，且言衅端所由起有三，指责汪铉甘为张璁鹰犬，攻击自己以快其私。上览奏，谓"绾事已迁官"竟仍留绾，供事如故。明日，张璁辩。上曰："朕昔闻绾于卿，故前日特留旧任。况他赞助议礼，已有止还留用。卿不必与辨，即赴合辨事，庶朕得以养病省事。"① 三月壬申，命礼部左侍郎黄绾抚赈大同，兼体察军情，勘明功罪，许以便宜从事。②

嘉靖十一年二月，同门欧阳德恰好由翰林院编修京官升任南京国子监司业而来，辗转于南京尚宝司卿（十四年五月甲申升）、迁太仆少卿（十七年二月丙午升）、改南京鸿胪寺卿（十八年八月十八日），约嘉靖二十年左右丁父忧（外艰）去职。服阙后，又在家闲居约三年，至二十五年十月壬寅后，方以南京鸿胪寺卿复原职；不到两月，十二月丁未，晋南京太常寺卿。不到半年，二十六年五月己卯升北京国子监祭酒。可见，欧阳德官运亦颇难，历经十五年漫长时期，终于离开虚职的南京，前往实职公干的北京，开启与嘉靖皇帝近身四年的岁月。另外，第四位编者、王阳明的参谋和正亿教育者黄弘纲（字正之，号洛村）长期未考中进士，依附于南京的黄绾。③ 可见，嘉靖十一年至十二年九月十五日，黄绾、欧阳德与黄弘纲三

① 《明实录》，《明世宗实录》卷一百五十九。
② 参见《明实录》，《明世宗实录》卷一百六十一。
③ 据载，正德十四年六月，阳明夫子仓猝军旅，黄洛村先生行间，凡张疑设间，必相与谋之。阳明归越，先生不离者四五年。阳明夫子卒于南安，亲扶榇至弋阳，遇龙溪、绪山迎丧于岩濑，遂同归越。居守夫子家，计二年，以身同旋，多方调护，以礼自卫，而用情于人，内外大小咸信服，莫可指诽。保护阳明先生嫡子正亿，并携龙溪、绪山走台州请命而纳聘。士人出阳明夫子之门者，无问远近，莫不知有洛村也。新建之传，独具洛村。参见罗洪先：《明故云南清吏司主事致任洛村黄公墓志铭》，载徐儒校点：《罗洪先集》（下），南京：凤凰出版社2007年版，第801—803页；参见黄宗羲：《主事洛村先生弘纲》，载沈芝盈点校：《罗洪先集》（下），南京：凤凰出版社2007年版，第448—451页；参见张廷玉等撰：《明史》卷283《儒林二》，北京：中华书局1974年版，第7282—7283页；《同治雩都县志》，《中国地方志集成·江西府县志辑》卷10《理学》，第76册，第258—259页。

位王阳明著名亲传弟子均在南京，钱德洪在苏州任教授，相去不远，尤其是黄绾、欧阳德与黄弘纲三人有大量的时间在一起碰面编订阳明存稿。

> 天不慭遗，不获尽见行事，大被斯世，其仅存者唯《文录》《传习录》《居夷集》而已，其余或散亡，及传写讹错。抚卷泫然，岂胜斯文之慨！乃与欧阳崇一、钱洪甫、黄正之，率一二子侄，检粹而编订之，曰《阳明先生存稿》，庶传之四方，垂之来世，使有志之士知所用心，则先生之学、之道为不亡矣。嘉靖癸巳秋九月望日，通议大夫、礼部右侍郎、前詹事府詹事兼翰林院侍读学士、同修国典、经筵讲官、门生赤城黄绾识。①

上述可知，由于主持人是黄绾，在通稿过程中，"检粹而编订"，根据他对阳明文集编辑的理解，尤其是他对阳明老师宏伟事功的崇拜，故而"先生之道无粗精""随所发言，莫非至教""不必择其可否""概以年月体类编次"，几乎算是对收集到的阳明遗稿"照单全收"，并未如两年后钱德洪那样大刀阔斧的选编精择，算是存世收录阳明文稿最全的阳明先生文录28卷单行本。② 应该来说，根据前文所述，在阳明被打压的特殊困境时局下，黄绾依靠"大礼议"投机政治，虽为人所不耻，但其敢于抗压，挺身而出，冒险主持刊刻阳明遗文全稿，颇令人感动和尊敬。

之所以说，阳明存稿公开刊刻于嘉靖十二年九月，亦可以由徐阶与欧阳德于嘉靖十一与十二年来往的两封书信证之。

> 承以《文录》赐教，并示"致知"之义，觉迷途而道之康庄，启聋聩而异之闻见，感激感激。……鄙意窃谓此是良知本体，其在初学者，却须就良知一线未泯之明，操存扩充。……虚度岁时，駸駸三十，所谓"半路出家"，用力宜倍。③

---

① 陆永胜主编：《王阳明珍本文献丛刊·序言》，第四册，北京：社会科学文献出版社2018年版，第3页。
② 参见吴光等编校：《王阳明全集（新编本）》，卷五十二《附录二》第6册，杭州：浙江古籍出版社2010年版，第2092页。
③ 《少湖先生文集七卷》卷五，《复欧南野太史》，嘉靖三十六年丁巳宿应麟重刻嘉靖十三年甲午林元伦后叙本，第12—13页。

两辱云翰，受教良多。某近日与朋友讲论，正窃见得"诚"之一字，于学极有力。……年兄去岁曾劳简寄兹，贱体偶不快，未及答相见为一谢之。《文录》专候德弘兄寄来，入刻久不见到。遂并向在吾兄处所得两册，亦未果传。倘德弘兄编辑尚未有绪，就望见示，庶得先此二册也。……天气渐暄，道体若时自爱。①

嘉靖十一年壬辰二月，欧阳德擢南京国子监司业，且有意捐资刊刻《阳明先生存稿》。寄示《文录》两册未刊稿件至徐阶处，并附信慰问昔同年（嘉靖二年）探花，时其因得罪首辅谪任延平府推官第二年。依徐阶信中所述"骎骎三十"，时三十岁，知引文中前一封信作于嘉靖十一年，时欧阳德三十七岁，二人有七岁之差；后一封信作于十二年。② 据徐阶所述，"《文录》专候德弘兄寄来，入刻久不见到。遂并向在吾兄处所得两册，亦未果传。"信末"天气渐暄"，盖在春夏之间，可见，迟至嘉靖十二年六月前，《阳明文录》尚未公开刻印。今黄绾嘉靖十二年九月十五日存世独序，与徐阶、欧阳德二人来往之信时间自洽。徐阶所说"入刻久不见到"，可证《存稿》规模体量较大，所费时间较长。但徐阶也很希望推进阳明文录早日付印，哪怕是先行刊印其中"两册"，故而其说，"倘德弘兄编辑尚未有绪，就望见示，庶得先此二册也。""此二册"似乎因为《正录》五卷，钱德洪亦曾说此《正录》为全书之核心、提纲挈领，能概括王阳明的核心思想。

范庆在嘉靖二十六年序阳明文录时说，也可以证明，嘉靖十二年确实公开出版了《阳明先生存稿》。范庆明确说，阳明存稿刊刻时间早于钱德洪主持的文录，见下面楷体字引文。

阳明先生遗集传于世者，有《存稿》《居夷集》《文录》《传习录》，门人绪山钱子乃并之曰《文录》，复取先生之《奏疏》《公移》，

① 《少湖先生文集七卷》卷五，《寄欧南野太史》，第 26—27 页。
② 今检阅欧阳德文集，收录五通与徐阶书信，仅能确立卷一第三通书信为其复徐阶，赞徐阶诚心良知说，其余多为答徐阶在浙江提学为政为学之事，参阅陈永革：《欧阳德集》卷一、卷二，南京：凤凰出版社 2007 年版，第 21—24 页、第 63 页。

厘为《别录》，合刻于吴郡，惟《传习录》别存焉。①

如果范庆听闻阳明亲传弟子张良才所述王阳明文献刊刻情况属实的话，"有《存稿》《居夷集》《文录》《传习录》"，可见，《存稿》是与《居夷集》《文录》《传习录》并行的单刻本，存稿应该就是王阳明遗书，且可能未尽收《居夷集》《文录》《传习录》等相关文献，且未收20卷《别录》。

由此，我们猜测，《阳明先生存稿》的正文内容应该不超过嘉靖十四年增刻本28卷本文录规模。除去14卷《别录》，阳明先生存稿正文内容至少超过今通行本的15卷规模。且存稿本可能包含今通行本散佚的部分阳明诗文、书信与杂文，包括《上国游》等篇章。

我们为何作此判断呢？因为根据两年后官任贵州的阳明后学名臣王杏捐资刊刻的3卷本《新刊阳明先生文录续编》，收录十多篇此后28卷本文录、24卷本文录散佚19篇诗文书信，我们有理由相信，嘉靖十四年贵州3卷本续编文录应该来源于黄绾的存稿本。如此数量众多的阳明散佚诗文，如果不是王阳明最亲近的门人（钱德洪）或亲戚（黄绾），一般人是很难接触到如此多数量的阳明遗稿的。

此后，阳明文录的全新编辑与增刻递修本主要由钱德洪主持，始于嘉靖十一年壬辰，迟至嘉靖十四年乙未冬，时其任职于苏州府学，时间充裕，范庆说"门人绪山钱子乃并之曰《文录》，复取先生之《奏疏》《公移》，厘为《别录》，合刻于吴郡"，是可能符合历史真实情况的。钱德洪因丁忧而去职，打乱其继续编撰增订版《传习录》的计划，故而未能在刊刻于十四年乙未八月后刊刻《传习录》，新版《传习录》则留待十九年后了。② 钱德洪和阳明居住在苏州的阳明弟子黄省曾对《阳明先生存稿》进行全新与系统的编辑整理，不仅对《阳明先生诗录》进行重新编排，而且对新收集到的阳明奏疏、公移进行系统的分类整理，并于此年八月请阳明著名弟子

---

① 吴光等编校：《王阳明全集（新编本）》卷五十三《附录三》，第6册，杭州：浙江古籍出版社2010年版，第2154页。

② 参见钱明编：《徐爱 钱德洪 董沄集》，《附录》，南京：凤凰出版社2007年版，第417页。

闻人诠刊刻于苏州，这就是存世的姑苏 28 卷合并本。由于钱德洪刻意隐瞒，试图体现自己与阳明另外一位著名江西籍弟子邹守益主张的"切讲学明道"的精选原则，所谓"凡不切讲学明道者，不录可也"，导致后世馆藏人员误题"苏州本"。

根据我们掌握的王阳明文献版本的研究，姑苏本为 28 卷，是存稿本与 20 卷《别录》本的合并、精简与修缮本。

> 德洪昔裒次师文，尝先刻奏疏、公移凡二十卷，名曰《别录》，为师征濠之功未明于天下也。既后刻《文录》，志在删繁，取公移三之二而去其一。

> 至草萍驿，戒记书篚，故诸稿幸免散逸。自后同门各以所录见遗，既七①年，壬辰，德洪居吴，始较定篇类。复为购遗文一疏，遣安成王生自闽、粤由洪都入岭表，抵苍梧，取道荆、湘，还自金陵，又获所未备；然后谋诸提学侍御闻人邦正，入梓以行。《文录》之有《外集》《别录》，遵《附录》例也。②

钱德洪为何对黄绾版进行大规模修订，主要原因就是自阳明去世四年后，他在嘉靖十一年获得比阳明遗稿本更多的文本，故而得以在苏州"始较定篇类"。为了更好地编辑恩师的遗文和散佚稿件，他特意辞去京职，安心于安静的苏州府学教授，这是值得后学的我们学习和敬佩的。

嘉靖七年阳明先生捐馆后，"同门各以所录见遗"，钱德洪获得文稿逐渐增多。四年后，至嘉靖十一年，文稿陆续增多，遂有黄绾嘉靖十二年刻本。七年后，文稿基本收集完毕，而 20 卷《别录》亦公开刻成，可以"合并"。尤其是八月后，他绕道江西，面见龙光，收集到同门龙光讲述恩师反间宁王的长文孤本秘辛，立刻誊写抄录，最后交于提学、同门闻人诠付印。

钱德洪早在嘉靖十四年正月，就写好了 28 卷本阳明文录新版序言《阳明先生文录叙说》，新序目前笔者仅见于保存于赣州版重刻 28 卷本序言中，

---

① "七"，赣州本作"四"。
② 吴光等编校：《王阳明全集（新编本）》卷五十二《附录二》，第 6 册，杭州：浙江古籍出版社 2010 年版，第 2088 页。

与后世 24 卷本钱德洪修改版系列序言存在着多处不一致。为了更好地传播王阳明文献，本着两不得罪的原则，还是请前辈黄绾继续作序。黄绾嘉靖十四年新版序言，与嘉靖十二年序言亦存在着多处的不一致。那为何钱德洪两次邀请黄绾作序？当时朝廷的另外一个重大利好就是嘉靖十四年春，黄绾以礼部左侍郎身份参与天下会试，事关千万士子的前程。黄绾升为座主，钱德洪让其作序，显然有利于王阳明增刻新版 28 卷本文录的大规模流行，故而至今存世流传，德洪之苦心可知。但黄绾写于嘉靖十四年的第二篇序言，身份变更为"礼部左侍郎"，且更称为"门人黄绾"，与第一序的"礼部右侍郎""门生赤城黄绾"不同，且并不见于国图藏 28 卷本（姑苏本），而是见于后世所谓"苏州本"序言中，且与邹守益嘉靖十五年丙申序、钱德洪嘉靖十四年正月《刻文录叙说》并列，让人百思不得其解。相反，今存世嘉靖十四年八月增刻 28 卷本，仅收黄绾嘉靖十二年九月序言，更是令人匪夷所思。这说明，我们看到的存世版本，早已不是原刻本，而是后世重刻本、翻刻本或套印本，后人根据需要随意增删序言，早已失去嘉靖十二年、十四年两种原刻本的原貌了，颇令人遗憾。比如，钱德洪为何短短两年后，要如此着急重新修订增刻前辈黄绾存稿本，一个重要原因是阳明亲戚闻人诠恰好担任提学御史，出版经费有了着落；另外一个更重要的原因是他不同意黄绾、欧阳德等人对恩师"无所不收"的编辑原则，总担忧黄绾存稿本很不利于阳明心学的传播，而他精选编订的阳明文集精益求精，更有利于阳明心学风行天下。在钱德洪看来，在阳明心学被打压的被动环境下，粗制滥造，胡乱全收，对于弘扬传播阳明心学有害无利，明道讲学梦想会落空。除奏疏、公移外，28 卷本对黄绾存稿本进行精心优化，按数字先后排序，极其精细，分门别类，体系更合理，令人拍案叫绝。

恰恰是黄绾、欧阳德"凡所发言，无非至教"一派与钱德洪、邹守益"且讲学明道"一派的长期分野，尤其是作为不同时期的捐资人和提议刊刻者，黄绾、邹守益、欧阳德、程文德等人的官职变动又加剧了多种不同版本的公开印刷，导致后世多年对阳明文集不同卷数的刊刻版本，形成颇为壮观的王阳明文献版本学的世界。由于嘉靖皇帝为了国家秩序安全的需要，而不喜欢正能量的阳明学，因此他是不愿意看到阳明文献的公开出版。而唯有与嘉靖皇帝关系密切的官员保驾护航，捐资推进，至少不让嘉靖反对，王阳明文献方能顺利出版。

这也就不难理解，今日本九州大学图书馆藏 4 卷本《阳明先生文录》孤本，没有捐资人，只在书末出现"岑庄、岑初、徐学校刻"一行字。即便是现在的大型数据库"鼎秀古籍数据库"，岑庄、岑初、徐学三人也均无丝毫信息资料，我们猜测，他们三人或许可能为"化名"，又或者是余姚县乐善好施的"无名"之辈。嘉靖二十三年二月德安府 8 卷版《传习录》，不仅没有捐资人，甚至连校对者都没有，也是只在书末最后一页出现"嘉靖二十三年二月德安府重刊"寥寥数字，就是一部"无主"之书，令人难受。上述两本"无主"之书的出现，说明黄绾退出政坛后，后来的捐资人不再敢亮明身份，以免自己政治前途受影响。

嘉靖朝王阳明文献的刊刻是有挑战的难题，除了阳明文献体量颇大之外，捐资人不易获得。现实是，即便是如此大的难度，可是随后阳明文献却不断出版，就像是阳明众多弟子门人的"接力赛"，不断接"棒"，推动一个又一个阳明文录不同版本的印刷和出版。因为在阳明弟子而言，弘扬师说比自己的生存更重要，只有这样，阳明之学、之道的"传之四方"才可以为社会发展提供更好的智力支持。欧阳德、钱德洪等阳明弟子除了要决定是刊印全本还是选本阳明文录之外，还要在不同时期寻找适合的捐资人确保王阳明文录得以顺利面世，这其实是一件很不容易的事情。①

即便是在王阳明心学被朝廷定义为"伪学"而遭禁的困局下，但得益于薛侃家族、余姚乡贤、嘉靖宠臣黄绾、阳明亲戚闻人诠、贵州监察御史王杏、贵州提学副使王世隆的捐资，嘉靖八年后的十年内，就已经出版六种文录（诗录）单刻本，至今均为存世孤本，且全球各地图书馆仅收藏一套，此事颇显诡秘。遗憾的是，作为阳明亲家的黄绾随后在嘉靖十八年闰

① 参见向辉：《学术赞助与版本之谜：以天真书院本〈阳明先生年谱〉为例》，载《版本目录学研究》第十三辑，上海：复旦大学出版社 2022 年版。

七月因为担心自身安全而不愿意去域外安南（今朝鲜）公干被免职，王阳明文献刊刻的重要捐资人失势。幸运的是，阳明著名弟子、博学醇雅的邹守益在嘉靖十八年后重新获得嘉靖的亲近与信任，无论是经筵讲官还是侍读学士，亦或者是祭酒，官位颇尊，但由于其性格耿直，又一次让嘉靖难受，故短短三年后就失势，永久地离开了政坛。

图书馆错误题录为"苏州本"，应为后来邹守益、钱德洪对 28 卷本的再次精选，主要是增加《文录目录》，删除阳明批答公移 4 卷，7 卷本公移缩减到 3 卷，3 卷本公移相比原稿均作了题名更改，钱德洪称之为"条揭提纲"，28 卷缩减到 24 卷。清华大学藏此《文录》重刻本收有黄绾嘉靖十四年序、邹守益序言、钱德洪《刻文录叙说》。此苏州本可能是邹守益捐资刊刻，刊刻时间大约为其在南京国子监担任祭酒时。序言标注为嘉靖十三年丙申三月，实际刊刻印刷大约在嘉靖十六年至二十一年间，邹守益先后担任南京吏部郎中、洗马（经筵讲官）、太常少卿、南京国子监祭酒，可谓盛极一时。①

与此同时，约在嘉靖十七年春，钱德洪服阙补国子监丞，寻升刑部湖广司主事，嘉靖二十年转刑部陕西司员外，九月十二日因不愿意与嘉靖妥协，执意要依法问罪武定侯郭勋案件入狱，嘉靖爆怒，打入诏狱，在狱中饱受折磨，系狱将近两年，二十二年才被放回归农，革除冠带。② 故而，嘉靖十七年春至二十年九月在长达三年多的时间里，邹守益得以从容和钱德洪对姑苏 28 卷本进行长时期反复修订，切合讲学明道的原则，缩减为 24 卷。现在看来，或许因为邹、钱二人公务繁忙，没有安静的时间精心校对，或许因为嘉靖二十年钱德洪系狱而邹守益独自主持精力不济，存世"苏州本"正文存在大量错刻，印刷仓促、邋遢，远不如后来的邹守益手序本校对精良。

---

① 参见董平编：《邹守益集》下册，《东廓先生传》，南京：凤凰出版社 2007 年版，第 1384—1385 页。

② 参见钱明编：《徐爱 钱德洪 董沄集》，《附录》，南京：凤凰出版社 2007 年版，第 409—410 页。

内容方面，"苏州本"在诗歌方面，与 28 卷本收录四卷本诗歌相比，首次增加邹守益在江西与恩师外出旅游时的相关诗歌四首，可证明捐资人为邹守益（丙申春三月序）。在阳明众多弟子中，此时期的邹守益算是继黄绾之后，颇受嘉靖亲近的著名阳明心学权臣。如此便利的政治环境，在钱德洪看来，邹守益是继黄绾、欧阳德、闻人诠等人之后最适合充当捐资人的，有利于王阳明文献的公开刊刻。存世所谓"苏州本"（24 卷，亦每页十行，每行二十字）可能刊刻于苏州，也可能刊刻于南京。但两地很近，工人可以来往方便，故而二书版本风格有相近之处。

所谓"苏州本"之后，其后世重刻本、翻刻本特别多，各本序言呈现多种不同的组合，且于嘉靖三十六年前，被全国各地阳明心学人物积极重刻，24 卷本所收文章大同小异，其中，以国图藏"苏州本"（善本书号 09116，14 册本）最早。中华古籍资源库网站近年来新上传云南省图书馆藏 24 卷本文录的全文扫描，为接续"苏州本"的重刻"苏州本"，首次新增杭州去世权臣洪钟（1443—1523，字宣之，号两峰，官至刑部尚书）的祭文、墓志铭，增入于外集卷九。该书前无序言，无目录，每页十行，每行二十字，故而无法直接判定捐资人。

> 洪澄，字静夫，号西溪、太保，洪钟子也。少擅文誉，正德五年丙戌举人，官内阁，制敕中书，兼修玉牒。归，筑别业于孤山。晚年，倘佯湖上，足迹不入城市。继父志，藏书于两峰书院。墓在西溪阮家山。其弟洪涛，因恩荫任督察院督事。

> 洪楩，字子美，号美荫，洪钟孙也。因恩荫，任詹事府主簿。喜藏书，余事校刊，筑清平山堂刻书坊于城南仁孝坊（清平巷）。除编印《洪子美书目》《清平山堂话本》，另刻《医药摄生类八种》《唐诗纪事》《蓉塘诗话》《六臣注文选》《六十家小说》《新编分类夷坚志》《路史》《绘事指蒙》。所刻之书，"校印颇佳，深于嗜古"，"校雠精致，逾于他刻"，"既精且多"，公认为精刻本。

洪楩刊刻各类书籍，大致时间为嘉靖二十四年至二十八年（1545—1549）。我们认为，云南省图书馆藏 24 卷本文录刻于杭州，捐资人应该为洪钟后裔，大概率为刻书家洪梗。与随后邹守益手序 24 卷本收录 2 篇洪钟祭文、墓志铭相比，云南省图书馆藏本尚未精校，存在文字重复和多处错字的问题。而邹守益手序 24 卷本最全，且再次校对前一个刻本并新增 2 篇，对"苏州本"校对精准，文字重复与错刻减少。该本前收邹守益手写嘉靖十五年序言、钱德洪《刻文录叙说》（乙未年正月），有目录，每页十行，每行二十一字，体例精当，印刷精美。该本是嘉靖三十七年胡宗宪杭州刻 24 卷本的底本，故邹守益手序 24 卷本所收最全，刻于最晚，在这些系列版本中颇有最终定稿版的意味。另外，嘉靖二十八年，时任绍兴府同知的俞宪获得王阳明嫡子正宪赠予的阳明本人诗文墨迹，并说"《阳明文录》二十四卷行世"[1]。俞宪嘉靖四十四年冬编刻《王阳明集》，所用文献底本就是嘉靖二十八年刊刻的 24 卷本《阳明文录》。我们可以进一步推测，洪梗捐资刊刻增录洪钟祭文的 24 卷本文录，大约是在嘉靖二十八年。

由此，现在看来，可以确信，自嘉靖十四年刻姑苏 28 卷本之后，至嘉靖三十六年以前，这二十二年时间里，至少存在"苏州本"（可能刻于南京，藏于国图，即影印甲库文录本）、首次增刻洪钟文 2 篇的杭州文录本（藏于云南省图书馆，中华古籍资源库全文收录）、精校洪钟文 2 篇文录本（藏于国图）。

可以说，嘉靖二十二年后，伴随薛侃、黄绾与邹守益三位阳明著名弟子的相继失势，钱德洪成为彻底告别政坛的地方乡贤。阳明心学人物黄绾、邹守益等人在朝廷的陆续失势，极大地打击了全国各地对王阳明文献的刊刻热情。至嘉靖二十八年，近七年时间里，刊刻《阳明先生文录》多是默默与低调进行，多种版本都未见明确的捐资说明序言，可窥当时独特的时局，阳明心学人物对于刊刻《阳明文录》冠名持谨慎态度的。

不过，忧中有喜的是，嘉靖二十一年壬寅十二月辛卯，阳明心学四大名臣之一的徐阶由司经局洗马兼翰林院侍讲升为国子监祭酒[2]，这是一个值

---

① ［日］永富青地：《王守仁著作の文献学的研究》，东京：汲古书院 2007 年版，第 711 页。
② 参见《明实录》，《明世宗实录》卷一百九十二。

得注意的朝廷人事变局。先是，嘉靖十三年三月己卯，曾为翰林院编修的徐阶由湖广黄州府同知升为浙江按察司佥事，提调学校；① 十五年十月丙戌后升为江西按察司副使，仍提调学士。② 徐阶执掌国子监后，其官职的升迁颇为顺利且快速。二十三年十一月甲辰升为礼部右侍郎③；二十四年闰正月丙子升为吏部右侍郎④，十二月丁巳升吏部左侍郎改刑部右侍郎⑤；二十六年四月己酉；吏部左侍郎徐阶兼学士，教翰林院庶吉士读书⑥；二十七年二月戊辰掌翰林院事⑦；二十八年二月乙卯升礼部尚书兼官如旧⑧，六月壬戌入直无逸殿⑨；二十九年六月癸卯掌锦衣卫事⑩。后掌詹事府事，辅导诸王子。嘉靖三十一年壬子三月辛卯，徐阶以少保兼太子太保、礼部尚书身份兼东阁大学士，入阁办事，仍掌部事。

欧阳德同年徐阶的起势，尤其是嘉靖二十八年升任礼部尚书掌翰林院事成为大学士之后，地方官员尤其是欧阳德亲传弟子间东等人刊刻王阳明文录，不用过于担忧因刊刻而引起仕途风险。徐阶作为一颗冉冉升起的学术型政治明星，有助于在阳明众多著名亲传弟子失势后为王阳明文献的刊刻保驾护航，有助于更多的捐资人积极捐资刊刻阳明文献。不难理解，嘉靖二十九年后，即便是钱德洪、王畿等人为山野农夫，也意识到阳明心学文献刊刻的春天来临了。尤其是嘉靖三十二年二月甲寅，徐阶会试天下贡士，也为考试官⑪；三月庚寅，与兵部尚书聂豹、刑部尚书何鳌和掌詹事府事、吏部左侍郎兼翰林院学士程文德等阳明著名弟子⑫，廷试天下贡士，天

---

① 参见《明实录》，《明世宗实录》卷一百六十一。
② 参见《明实录》，《明世宗实录》卷二百六十九。
③ 参见《明实录》，《明世宗实录》卷二百九十二。
④ 参见《明实录》，《明世宗实录》卷二百九十五。
⑤ 参见《明实录》，《明世宗实录》卷三百六。
⑥ 参见《明实录》，《明世宗实录》卷三百二十二。
⑦ 参见《明实录》，《明世宗实录》卷三百三十三。
⑧ 参见《明实录》，《明世宗实录》卷三百四十五。
⑨ 参见《明实录》，《明世宗实录》卷三百四十九。
⑩ 参见《明实录》，《明世宗实录》卷三百六十一。
⑪ 参见《明实录》，《明世宗实录》卷三百九十四。
⑫ 参见《明实录》，《明世宗实录》卷三百九十五。

下进士尽出门。且其喜好讲阳明学，团结同志，阳明心学风行天下的"种子"便在孕育之中。

自嘉靖二十九年（欧阳德主天下会试），这些进士（未中进士的举人）纷纷出京做官、任教，宣扬阳明心学，兴起文教之治，都愿意捐资刊刻阳明文录、语录作为官闲暇之余讲学的教材和讲义。嘉靖二十九年，出任绍兴通判的萧彦，出任甘肃御史的闾东，出任福建御史的沈宠；从嘉靖三十二年起，出任河南御史的宋仪望，出任江苏江阴知县的钱錞，出任安徽泾县知县的丘时雍，出任陕西御史的孙昭，出任湖北黄梅知县的张九一，或自觉承担捐资人，或在钱德洪、王畿等人的鼓舞下捐资，均纷纷捐资刊刻王阳明文录、语录（《传习录》）。至嘉靖三十五年，正是中央和地方的互动，即便是在嘉靖皇帝不鼓励王阳明文献刊刻的不利背景下，阳明心学人物通过自身的资源和人脉，将王阳明文献的主体部分全部刊刻完毕，不仅有定稿《传习录》，还有定稿24卷本《阳明文录》，更有《全录》28卷本。

嘉靖十六年至嘉靖二十八年（1537—1549）间，出现一些阳明文录的节选本，方便阳明后学人物快速了解阳明学。首先，是嘉靖十七年六月刊刻的两卷本《阳明先生则言》，由巡按浙江御史周文规（江西）、临海令刘岷川共同捐资，阳明仙居弟子应良作序，薛侃与王畿于十六年十二月选编完成。钱明先生甚至认为，该书可以媲美《传习录》简明"教材流行一时"，后于嘉靖四十四年乙丑秋被谷中虚重刻，徐大壮与谷中虚分别作序。① 小篇幅阳明文录节本的出现，按照当时薛侃与同门闻人诠的书信，考虑到《文录》《奏疏》篇幅过大，史料过多，"士友不易得"，"采摘诸友杂记"而成。② 因自嘉靖十年辛卯闰六月二十六日上疏忤逆嘉靖十年未能生子，触犯帝王心病，故而引得其震怒，在监狱中饱受八次折磨，七月初六日后方被革职为民。时年仅四十六的薛侃，与另一位江西籍阳明著名弟子

---

① 参见王守仁：《阳明先生则言》，《续修四库全书》子部第937册，薛侃嘉靖十七年刻本，第357页；吴光等编校：《王阳明全集（新编本）》卷五十三《附录三》，第6册，杭州：浙江古籍出版社2010年版，第2196—2200页。
② 参见薛侃撰，钱明主编，陈椰编校：《薛侃集》附录五《薛中离年谱》，上海：上海古籍出版社2014年版，第538页。

陈九川（嘉靖五年谪戍，八年放还归田）一样，早早地告别政坛，成为一位纵迹于学术江湖间的民间哲学家。而后，同样的事亦发生在钱德洪身上。阳明弟子纷纷入狱，这些不是孤案，证明阳明弟子身上所肩负的良知道德主义带有"双刃剑"，知行合一，直道而行，不媚权贵，特立独行，不被"崇尚阴重"的政坛所接受，颇令人心痛。自放回归田，依靠薛氏家族庞大的资源，薛侃有充裕的时间一方面担当起连接浙江与江西阳明心学人物的重要纽带；另一方面则是系统研读阳明老师著作，节选《阳明先生则言》。其中，嘉靖十五年丙申，前往江西吉安，访学阳明著名弟子邹守益、罗洪先等人，留青原书院旬月，与数百同志讲学。这是民间自发跨省交游、长期宣讲阳明心学的重要案例，令人动容。①

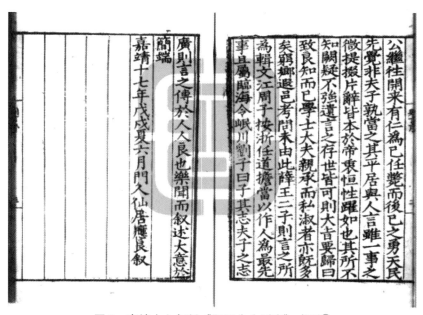

图 1　嘉靖十七年刻《阳明先生则言》书影②

①　参见薛侃撰，钱明主编，陈椰编校：《薛侃集》附录五《薛中离年谱》，上海：上海古籍出版社 2014 年版，第 540 页。
②　参见向辉：《学术赞助与版本之谜：以天真书院本〈阳明先生年谱〉为例》，载《版本目录学研究》第十三辑，上海：复旦大学出版社 2022 年版。

其次，则是嘉靖二十六年丁未，时久任江西抚州府临川知县、宁波府象山后学的应云鸶捐资刊刻则依刚出版阳明全集而选编《阳明先生集略》，因该书已散失，具体卷数不得而知，但根据陈明水的序言，我们可以透视嘉靖二十六年左右当时全国阳明文献刊刻的一些情况。

圣人之学，尽性而已矣。性也者，道心也。其本体寂然而无倚也，谓之中；粹然而不二也，谓之一；炯然而不昧也，谓之知。故虞廷之执中，孔门之致知，一也。本体无纤毫之翳，则知几其神，知之至也，是谓允执厥中，是谓一以贯之。夫子自谓无不知而作，又非多学而识之，则致知之教，跃如也。

颜氏有不善未尝不知，知之未尝复行。复其性也，此致知之传也。曾、思慎独、知微之显其源，一也，而时固有倚闻见以为知者。孟子始发良知之训，指其发见于孩提者，为天下之达道，而曰"大人者，不失其赤子之心者也"。孔门之统，其不在兹乎？及其没，而斯学不传，道术遂为天下裂。

千有余年，濂溪、明道始明无欲大公之学，庶几致中之绪矣。象山、慈湖寻继其微而未粹，其后日以支离横溃，以义外之裔，篡一贯之宗，遂涂天下之耳目而人丧其心矣。间有稍觉其非者，而力莫之能挽也。

垂四百年，而先师阳明先生出，始慨然有兴起之志。披群言，历二氏，炼于艰险，而后反之洞然，直悟致知之宗，乃表章之而不作。天下之毒于积习，盖已沦肌肤而洽骨髓。方群怪而力攻之，而先生开物善世之诚，谆谆不容已者，固忘其身之危而莫之救也。于是寖以薰蒸鼓动，有志之士稍稍云集而河饮，若鼓镛钟于百仞之阁，而群悟方警也，若说其桁杨接榴而得周还揖让于其庭也。其于诐邪之习，盖未尝深辟而自不能为崇。圣门良知之学，久而灿然复著于天下，而人始知有其心，若长风卷阴曀而共睹天日也。昔人推尊孟子，以为功不在禹下，若先生汜扫廓清之功，岂直不下于孟子哉？非夫精神气魄迥盖千古，其孰能至于此。其文章勋业，皆从此出，辟之风雨霜露，庶物露生，无非教也。

全集近已行矣，学者从其所爱慕感触，皆可因而入焉。故先生虽往矣，闻而兴者未艾也，固益可念良知之玄同，施诸后世而无朝夕，而先生之神，流行于天地之间者，岂非真与风霆同其鼓舞，有不可得而测者哉？

邑侯应君象川，以意摘其要略，请梓之以传。谓川也尝亲炙于先生者，过而使序之。顾不惟不类，未之有得也，曷足以发哉？惟及门以来，窃见先生之学，虽已夙悟天端，其精诣默成，盖有日新而岁盛者。读其书者，以其年考之，亦可以见其进德之迹矣。至于本体之莹彻圆融，渊微精睿，所以通神明之德，观天地之化，立生民之极，而会群圣之楷者，则浩浩乎莫得而窥其际也。世之君子，未尝灼见先生之道，乃欲以私智悬断，其所至，不亦远乎？

夫良知之无圣凡夫，入于孩提信之矣，而卒与圣愚隔者，岂有他哉？卑者昏于嗜欲，高者蔽于见闻，而莫之致焉耳。先师夫既已开之矣，犹有疑良知不足以尽天下之变，而必外求以裨之者，是不信其目而自障之，伥伥然索险夷于杖也，是意见之重为蔽也，则集中指点，虽灿若日星，其能入乎？苟无先横意见，易气以观之，固宜不待更端而跃然开悟矣，则若兹摘刻者，不既多矣乎？

应侯名云鸷，象山人。①

此文作于嘉靖二十六年丁未，名儒陈明水乡居多年，时已五十四岁，涵养良知学多年，学问扎实，深厚细密。其对王阳明的良知学理解颇深，历史溯源，指良知自有来源，天端默成，知几其神，盖其从本体上契合良知神明之德，比较注意良知意念心性深微之幽深，接洽孔孟遗训，但其观点颇不太为当今学术界所知。这篇序言归纳了陈明水的良知学思想，并成

---

① 《明水陈先生文集》卷六，《阳明先生集略序》（丁未），中山大学藏明刻本孤本；吴光等编校：《王阳明全集（新编本）》卷五十三《附录三》，第6册，杭州：浙江古籍出版社2010年版，第2155—2156页。此文，清刻本与明刻本有数字不同。

为五年后与聂双江论辩良知学的观点来源。①

该序言透露一个重要信息，就是大约嘉靖二十六年，当时学术界刊刻了一个"全集"本，我们姑且定之为"嘉靖二十六年刊本"（欧阳崇一校对本）。恰恰是当时新刻全集本延伸出应云鸷的《集略》本。这个全集本显然是时代的逆行者，会是谁捐资刊刻的呢？

阳明先生文录，旧尝梓行，然多讹缪，间编帙有错置者，欧阳子崇一厘正之。

太学生嘉兴吴子堂盖慕先生而私淑焉者，欣然请复梓焉。

既事，同志者以告某："其识末简。"某作而叹曰：

夫世之读斯录者，以文焉而已乎？先生之不可传者，文弗与也。弗以文焉而已乎？先生之文也，以载道也，夫可载者存乎言，而不可传者存乎意，故曰"言不尽意"也。玩其辞、通其意焉，斯可矣。嗟乎！

圣学久湮，良知不泯，支离蔽撤，易简功成，是先生之意也，而世以为疑于禅；明德亲民，无外无内，皇皇乎与人为善，忘毁誉、齐得丧者，是先生之意也，而或以为诡于俗；世未平治，时予之辜，惟此学之故，将以上沃圣明，而登之熙皞焉，是先生之意也，而天弗假之以年。嗟乎！嗟乎！

斯道之不明、不行也，岂细故哉？先生往矣，道无存亡，吾党其共勖焉。若曰尝鼎而足，望洋而惧，矫俗以相矜，剽端而殖誉，殆非先生意矣！殆非先生意矣！

虽然，先生之意，先生不能尽之，而吾能言之耶？故曰："读斯录者，通其意焉而已矣。"②

考之程文德年谱，嘉靖二十四年四月十四日至二十六年十一月初七日，

---

① 《明水陈先生文集》卷六，《答聂双江司马》（壬子），中山大学藏明刻本孤本。
② 吴光等编校：《王阳明全集（新编本）》卷五十三《附录三》，第6册，杭州：浙江古籍出版社2010年版，第2153—2154页。

松溪先生担任南京国子监祭酒。① 而约嘉靖二十年至嘉靖二十四年间，欧阳德在泰和老家丁父忧，且因其母将近八十岁，"依依不复出"，常与邹守益、罗洪先讲学交游。嘉靖二十五年，方以荐起复任南京旧官鸿胪寺卿。我们猜测，十余年南京留都清闲官职，早已磨去欧阳德进取之心，顺势而为，故而，他特意在老家安心读书讲学，修订王阳明文录 28 卷本，顺便照顾老母起居。而四年后，嘉靖二十九年春，欧阳德主持全国会试，炙手可热，权倾朝野，这给阳明文献的各地刊刻以巨大"赋能"。是年夏，其母高龄去世，他再次归家丁母忧，居家尽孝，迟至约嘉靖三十一年秋方赴京任礼部尚书。可见，南野先生是个大孝子。② 嘉靖二十五年，欧阳德赴南京鸿胪寺任，且带着修订好的 28 卷本文录，而同门程文德任南京祭酒，二人共同主持捐资刊刻此"全集"本。序言中，"多讹缪，间编帙有错置"，说明需要重刻的必要，故而"欧阳子崇一厘正之"；"太学生嘉兴吴子堂""欣然请复梓"，未明确说明是捐资刊刻，只说是南京太学生、嘉兴籍后学吴某（字子堂，或字堂）捐资刊刻，这完全是为了避免刊刻阳明文献带来的后遗症、麻烦。

比照嘉靖三十六年赣州府知府王春复的序言，也是说当地学生董聪捐资刊刻，情形类似。我们推测，已经散失未能存世的嘉靖二十六年南京刻本，应该是欧阳德、程文德二人共同出资刊刻的。程文德隐含未言，大概也是担忧当时朝廷的反感、抵制。无论是今整理本《欧阳德集》，还是《王阳明全集（新编本）》，均未收录欧阳德序王阳明文集相关文章，可见其为官之谨慎，尤其是刊刻老师文集，故而能官至礼部尚书，默默为阳明文献刊刻护航，令人赞叹。事实上，欧阳德特别醉心于王阳明文集的刊刻，不仅积极汇校，无论是黄绾嘉靖十二年 28 卷本，还是嘉靖二十六年南京 28 卷本，还是其去世后嘉靖三十六年赣州王春复 28 卷本（包括嘉靖四十四年赣州府同知赵时齐的增刻三十六年本（增刻《与晋溪书》15 篇），积极帮助

---

① 参见程朱昌等：《程文德集》附录二，上海：上海古籍出版社 2012 年版，第 600—601 页。
② 参见陈永革编：《欧阳德集》，《附录》，南京：凤凰出版社 2007 年版，第 849 页。

寻找捐资人，只是表现得比较隐秘而已。

最后，则是嘉靖二十六年九月苏州知府范庆与阳明弟子张良才等地方教育官员捐资重刻文录 20 卷本，增收《传习录》，附于书后，为世人所知。

时局变动，嘉靖二十八年二月，徐阶升礼部尚书兼掌翰林院，六月入直西苑无逸殿，得以亲侍嘉靖，君臣关系开始密切。徐阶在仕途上的疾速大翻身，使他得以有机会举荐阳明众多弟子担任要职，由此也担负起护航刊刻阳明文献的重要旗手。嘉靖二十九年后，正是在徐阶的举荐下，阳明心学名臣欧阳德（主持会试）、聂豹（右金都御史）与程文德（补国子监祭酒）等人得以强势崛起，掌控朝政，中央朝局明显对阳明学有所放松，部分阳明弟子嗅到了阳明文献可以大规模刊刻的气息。而次年九月，阳明嫡子正亿得以补国子生。嘉靖二十九年，王阳明文献获得非官方大规模刊刻的默认，至少可以公开署名捐资人。长期的沉默，只为蓄势爆发，于王阳明文献大量涌现，亦然。

嘉靖十四年闻人诠刊刻姑苏 28 卷本，十五年之后，闾东在嘉靖二十九年八月甘肃天水刊刻文录 28 卷本，亲自作序。两个月后，十月，王畿重新编辑整理的 7 卷本《传习录》在绍兴通判萧彦的捐资下公开出版。次年九月初一日，王畿版《传习录》即被其安徽籍弟子沈宠在福建重刻，捐资人是江西籍阳明后学人物朱衡。① 欧阳德弟子闾东刊刻 28 卷本的三年后，温州永嘉后学孙昭于嘉靖三十二年六月任陕西监察御史时重刻闾东本。学术界所说的"闾东本"似乎散佚，存世的"闾东本"并非闾东初刻本。众所周知，闾东原刻本，《传习录》《传习则言》均被收录，且作为附录，但目前可以获得全文的"闾东本"均未收《传习录》《传习则言》，故而不是原刻本，而是孙昭重刻闾东本（永富青地所引本），删除了《传习录》《传习则言》。孙昭刻 28 卷本文录，每页十行，每行二十字。

---

① 沈宠序言，见上海图书馆藏万历重刻水西精舍本《传习录三卷　续录二卷》残本三卷，四册，索书号 795270—33；朱衡序言，见《王阳明全集（新编本）》卷五十三《附录三》，第 6 册，杭州：浙江古籍出版社 2010 年版，第 2200—2202 页。该书散失，沈宠序、朱衡序为孤本史料，仅见上述文献。

令人欣喜的是，一个月后，邹守益弟子宋仪望在山西运城河东书院重刻"苏州本"24 卷本。同一年，六月与七月先后两个月时间，当时学术界出现两个不同的文录重刻本，分别是陕西本、山西本，可见当时全国出现重刻阳明文录的热潮，证明自嘉靖二十九年开始，到嘉靖三十二年，全国各地开始兴起与推进阳明学的新动向。孙昭刊刻 28 卷本后，注意到同年宋仪望河东书院 24 卷本，亦曾注意到同年秋宋仪望、姚良弼（今杭州人）河东书院刊刻的 11 卷文录节本①。孙昭官任河南监察御史后，为了更快地推进阳明心学传播，他于嘉靖三十六年六月在洛阳大梁书院再次捐资重刻宋仪望 11 卷文录节本，且邀请时任河南按察副使的亢思谦作后叙。② 宋仪望发现其选编的阳明文录 11 卷节本在嘉靖后期颇受欢迎，故而官任福建后于隆庆六年闰二月捐资重刻，这已经是至少其第三次刊刻阳明文录了。③

从嘉靖四年到嘉靖二十八年长达二十五年的时间里，仅在浙江地区，我们保守认为，《传习录》至少还存在过两个全新的重刻本，且内容与嘉靖三年本有所不同。经过对嘉靖三年台湾地区藏《传习录》下册、嘉兴图书馆藏残本 4 卷与嘉靖二十九年王畿增刻修缮本比较，我们发现，王畿本文本正文存在三种字体，刀法不一，且体现出正德时期仿宋字体向嘉靖二十九年楷体字体过渡的倾向。可以说，王畿本可算是浙江地区四刻本，其间存在一个散佚的三刻本，四刻本是在三刻本之上的增补修缮，而三刻本是建在嘉兴藏二刻本基础上的全新重刻。

也就是说，嘉靖三年至嘉靖二十九年的二十七年时间里，浙江地区，至少存在四种刻本。至嘉靖二十九年，江西籍学者、时任绍兴通判萧彦捐资刻新本，阳明与欧阳德一书、聂豹的"一书"被再次确认增录。而王畿所依据的原来的刻本就已经增刻了"二书"，这是阳明弟子持续二十七年对王阳明语录编刻的"接力赛"，与时俱进，"切于讲学明道"，使阳明学传播

---

① 参见［日］永富青地：《王守仁著作の文献学的研究》，东京：汲古书院 2007 年版，第 681—682 页。

② 参见［日］永富青地：《王守仁著作の文献学的研究》，东京：汲古书院 2007 年版，第 684 页。

③ 参见［日］永富青地：《王守仁著作の文献学的研究》，东京：汲古书院 2007 年版，第 680 页。

"教材""归一"，令人动容，值得尊敬。《传习录》中卷书信部分，至此，得以定稿，以后不再被改动。

其实，早在嘉靖二十三年，湖北德安府匿名捐资人刊刻 8 卷本《传习录》，字体秀美，刊刻正文字体接近端正的宋体字，摆脱嘉靖三年刻本歪歪斜斜的仿宋字。德安府本每页十行，每行十七字，分上、下卷，比较早的增刻欧阳德一书、聂豹三书（嘉靖七年的第二书、第三书后来被合并成一书）。应该来说，绍兴王畿 8 卷本《传习录》注意到德安府本的优势，有助于传播王阳明晚年思想，但仅收录王阳明与聂豹嘉靖五年"一书"，未收德安府本第二书、第三书。王畿本亦是每页十行，每行十七字，分上、下卷。阳明知名弟子管州编辑整理的江阴 8 卷本《传习录》，每页九行，每行十七字，按照卷一至卷八的此序排列章节篇目，未分上、下卷，由江阴知县钱錞于嘉靖三十三捐资刊刻，薛甲作序。余姚籍管州注意到王畿本《传习录》的优势，亦是增收二书（与欧阳德一书、聂豹的"一书"），少收聂豹第二书、第三书，并未如德安府本一样增收四书（欧阳德一书、聂豹"三书"），体现出较为谨慎的增刻原则。

王畿新本《传习录》的横空出世，引发很多在地方身居要职的阳明著名弟子的担忧。他们发现王畿本篡改了嘉靖三年本原貌，从而与嘉靖三年南大吉本相去甚远，大为不解。于是，王畿本刊刻后的第二年五月，王阳明著名弟子、余姚籍孙应奎联合阳明私淑弟子蔡汝南在湖南石鼓书院捐资刊刻王阳明亲自赠给他的 7 卷本《传习录》（王阳明手授本），湖南重刻本保持南大吉本原貌，主张不收欧阳德、聂豹书信。孙应奎重刻本每页九行，每行十七字，亦分上、下卷。在嘉靖三十年左右，学术界热心人士似乎重刻陈九川嘉靖七年整理、聂豹于福州捐资刊刻的 6 卷本《传习录》，该书未分上、下卷，印刷精美，今藏于日本。令人惊讶的是，6 卷本《传习录》书信部分仅收录王阳明与罗整庵书、顾东桥二书。确如聂豹所言，删繁撰要，删减得厉害。

正是注意到当时学术界刊刻大量不同版本的《传习录》，掌握大量王阳明一手语录文献的钱德洪，终于坐不住了，他感受到了传播阳明语录的巨大潜在分裂与多元化危险，阳明思想传播未能"归一"，对后学误导很大。钱德洪先后在嘉靖三十三年、三十五年、三十七年主持编辑、增录并发动阳明心学人物捐资刊刻三种全新版《传习录》，分别刊刻于安徽水西精舍、湖北崇正书院、浙江天真书院，而今水西精舍本（5卷本，全语录本，藏于台湾、北大）、天真书院本（11卷本，残本藏于复旦大学图书馆，善本藏于日本国士馆大学图书馆）均得以存世，惟有崇正书院本《传习录》散失无存。

余于2019年3月8日得以在北京大学图书馆特藏部装修闭馆三年后的电脑上阅读到嘉靖三十三年六月水西精舍钱德洪编选的初刻5卷本《传习录 续录》，一函四册，索书号NC/1321.6/2924.44，每页十行，每行二十字，孤本。但由于馆藏特殊规定，读者无法全文复制。幸运的是，2022年，在台湾著名阳明学家林月惠及其弟子的特殊帮助下，幸运地获得台湾傅斯年图书馆藏嘉靖三十三年孤本全文，通过全文汇校后发现，与胡宗宪刻本比较，水西精舍本黄勉叔录条多出语录2条（"良知犹主人翁"与"合着本体的是功夫"），且钱德洪序言也与通行本略有不同。而内地国家图书馆、上海图书馆、东北师范大学图书馆等所藏署名《传习录 续录》同出一源，均为后世重刻本，大约刻于万历时期，其刊刻字体接近《四部丛刊》，全书瘦长楷体字体，但略有不同。胡宗宪、唐尧臣捐资刊刻的天真书院本后成为通行本底本，广泛流行。嘉靖三十七年的天真书院本书信部分，将王阳明与聂豹的第二书、第三书整合为一书。胡宗宪本《传习录》，一直以来为秘辛，历来不为学者所知。笔者幸运地在复旦大学图书馆特藏部得以阅览残本，最后几页脱落，为俞嶙毛笔字抄录。但由于俞嶙当时未能获得其他胡宗宪《传习录》藏本，以己意增录胡宗宪《传习录》原刻本没有的王阳明散佚语录。2021年3月13日在采薇阁书院王强老师的帮助下，通过日本学者复制到日本国士馆大学图书馆藏全球唯一全本胡宗宪《传习录》（楠本文库），笔者终于发现俞嶙抄录的最后几页其实并不是原刻本正文内容，而是他抄录张问达所辑佚的王阳明散佚语录。

嘉靖三十三年安徽水西精舍5卷本《传习录 续录》与嘉靖三十五年湖北崇正书院本《传习录》相隔不到两年，为何钱德洪要在短短两年时间里连续主持编辑两个不同的王阳明语录版本呢？主要是因为，其同门曾才汉在钱德洪抄本基础上"偷偷"于嘉靖三十四年在湖北荆州地区刊刻 2 卷本《遗言录》，上、下两卷，主要收录黄直（号卓峰，抚州金溪县人）、钱德洪记录的阳明语录。

在阅读完《遗言录》后，钱德洪很不满意，认为曾才汉所刻语录不精，且其举未能使阳明心学传播"归一"，故而精选《遗言录》部分语录，并改编，同时吸收其他同门收录的王阳明语录，增刻于《传习录　续录》一书的《续录》后，汇编为下卷，使得下卷为 3 卷，在此基础上，录王畿嘉靖二十九年《传习录》上、中卷，全书总计 11 卷。应该来说，卷下语录部分，崇正书院版体量上超过两年后杭州胡宗宪《传习录》本，同样也超过通行本《传习录》下卷。利用黄州府蕲州县二顾兄弟创建的崇正书院讲学之机，钱德洪得以于嘉靖三十五年刻《传习录》，当时由黄梅知县张九一捐

图 2　台湾"中央研究院"傅斯年图书馆藏《遗言录》卷上、卷下首页书影①

①　《遗言录》，见嘉靖三十四年陈效古重刊 28 卷本文录，附《传习录　续录》《遗言录二卷》《稽山承语一卷》《附录一卷》，台湾"中央研究院"傅斯年图书馆藏。经中日两国学者努力，钟彩钧先生推动，终于将《遗言录》《稽山承语》全文整理并公开出版，见《中国文哲研究通讯》1998 年第 8 卷第 3 期。前辈〔日〕吉田公平、陈来对二书的收集、影印和整理亦作出重要贡献。

资刊刻。嘉靖时期三十年代《传习录》的具体而又独特的漫长形成过程，值得我们深入研究。

四、从胡宗宪刻本到万历初
《王文成公全书》的最终定稿

嘉靖十二年（1533 年）九月，黄绾主持的《阳明先生存稿》（此本散失）公开出版后，当时社会已经有了比较大规模的王阳明文录稿源。但由于阳明存稿规模宏大，不利于阳明心学人物收藏、接受、阅读和传播，其后整个社会对文录的再版和选本需求就比较大，不仅出现了薛侃、王畿选编在浙江刊刻的 2 卷本《阳明先生则言》①，出现了应云鸑选编在江西刊刻的《阳明先生集略》，出现了查铎选编在安徽刊刻的 6 卷本文录②，出现了宋仪望节选的 11 卷本《阳明先生文粹》③，数不胜数，可谓繁荣。邹守益、钱德洪等阳明弟子中重讲学的一派一直不同意前辈黄绾编辑阳明文集"无所不录"的做法，故而，自嘉靖十四年八月姑苏本刊刻（国家图书馆藏黄绾嘉靖十二年独序本）后，钱德洪、邹守益等先后主持编辑并推进刊刻了后世多种《阳明先生文录》的刊刻。简而言之，现存世国家图书馆藏"苏州 24 卷本"（影印甲库残本 22 卷，原 24 卷）、云南省图书馆藏 24 卷本、国家图书馆藏邹守益手写序本三种不同的文录本，呈现出前后相继、不断修缮的特点，他们虽远发源于 28 卷本，但其实均为 24 卷选本。

以原国立北平藏甲库 24 卷本为底本，云南省图书馆藏 24 卷本与国家图书馆藏邹守益手写序本，诗文均略有增加，且不断精校，邹守益手序本精

---

① 参见《良知同然录》两册，载方勇主编：《子部珍本丛刊》第 48 册，北京：线装书局 2012版，第 454—455 页。《王阳明全集（新编本）》《王阳明全集（补编）》（第 62—63 页）均有收录。

② 宁波天一阁藏《新刊精选阳明先生文粹六卷》，索书号 01015，六册，每页十行，每行二十二字，嘉靖四十五年刻唐龙泉印本。

③ 《阳明先生文粹十一卷》，隆庆六年刊本，天津图书馆藏。其序言参阅吴光等编校《王阳明全集（新编本）》卷五十三《附录三》，第 6 册，杭州：浙江古籍出版社 2010 年版，第 2158—2160 页。

校后几乎无错别字而得以被很多阳明心学人物接受，故而，至嘉靖三十七年公开面世的胡宗宪浙江重刻邹守益手序24卷本（正文字未再改动），标志24卷本得以再次确定权威地位。钱德洪所说"姑苏本"为底本，实际上是以邹守益手写序本为底本，直接翻刻，正文未作任何变动，仅仅收录以前所有版本的众多序言。嘉靖三十七年胡宗宪刻本成为隆庆晚期郭朝宾捐资刊刻全书本底本（正文字未再改动），仅对收录其中的诗歌4卷合并为2卷，24卷文录合并为22卷文录，亦是端庄优美的宋体字刀法。

令人遗憾的是，至今为止，我们尚不知国家图书馆藏邹守益手写序本为何人捐资重刻，应在嘉靖三十五年前，但具体刊刻年份无法得知。原国立北平藏甲库24卷本当为邹守益捐资刊刻，具体刊刻年份亦不详，在嘉靖二十一年前后。云南省图书馆藏24卷本，应在嘉靖二十二年后，或在杭州刊刻，当为洪钟后人捐资刊刻，具体年份不详。总体而言，云南省图书馆藏24卷本、邹守益手写序本大约在嘉靖二十二年至三十五之间，即1543年至1556年这十几年间。根据钱德洪对阳明文录三年一次刊刻的惯例，嘉靖二十三年、二十六年、二十九年与三十二年这四个时间点刊刻，可能性较大。

下面，我们说说上述三个"无主"版本可能"有主"的捐资人情况，所谓"貌似无主实有主"。

一方面，固然是钱德洪嘉靖二十二年癸卯后终于出狱，至此，他会更用心去精校《王阳明文录》，故而，我们在校对云南省图书馆藏本、邹守益手序本过程中发现这两个版本在很多地方修缮甲库藏文录本错刻字，文献版本得以不断优化。另一方面，安福县另一著名弟子王学益（1495—1561）开始在政坛上崛起，但由于后来他与严世藩（1513—1565）为儿女亲家，被认为依附严党，历史声名不佳，以至于被淹没于历史中，不为人所知。事实上，王阳明颇为欣赏王学益。正德八年癸酉举人，时年仅十九，少年得志。十三年，王学益与众多著名弟子从学阳明于赣州，阳明为其蒙冈书屋作铭。十五年八月八日，王学益陪同同门学友夏良胜、邹守益、黄弘纲等一起游览通天岩，信宿而别，邹守益等题记于赣县东岩。

束景南先生甚至大胆推测，以王学益为首，形成了一个庞大的安福弟子群。① 嘉靖八年，三十五岁中进士，历任都水主事、武库主事、职方员外、郎中、福建按察副使。二十二年擢应天府丞（主管学政），二十四年七月升右佥都御史（巡抚贵州），二十九年起任南京都察院右佥都御史，三十年升督察院左副都御史，三十一年升刑部右侍郎，三十二年升刑部左侍郎，三十三年升南京督察院右都御史（掌院事），三十四年九月疾去。三十六年起右都御史（总理河道），九月升南京工部尚书，十二月引疾去。在嘉靖二十二年至嘉靖三十五年的十几年时间里，刊刻《阳明文录》不是一件容易的事情。而官运亨通的王学益早年颇得王阳明器重，他是很有可能作为王阳明文集的捐资人的。无论是居家还是在野，王学益比较热心宣讲阳明心学，创建阳明书院。如居家时，多与刘邦采、刘阳等著名阳明弟子聚讲于家乡浮山。而在贵州任职期间，于都察院内正堂后建上帝临汝堂，公余，集诸生课业，并在二十五年改建原嘉靖十四年巡按王杏立阳明书院于司学右，因设为府学。而从其履历看来，无论是嘉靖二十二年至二十四年七月期间，还是嘉靖二十九年至三十四年九月期间，多年在南京为官，而且曾在南京担任三个月南京户部尚书，他是很有可能在南京刻阳明文录本的。王学益为人低调严谨，捐资刊刻时多不愿意署名，尤其是因他依附严党，为同门所耻，故而后世重刻本不说其事，致使后世学者难以知晓其中的刊刻事由。由于阳明弟子众多，一些弟子失势，退出政坛，但另外一些弟子利用与权臣的密切关系，热心捐资刊刻王阳明文录，致使后世文录刊刻不至中断。

今台湾"中央研究院"傅斯年图书馆收藏的嘉靖三十四年由贵州监察御史陈效古（河南息县人）捐资刻 28 卷本《阳明文录》，附录《传习录续录》《遗言录》《稽山承语》，具有重大文献史料价值。尤其是《遗言录》《稽山承语》，均为全球唯一难得一见的孤本文献。

---

① 参见《蒙冈书屋铭（为学益作）》，载束景南：《王阳明佚文辑考编年（增订本）》，上海：上海古籍出版社 2015 年版，第 568—569 页。

嘉靖三十六年是继嘉靖二十九年、三十二年后又一次王阳明文献单刻本大规模涌现的重要一年，出现了数量众多的各类文录单刻本，且明确署名，不少版本至今具有重要的文献史料价值。

先是嘉靖三十五年正月，赣州知府王春复应恩师欧阳德遗命与诸生董聪捐资刊刻 28 卷本文录。此书后在赣州被多次增刻，其底本就是约十年前南京国子监祭酒程文德序本，经欧阳德本人亲自校正，后经诸生胡直、俞献可再次校正，不仅变动数百字正文字，且《赣州诗》《江西诗》先后次序与嘉靖十四年 28 卷本大不一样。董聪嘉靖三十五年刻本具有特殊的校对价值，且保存钱德洪《阳明先生文录叙说》初刻本原文，对于汇校胡宗宪刻本、郭朝宾刻本《刻文录叙说》具有独特文献学价值，序中有通行本不曾收录王阳明散佚语录多句。

嘉靖三十六年五月，时任黄冈知县的阳明知名弟子孟津刊刻 2 卷本《良知同然录》，选收阳明论学书信与奏疏，增收阳明散佚诗《寄滁阳诸生》（二首）《忆滁阳诸生》（一首）总计三首，为今学术界所共知。[1] 同年，永嘉后学孙昭（1518—1558，号斗城）继嘉靖三十四年重刻闾东本 28 卷本文录之后[2]；后，又捐资刊刻宋仪望选编的 11 卷本《阳明先生文粹》（今藏于天津图书馆、无锡图书馆），亢思谦（1510—1584）作序，该序言今被永富青地先生整理，极其珍贵。[3]

嘉靖三十六年阳明文献刊刻最著者，就是胡宗宪刻阳明文录 24 卷本、《传习录》11 卷本，均为精校定稿本，标志着历时二十三年后王阳明语录、正录、外集和别录的最终确立，全部被收录于郭朝宾本全书中。但由于众所周知的朝局变动，胡宗宪冤死于狱中，以至于郭朝宾全书本删除胡宗宪

---

① 参见《阳明先生则言二卷》，初刻本，载《续修四库全书》子部，第 937 册，上海：上海古籍出版社 2002 年版；《阳明先生则言二卷》，重刻本，载方勇主编：《子部珍本丛刊》，第 48 册，北京：线装书局 2012 年版。

② 参见《阳明先生文录》28 卷本，三函 14 册，嘉靖三十四年重刻闾东本，中国科学院图书馆藏。

③ 参阅《瓯海博物馆藏有一幅明代圣旨 主人为温籍监察御史孙昭》，温州市新闻网，http://News. 66wz. com/system/2020/06/09/05281203. shtml，2020 年 6 月 9 日。

多篇序言，致使后世学者数百年不知胡宗宪热心捐资王阳明单刻本的光辉事迹。其实，胡宗宪不仅捐资重刻舒柏《阳明两广遗稿》，还曾于嘉靖二十二年癸卯担任余姚知县时捐资刊刻王阳明评点的《武经七书》（孤本藏于江西省图书馆）。①

> 余诸生时，辄艳慕阳明先生理学勋名，前无古，后无今，恨不得生先生之乡，游先生之门，执鞭弭以相从也。通籍来，幸承乏姚邑，邑故先生桑梓地，因得先生之遗像。与其门下士及子若侄辈游，而夙念少偿，可知也。

> 一日，购求先生遗书，犹二千石。龙川公出《武经》一编相示，以为此先生手泽存焉。启而视之，丹铅若新，在先生不过一时涉猎以为游艺之资，在我辈可想见先生矣。退食丙夜读之，觉先生之教我者不啻面命而耳提也。敬为什袭，以识不忘。

> 时嘉靖二十有二年岁在癸卯暮春之初，新安梅林山人胡宗宪漫识于舜江公署。②

嘉靖二十二年春，三十二岁的胡宗宪，得益于邹守益的热情教诲，故而特别崇拜王阳明，"得先生之遗像"，日夜朝拜，留心王阳明文献的收集与刊刻。在余姚，他得以认识刚从狱中释放回家的著名乡贤钱德洪，"与其门下士及子若侄辈游"。正式在钱德洪的亲自指导下，胡宗宪"退食丙夜读之"，醉心于王阳明别录、奏疏的阅读，留心王阳明兵法和军事思想，汲取王阳明的治国理政智慧，为其后来成为民族英雄打下很好的基础。后来胡宗宪再次来浙江剿倭寇，亲临前线，钱德洪举荐门人戚继光等众多阳明后学人物，胡宗宪军功的实现得益于钱德洪与浙江乡贤。胡宗宪刊刻王阳明文献之多，刊刻持续时间之久，其巨大的刊刻功绩，不可抹杀，可以说是仅次于谢廷杰先后于杭州、南京刊刻全书贡献的。历史虽会被暂时遮蔽，

---

① 亦可参阅七卷本《新镌武经七书》，胡宗宪参评，茅震东天启元年套刻本，今藏于贵州省图书馆。

② 吴光等编校：《王阳明全集（新编本）》卷五十三《附录三》，第6册，杭州：浙江古籍出版社2010年版，第2122—2123页。

但随着新的孤本史料的慢慢全球公开，尤其是日本、美国等藏王阳明单刻本孤本文献的面世，胡宗宪刊刻王阳明文献的重要成绩，慢慢被世人所知。

另外一位不被世人所知的王阳明文献的重要刊刻者与捐资人则为台州的王敬所先生。除了推动刊刻王阳明《与晋溪书》十五通、《王阳明先生图谱》王阳明文献外，他还捐资刊刻《传习录》11卷本，均作有序言存世。

《传习录》，录阳明先生语也。四方之刻颇多，而江右实先生提戈讲道处，独缺焉。沐乃请于两台，合续本凡十一卷，刻置学宫。①

余少慕先生，十四岁游会稽，而先生已没。两官先生旧游之地，凡事先生者，皆问而得概焉，然不若披图而遡之为尤详也。以余之尤有待于是，则后世可知，而邹公之意远矣。公遣金生应祥来请余序，为道曾子之未尽者，以明公旨焉。嘉靖丁巳冬十有一月长至，赐进士出身、中顺大夫、江西按察司副使、奉敕再提督学政、临海后学王宗沐书。②

余舟行次湘江，于篋中检尝手录阳明先生与晋溪公束一帙，秉烛读之，因废书而叹。……余尝从缙绅后，见道晋溪公者，不及其实。过晋中，颇揽镜其平生行事奏疏，固已倾心焉。今观其虚心专己，用一人以安国家，可谓社稷之臣，既阳明先生亦称其有王佐之才。余惧其泯没，因寄友人王宗敬于婺州，使刻以传同好。后世其无有闻晋溪公而兴者耶？则是稿似微而不可忽也。王公名琼，晋之太原人。阳明先生名守仁，越之余姚人云。时嘉靖癸亥三月，临海王宗沐书于湘江舟中。③

嘉靖三十五丙辰，王敬所先生转江西提学副使。茸阳明夫子祠，建正学、怀玉两书院，集诸生讲学，躬自督课。修白鹿洞书院，与给事中吴国

---

① 吴光等编校：《王阳明全集（新编本）》卷五十二《附录二》，第6册，杭州：浙江古籍出版社2010年版，第2105—2107页。

② 吴光等编校：《王阳明全集（新编本）》卷五十三《附录三》，第6册，杭州：浙江古籍出版社2010年版，第2237页。

③ 吴光等编校：《王阳明全集（新编本）》卷五十三《附录三》，第6册，杭州：浙江古籍出版社2010年版，第2245页。

伦会讲。三十八年升本省江西参政，三十九年庚申转本省按察使，四十年辛酉升本省江西右布政。旋升山西左布政而去。① 可见，王敬所刊刻《传习录》11 卷本可能的时间周期约为嘉靖三十五年至四十年之间。今据万历时期重刻白鹿洞书院《传习录》本与胡宗宪刻本语录多有不同，则王敬所本所依据底本当为嘉靖三十五年湖北崇正书院刻本。崇正书院本所收王阳明语录最多最全，今散佚语录多见于明末张问达（字德允，万历十一年进士，曾官任湖广巡抚、吏部尚书等）、陆问礼（字仲谋，号衷虚，万历三十二年进士，曾任浙江永嘉知县、湖广右参政、浙江按察使等）②、清初俞嶙（字仲高，号嵩庵，余姚人，康熙间曾官任广东从化知县）③、王贻乐（阳明五世孙）④ 四人所重刻阳明文录相关文献中。⑤ 遗憾的是，今存世白鹿洞书院《传习录》本亦为残本，尚不能复原崇正书院本《传习录》。⑥ 王敬所刻《传习录》11 卷本大约在嘉靖三十六年。

隆庆改元，朝局天翻地覆，隆庆新政之后，王阳明的权威地位终于被恢复，而刊刻王阳明全集的使命也成为当时阳明心学人物的共同渴望。在全书正式刊刻前，嘉靖四十五年，嘉兴知府徐必进捐资刊刻王阳明珍本文献 8 卷本《阳明先生文录续编》（藏于首都师范大学图书馆）。幸运的是，2019 年，余得以入馆阅读，笔者可能也是全国唯一一位荣幸得以阅览该书的阳明心学学者。2022 年 12 月，在屈南馆长的努力下，广西师范大学出版社影印该书。该书收录王阳明遗文五卷（卷一至卷四，卷五附录）、《家乘》

---

① 参见《康熙临海县志》卷七，《人物》，第 46—50 页。

② 邓艾民先生曾录张问达本散佚阳明语录 28 条，去其重复，得 18 条。参阅邓艾民：《传习录注疏》，上海：上海古籍出版社 2015 年版，第 286—289 页。

③ 邓艾民先生曾录俞嶙录散佚阳明语录 6 条。参见邓艾民：《传习录注疏》，上海：上海古籍出版社 2013 年版，第 284—285 页。

④ 邓艾民先生曾录王贻乐录散佚阳明语录 5 条。参见邓艾民：《传习录注疏》，上海：上海古籍出版社 2013 年版，第 285—286 页。

⑤ 陈荣捷先生亦对阳明散佚语录进行辑佚，得阳明散佚语录 51 条。参见陈荣捷：《王阳明〈传习录〉详注集评》《〈传习录〉拾遗》，重庆：重庆出版社 2017 年版，第 315—338 页。

⑥ ［日］佐藤一斋先生较早地对白鹿洞本《传习录》增刻的王阳明散佚语录进行辑佚，得 36 条，大抵与张问达本同。参见王阳明撰，［日］佐藤一斋注评，黎业明点校：《〈传习录〉栏外书》，上海：上海古籍出版社 2017 年版，第 252—262 页。

三卷，总体上相当于今通行本卷二十六《续编一》、卷二十七《续编二》、卷二十八《续编三》，卷二十九《续编四》（前半部分为嘉靖四十年辛酉钱德洪编定，阳明自题为《上国游》）、卷三十七《附录四·世德纪》、卷三十八《世德纪附录》。其中，次序略有变化，通行本对原卷五附录内容增加隆庆元年至二年有关王阳明恢复爵位相关奏疏，且挪移至全书最后一卷即卷三十八《世德纪附录》。这项工作则由钱德洪诸暨籍著名弟子郦琥执笔完成。另外一个变动，通行本将原《家乘》三卷合并为一卷，相当于目录数减少两卷，这样使得原8卷本续编变成6卷本续编，且因增刻奏疏十多篇，正文字数得以增加不少。可见，通行本对原嘉兴版文录续编不仅存在章节次序和具体卷数有变动，且篇数内容上也有增加，且奏疏截止时间至隆庆二年。全书本阳明文录续编六卷，定稿于隆庆二年底，此后未再变动。

同样地，全书本也对嘉靖四十二年7卷本杭州版、嘉靖四十四年罗洪先修订3卷本赣州版《阳明先生年谱》进行重新撰写与增订，请绍兴府新昌同年、好友吕光洵重修增订《阳明先生年谱》（卷三十二至三十四）；同时让其诸嘉兴亲传弟子沈启原增录阳明去世后阳明心学传播情况，其中增写有关讲学、祭祀之类阳明学发展一卷（卷三十五，嘉靖九年庚寅至隆庆元年丁卯时期全国各地新建王阳明祠堂、新建阳明书院与讲学交游情况），增写修订年谱的缘起与过程1卷（卷三十六，钱德洪与同仁撰写阳明年谱书信、刊刻年谱序言），形成5卷本新版《阳明先生年谱》，由此与罗洪先赣州嘉靖四十三年考订本、杭州嘉靖十二年刻本内容迥异。全书本，首次增写修缮并定稿阳明年谱5卷，约完成于隆庆元年底，此后未再变动。①

隆庆四年庚午八月，还是在钱德洪嘉兴籍著名亲传弟子沈启原的努力下，完成辑佚王阳明散佚公移四卷，在全书将刻之际，合并为两卷，且不以时间先后为次序，而是以篇目规模为次序，依次为卷三十（南赣公移、思田公移）、卷三十一（征藩公移上、下卷）。全书本首次增录阳明公移二

① 参见王守仁著，郭朝宾等编：《王文成公全书：郭朝宾本》，第11册，扬州：广陵书社2020年版。

卷，完成于隆庆四年，此后未再变动。

嘉靖三十七年，胡宗宪杭州刻 11 卷《传习录》，被合并为 3 卷，更名为《语录》，至于全书之首。全书本首次合并增录阳明语录三卷，卷一至卷三，至于全书前。

总之，全书本收录胡宗宪杭州刻 24 卷《阳明先生文录》，其中，4 卷诗录合并为 2 卷，22 卷本文录置于语录 3 卷之后，置于卷四至卷二十五之间。其中章节次序有很大改动，全书原文录外集挪移于奏疏、公移后，别录挪移至外集前，试图凸显王阳明的军功伟绩，与一般的明朝大臣全集编排次序不一样。

全书本全文收录胡宗宪刻《阳明文录》24 卷，合并为 22 卷。

至此，全书总计 38 卷，依次为语录 3 卷、文录 5 卷、奏疏 7 卷、公移 3 卷、外集 7 卷、续编 6 卷、年谱 5 卷、世德纪 2 卷。其中，全书本语录取自嘉靖三十七年胡宗宪刻《传习录》，全书本文录、奏疏、公移与外集取自嘉靖三十七年胡宗宪刻《阳明先生文录》，续编 4 卷、世德纪 2 卷取嘉靖四十五年徐必进刻《阳明先生文录续编》，续编另外 2 卷则取自沈启原未刊稿《三征公移遗稿》，年谱 5 卷为隆庆时期全新修订增编未刊稿（郦琥增写部分文稿，与杭州本、赣州本正文内容不一样）。可见，钱德洪与其同门、同年吕光洵，亲传弟子郦琥、沈启原等人为了让王阳明全书最大限度体现王阳明巨大军功与不朽的事功，在隆庆时期，做了多年的持续努力，在众多单刻本刊刻之后仍然全新撰写近 7 卷的新内容，这些内容都是胡宗宪刻本所缺失的文录。但由于谢廷杰召集全书本的刊刻，王阳明早期和中期弟子早已谢世，过分信赖德高望重的钱德洪、王畿，忽视嘉靖时期 28 卷本比 24 卷本多 4 卷公移与部分书信的事实，忽视贵州版《新编阳明先生文录续编》比 28 卷本、24 卷本多出十多篇阳明散佚诗文，还有众多单刻本收录的数量客观的王阳明散佚诗文，客观上导致全书收录"不全"的现实，不可谓值为全书。事实是，全书刊刻后，很多人想当然地以为，钱德洪版"全书"收录阳明文录应该很全，忽视对王阳明单刻本的保存，使得思想家王阳明的单刻本过早消失，不能不说是一件很遗憾的事情。

　　日本国立公文书馆、普林斯顿大学图书馆均藏有隆庆末年郭朝宾本，为宋体字。而今通行本刊刻时为楷体字，所依据底本万历中后期所藏万历三年所刻本。历史岁月沧桑，已经多处漫漶，重刻时有关数字和个别字多辨认不清，故而通行本存在多处误刻。后世重刻谢廷杰南京重刻本，增收王阳明《山东乡试录》，应该在万历三年后。朱鸿林先生准确区别隆庆本、万历本，其文有可观之处，但其限于稀见方志文献缺乏，没有对万历重刻本三位督刻全书的周恪、林大黼、李爵南京任职时间进行系统考辨。① 这些史料的深入研究，有助于确定万历重刻隆庆本的时间，当完成于万历四年后。

　　今据鼎秀古籍数据库所收藏的几种方志，对三位督刻者的任职时间，进一步深化对万历初期具体刊刻时间的认识。周恪（字有之，号少峰，周怡弟）为嘉靖三十四年举人，隆庆二年任遂安知县，五年升任应天府推官；后任顺天府推官、滨州知州。但由于万历二年四月，被人弹劾受贿，受到南京刑部提问，万历三年离任。② 可见，他担任应天府推官在隆庆五年至万历三年之间。林大黼（字朝介，莆田人）为贡士，隆庆四年任河源知县。一说万历元年其由贡士身份任上元知县。去，民立生祠祭祀之。③ 一说其五年迁京县尹，转南京督察院经历，后任户部主事、铜仁太守。④ 同一方志，记述未能自洽，自相矛盾。但至少说明，万历元年后，林大黼任上元知县。李爵（字子修，荆州府长阳县人），隆庆元年丁卯乡荐，万历四年任江宁知县。后任户部江西清吏司主事、南京户部主事。⑤ 上述三人史料综合起来看，周恪、林大黼万历二年、三年均在南京地区任职，李爵则是万历四年后在南京地区任职，但周恪万历三年离去，而李爵正好补了周恪的空缺。如果史料未误，根据督刻者任职时间，则万历初期谢廷杰刻本，当至少刊

---

　　① 参见朱鸿林：《王文成公全书刊行与王阳明从祀争议的意义》，载《中国近世儒学实质的思辨与习学》，北京：北京大学出版社 2005 年版。
　　② 参见《乾隆顺德县志》卷七，第 20 页。
　　③ 参见《康熙上元县志》卷十七，第 7 页。
　　④ 参见《康熙上元县志》卷四，第 27 页。
　　⑤ 参见《万历江宁县志》卷六，第 12 页。

刻于万历四年之后。

再从《全书》汇集者谢廷杰而言，一说，隆庆中巡按浙江；一说隆庆五年任浙江巡按监察御史；一说隆庆六年壬申，巡按浙江。可见，地方志多自相矛盾，史料未能自洽，多不可尽信。总而言之，方志史料以隆庆六年说居多，《明实录》说其隆庆六年九月就离任。但隆庆六年九月前，《明穆宗实录》赫然有巡按直隶御史有关谢廷杰两则史料；隆庆六年九月后至万历二年三月间，《明神宗实录》又有不少关于巡按浙江御史、浙江道监察御史、浙江按臣等谢廷杰相关史料，则《明穆宗实录》与《明神宗》两种著名的权威史料记载似有自相矛盾，未能自洽。

隆庆元年十一月癸酉，谢廷杰由工科主事升为浙江道监察御史。[①] 隆庆二年五月辛未，御史谢廷杰复言轮流折征，上从之。[②] 隆庆三年三月乙卯，巡按直隶御史谢廷杰上言马政八事。[③] 隆庆四年二月戊午，直隶巡按御史谢廷杰奏畿内屯政钱粮逋负数多相关事。[④] 隆庆五年十二月壬辰，巡按浙江御史谢廷杰请赐表扬旌表烈妇李氏（余姚县人）。隆庆六年二月庚子，巡按浙江御史谢廷杰请罢客兵以恤疲，省练主兵以济实用。[⑤] 闰二月丙子，巡按浙江御史谢廷杰勘报嘉靖三十四年以来御倭失事指挥张大本等义士沉宏、沈惟明及死贼节妇章氏等八人功罪死事状。[⑥]

隆庆六年九月辛亥，差浙江道御史谢廷杰提调南直隶学政。[⑦] 十一月乙未，浙江巡按御史谢廷杰请复故刑部尚书毛恺官职。[⑧] 十二月丁卯，浙江按臣谢廷杰奏查陆炳遗产。壬申，浙江按臣谢廷杰荐境内人才都御史吴时来、布政使陈善等凡十人。癸酉，巡按浙江御史谢廷杰请祀前礼部尚书、赠太子太保章懋于金华府。己卯，按臣谢廷杰劾浙江台金严参将何自然柔懦，

---

① 参见《明实录》，《明穆宗实录》卷十四。
② 参见《明实录》，《明穆宗实录》卷二十。
③ 参见《明实录》，《明穆宗实录》卷三十。
④ 参见《明实录》，《明穆宗实录》卷四十二。
⑤ 参见《明实录》，《明穆宗实录》卷六十六。
⑥ 参见《明实录》，《明穆宗实录》卷六十七。
⑦ 参见《明实录》，《明神宗实录》卷五。
⑧ 参见《明实录》，《明神宗实录》卷七。

革其任。庚辰，按臣谢廷杰论降调外任，吏部以已升太仆寺卿姚世熙奸贪无忌、速化有迹，降调未尽其辜，覆令冠带闲住；其余所论右布政使郭斗及府州县官调改闲住、降革有差。① 可见，恰恰由于谢廷杰巡按正直，导致浙江地方官员姚世熙闲住，郭斗调改。

万历元年三月乙酉，巡按浙江御史谢廷杰请崇祀礼部故尚书金华章懋。下礼部覆议，从之。② 五月丁酉，浙江道监察御史谢廷杰言"学圣人之学者，其所表树不过学术事功两端，如新建伯王守仁者，良知之说妙契真诠，格致之论超悟本旨，其学术之醇，安可以不祀也？"南京福建道御史又言。下礼部。③ 二年三月甲申，升南直隶提督学政、浙江道御史谢廷杰为大理寺右寺丞。④ 六月，降调外任，担任沂州（约今临沂）判官。⑤

而隆庆二年戊辰七月丙寅，六十六岁的辅臣徐阶在水火不容的政敌高拱的多次授意攻击和排挤下，终于获准致仕。但，后高拱于隆庆三年再入执政，修憾于阶，徐阶三子皆被系。拱罢事，乃解。万历十一年癸未四月己巳卒，家居十五载而卒。⑥ 自隆庆五年五月后，阳明后学权臣赵贞吉、李春芳相继离去，而隆庆六年六月高拱被徐阶门人张居正驱逐离任，大权渐归张居正。万历十年六月张居正病逝，但其掌权十年，不喜讲学，刻意打压讲阳明心学正直之士，阳明心学繁荣暂时受挫。直到张居正逝世后两年，即万历十二年，王阳明从祀孔庙才真正被执行过。在权臣高、张二人互相倾轧且相继执掌政权近十五年的背景下，大多数阳明心学名臣官运不顺，

---

① 参见《明实录》，《明神宗实录》卷八。

② 参见《明实录》，《明神宗实录》卷十一。

③ 参见《明实录》，《明神宗实录》卷十三。

④ 参见《明实录》，《明神宗实录》卷二十三。神宗实录此条后，又增一条：癸卯，升浙江道御史谢廷杰为大理寺右寺丞。一个月前后两条均关于升谢廷杰为大理寺右寺丞记载，但两次记录时间不一致，不知谁是？癸卯日此条后，《明实录》再无谢廷杰相关记载。

⑤ 参见雷礼纂辑：《国朝列卿纪》卷九十六，台北：台湾成文出版社1970年版，第7页。

⑥ 参见《明实录》，《明神宗实录》卷一百三十六。高、徐之争是嘉靖朝严、徐之争在隆庆朝的继续，因隆庆性格不如嘉靖暴戾，故争权夺利程度不如严、徐之残酷。给事中张齐者，希次辅高拱旨，诋阶以去。原任左都御史王廷发击齐，使边纳赇下诏狱，编尺籍。廷谢事归，科臣为齐讼冤，齐释，廷镌秩为民。追拱败，廷得还故官，蒙存问，赐廪舆。没，予祭葬，如制，谥恭节。见《明神宗实录》卷二百七。

如罗汝芳、许孚元、谢廷杰等人。直至万历十一年后，性格和平的申时行掌权，阳明心学的发展，如有神助。

从《明实录》来看，谢廷杰自隆庆元年十一月就升任浙江道监察御史，直到万历二年三月升任大理寺右寺丞而去。其间，自隆庆六年九月后，谢廷杰提调南直隶提督学政，但他似乎还兼任浙江道监察御史的职位。也就是说，无论在北京、杭州或南京，谢廷杰有将近八年的时间，负责浙江事务。但令人遗憾且令人不解的是，隆庆六年十二月，谢廷杰弹劾捐资刊刻杭州版《王文成公全书》的有功之臣、原浙江左布政郭斗、姚世熙等府州县官，或调改闲住，或降革有差。尤其是徐阶、赵贞吉、李春芳等阳明心学名臣在隆庆五年后均已退位，朝中无人难做官，势必要引起郭斗、姚世熙等门人、弟子们的报复，故而，仅仅两年后，谢廷杰就被贬官，最后自

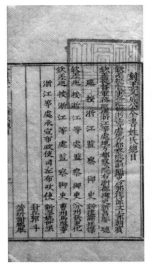

图 3 日本国立公文书馆藏杭州刻隆庆版《王文成公全书》
捐资人与卷十八首页书影①

① 该套丛书，为采薇阁书院王强先生馈赠，为孤本文献，阅读者很少。从隆庆版全书卷十八书影，与通行本书影字体形状明显不同，隆庆版为宋体字，通行本为楷体字，隆庆本、通行本刊刻时间非同年。参见《王文成公全书：郭朝宾本》，第一册，扬州：广陵书社 2020 年版，第 215 页；第六册，第 143 页。

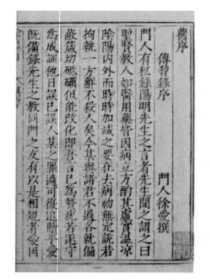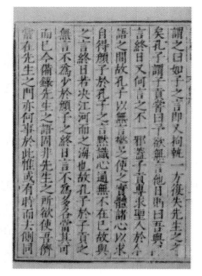

图 4　美国普林斯顿大学图书馆藏杭州刻隆庆版《王文成公全书》徐爱序言书影①

己也被消失于历史的时空长河里。隆庆六年十二月，谢廷杰如此大规模纠察弹劾浙江多位政府高官，导致郭斗、姚世熙等捐资人被"污名化"，但客观上导致隆庆版《王文成公全书》原本难以大规模流通，所谓"城门失火，殃及池鱼"，直接导致杭州版《王文成公全书》不得不在南京进行第二次捐资重刻，且不得不删去署名郭斗、姚世熙等贪污被治官员相关的五个页面。其实，这也是后世王阳明孤本文献为何很难界定具体刊刻年份的一个主要原因，就是因为当时捐资人在后来因腐败或人品差等问题被"污名化"后，不利于王阳明文献的传播，故而，后世在重刻王阳明文献时，不得不删除其原先版本相关序言、跋或有关捐资人情况页。如，黄绾序言虽不常见于嘉靖三十七年前刻本，而杭州版、南京版全书本却均不收黄绾序言，直接

① 参见王守仁著，郭朝宾等编《王文成公全书：郭朝宾本·序言》，第一册，成都：巴蜀书社 2021 年版。普林斯顿大学图书馆残本多有残页，中文清晰度亦不如日本国立公文书馆藏本。据成都采薇阁图书院编者介绍，如钱德洪《刻文录叙说》"德洪辈在侍者"一语句中，公文书馆藏本"在"字清晰可见，普林斯顿藏本残损不可辨，而通行本皆脱"在"字。此种脱字情况说明，普林斯顿藏本与通行本皆相同。参阅贵州大学张清教授主持的中国文化书院网站、采薇阁微信公众号对普林斯顿大学图书馆藏本的介绍。

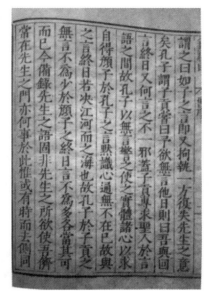

图 5　日本国立公文书馆藏杭州刻隆庆版《王文成公全书》徐爱序言书影

否定了这位后世"倾狡善变"的"倾危之士"（俞汝辑语）①，"铻所憎恶"②，甚至"憾大学士杨一清"③，尤其是"侵盗（阳明）家财事"（王世贞语）④，颇获"君子羞称""公论恶之"⑤ 的差风评，就是明证，因为重刻捐资人要确保新刻本不公开流通，"政治问题"是必须竭力避免的。事实上，最早的阳明存稿本就是黄绾捐资的，但隆庆朝以后，因为新的朝局变更，黄绾已经确定被"污名化"，故而后世刊刻者不再说起黄绾捐资刊刻的事情，导致版本原刻本捐资人身份信息缺失。《阳明文录》很多捐资人中，如胡宗宪的情况，亦是如此。胡宗宪撰写的文录序言，亦未被收录全书中，其捐资的精校优良的文录、《传习录》善本，后世重刻本也很少，一如黄绾

① 黄绾撰，张宏敏编校：《黄绾集》，上海：上海古籍出版社 2010 年版，第 739 页。
② 黄绾撰，张宏敏编校：《黄绾集》，上海：上海古籍出版社 2010 年版，第 738 页。
③ 黄绾撰，张宏敏编校：《黄绾集》，上海：上海古籍出版社 2010 年版，第 739 页。
④ 黄绾撰，张宏敏编校：《黄绾集》，上海：上海古籍出版社 2010 年版，第 738 页。
⑤ 黄绾撰，张宏敏编校：《黄绾集》，上海：上海古籍出版社 2010 年版，第 737 页。

捐资本的遭遇，令人唏嘘万千。

前文亦述，且据公文书馆藏本、普林斯顿藏本、四部丛刊影印本（今通行本）比较而言，通行本当刻于万历时期，实以普林斯顿藏刻本为底本，缺刻处同，且通行本公移部分"三""二"与"二""一"等数字多有错刻，"因""囚"等形近字错刻，因为漫漶脱落之故，且通行本增录《山东乡试录》，或刻于万历二十四年，或刻于万历三十五年。

全书在万历初年被重刻之后，后世有万历二十四年重刻本（北京文物局、广西省图书馆均有收藏）、万历三十五年重修本（山西师范大学图书馆、武汉大学图书馆均有收藏）两种存世，清朝则有《四库全书》抄录本、光绪二十一年刻本多种后世重刻本，但万历二十四年与三十五年两种全书重刻本版本价值更大。① 其中，万历三十五年刻本，为罗近溪著名弟子、晚明时期阳明心学名臣左宗郢捐资补修刊刻。

左宗郢，字景贤，号心源，原江西抚州府南城县人。从罗近溪、邓潜谷学。万历七年己卯举人，十七年己丑进士。三十四年任两浙巡盐御史，三十五年丁未与方大镇（1560—1629，字君静，号鲁岳，安徽桐城人）立崇文、正学两书院，买置学田以资膏火，订期会课，训盐业子弟。同年，在杭州补修并捐资刊刻《王文成公全书》于书院，即著名的万历三十五年重刻全书本。② 七月辛卯，改四川道御史为顺天提学。③ 三十九年辛亥五月戊申，南京吏科给事中高节等纠拾不职，"物望不孚，操履多咎，所当罢黜，以警官邪"，罢南京太仆寺少卿（亦作南京太常寺少卿）。④

前述，普林斯顿藏本与公文书馆藏本为同一版本，总体上呈现宋体字，但字体形状又有点儿楷体字的影子。哈佛大学藏《王文成公全书》与通行本卷一首页书影对照，可知，它们也为同一版本，为楷体字。但，公文书馆藏本与哈佛大学藏本非同一版本，所刻字体明显不同。而根据楷体字的

---

① 参见《中国古籍总目》，集部第 2 册，《别集类·明代之属》，第 637 页。
② 参见《重修两浙盐法志》卷二十一，清同治刻本，第 65 页；卷二十四，第 2—3 页。
③ 参见《明实录》，《明神宗实录》卷四百三十六。
④ 参见《明实录》，《明神宗实录》卷四百八十三。

刀工，哈佛大学藏本和通行本当为晚出版本，晚于公文书馆、普林斯顿藏本。

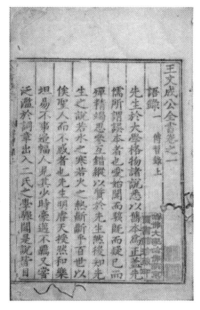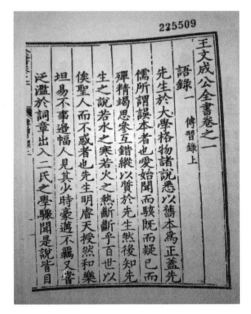

图 6　哈佛大学藏《王文成公全书》与通行本卷一首页书影对照图

五、王阳明文献版本学的定论与未定论

通过对孙应奎、蔡汝楠嘉靖三十年在湖南刊刻的王阳明手授本，可以复原嘉靖三年南大吉 7 卷本《传习录》的具体篇目、排列次序与正文大致内容。当然，嘉靖二十七年后，孙应奎、蔡汝楠重刻南大吉本，确实存在数十个字、词的改动，但不影响我们对嘉靖三年绍兴府刻本篇目的复原。由于嘉靖时期，刊刻技术的突飞猛进，正文字形、刀工和刻法出现全新的改变，由此形成不同的版本。

通过本节图 7、图 8、图 9 书影刊刻正文内容比较而言，三个版本同源，台湾"国家图书馆"本"三"漫漶成"一"。再结合孙应奎本、嘉兴藏残

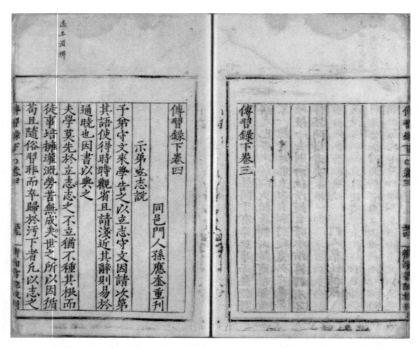

图7　嘉靖三十年孙应奎、蔡汝楠湖南重刻南大吉嘉靖三年绍兴府本下卷
　　　三尾页、下卷四首页书影

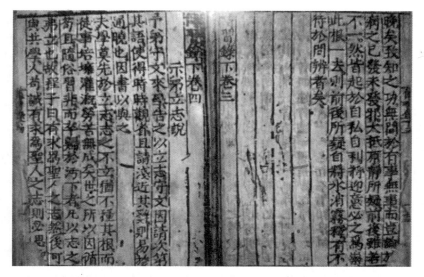

图8　嘉兴图书馆藏（重刻）南大吉嘉靖三年绍兴府本下卷三尾页、下卷四首页书影

146

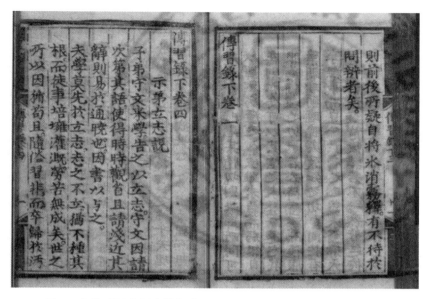

图9 台湾"国家图书馆"藏（重刻）南大吉嘉靖三年绍兴府本
下卷三尾页、下卷四首页书影

本、台湾"国家图书馆"藏本三个存世刻本的上下卷语录句段内容与书信篇目均相同，而孙应奎自序说其版本源自王阳明手授，三个版本互证，逻辑自洽，充分说明，南大吉嘉靖三年原刻本可能丧失，但其后世重刻本、翻刻本可以复原南大吉原刻本的具体篇目和正文内容。那为何嘉靖二十九年重刻本书信部分篇目比上述三个版本多出王阳明与欧阳德、聂豹书信两封呢？所依据底本何人、何时所增刻呢？

通过本节图7、图8、图9书影版式风格比较而言，《示弟立志说》正文均顶格刊刻，唯独台湾"国家图书馆"藏本正文每行空一格，且每页八行；而嘉兴藏本与嘉靖二十九年王畿、萧彦刻本均为每页十行，每行十七字，且字体形状一致。据嘉靖二十九年绍兴重刻本书末萧彦《后跋》，他所刻书源自王畿，且"缺失者几半"；而王畿《重刻传习录序》则说，"漶阙至不可读"，令江涌"检勒，得其漶且阙者若干篇"，"补刻，而二册复完"，他说得比较含糊。

图 10　国图藏嘉靖二十九年王畿、萧彦绍兴重刻南大吉嘉靖三年绍兴府本下卷四尾页、下卷五首页书影

再由后面图 11 左右两页的刀工和版式比较，尤其是图 12—14 增刻的阳明与南野、双江两封书信，说明两个情况。一个就是，嘉靖二十九年重刻本是修缮本，或者叫递修本，是对原王龙溪家藏刻板基础上的修缮，图 12、图 13 左右页面的字体形状明显不一样，楷体字体现出嘉靖中期当时流行刻本的刀工，而歪斜的仿宋字体现出嘉靖早期的刀工。

嘉靖二十九年本比嘉靖二十三年德安府重刻《传习录》本少收阳明与双江的两封书信，且二十三年刻本阳明与南野、双江书信放置在上卷四。众所周知，南大吉嘉靖三年本上卷为语录，下卷为书信。而德安府刻本在重刊《传习录》时增刻阳明与南野、双江三封书信（胡宗宪本将德安府本阳明与双江第二封、第三封合并为一封），为了不打乱原三年刻本下卷书信次序，故而在上册卷三后增刻卷四。

从内容上看，至少在嘉靖二十三年至三十三年之间，不少阳明亲传弟子认同增收阳明与南野、双江书信，除了孙应奎之外。孙应奎在重刻《传习录》似乎坚持南大吉嘉靖三年本全本照刻，不应该增录，他反对王畿对

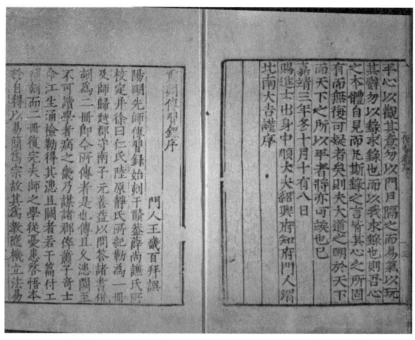

图 11　嘉靖二十九年王畿重刻南大吉嘉靖三年绍兴府本王畿序书影

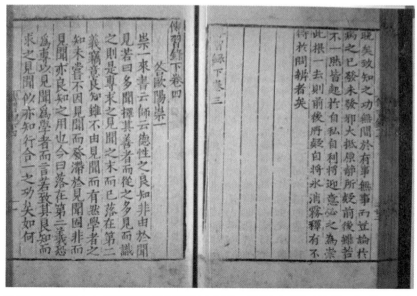

图 12　嘉靖二十九年王畿重刻本下卷三末页、下卷四《答欧阳崇一》首页书影

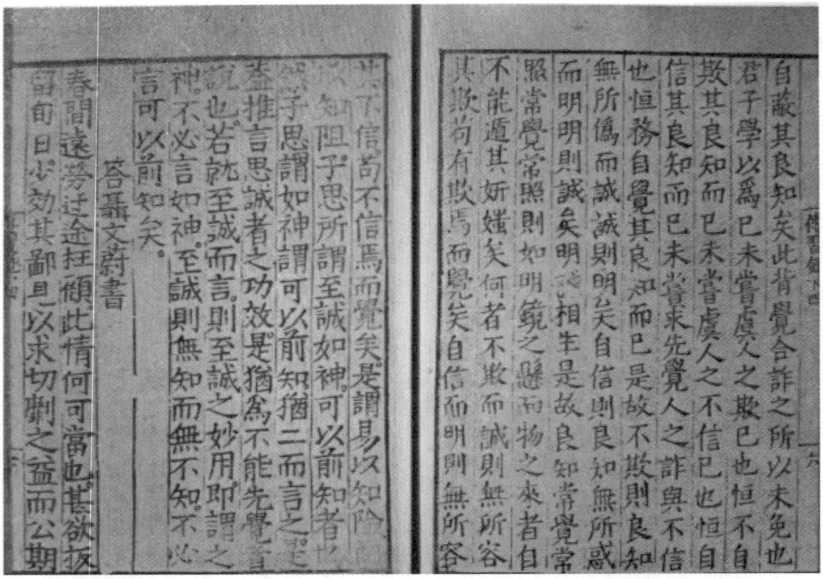

自蔽其良知矣此背覺合詐之所以未免也
君子學以爲己未嘗虞人之欺己也恒不自
欺其良知而已未嘗虞人之不信己也恒自
信其良知而已未嘗求先覺人之詐與不信
也恒務自覺其良知而已是故不欺則良知
無所僞而誠誠則明矣自信則良知無所惑
而明明則誠矣明誠相生是故良知常覺常
照常覺常照則如明鏡之懸而物之來者自
不能遁其妍媸矣何者不欺而誠則無所容
其欺苟有欺焉而覺矣自信而明則無所容
其不信苟不信焉而覺矣是謂易以知險
以知阻子思所謂至誠如神可以前知者也
然子思謂如神謂可以前知猶二而言之是
蓋推言思誠者之功效是猶爲不能先覺者
說也若就至誠而言則至誠之妙用即謂之
神不必言如神至誠則無知而無不知不必
言可以前知矣

答聶文蔚書

春間遠勞迂途枉顧此情何可當也甚欲扳
留旬日少效其鄙見以求切劘之益而公期

图 13　嘉靖二十九年王畿重刻本下卷四第二封书信《答聂文蔚书》首页书影

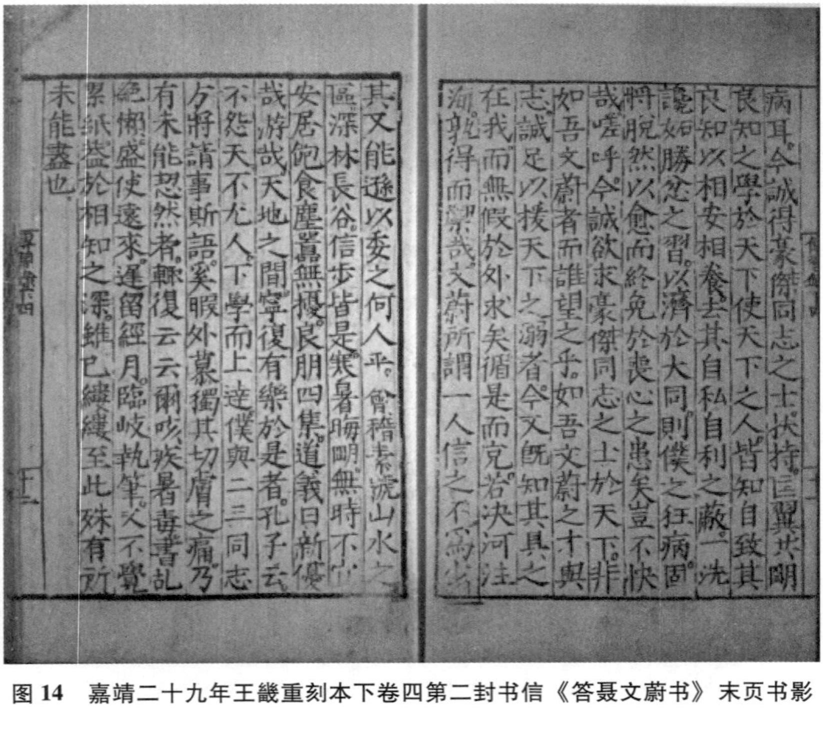

病耳今誠得豪傑同志之士扶持匡翼共明
良知之學於天下使天下之人皆知自致其
良知以相安相養去其自私自利之蔽一洗
讒妒勝忿之習以濟於大同則僕之狂病固
將脫然以愈而終免於喪心之患矣豈不快
哉嗟乎今誠欲求豪傑同志之士於天下非
如吾文蔚者而誰望之乎如吾文蔚之才與
志誠足以援天下之溺者今又既知其具之
在我而無假於外求矣循是而充若決河注
海孰得而禦哉文蔚所謂一人信之不爲少
其又能遜以委之何人乎會稽素號山水之
區深林長谷信步皆是寒暑晦明無時不宜
安居飽食塵囂無擾良朋四集道義日新優
哉游哉天地之間寧復有樂於是者孔子云
不怨天不尤人下學而上達僕與二三同志
方將請事斯語奚暇外慕獨其切膚之痛乃
有未能恝然者輒復云云爾咳疾暑毒書札
絕懶盛使遠來遲留經月臨歧執筆又不覺
累紙蓋於相知之深雖已縷縷至此殊有所
未能盡也

图 14　嘉靖二十九年王畿重刻本下卷四第二封书信《答聂文蔚书》末页书影

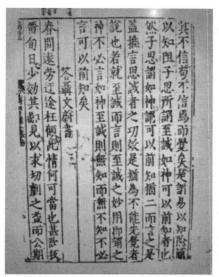
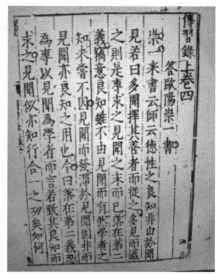

图 15 嘉靖二十三年德安府重刻本上卷四《答欧阳崇一》首页、《答聂文蔚书》第一通书信首页书影

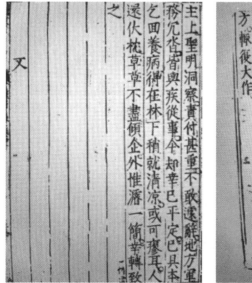
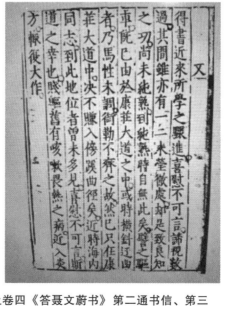

图 16 嘉靖二十三年德安府重刻本上卷四《答聂文蔚书》第二通书信、第三通书信首页书影

大吉本的修缮，这也是孙应奎执意要在湖南重新捐资刊刻三年本的原因。众所周知，三年本书信部分，未能反映王阳明晚期思想，尤其是万物一体思想，而阳明与双江嘉靖五年至七年的三封书信更能体现阳明晚年良知学圆融包容的一面。

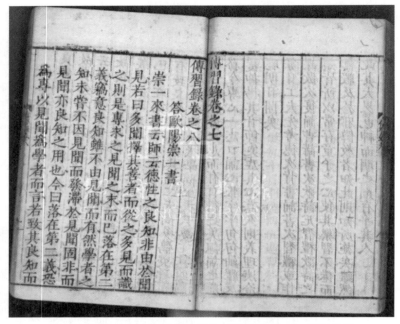

图 17　嘉靖三十三年管州本卷八《答欧阳崇一》首页书影

阳明知名弟子孙应奎余姚籍好友管州收到孙应奎赠送的手授本，三年后在江阴县编辑新本《传习录》，亦增收阳明与南野、双江书信两封，且为了不改变三年本篇目次序，置于最后一卷：卷八。增收阳明与南野、双江书信两封可以弥补三年本未能反映王阳明嘉靖四年至七年期间对良知学的深入思考，更能全面地体现王阳明思想的体系。正如我国著名阳明文献研究专家黎业明先生所说，"古籍之重刻本多有增删之例"①。且通过新本《传

① 黎业明：《王阳明传习录校笺·前言》，上海：上海古籍出版社 2022 年版，第 11 页。

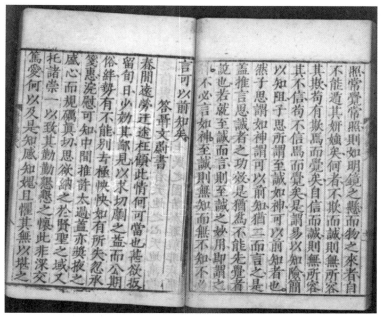

图 18　嘉靖三十三年管州本卷八《答聂文蔚书》书信书影

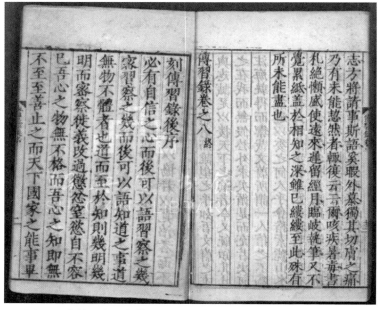

图 19　嘉靖三十三年管州本卷八《答聂文蔚书》书信末页书影

习录》考证了阳明与南野信作于嘉靖五年四月①，考证了《答友人论学书》（原作《答顾东桥书》）作于嘉靖三年春夏之间②，为我国新时代学术界解决了多年书信考证未能解决的难题。

从刀工上看，嘉靖二十三年刻本字体介于二十九年本底本、增刻本之间的形态，二十三年刻本保留仿宋字体的特点，没有楷体字那般流畅和锋利，体现出向楷体字过渡的倾向。我们可以推测，二十九年刻本是在嘉靖八年至二十二年之间刻本基础上的递修。

从图 11 右图与图 13 左图比较而言，南大吉原序刀工更显圆融一些，而图 7 左图则显得更尖利，细微地来看，其实是两种刀工，刊刻于不同时期，故而，嘉靖二十九年刻本存在三种刀工，字体出现三种不同的形态，可以推测，嘉靖三年至嘉靖二十九年的二十七年间，绍兴地区至少有三个《传习录》版本。如果再加上字体更粗些的台湾"国家图书馆"藏本，嘉靖三年至嘉靖二十九年之间，绍兴地区重刻南大吉本，可能总计刻过四次，这也是有可能的。换句话说，嘉靖四年至嘉靖二十八年之间，南大吉版本至少被重刻过两次以上。比较台湾"国家图书馆"藏本与嘉兴藏本，如果根据刀工和字体现状而言，相对来说，台湾"国家图书馆"藏本刊刻时间更早一些，或为初刻本，而嘉兴藏本字体很接近二十九年底本，可能为后世初刻本。二十九年刻本，应该源自嘉兴藏本增刻本。但，目前我们没有发现存世的嘉兴藏本的增刻本，这给我们进一步对王阳明版本文献源流的研究带来挑战。

总之，通过对台湾"国家图书馆"藏本、嘉兴藏本、日本日比谷图书馆藏德安府嘉靖二十三年本、国图藏嘉靖二十九年本、日本京都大学藏孙应奎本五个近六年（2018—2023）新发现全球唯一版本的反复比较，我们可知，在嘉靖八年至二十二年之间，存在一个未发现的南大吉增刻本，增收阳明与南野、双江各一封书信的新版本，而王畿嘉靖二十九年重刻本就

---

① 参见黎业明：《王阳明〈传习录〉中卷论学书编年考证》，载《明代思想与文献论集》，上海：商务印书馆 2017 年版，第 217 页。

② 参见黎业明：《王阳明传习录校笺》，上海：上海古籍出版社 2002 年版，第 137 页。

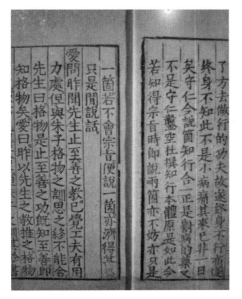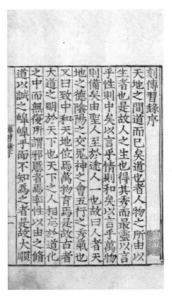

图 20　嘉靖二十九年王畿本收录三年至二十九年不同前后刀工刻法的比较

是在这个增刻新本基础上的修缮递修而成的。

　　嘉靖八年至二十二年之间，王畿未曾明言的《传习录》增刻本系何人捐资所刻？具体刻于何时、何地？留待新一代学者们去研究和发现。

　　一个可能的线索，这或许与捐资人欧阳德、聂豹、徐阶三人有关。众所周知，欧阳德、聂豹均是嘉靖二十九年前冉冉升起的政治明星，聂豹曾是徐阶的早年恩师，施教良多，且徐阶颇重视这段师生情缘，铭记终生。而徐阶也因为与欧阳德为同年，多次向欧阳德请教良知学，确立诚意良知学体系，也正因为与黄绾、黄宗明、方献夫、程文德等阳明心学著名学者交往而获得良好的政治声誉，为其从地方到中央铺垫了很好的政治口碑。嘉靖十三年至十五年，徐阶担任浙江提学佥事，主管学政，其主要任务之一就是刊刻重要的儒学文献，是很有可能作为捐资人在浙江刊刻增刻《传习录》的。嘉靖十二年他在福建任推官时，就对欧阳德赠予的未刊稿《正录》表示出很大的兴趣，他是有可能推动阳明与其恩师聂豹与学界前辈欧阳德二人书信的。或许出于对自己政治前程的担忧，徐阶增刻《传习录》时，有意隐瞒自己作为捐资人的身份，以免对未来仕途引起不必要的麻烦。

除了《传习录》文献版本学研究的定论、未定论之外，就是《阳明先生文录》文献版本"无主"捐资人与刊刻时间和地点的猜测。由于嘉靖十五年至嘉靖二十八年之间特殊的政治环境，《传习录》文献存在不少"无主"外，《阳明先生文录》文献版本存在很多未定论，值得我们深入调研和比对。

通过日本与内地新发现《阳明先生文录》不同版本的汇校，我们确定嘉靖十二年癸未《阳明先生存稿》、嘉靖十四年乙未姑苏本的基本情况，但还存在三种《阳明先生文录》的"无主"版本，对其捐资人、刊刻时间和地点，尚未有定论。

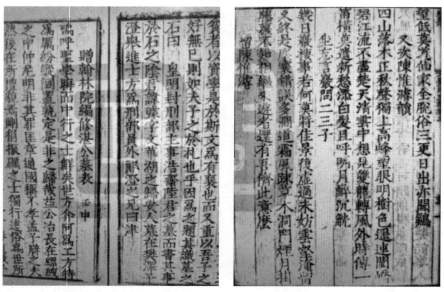

图 21　国图藏嘉靖十四年乙未刻 28 卷本（姑苏本）文录外集卷三未收录《忘言岩次谦之韵二首》等四首诗、外集卷九未收录杭州籍洪钟墓志铭、祭文书影

望低莫道仙家全脱俗三更日出亦聞鷄
又次陳惟濬韻
四山落木正秋聲獨上高峰望眼明樹色遥連閩嶠
碧江流不盡楚天清雲中想見雙龍轉風外時傳一
笛横莫遣新愁添白髮且呼明月醉沉觥
忘言巖次謙之韻
意到已忘言興劇後忘飯坐我此巖中是誰鑿混沌
尼父欲無言達者窺其本此道何古今斯人去則遠
空巖不見人真成面墻立巖深雨不到雲歸花亦濕
圓明洞次謙之韻
群山走波浪出沒龍蛇脊岩棲寄盤渦沉淪遂成癖
我來汲東溟爛煮南山石千年熟一炊欲餉岩中客
潮頭岩次謙之韻
潮頭起平地化作千丈雪棹舟者何人試問巖頭月
天成素有志於學茲得告東歸林居靜養其所
就可知矣臨别以此紙索贈漫爲賦此遂寄聲
山澤諸賢
予有山水期在冉風塵際高秋送將歸神往迹還滯
回車當盛年養痾非遯世垂竿鑑湖雲結廬浮峯樹
愛日遂庭趨芳景添遊詣持生悟玄𫝹妙靜息緣慮

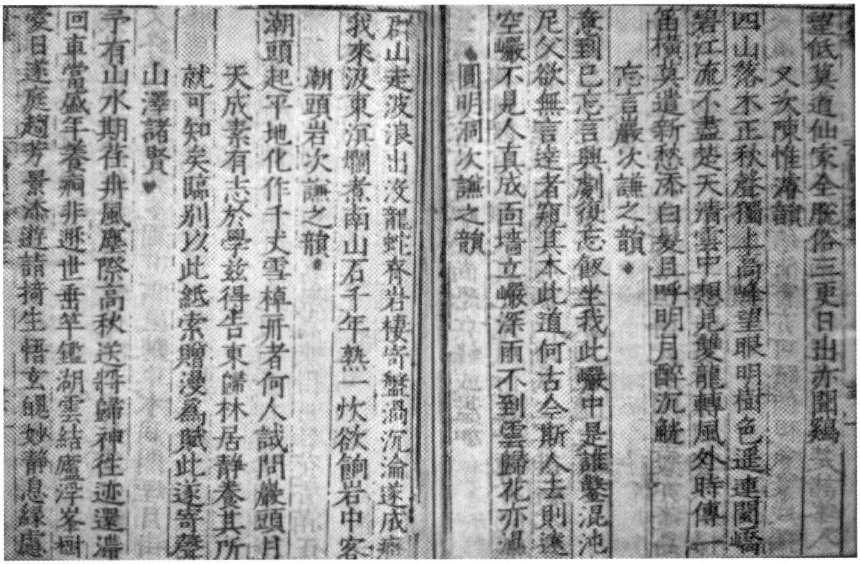

图 22　日本国立公文书馆藏 24 卷本（“苏州本”）文录外集卷三首次增刻《忘言岩次谦之韵二首》等四首诗书影

望低莫道仙家全脱俗三更日出亦聞鷄
又次陳惟濬韻
四山落木正秋聲獨上高峰望眼明樹色遥連閩嶠
碧江流不盡楚天清雲中想見雙龍轉風外時傳一
笛横莫遣新愁添白髮且呼明月醉沉觥
忘言巖次謙之韻
意到已忘言興劇後忘飯坐我此巖中是誰鑿混沌
尼父欲無言達者窺其本此道何古今斯人去則遠
空巖不見人真成面墻立巖深雨不到雲歸花亦濕
圓明洞次謙之韻
群山走波浪出沒龍蛇脊岩棲寄盤渦沉淪遂成癖
我來汲東溟爛煮南山石千年熟一炊欲餉岩中客
潮頭岩次謙之韻
潮頭起平地化作千丈雪棹舟者何人試問巖頭月
天成素有志於學茲得告東歸林居靜養其所
就可知矣臨别以此紙索贈漫爲賦此遂寄聲
山澤諸賢
予有山水期在冉風塵際高秋送將歸神往迹還滯
回車當盛年養痾非遯世垂竿鑑湖雲結廬浮峯樹
愛日遂庭趨芳景添遊詣持生悟玄𫝹妙靜息緣慮

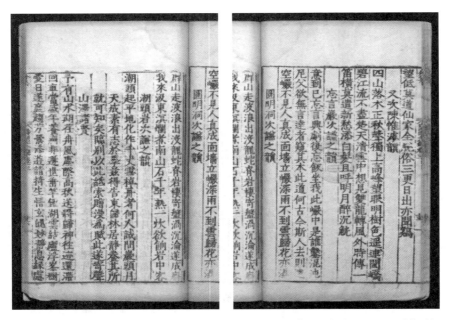

图 23　云南省图书馆藏 24 卷本文录外集卷三再次增刻《忘言岩次谦之韵二首》等四首诗第一页书影

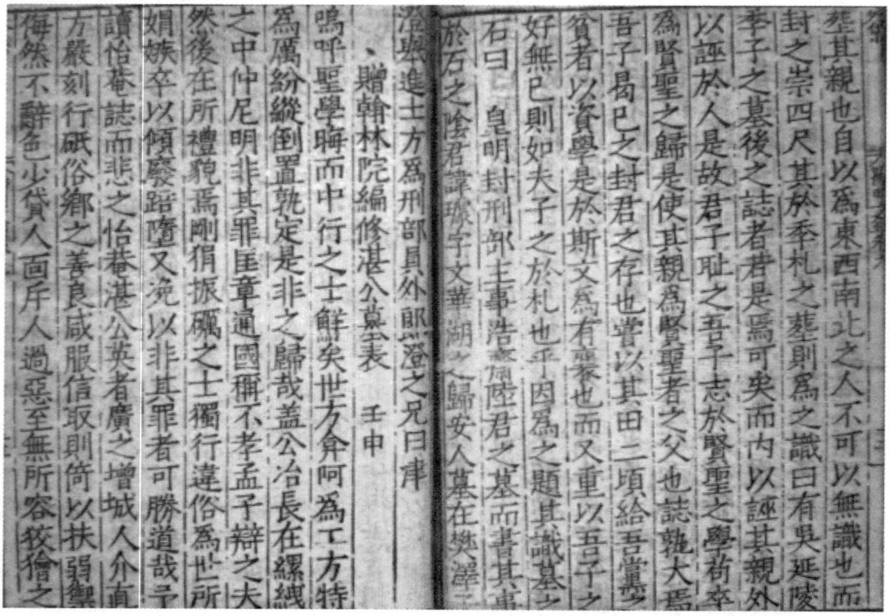

埜其親也自以為東西南北之人不可以無識也而
封之崇四尺其於季札之埜則為之識曰有吳延陵
季子之墓後之誌者君是焉可矣而内以誣其親外
以誣於人是故君子耻之吾子志於賢聖之學苟卒
為賢聖之歸是使其親為賢聖者之父也誌孰大焉
吾子曷已之封君之存也嘗以其田二頃給吾黨之
貧者以資學是於斯文為有專也而又重以吾子之
好無已則如夫子之於札也乎因為之題其識墓之
石曰 皇明封刑部主事浩菴陸君之墓而書其事
於石之陰君諱璟字文華湖之歸安人墓在樂潭之

潛與進士方為刑部員外郎澄之兄曰庠
贈翰林院編修湛公墓表 壬申
嗚呼聖學晦而中行之士鮮矣世方弁阿為工方特
為厲紛繼倒置孰定是非之歸哉蓋公冶長在縲絏
之中仲尼明非其罪匡章通國稱不孝孟子辯之夫
然後在所禮貌焉則狷振礪之士獨行違俗為世所
娟嫉卒以傾覆蹈墜又况以非其罪者可勝道哉予
讀怡菴誌而悲之怡菴湛公英者廣之增城人介直
方嚴刻行砥俗鄉之善良咸服信服則倚以扶弱禦
侮然不辭色少貸人面斥人過惡至無所容狡獪之

图 24　日本国立公文书馆藏 24 卷本文录外集卷九未收录杭州籍洪钟墓志铭书影

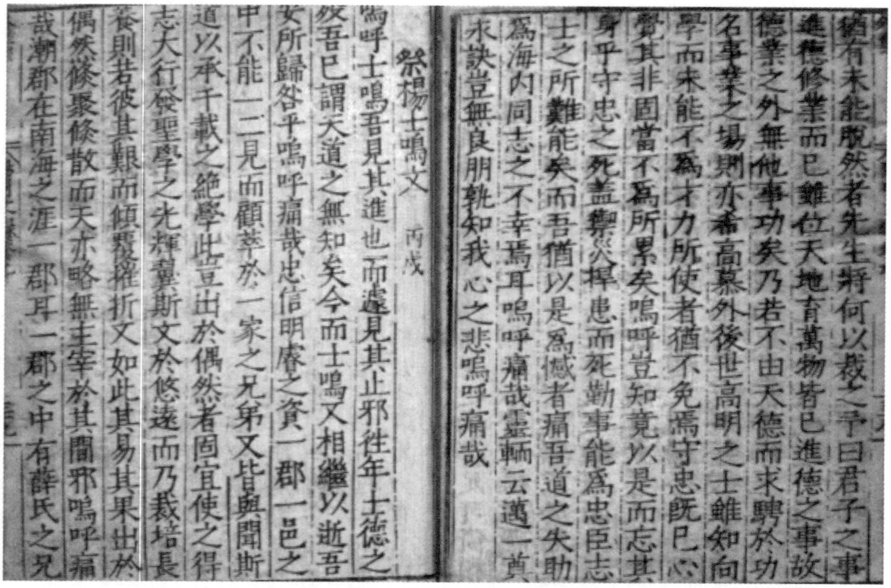

猶有未能脫然者先生將何以裁之乎曰君子之事
進德修業而已雖位天地育萬物皆已進德之事故
德業之外無他事功矣乃若不由天德而求騁於功
名事業之場則亦希高慕外後世高明之士雖知向
學而未能不為才力所使者猶不免焉守忠既已心
契其非固當不為所累矣嗚呼豈知竟以是而忘其
身乎守忠之死蓋禦災捍患而死勤事能為忠臣志
士之所難能矣而吾猶以是為憾者痛吾道之失助
為海内同志之不幸焉耳嗚呼痛哉靈輀云邁一奠
永訣豈無良朋孰知我心之悲嗚呼痛哉

祭楊士鳴文 丙戌
嗚呼士鳴吾見其進也而遽見其止邪往年士德之
歿吾已謂天道之無知矣今而士鳴又相繼以逝吾
安所歸咎乎嗚呼痛哉忠信明睿之資一郡一邑之
中不能一二見而顧萃於一家之兄弟又皆與聞斯
道以承千載之絕學此豈出於偶然者固宜使之得
志大行發聖學之光輝翼斯文於悠遠而乃栽培長
養則若彼其艱而傾覆摧折又如此其易其果出於
偶然倏聚倏散而天亦略無主宰於其間邪嗚呼痛
哉潮郡在南海之涯一郡耳一郡之中有薛氏之兄

图 25　日本国立公文书馆藏 24 卷本文录外集卷九未收录杭州籍洪钟祭文书影

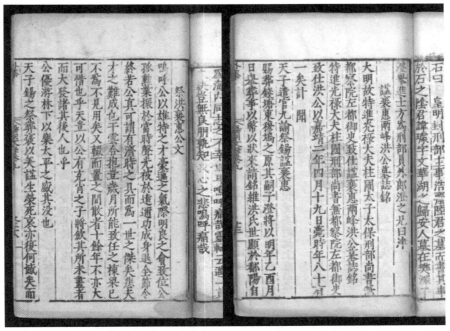

图 26　云南省图书馆藏 24 卷本外集卷九首次增刻杭州籍洪钟墓志铭、祭文两文书影

图 27　国图藏邹守益手序 24 卷本外集卷九再次增刻并修缮杭州籍洪钟墓志铭、
祭文两文书影

159

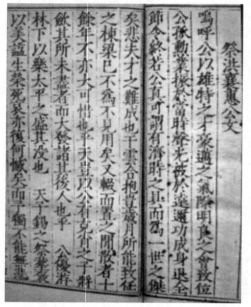

图28　日本国立公文书馆藏胡宗宪嘉靖三十七年重刻24卷本外集卷九第三次递修杭州籍洪钟墓志铭、祭文两文书影

由上述八图比较可知，国图藏嘉靖十四年乙未刻28卷本（姑苏本）文录外集卷三未收录《忘言岩次谦之韵二首》等四首诗，外集卷九亦未收录杭州籍洪钟墓志铭、祭文。

日本国立公文书馆藏24卷本（"苏州本"）文录外集卷三首次增刻《忘言岩次谦之韵二首》等四首诗，但外集卷九未收录杭州籍洪钟墓志铭、祭文两文。

云南省图书馆藏24卷本文录外集卷三再次增刻《忘言岩次谦之韵二首》等四首诗，且外集卷九首次增刻杭州籍洪钟墓志铭、祭文两文。

国图藏邹守益手序24卷本外集卷三第三次增刻《忘言岩次谦之韵二首》等四首诗，外集卷九再次增刻并修缮杭州籍洪钟墓志铭、祭文两文。

日本国立公文书馆藏胡宗宪嘉靖三十七年重刻24卷本外集卷三第四次增刻《忘言岩次谦之韵二首》等四首诗，外集卷九第三次增刻杭州籍洪钟墓志铭、祭文两文。

仅从《忘言岩次谦之韵二首》等四首诗，杭州籍洪钟墓志铭、祭文不断增刻与递修，可见从嘉靖十四年至嘉靖三十七年阳明弟子邹守益、钱德洪"不断接力"，对阳明文录的不断优化和精校递修，时间长达二十四年之久。令人遗憾的是，日本国立公文书馆藏 24 卷本、云南省图书馆藏 24 卷本、国图藏邹守益手序 24 卷本均为"无主"刻本，刊刻时间起始于嘉靖十五年，终于嘉靖三十六年，均未明确标明捐资人情况、刊刻时间与刊刻地点，由此形成王阳明文献版本学的"未定论"，给后世界定文献版本带来很大的挑战。

与 28 卷本相比，三种"无主"24 卷本前后相承，承前启后，大同小异，体现了邹守益、钱德洪二人"切于讲学明道""不求全""求精"的选本原则。这三种无主版本，相比嘉靖十四年刻 28 卷本文录本而言，虽然少收权臣张璁、霍韬 3 封书信，少收 4 卷公移，数十封论学书信（包括今上海图书馆藏《新刊阳明先生文录续编》十余封书信、永富青地辑佚孙昭重刻闽东 28 卷本 12 封书信等），但均增加黄宗明书信 2 封、闻人诠书信 1 封、薛侃书信 2 封、邹守益书信 2 封、悔斋说、竹江刘氏族谱跋、书遥祝图、文橘庵墓志、余姚孙燧祭文，且在所谓"苏州本"版本中首次增刻。

是谁新获得瘦身 24 卷版"苏州本"如此大的文录数量？亦或是，这些新增文献本就是存稿本就有的文献吗？后世广泛流通的"苏州本"的捐资人中，除了邹守益，黄宗明会不会也是一个很重要的推动角色呢？

首先，从 28 卷本到 24 卷本的编辑者而言，有助于把握王阳明版本文献的大致时间。嘉靖十四年冬，钱德洪丁忧，从苏州回到余姚，在家有时间精选 28 卷本。8 卷本公移删减为 4 卷本，且重新改定公移题目，条揭纲要，主要由钱德洪完成，需要半年以上的时间，至嘉靖十五年丙申三月左右，钱德洪是有可能完成对公移的精选工作的吗？

其次，从正文新增内容看，可以辨别"无主"版本文献源流。所谓"苏州本"首次增刻的文录，无论是《忘言岩次谦之韵二首》等四首诗，还是邹守益书信 2 封、竹江刘氏族谱跋（文中刘氏居住在江西安福县），均与邹守益有关，故而我们认为，所谓"苏州本"肯定是由邹守益参与编辑整理并精选嘉靖十四年本的优化本。正是在邹守益的推动下，与他关系密切的阳明心学同志捐资刊刻，时间应该在嘉靖十五年丙申三月以后。

最后，从钱德洪、邹守益的为官经历和生活历程，可以确定"无主"版本刊刻的大致时间范围。前文所述，嘉靖十七年春至嘉靖二十年九月，钱德洪、邹守益二人俱在仕途，或均在北京，或一南京一北京，北京、南京交通便利，京杭大运河水程不超过半个月，二人可以就需要增减的书信、诗歌、墓志铭、祭文等阳明文录进行充分的商讨与最后定稿，这四年中，是有可能捐资刊刻精选 24 卷"苏州本"。且这四年间，邹守益与嘉靖皇帝私人关系亦较为和谐，邹守益作为捐资人是有可能的，有助于王阳明文录的公开发行。

还有一种可能就是，嘉靖十五年夏，徐阶在任浙江提学佥事；嘉靖十六年，徐阶升任江西按察副使，主管学政，均可以作为捐资人。为了让文录编辑得更完美些，邹守益作为捐资人，或可刊刻于嘉靖二十一年南京国子监祭酒任上。

两种可能综合考虑，嘉靖二十二年前，"苏州本" 24 卷"瘦身"本应该公开刊刻了，并获得广泛的赞誉，该本翻刻、重刻最多，国内外数十家图书馆均有收藏，只是具体的册数和正文前的序言不同而已。

云南馆藏 24 卷本、邹守益手序 24 卷本则应该刊刻于嘉靖二十二年以后，也可能刊刻于嘉靖二十三年至三十五年之间。云南馆藏 24 卷本仅增收杭州籍洪钟墓志铭、祭文，且首次增刻，错刻字颇多，当为洪钟孙、浙江著名的民间书商洪楩私人捐资刊刻，当是钱德洪应洪楩之请而公开刊印。目前该书存世极少，可证私人印刷数量不多，仅藏于云南省图书馆，为绝世孤本。

邹守益手序 24 卷本为嘉靖三十七年前胡宗宪重刻本的底本，刻校精良，堪称善本，当花费钱德洪不少心血，错别字很少，应该刊刻于嘉靖三十五年崇正书院《传习录》定稿本之前。但具体捐资人不详，目前该书全球存世亦仅一套，藏于国图。

另据宋仪望嘉靖三十二年癸丑七月于山西河东书院重刻"苏州本"自述，可知王阳明文录当时在全国的版本流传情况。

> 阳明先生文集，始刻于姑苏，盖先生门人钱洪甫氏诠次之云。自后，刻于闽、于越、于关中，其书始渐播于四方学者。嘉靖癸丑春，予出按河东。河东为尧、舜、禹相授受故地，而先生之学则固由孔、孟以沂尧、舜，于是间以窃闻先生绪言语诸人，士而若有兴者。未几，得关中所寄先生全录，遂檄而刻之。……嘉靖癸丑秋七月。①

由宋仪望序可知，24 卷本文录在浙江、福建与关中等地区均有重刻本，可见 24 卷版"苏州本"流传甚广，其纸本得益于关中友人所寄本。从宋仪望重刻本内容得知，其底本非云南馆藏本，亦非邹守益手序本，而是更早的"苏州本"，非"翻刻"，而是重新募工人刊刻，故而错刻颇多，其字体形状、刀工明显不同于"苏州本"。

胡宗宪嘉靖三十七年刻成的 24 卷本文录为隆庆末期全书本之前最为精良的 24 卷本，且收序言最多，并增收钱德洪新序一首，具有特别重要的文献史料价值。须知，嘉靖十五年至嘉靖三十六年的诸多翻刻本、重刻本，所收序、跋均不超过三篇（黄绾与钱德洪十四年乙未序、邹守益十五年丙申序），而胡宗宪刻本却收序、跋前后多达 6 篇，仅次于隆庆本《王文成公全书》8 篇（缺黄绾序，多徐阶两序、徐爱序）。

由于王阳明文献版本尤为复杂，无论是定论还是未定论，我们还需要更多的孤本文献的全文汇校，还需要更多的史料。所撰之论，不当之处必定很多，请同仁们多指教。

---

① 宋仪望：《阳明先生文录·河东重刻阳明先生文集序》，载黄振萍编《王阳明文献集成》，第 13 册，扬州：广陵书社 2019 年版，第 1—5 页。

晚明阳明后学在南京的讲会及其意义

陈寒鸣*

摘　要：晚明时期，承阳明重视讲学，以为不讲学不足以明道的思想精神，其门人后学多矢力于讲学，而讲会则是他们开展讲学活动的主要形式。当时的讲会遍及城乡，而以北京、南京所兴者最为阳明学者重视。南京，作为明廷留都，是当时与北京遥相呼应的政治文化中心。阳明学者在这里所举兴的一系列讲会不仅是王门讲会的重要组成部分，而且对当时的社会政治和思想文化亦有重要影响。

关键词：晚明；南京；阳明后学；讲会

洪武立国，定都南京。永乐迁都北京，仍以南京为留都，依制设六部和国子监等机构，在形式上与北京遥相呼应地成为政治文化中心。阳明曾在此任职讲学，逐渐形成了南中弟子群，为后来的南中王门奠定了根基。① 而其弟子后学在此任职、生活或讲学者甚多，故而阳明学者很重视在南京举兴讲会。留都所举讲会自然成为王门讲会中的重要部分，政治和思想影响均很大。

＊ 陈寒鸣，天津市工会管理干部学院副教授，南京大学泰州学派研究中心研究员，中国哲学史学会理事。
① 参阅拙作《阳明讲学滁州和留都与南中弟子群的形成和分化及其意义》，《贵阳学院学报》（社会科学版）2022 年第 1 期。

一

据《心斋年谱》，正德十五年（1520年），拜入王门不久的王艮由泰州再往豫章受学于阳明，徒过南京，在太学门前聚诸友讲论。其时，六馆之士俱在，王艮说："吾为诸君发六经大旨。夫六经者，吾心之注脚也。心即道，道明则经不必用，经明则传复何益？经、传，印证吾心而已矣。"六馆之士皆悦服。大司成汪咸斋获闻他的这番讲论，延请入内，看见他服古冠服，疑其为异，就问道："古言'无所乖戾'，其义何如？"王艮答："公何以不问我无所偏倚，却问无所乖戾？有无所偏倚，方做得无所乖戾。"① 耿定向所撰《王心斋先生传》也记述了此事："先生……过金陵，思南雍为首善地，欲以所学谕之。至太学前，六馆士睹先生冠服异常，环聚问所治经。曰：'治总经，唯事此心耳。'司成因进与语，奇之，曰：'此非吾能与，须越王先生成之。'"② 这一隅发性事情，是目前所见文献资料中阳明弟子第一次在南京进行的讲学活动。尽管影响并不很大，甚至心斋自己后来也不再提及，但值得注意的是他认为既然"心即道"，那么，"六经"便是"吾心之注脚"；心明则道明，"道明则经不必用"。所以，"治总经，唯事此心耳"就是他为学的基本宗旨。这无疑具有贬落儒经之神圣性，张扬个体主体意识的意义。

嘉靖六年（1527年），王艮至金陵，会湛甘泉、吕柟、邹守益，在新泉书院聚讲。③ 时，甘泉揭"随处体认天理"六字以教学者，意与阳明稍稍不

---

① 王艮撰，陈祝生等点校：《王心斋全集》卷三《年谱》，南京：江苏教育出版社2001年版，第70页。

② 耿定向著，傅秋涛点校：《耿定向集》卷之十四《王心斋先生传》，下册，上海：华东师范大学出版社2015年版，第545页。

③ 《心斋年谱》说欧阳德也参加了这次新泉书院的会讲，但事实上，欧阳德其时在京师，先任刑部员外郎，后转翰林院编修，预修《大明会典》，不可能参与他们的会讲，故《心斋年谱》所记有误。

同，王艮乃作《天理良知说》① 以答甘泉书院诸友。这是一次陈（白沙）湛（甘泉）心学者与阳明心学者学术思想交流性质的小型会讲。甘泉虽出自白沙门下，且与阳明是好友，但受程、朱思想的影响，认为"天理"虽为人心所固有，却仍需要通过学问、思辨、笃行工夫方能体认，他称之为"体认天理"；而阳明自龙场悟道后坚信"天理"为人心所固有，"致良知"就是把心中的"天理"自觉地表现出来，故而批评甘泉的"体认天理"有放弃根柢之弊。在这次会讲中，邹守益本阳明说而阐论，甘泉及其弟子则与之论辩，王艮则撰写《天理良知说》来回应，认为甘泉和阳明二位先生的思想并无本质差异，"'天理'者，天然自有之理也；'良知'者，不虑而知，不学而能者也。惟其不虑而知，不学而能，所以为天然自有之理；惟其天然自有之理，所以不虑而知，不学而能也"。王、湛二子只是"各以己之所见者为是，以人之所见者为非"罢了。

阳明后学在南京有意识地举兴讲会，开展讲学活动是在阳明去世后。嘉靖九年（1530年），桂萼在朝，力行学禁。邹守益、欧阳德、王艮、万表、石简等不惧政治高压，毅然齐聚南京，会讲于鸡鸣寺，万表时"出《病怀诗》相质"（《明儒学案》卷十五）。万表所出《病怀诗》，其二曰："三十始知学，德立待何时？往者既有悔，宁当复怠兹。由仕莫非学，开心未信斯。悦恶一何殊？此旨尝在思。岂不贵格物，穷至乃真知。驰求外吾心，痴狂竟何为！征吾鲁中叟，万世将谁师？"王艮作诗和曰："人生贵知学，习之惟时时。天命是人心，万古不易兹。鸢鱼昭上下，圣圣本乎斯。安焉率此性，无为亦在思。我师诲吾侪，曰性即良知。宋代有真儒，《通书》或问之。曷为天下善？曰惟圣者师。"② 按："因读此和稿而问在座诸友，曰：'天下之学无穷，惟何学可以时习之？'内一友、江西涂从国者答曰：'惟天命之性可以时习也。'再顾问诸友：'还有可以时习之学乎？'众

① 参见王艮撰，陈祝生等点校：《王心斋全集》，南京：江苏教育出版社2001年版，第31—32页。
② 黄宗羲著，沈芝盈点校：《明儒学案》卷十五，上册，北京：中华书局1986年版，第314页。

皆不应。良久，忽一童子、乃先生甥周泚者答曰：'天下之学虽无穷，亦皆可以时习也。'众皆愕然。先生问曰：'如以读书为学，有时又作文；如学文，有时又学武。如以事亲为学，有时又事君。如以有事为学，有时又无事。此皆可以时习乎？'童子曰：'天命之性，即天德良知也。如读书时也，依此良知学；作文时也，依此良知学；学文学武、事亲事君、有事无事，无不依此良知学：乃所谓皆可时习也。'时，在座诸友皆有省悟。先生喟然叹曰：'信予者，从国也，始可与言专一矣。启予者，童子也，始可与言一贯矣。'呜呼！如童子者，乃所谓不虑而知，不学而能者也。故并录之。"① 这是目前所见文献中，阳明去世后，其门人弟子在留都进行的第一次会讲。

嘉靖十二年（1533 年）由欧阳德发起的留都同志会，是阳明后学在南京讲学活动中具有象征性意义的事件。钱德洪编《阳明先生年谱》记："门人欧阳德合同志会于南畿。自师没，同门既襄事于越。三年之后归散四方，各以所入立教，合并无时。是年，欧阳德、季本、许相卿、何廷仁、刘晹、黄弘纲嗣讲东南；洪亦假事入金陵。远方志士四集，类萃群趋，或讲于城南诸刹，或讲于国子鸡鸣。倡和相稽，疑辩相绎，师学复有继兴之机矣。"② 此处述到的洪即钱德洪。主会的欧阳德，时任南京国子监司业；参加者则均为王门同志。据《心斋年谱》，王艮这一年"在金陵。南野公尝讲致良知，先生戏之曰：'某近讲良知致。'南野延先生连榻数宵，以日用见在指点良知，自是甚相契。黄洛村弘纲常讲不欺，先生曰：'兄欺多矣。'洛村愕然请示。先生曰：'方对食时，客及门，辞不在，非欺乎？'洛村谢过。先生笑曰：'兄又欺矣。'洛村未达。先生曰：'通变而宜，岂为斯乎？'在座皆有省"③。所谓"会诸友于金陵"云云，指的就是参加这次"留都同志会"，但不知何故《阳明先生年谱》所记此条中没有提到心斋，而《心斋

① 王艮撰，陈祝生等点校：《王心斋全集》，南京：江苏教育出版社 2001 年版，第 56 页。
② 吴光、钱明、董平、姚延福编校：《王阳明全集》卷三十六《年谱附录一》，下册，上海：上海古籍出版社 2015 年版，第 1095 页。
③ 王艮撰，陈祝生等点校：《王心斋全集》卷三《年谱》，南京：江苏教育出版社 2001 年版，第 73 页。

年谱》所记王艮与黄弘纲有关"不欺"的对话，恰正生动反映了这次讲会"倡和相稽，疑辩相绎"的情形。这次"留都同志会"与上一年的"京师同志会"遥相呼应，呈现出阳明心学"继兴之机"，揭开了晚明阳明后学讲学运动的序幕。

大约正是在这次"留都同志会"上，李春芳始识王艮。春芳后来在《崇儒祠记》中忆道："于留都始晤先生于徐氏东园。时，文成、文简二公门人各持师说以求胜，予质之先生。先生曰：'岂有异哉？天理者，良知也；随处体认天理者，致良知也。'后偕太守袁君株、大尹朱君轼、审理宗君部造先生庐，请益月余。见乡中人若农若贾，暮必群来论学。时有逊坐者，先生曰：'坐，坐。勿过逊废时。'嗟乎！非实有诸己，乌能诲人吃紧如此耶？"又论曰："予惟天下之治忽系人心，人心之邪正系学术。学术不明、人心不正，欲望天下治安，难矣！故学之不讲，孔子恒以为忧。当其时，问学洙泗之滨者，踵相接也。然孔子虽忧学之不讲，尤耻躬之不逮，教人以文行忠信，于谨言慎行三致意焉。至于性与天道，子贡犹叹其不可得闻，况其下者乎？先生之学始于笃行，终于心悟，非徒滋口说者。虽鲜所著述如《乐学歌》《大成歌》诸作，天趣洒然，悉出胸中所自得。至评论夷齐三仁、武王伐纣等事，皆精微至论，罔有蹈袭，足垂千古君臣之鉴。嗟乎！若先生者，岂非一代之大儒哉？"[①]

嘉靖十四年（1535年），王畿任南京兵部职方主事，贡安国、周怡、沈宠、梅守德、戚衮、姜宝及俞允升、吴从本、吴伯南、张棨等从其游。王畿或与他们会讲于官邸，或周旋于鹫峰寺和天界寺之间，而最著名的则无疑是龙溪主持的"鸡鸣寺凭虚阁讲会"："先生至留都，凤阿姜子、顺之周子率六馆诸生，大会于鸡鸣凭虚阁，观者如堵。"[②] 当时在南京，除龙溪外，欧阳德、钱德洪、薛侃、戚贤等亦屡兴讲会，倡扬阳明心学。如嘉靖十七年（1538年），邹守益起复南京吏部考功郎中，应徐阶之邀而至贡院与诸生

---

① 王艮著：《明儒王心斋先生遗集》卷四，民国袁承业重刊本。
② 吴震编校整理：《王畿集》卷五《南雍诸友鸡鸣凭虚阁会语》，南京：凤凰出版社2007年版，第111页。

会讲，发明性善之旨。翌年，罗洪先起复赴京，途次留都，大会士友，更与龙溪会于观音寺、灵谷寺，讨论"静坐""慎独"等，《念庵罗先生全集》卷五《冬游记》对此有详尽记述。

《阳明先生年谱·附录一》记，嘉靖二十九年（1550 年）四月，门人吕怀等在位于南京崇礼街的新泉精舍建大同楼，"设师像，合讲会"，"会毕，退坐昧昧室，默对终夕而别"。"是月，洪送王正亿入胄监。至金山，遂入金陵趋会焉。何迁时为吏部文选司郎中，偕四司同僚邀余登报恩寺塔，坐第一层，问曰：'闻师门禁学者静坐，虑学者偏静沦枯槁也，似也。今学者初入门，此心久濡俗习，沦浃肤髓，若不使求密室，耳目与物无所睹闻，澄思绝虑，深入玄漠，何时得见真面目乎？师门亦尝言之，假此一段以补小学之功。又云，罹心疾痼，如镜面斑垢，必先磨去，明体乃见，然后可使一尘不容。今禁此一法，恐令人终无所入。'洪对曰：'师门未尝禁学者静坐，亦未尝立静坐法以入人。'曰：'舍此有何法可入？'曰：'只教致良知。良知即是真面目。良知明，自能辨是与非，自能时静时动，不偏于静。'曰：'何言师门不禁静坐？'曰：'程门叹学者静坐为善学，师门亦然。但见得良知头脑明白，更求静处精炼，使全体著察，一滓不留；又在事上精炼，使全体著察，一念不欺。此正见吾体动而无动，静而无静，时动时静，不见其端，为阴为阳，莫知其始：斯之谓动静皆定之学。'曰：'偏于求静，终不可与入道乎？'曰：'离喜怒哀乐以求中，必非未发之中；离仁敬孝慈以求止，必非缉熙之止；离视听言动以求仁，必非天下归仁之仁。是动静有间矣，非合内合外，故不可与语入道。'曰：'师门亦有二教乎？'曰：'师尝言之矣，吾讲学亦尝误人，今较来较去，只是致良知三字无病。'众皆起而叹曰：'致知则存乎心悟，致知焉尽矣！'下塔，由画廊指《真武流形图》，曰：'观此亦可以证儒佛之辨。'众皆曰：'何如？'曰：'真武山中久坐，无得，欲弃去。感老姬磨针之喻，复入山中二十年，遂成至道。今若画《尧流形图》，必从克明峻德、亲九族，以至协和万邦；画《舜流形图》，必从舜往于田，自耕稼陶渔，以至七十载陟方。又何时得在金碧山水中枯坐二三十年，而后可以成道耶?'诸友大笑而别。"① 吕怀等在新泉精舍大同楼的讲会，可称之为"新泉精舍会"；绪山到留都后与何迁登报恩寺塔而做的讲论，或可称为"报恩寺会"。当然，由于参与的基本是同样的一些人，故而此两会亦可并作一会。

二

自王畿、邹守益先后罢归离开留都，以及钱德洪因送王正亿入学南雍而至金陵后，宗师级的阳明亲传弟子散居四方，多在各地举兴区域性的讲会，而阳明后学在南京的讲会则消歇了一段时间，当然周边地区的王门讲会（如"水西会"等）时有举兴。直到嘉靖四十一年（1562 年），宗信阳明学的耿定向督学南畿，建崇正书院，南京才又一次形成阳明学讲会热潮。而以耿定向为中心在崇正书院举兴的讲会，可统称为"崇正书院会"，如耿定向记：

> 嘉靖丙寅夏，座主宗伯洞山先生、少宰昆湖先生，共携酒馔下教清凉，为崇正书院落成也。席间，昆湖先生述往与东廓先生论"戒惧"宗旨大意，虑今世学人持论太高云云。洞山先生谓"戒谨恐惧"只是"敬"字便了，宋儒拈出此字为圣学宗旨，诚为有见，近世初机浅学妄意破除，大谬也。昆湖先生云："岂独宋儒，尧舜以来言学者，未之有易也。"余窃有省，间请曰："生往见近世谈学人，口口说戒谨恐惧，实未见能戒谨恐惧。常见世俗人保惜官爵者，兢兢然患得患失，趋跄蹋踏，若其戒戒谨恐惧未尝须臾忘已。无论守官，即是守财者，日夜营营，盖藏计算，若其戒谨恐惧未尝须臾忘已。此何以故? 志有所在，故精神有所必至也。试即《中庸》论'戒谨'而先提掇曰'道也者，不可须臾离也'。鄙意谓学人须知道始得。知道，则其所戒谨恐惧者始

① 吴光、钱明、董平、姚延福编校：《王阳明全集》卷三十六，下册，上海：上海古籍出版社 2015 年版，第 1104—1105 页。

有下落，且亦自不容已矣。"二先生首肯云。嗣洞山先生述"天命之谓性"一节新见意旨，谓中合理一分殊，世儒未解。论甚精深，不能悉劄记已。二先生出，诸生有壁间窃听者，来质曰："顷先生之论如何？"余答曰："此先生独得之见，余尚未彻，非尔所及也。姑即余肤浅之见语女：夫吾人本来之体无为也，无欲也。天命之性是如此。吾侪诚能无为其所不为，无欲其所不欲，此便是率吾性真，谓之道矣，更复何事？故曰'如此而已矣'。何谓'修道之谓教'？圣人虑人习蔽气昏，不能一一率性，而戾道者众也，于是立之教焉，使吾人上焉者居仁由义，而无为其所不为，无欲其所不欲；次焉者慕义强仁，而无为其所不为，无欲其所不欲。又辅之刑政焉，使下焉者畏过远罪而无为其所不为，无欲其所不欲。此虽浅深高下不同，均之使人咸率性而不畔于道。此自古圣人所以为圣人之心、为生命立命者，不出此等寻常道理，非有高深玄远之事也。故曰'修道之谓教'。二三子只此修持，其庶乎使天下人人只此修持，世道岂有瘳乎！先生之论固精，窃谅二先生今日下教之心，无非欲吾侪相勉如是耳。即此便是二先生'修道之谓教'也。吾侪从此修为，直透无为无欲之体，便是下学上达。若是此处放过而谈性说命，便是虚见空谈。"吾以是语二三子已，寻以是反之躬，其恶于志而怍于心者，则尚多矣。因记之，式与二三子共盟之此山，计自今以往勉自奋迅，无忘二先生下教之意云。①

焦竑说："向来论学，都无头脑。吾师耿先生至金陵，首倡识仁之宗，其时参求讨论，皆于仁上用力。久之，领会者渐多。吾辈至今稍知向方者，皆吾师之功也。"② 耿氏"建崇正书院成，著会仪，遴十四郡髦士而鼓铸之，属小子某领其事。余时奉先生之教，与二三子传习其中。当是时，文贞（徐阶）以理学名卿首揆席，设篚待贤，下及管库，视先生不啻天符人瑞。

① 耿定向著，傅秋涛点校：《耿定向集》卷之八《清凉对答》，上册，上海：华东师范大学出版社 2015 年版，第 307—309 页。

② 焦竑撰，李剑雄点校：《澹园集》卷四十七《崇正堂答问》，下册，北京：中华书局 1999 年版，第 711 页。

而先生踞师儒之任，六年于兹，摩荡鼓舞，陈言邪说，披剥解散；新意芽甲，性灵挺出。士苏醒起立，叹末曾有，皆转相号召，雷动从之，虽靡他师者，亦藉名耿氏。海内士习，几为之一变"[1]。

除"崇正书院会"外，又有"为仁堂会"，此即嘉靖四十四年（1565年），王畿至留都，"抵白下门，司马克斋李子出邀于路，遂入城，偕诸同志大会于新泉之为仁堂。上下古今，参伍答问，默观显证，各有所发"[2]。在这次讲会上，王畿与耿定向之间有一番对话，从中略可窥见当日阳明学者关注的焦点论题，以及学者间对同一论题的认识异趣。定向曰："学未见性，则无入手处。见矣，尤患执见。执见不学，虚见也，见且为崇。世之谈学者，类能微入于要渺，大涉于无垠，其见若精深矣，反诸其躬、证诸其应用，与道若背而驰者，何哉？凭藉虚见而未尝实志于学也。"王畿云："虚见不可执，真见亦无可执。仁者见之谓之仁，智者见之谓之智，仁智之见岂不是真？比于百姓日用而不知，故曰'君子之道鲜矣'。'文王望道而未之见'，乃真见也。颜子有见于卓尔，从之未由见而未尝见也。"定向曰："天根月窟之说，曰一念之动，无思无为，机不容已，是曰天根。一念之了，无声无息，退藏于密，是曰月窟。犹龙氏曰'常无欲以观其妙，常有欲以观其徼'，亦是此意。今人乍见孺子入井，怵惕恻隐之心动处即是天根，归原处即是月窟，才参和纳交要誉恶声意思，便人根、非天根，鬼窟非月窟矣。吾人应用云为、动作食息，孰非此根此窟用事？俗人懵懵，日用不知，真是虚枉，与禽兽无异。而贤者又添一番意识见解，或蔀蔽于见闻，或梏滞于名义，或牵缠于情感，起炉作灶，千条万绪，顿令此根不得生生，此窟不得净净。胞中龌龊，幽暗吃苦，一生更无些子受用。所以贤智之过与愚不肖等也。若于一日十二时中，息却妄缘，灭除杂虑，并合精神，收视反观，寻识此根此窟，真有领会，可自一喙。白沙《与李大涯书》

① 焦竑撰，李剑雄点校：《澹园集》卷三十三《天台耿先生行状》，上册，北京：中华书局1999年版，第528页。
② 吴震编校整理：《王畿集》卷四《留都会纪》，上海：上海古籍出版社2007年版，第88—89页。

中所云：'出入往来之机，生生化化之妙，欲大涯自思得之。'盖谓此耳。识得此意，彻首彻尾，只是此个用事，无将无迎，无意无必，便是'天根月窟闲来往'也。'闲'之一字煞有至味，前所云见闻、名义、情感种种业障，能令人脚忙手乱，只因不识此根此窟，终身劳扰，无安泊处，故也。"王畿云："天根月窟是康节一些受用本旨。学贵得之于初，一阳初起，阳之动也，是良知觉悟处，谓之天根。一阴初遇，阴之姤也，是良知翕聚处，谓之月窟。复而非姤，则阳逸而藏不密；姤而非复，则阴滞而应不神。一姤一复，如环无端，此造化阖辟之玄机也，谓之弄丸。公之论于原旨虽若未切，然于此学煞有发明，所谓殊途而同归也。"定向曰："昔有问罗子守中之诀者，罗子曰：'否，否。吾人自咽喉以下，是为鬼窟。天与吾此心神，如此广大，如此高明，塞两间，弥天合，奈何作此业障、拘囚于鬼窟中乎？''然则调息之术如何？'罗子曰：'否，否。心和则气和，气和则形和，息安用调？''吾人寓形宇内，万感纷交，何修而得心和？'罗子曰：'和妻子、宜兄弟、顺父母，心斯和矣。'向闻之，跫然叹赏，此玄宗正诀也，不独伯阳皈心、释迦合掌，即尼父复生，当首肯矣！"王畿云："守中原是圣学，虞廷所谓道心之微，精者精此，一者一此，是谓'允执厥中'。《中庸》曰：'喜怒哀乐之未发谓之中，发而中节谓之和。'情反于性，谓之还丹，不为养生，而养生在其中矣。夫学问只是理会性情，吾人此身，自顶至踵，皆道体之所寓，真我不离躯壳，若谓咽喉以下是鬼窟，是强生分别，非至道之言也。调息之术，亦是古人立教权法。教化衰，吾人自幼失其所养，精神外驰，所谓欲反其性情而无从入。故以调息之法渐次导之，从静中收摄精神，心息相依，以渐而入，亦以补小学一段工夫也。息息归根谓之丹母，若只以心和、气和、形和，世儒常谈，笼统承当，以为玄宗正诀，无入悟之机，岂惟尼父不肯，欲二大士皈心合掌，不可得也。"定向曰："大人之学与儒者之学最不相同。从吟风弄月发根，渐入向里，有自得处，履绳蹈矩，不露破绽，此所谓儒者之学也。大人之学，如天地之无不覆载，生乎道德大同之世，不知有所谓道统，处乎三教分裂之时，不知有所谓儒术，其视管、晏之与曾、思，韩、范之与周、程，且以为各得天地之一用，不轩此而轻彼也。何者？曾、思、周、程非不邃于道，而不离乎儒也，可与事尧、舜而不可与事桓、文，可与为微、比而不可为箕子者也。"王畿云："大人之学，性相平等，无有高下。天自信天，地自信地，人自信人，不相假借，不相凌夺，无同无异，无凡无圣，无三教可分，无三界可出，邃古无为之化也。儒者之学，从微处发根，吟风弄月好其景像耳，原是完修无破绽的，有意不露，非自得也。经纶参赞，各尽其性，辅万物之自然，以成天地之能，我无容心焉。不同乃所以为同也。若曰有可能有不可能，犹为见碍，非无可无不可之宗传也。"定向曰："伊尹以先觉自任，所觉何事？挞市之耻、纳沟之痛，此尹觉处，非若后世学者承借影响、依稀知见，以为觉也。人之瘘痹不觉者故不任，虚浮不任者故不觉。伊尹一耕夫尔，嚣然于畎亩之中，以乐尧舜之道致严于一介之取予，千驷万钟不婴其虑，此其觉之所由先，而自任之所以重也。"王畿云："维尹暨汤，咸有一德。一者，万物一体之仁也。维尹任之重，故觉之先，其耻其痛，自不容已。非真有得于一体之学，能若是乎？夫学，觉而已矣。使先知觉后知，使先觉觉后觉，一知一觉而圣功生。尧舜君民事业即此而在，其机慎于一介之取予，以成天下之信。故放君而天下不疑其篡，复辟而天下不疑其专。所挟持者，大非可以空知虚见袭取也。吾人之学，不求自信，欲免于天下之疑，于此可以自考矣！"定向曰："只此不学不虑是为天德，凡由意识安排者便是人为；只此庸言庸行是为妙道，凡骛高玄奇诡者即是虚妄；只此无声无臭是为真常，凡涉色象名号者卒归销灭；只此不为不欲是为本心，凡务图大放散者终堕坑堑。"王畿云："良知原是不学不虑、原是平常、原是无声无息、原是不为不欲，才涉安排放散等病，皆非本色。'乃若致知，则存乎心悟'，致知之外无学矣！"① 吴震谓："是会可称作'为仁堂会'。此类在南京举行的大会，又称'留都同志会'。"②

　　隆庆二年（1568年），王畿又应姜宝、周顺之之邀再次到南京，在国子

---

　　① 吴震编校整理：《王畿集》卷四《答楚侗耿子问》，上海：上海古籍出版社2007年版，第99—102页。

　　② 吴震：《明代知识界讲学活动系年》，上海：学林出版社2007年版，第261页。

监讲学，并举鸡鸣寺凭虚阁大会，观者如堵，盛极一时。《王畿集》卷五《南雍诸友鸡鸣山凭虚阁会语》记其事，兹不赘述。

上引"为仁堂会"时龙溪与天台的对话中，天台提到的罗子，就是在阳明学统绪中辈份虽低、却在当时与龙溪并称的罗汝芳。汝芳在南京也主持过持续性的大型讲会。嘉靖四十四年（1565年），他任宁国知府时即曾应耿定向之邀主讲于明道书院，所讲"孟子当时急务，只是要正人心，仆今日只要诸公讲学"及定向期愿诸生"将天地万物担当一担当，待得捐馆时，满得此愿，方才是一个人"云云，均给焦竑留下深刻印象。万历元年（1573年），汝芳起复赴京途次南京，又曾有过讲学活动。另据曹胤儒《罗近溪师行实》记，万历十四年丙戌（1586年），"是夏，师同楚中柳塘周公，自建昌溯江省，从鄱湖至玉山，入浙河，下钱塘，过嘉兴，过姑苏，过无锡。所至遇与同志与名流无不倾倒。时不佞儒偶薄游三衢，荷师以所刻《会语》六册封赐，且手书惓惓，以道之至者相勖也。季春，师诣留都，约如真李君、澹园焦君辈谈学于永庆寺。随举会于兴善寺，又大会于鸡鸣寺之凭虚阁。留都之会届一月，殆无虚日。黎允儒集有《会语续集》，大司成濮阳赵公刻之，贮于国学。师自留都大会、芜湖大会、泾县大会，宁国缙绅士民一时云集，又从祁门过饶州，晤史惺堂诸公。"① 兹从《近溪子续集》中选录一则，以略见汝芳此行讲学风采和思想要旨，并可体现出身处衰世、又遭种种通常人难以承受的人生困顿之汝芳，在晚年仍具有高度自觉的文化与生命的自信：

问："古今学术，种种不同，而先生主张独以孝、弟、慈为化民成俗之要，虽似浑厚和平，但人情世习，叔季已多顽劣，即今刑政日严，犹风俗日偷，更为此说，将不益迂迂疏乎？恐化未可成，而奸且窃发矣。请自慎之，无为众诮也！"罗子曰："主张学术，圣贤大事。芳何人，斯敢妄与此？惟是《学》《庸》《语》《孟》，童而习之，壮而行之，迄兹齿渐衰残，悉心体会，其文辞章旨、理路归宿，统之果若有

① 方祖猷等编校整理：《罗汝芳集》下册，南京：凤凰出版社2007年版，第850页。

宗，达之亦若有据。乃述生平鄙见，期以裁正高明，大都俚语数布，不敢不详尽矣。至于人情世习，则又有说焉。夫人情之凶恶，孰甚于战国春秋？世习之强悖，孰甚于战国春秋？今考四书所载之行事言辞，非君臣问对于朝廷，则师友叮咛于授受。夫岂于人情略不照燎，世习总未筹画也哉？乃其意气之发扬，心神之谆切，惟在于天经地义，所以感通而不容已者，则其言为之独至；物理人伦，所以联属而不可解者，则其论为之尤详。此不惟孔、孟之精微可以窃窥，而造化之消息，亦足以概探矣。夫天命之有阴阳，人事之有善恶，总之曰：'道二，仁与不仁而已矣。'然天以阳为主，而阴其所化也；心以善为主，而恶其所变也。故仁之胜不仁，犹水之胜火，盖主者其所常存，而变之与化，则固其所暂出也。今以一杯之水救车薪之火而不胜，则曰：水不胜火，岂不与于不仁之甚者哉？此即轲氏之时言之，若今兹则勿尤异然者矣。是故仁亲、性善之旨，孔孟躬亲倡之，当时已鲜听从，其后不愈远而愈迷哉？刑法把持之效，申、韩躬亲致之，当时已尽趋慕，其后不愈久而愈炽哉！故在轲氏，水止一杯，兹将涓滴难寻矣；火止车薪，兹将燎原满野矣。于是较胜负于仁不仁之间，夫非不知量者哉！所幸火虽燎原，而究竟无根，暂而不能久也；水虽涓滴，而原泉混混，不舍昼夜也，故曰：人无所不至，惟天不容伪。无所不至者，终只是人；不容伪者，到底是天！此所以仁亲、性善之旨，自孔、孟已将涓滴，至我高皇，一旦而洋溢四海，二百年来，日新月盛，而岁异不同。今若自上逮下，由寡及众，合力扬波，而沛然达而充之，则尽洗炎蒸之苦，而共登清凉之界，不过举手投足之间，而其乐将熙熙于万宇矣。"

曰："吾侪乍闻先生之论，果足为斯道斯世庆矣。但机权则有所属，而贯通不无所待，不知转移之际，亦曾一加念耶？"罗子曰："天下之事，责之己者近而易，望之人者远而难，其势使之然也。故今为世道计者，请自吾辈之学问先之，吾辈为学问谋者，请自身心之本源先之。今天下之士，叨君相作养，自国子以及乡塾，不将亿兆计哉？然孔、孟之四书，群然读之，而四书之意义则纷然背之，曾有一人而

176

肯信人性之皆善哉？岂惟于人？反之己身，有一人而肯信自性之为善哉？于泛泛从事举业者，犹诿以原未体认，至其中一二有志之士，自谓愿学乎孔、孟者，宜于孔、孟之是从矣。然亦未见有一人而肯信己性之为善与人性之皆善也。夫性善者，作圣之张本，能知性善而圣贤，乃始谓人人可以为之也。圣贤者，人品之最贵，知其可为圣贤，而于人人乃始不以卑贱而下视之也。上人者，庶人之所瞻趋，知上视己以贵重，而人人又安忍共甘于卑贱而不思振拔也哉？呜呼！言至于此，孰谓世道而遂无转移之机也？芳自始入仕途，今计年岁将近五十，窃观五十年来，议律例者则日密一日；制刑具者则日严一日；任稽察、施拷讯者，则日猛一日。每当堂阶之下、牢狱之间，睹其血肉之淋漓、骸骨之狼藉，未尝不鼻酸额蹙，为之叹曰：此非尽人之子与？非曩著依依于父母之怀、恋恋于兄妹之傍者乎？夫岂其皆善于初，而不皆善于今哉？及睹其当疾痛而声必呼乎父母，觉相依而势必先乎兄弟，则又信其善于初者，而未必不善于今也已。故今谛思吾侪能先明孔、孟之说，则必将信人性之善，信其善而性灵斯贵矣，贵其灵而身区命斯重矣。兹诚转移之机，当汲汲也！”

曰：“先生语意详切，但天下势重，恐难遽反。”罗子曰：“子不见隆冬冰雪乎？一线阳回，消即俄顷，况庸德真阳，平常充满，一觉俱在，又非待消而回可同日语者。诸君第目前日用，惟见善良，欢欣爱养，则民之顽劣必思掩藏，上之严峻亦必少轻省。谓人情世习，终不可移者，恐亦无是理矣。何如何如？”①

汝芳撰《会语续录引》，曰：“万历丙戌夏仲，余同年友柳塘周君来自楚黄，访余从姑，且欲偕游白下。浃旬，觉兴致勃然，初从豫章，泛鄱湖，逾常山，入浙江，历姑苏，比至白下，则朱明矣。共同君约孝廉焦君从吾辈三五知己，聚首静僻，为结夏计，得谢墩禅名永庆者，修篁如栉，暑气全清，同志盖甚宜之。未几，声闻大老，绎络往来，周君以小恙言归，余

---

① 方祖猷等编校整理：《罗汝芳集》上册，南京：凤凰出版社 2007 年版，第 237—240 页。

未得去。时诸大老于兴善方丈鸡鸣凭虚，久亦联有讲会，同拉余偕往，且论辨间多及之。中稍一二当心，即欲录出以补前刻《会语》之所未备。久亦裒成兹帙，题曰《会语续录》。然犹愧驳杂，未敢遽传。既归，而大司成谷阳赵公贻音促付梓氏，且云：'兴善会中说大老，意固与此。至六馆师生，想望尤为切且殷也。'余不敢隐，爰述所由，以引其端。"①

早年亲闻王龙溪称誉汝芳为颜氏子复出，后来又为汝芳孙怀智和怀义老师的赵志皋亦序此书曰："《会语续录》录旴江罗近溪先生与南中各部寺诸大夫，及都人士所会讲语也。先生来游白下，馆于城西永庆禅寺。都人士多从之游，户屦常满。部寺诸大夫尝以暇日会先生，谈性命之理，先生多依期赴兴善之会。余因集六馆师生延先生开讲于鸡鸣之凭虚阁，一集数百人，闻先生之言，欣欣有感动意。先生之言，大都指点人以心体至大，真机见前，通天通地，亘古亘今。不为卑琐之论，而一念为己、为人之意，真有不厌不倦者耳。其言而不察，则或迂之、远之，余则以为坦平大道，人人可由，家常茶饭，人人可食，所谓学之得其大者也。而隐微自得处，亦可以默识之矣。"②

<h1 style="text-align:center">三</h1>

万历二十四年（1596 年），杨复所（号起元）、曹鲁川等在南京为其师罗汝芳建祠堂，复所作《明德罗子祠堂记》曰：

> 吾师明德罗子，豫章南城人也，而祠于金陵也何居？盖吾师之学修，于南城而行于金陵，金陵之士有传其学者故也。吾师未尝官金陵，而学行于金陵者何也？吾师当嘉靖末年尝守宁国，而其友天台耿公以侍御督学于南畿，以造士作人为己任，即清凉梵刹为讲所，聚名士论道其中，则期吾师至，以上下其议论，因命多士执弟子礼。吾师与公

---

① 方祖猷等编校整理：《罗汝芳集》下册，南京：凤凰出版社 2007 年版，第 532 页。
② 赵志皋：《刻会语续录序》，载方祖猷等编校整理：《罗汝芳集》下册，南京：凤凰出版社 2007 年版，第 942 页。

故忘形交，于多士虽不以师席自居，乃未尝不以师道自任，所以诱进警发，不遗余力。南畿列郡之士一经指示，多所信解。此一时也，吾师之学之行于金陵也普。其后二十年，当今上之十有四年，则吾师悬车七十矣。人世之念已忘，传付之情独重。言念但都诸贤，慨然欲敦夙好，乃泛一叶之扁舟，狎长江之巨浪，偕二三之良友，憩白门而盘桓。于时，则今政府赵瀔老首率国子诸生聚讲凭虚者数日，既而旧游颇集，新知亦进，时有若李如真邑宰、焦弱侯殿撰、张华宇民部、瞿德孚茂才等朝夕商订，刮洗旧见，如金之在镕，色未足则火力不休；如玉之在雕，理未泽则磨工不歇。此一时也，吾师之学之行于金陵也深。

后是二载，岁在戊子，而哲人斯萎。又九载，为万历丙申，而起元以贰南容臺至，师门之友前后来会，则姑苏曹鲁川丈慨然兴叹曰："邦畿千里，惟民所止。旧京，固宗周也。吾师收拾千年学脉，蔚为儒学之大宗，而发挥于此。此中不俎豆吾师，使学者罔所萃止，缺也。"时在坐者十余人共然之，而祠议遂兴。予闻之，以商于少司空扩菴董公，公曰："吾师德泽入人，固不系于祠，然人心所欲兴，亦不可以沮。"已而，曹丈还姑苏，未有成事。

又一年，所复来，则友人陆钦甫得可祠之屋于旗手卫，后所盖府君右衔指挥陈宅，卜之曰吉，舆情胥悦，乃留曹丈饬新其宇而祠焉。……

起元不敏，慨惟吾师之学不出于平常，而准四海、施万世率是，以继往开来，有勤其一生之精力未尝少懈者。常曰：大人不失赤子之心；《中庸》之精髓，大人正己而物正者，《大学》之规模。故合《中庸》《大学》而一之。吾师之学，之所以为全也。学者知《中庸》而不知《大学》，则徒袭平常之迹而乱其有度，甘无忌惮之小人而不觉；知《大学》而不知《中庸》，则好为人师而俨然作矜庄之色，至于畔道而莫知。此则不敏所自惧也，而思与师门诸友共商之以求其合一者也。

此祠成而讲习有所矣，吾党兴祠之本意盖在于此。不然，而徒日金陵之士感吾师之恩，报之而已耳；师恩岂俎豆所能报者耶？①
此顷，"师门诸友前后来会"（《太史杨复所先生证学编》卷四《盱坛直诠序》）。杨复所与曹鲁川"语数日夕"，"嗣后，时相促膝"。杨起元《丁祀师祠恭纪》云："仰止周丰镐，俎豆我哲人。奠此翼翼堂，率我同气亲。祀事修春秋，讲会浃灵辰。所期敦孝慈，共于雍黎氏。明明维我祖，皇极何平平。宪章者谁氏？实唯盱江贤。妙悟默而成，与时会人天。无人更无我，忘义且忘年。嗟予何弗类，扫门自壮岁。忽又强以衰，何能无罪悔？时时聚天伦，加额谢明诲。但存平等心，可以陶万类。有客问师祠，祠门实易知。对彼淇竹园，内有双双槐；后倚桥门水，左有祇树枝。多谢千里朋，到此请勿疑。"②

稍后，经曹鲁川引荐，佘永宁在南京拜杨复所为师。按：佘永宁，字常吉，号震初子，新安人。起元说：

予自以卿贰入南都，日得会罗先师及门之友。岁丁酉，中吴曹汝为丈以师事再至。丈固师门大心首座也，故其通人处，每以《大学》提之。一日，征文所得士，丈以歙西佘永宁常吉氏为对，谓其人心直而肩硬，师门终有赖者。乃命其及予之门而问学焉，予始获见常吉，与其语大人之学辄信，予盖信丈之果得士也。越十日，常吉别予归矣。丈持常吉所纪《南都答问》者过予，予阅过，喟然叹曰："是答问也，虽曹丈一时之偶言，实师门不易之至论。丈之阐道也，何其大！而常吉之信学也，何其笃欤！夫此'道学'两字，自汉、唐以来，请先儒率多虚虚看过，独吾先师子罗子揭出大学之道实之，何等昌明！丈提此言，真足以唤千古之梦。而常吉篇中所载，无非是者，予于是而益信丈之果得士也。"噫！予又安得信心之士尽如吾常吉者，而尽与之识其大哉？③

---

① 杨起元撰：《续刻杨复所先生家藏文集》卷四，明崇祯年间刻本。
② 杨起元撰：《续刻杨复所先生家藏文集》卷八，明崇祯年间刻本。
③ 谢群洋点校：《证学编》卷三《南都答问题词》，上海：上海古籍出版社2016年版，第153—154页。

　　后来，永宁、之训等将罗汝芳的《盱坛直诠》（曹胤儒辑汇）付梓，起元序云："不佞起遇吾师近溪先生也晚，盖师倡学于海内有年矣，起有所闻，实得之文塘黎丈，起之晤黎丈，如获拱璧也。既而面证于师，所谓鱼水，所谓时两，直沛乎其纵大壑，而泠然其御长风矣。时即知有吴郡鲁川曹丈为同门上首，而未之觌，嗣于师《荣哀录》中见丈之所称述，意其蕴藉之深也。万历丙申，起以贰容臺至留都，师门诸友前后来会，鲁川丈亦俨然临之，语数日夕，殊悦我心。嗣后时相促膝，馨吾师之所传者为起道之，起益若泛巨溟而游清都，诚有闻所未闻者焉。盖文塘丈之所得迤易而直截，鲁川丈之所得宏深而莹彻，虽均之饮河、均之出蓝，而鲁川丈之于吾师者，今得之于曹丈也。迤起卧疴罗浮，有友自吴中来，出鲁川丈所之师门《直诠》一编，不佞盥而卒业，辄举手而加额焉。盖丈以时之为师学者多影响于学乐，而黏著夫当下，未有以睹其全而阐其奥，且有疑信吾师而未知所适从焉者，故揭此以为指南。丈之为意诚溥，而为心亦苦矣。起菲浅，何足以知师？敢因丈之所诠者告诸同志，庶几乎有如挹吾师之音容而聆吾师之馨咳者，其在斯欤？其在斯欤！新安佘生、永宁周之训辈丢淑吾师，一见是编，服膺不置，亟请付梓。不佞爱书数语弁之，俾吾师之道如日之中而为有目者所共瞻云。"①

　　万历二十六年（1598 年），李贽寓居南京永庆寺时，读《易》著《易因》外，便是讲学。方时化（伯雨）就是这时携眷前来就他问学的。正在南京讲学的杨起元很推重李贽，称"李卓老，今之善知识"，谓弟子曰："他岂轻易骂人？受得他骂的，方好。""就是不说话，见见也好。"佘永宁、吴世征（得常）遂因乃师之语而去拜访李贽，向他问学，并记录编成《永庆答问》。该书在卓吾被迫害而死后不久就刊刻印行，焦竑为之作序云："此篇乃秃翁寻常情状，被佘常吉、吴得常两人等闲拈出，便如《传灯》数则公案。盖非秃翁不能道，非两人亦不能述也。得常薙发远游，未几而没；

---

　　① 谢群洋点校：《证学编》卷四《盱坛直诠序》，上海：上海古籍出版社 2016 年版，第 199—200 页。

秃翁亦以壬寅化去。独常吉在耳，回忆畴昔，不任惘惘！惟常吉，其益勉。令此意火传无尽，则续佛慧命者在常吉一身。虽谓秃翁为不死可也。"①

此顷，佘永宁又编集《杨起元先生语录》，也是焦竑作的序。在序中说道："岭南杨复所先生倡道金陵，问道者屡常满户外。二三高足弟子有契于中，辄笔其语以传，今载《录》中者是矣。当是时，温陵李长者与先生狎，主道盟。然先生如和风甘雨，无人不亲；长者如绝壁巉岩，无罅可入。二老同得法于旴江（罗汝芳），而其风尚悬绝如此。余以为未知学者，不可不见先生，不如此则信向靡从；既知学者，不可不见长者，不如此则情尘不尽。天生此两人，激扬一大事于留都，非偶然也！今两人往矣。常吉辈既长者《问答》，复以先生语属余题其简端。嗟乎！剑逝舟存，鸿飞爪在。然览之，知诸君信道之笃，与为法之勤，安知无透脱情境者，出于其间乎？余故不辞而书之，亦以见江南道德所在，未全寂寥也。"②

万历三十年（1602年），李贽在通州被捕，寻自刎于狱。陶望龄认为卓吾是为讲学而死。③ 吴震说："卓吾之死具有一定的象征性意味，意味着王门讲学运动的受挫，同时也意味着作为一场思想运动的阳明心学思潮开始逐渐走向萎缩。"④ 其实，所谓"受挫"，主要是表现在京师，自李贽自杀后基本不再有成规模并形成影响的王门讲学活动了，但在南京，阳明后学仍致力于讲学。譬如，就在卓吾去世的这一年，为纪念恩师耿定向，焦竑与其友人、学生一起在南京崇正书院内修建了耿定向祠堂，他为此专作《先师耿天台先生祠堂记》。焦竑在耿定向祠堂主持过学术活动，主讲良知心性

① 焦竑撰，李剑雄点校：《澹园集·续集》卷九《题永庆答问》，北京：中华书局1999年版，第897页。
② 焦竑撰，李剑雄点校：《澹园集》卷二十二《题杨复所先生语录》，北京：中华书局1999年版，第285—286页。
③ 陶望龄说："此间（京师）旧有讲会，赵太常、黄宫庶、左柱史主之，王大行继之，颇称济济。而旁观者指目为异学，深见忌嫉。然不虞其祸乃发于卓老也！七十六岁衰病之身，重罹逮系，烦冤自决，何痛如之？"（《歇庵集》卷十五《与周海门先生·五》）"卓吾先生虽非真悟正见，而气雄行洁，生平学道之志甚坚，但多口好奇，遂构此祸。当事者处之太重，似非专为一人。卓吾之不宜居通州，犹吾辈之不宜居官也。"（同上书卷十六《辛丑入都寄君奭弟十五首·三》）
④ 吴震：《明代知识界讲学活动系年》，上海：学林出版社2007年版，第436页。

之学，并多有追念耿氏讲学之言，如谓："学道别无奇特，只是你歇贪求，寻明眼人直下指出，便归本家乡，更有何事？耿师语余曰：'余学实自仲弟子庸发之。予以行人还里中，仲弟适自远方参访，归意充然，如有得也。余时与彭东畡刻厉为学，仲弟意不然，曰：圣贤千经万典，其要语颇不多，诸泛泛酬应之应不足究心。余讶曰：何语为要？曰：喜怒哀乐之未发谓之中，此语最要。余未信。然学道久，苦未有入处，不能无碍。一日晨起，就问曰：孰为中？弟举手示之，余豁然有省。后以语人，亦多开悟者。'"① 又述："耿师尝论道义由师友有之。人尽将此身心顿放师友中，道在此，学亦在此矣。殷宗伯一日问之曰：'道本淡然，今以交情浓艳为学，可乎？'师曰：'人之情非浓于师友，即浓于嗜欲。吾欲以此而易彼，奚为不可？五伦唯夫妇之情易溺，故圣人下一别字；朋友之情易离，故下一交字。盖亲仁、依仁，真圣门第一义也。'"② 如此等等。焦竑一直生活在南京，始终坚持研究、讲学和著述，俨然成为其时知识界、思想界的领袖。他还走出南京，应邀到附近的新安讲学十余日。陪侍焦竑前往的其弟子谢与栋后来辑成《古城问答》一书，并概述这次讲学活动道："新安之会，从来已久，岁必延耆儒巨公以主之，自甘泉、东廓而下，至今不绝。癸卯，刘生时中致李邑侯、邓都谏之命，走金陵谒吾师澹园先生而请焉。时祝师石林先生官留垣，力为从恿，且命不肖栋奉杖屦以从。先生乃慨然往。新安心仪先生也久，至则自荐绅先生以至儿童牧竖四方之人，莫不麇集。籍计之，得二千有奇。先生随机指示，言简意尽。一时闻者咸悚震踊跃，以为得未尝有，如旅而归，如寐而觉，如调饥而享太牢。以此知性之相近，而尧、舜之可为也。先生既归，学者相与各述其所闻，稡而成编。"③ 由此例来看，在南京，阳明心学思潮并未"萎缩"。

① 焦竑撰，李剑雄点校：《澹园集》卷四十七《崇正堂答问》，下册，北京：中华书局 1999 年版，第 713 页。

② 焦竑撰，李剑雄点校：《澹园集》卷四十七《崇正堂答问》，下册，北京：中华书局 1999 年版，第 713 页。

③ 焦竑撰，李剑雄点校：《澹园集》卷四十八《古城答问》，下册，北京：中华书局 1999 年版，第 727 页。

　　万历三十四年（1606 年）秋，焦竑会同志于金陵罗近溪祠，畅言其学说思想。他本苦疮疡，积伤不已，目昏足弱，但既主讲会，精神焕发，视畴昔更倍。闻者欢喜踊跃，得未曾有，若惟恐其言之尽也。佘永宁将这次讲会记录整理为《明德堂问答》。《明德堂问答》和《古城问答》《崇正堂答问》俱见于《澹园集》，亦有人将之合刻为《焦弱侯问答》行世。在这次明德堂讲会中，友问："学以'明明德'为宗，然尧之'克明峻德'与文王之'克明德'，还有优劣否？"焦竑说："'克明峻德'即是'克明德'，有何优劣？"随又曰："此明德且莫推在尧、文身上，吾人当下原自具足。尧、文不增，吾人不减。只今大家商量明德却如何明？这便是功夫。"问："何以明之？"曰："明德本明，自家莫作障碍。"① 问："吾人本与尧舜文王一般，却不肯直下承当，何也？"曰："总是未开眼，故颜渊，陋巷窭人子耳，却敢与古帝王作对，曰：'舜何人也，予何人也？有为者亦若是。'此非勉强之言，缘他一眼看破，便能毅然承当。今学道者，须如颜子具眼始得。"② 问："信不及者将奈何？"曰："此事全在乎智。信不及者，智不及也。孔子云'智及之'，慧眼一开，自能彻始彻终，一得永得。颜子择中庸，正是智及之，此其所以做膺弗失。"又曰："信者，实有诸己之谓，吾人果能信得及，则实有诸己矣。此信一真，美大圣神相因而至。信如举子登第出身，美大圣神则累资而升，自阶极品。未信而希圣神，所未出身而觊高位，此必不得之□也，所以一信最难。"③ 还有问"为学功夫"者，焦竑答以"要立志"，复问："立何志？"曰："立必为圣人之志。圣人欲明明德于天下，吾亦欲明明德于天下。如此发愿，方是立圣人之志。此志一真一切，是非毁誉都不在念，故曰'匹夫不可夺志'。不可夺，是志真，匹夫

---

　　① 焦竑撰，李剑雄点校：《澹园集》卷四十九《明德堂答问》，下册，北京：中华书局 1999 年版，第 739—740 页。
　　② 焦竑撰，李剑雄点校：《澹园集》卷四十九《明德堂答问》，下册，北京：中华书局 1999 年版，第 740 页。
　　③ 焦竑撰，李剑雄点校：《澹园集》卷四十九《明德堂答问》，下册，北京：中华书局 1999 年版，第 740—741 页。

而为百世师，见志立。"① 对"求仁"之问，焦竑答道："仁无不在，不可执一求之。然却不在远，即其能求处便是。子夏亦圣门善求仁者，尝曰：'博学而笃志，切问而近思，仁在其中矣。'"② 佘永宁由此次讲会而慨言："予追忆杨师所云'弘道'语，可谓不虚，而子罗子临之在上，又不知其乐当何如矣！"③

综上所述，从王艮、欧阳德、邹守益等阳明及门弟子，中经私淑心斋的耿定向和颜钧弟子罗汝芳，再到天台弟子焦竑、近溪弟子杨复所以及承受了泰州学派思想精神的李贽，以他们为重要代表的阳明后学秉承阳明重视讲学，以为不讲学不足以明道的思想精神，前承后续地在南京举兴了一系列讲学活动，前后绵延近一个世纪。这不仅是晚明王门讲学的重要组成部分，而且对当时的社会政治和思想文化亦有重要影响，故而在中国儒学史乃至整个中国思想文化史上留下了浓墨重彩的一页。

---

① 焦竑撰，李剑雄点校：《澹园集》卷四十九《明德堂答问》，下册，北京：中华书局1999年版，第742页。

② 焦竑撰，李剑雄点校：《澹园集》卷四十九《明德堂答问》，下册，北京：中华书局1999年版，第743页。

③ 焦竑撰，李剑雄点校：《澹园集》卷四十九《明德堂答问》，下册，北京：中华书局1999年版，第739页。

现象学与中国哲学

走向世界和未来的"中国哲学"

——"现象学现象"折射下的"中国哲学合法性"问题

常会营*

摘　要："现象学现象"是对近现代百年以来现象学风靡世界现象之概括，其给中国乃至世界学界以很大启示。百年来学界所提出并有较大影响的现代新儒学形态大约有十八家，笔者称之为"儒分十八"。现当代儒学发展方向可归纳为"泛滥西学、返归中学"。中国哲学的合法性问题，如海德格尔所言此在"向来我属"之阐示，应具有本真和非本真两方面。事实的真相实即蕴涵在我们对"哲学"一词的引入、转化、创建历史和中西世界对之的不同领会中。首先，"中国哲学"有"形式"（学科）和"实质"（思想传统）之分，冯友兰先生等创建"中国哲学"学科时已然贞定，然百年来学者依然纠缠其中；同时亦说明此学科范式尚不够成熟。其次，这是中国大陆改革开放以来，面对西方世界，中国学者对"中国哲学"（学科及思想传统）其实也是"此在"自身的"自我定位"。这是由"中国哲学"之特殊性走向"哲学"（世界）之普遍性的必然历程。第三，这亦与"哲学"乃处于文化传统、文化系统之核心密切相关。"中国哲学"对自身"合法性"的焦虑，同样亦体现了整个中国政治、经济、文化、社会系统此在的"合法性"焦虑。"中国哲学"（学科）以"西方哲学"（学科）为范型，自诞生之日起便打上了深深的"西方哲学"（学科）之烙印。"泛滥西学，返归中学"，曾经发生且正在发生，这是中国传统思想文化走向"现代"的

---

* 常会营，中国社会科学院世界宗教研究所副研究员，儒教研究中心副研究员。

必由之路。

关键词：中国哲学；合法性；世界；现象学

中西学者之探讨辨析，将"中国哲学合法性"问题逐步推向深入，但似并未根本予以解决。与基于"古今之变"的认识理解方式有所不同①，笔者试图借助现在风靡世界的"现象学现象"之启示，在学界先进已做出无数次艰辛探索的基础上，再次予以探绎和还原。这一问题颇类"儒学（教）是否是宗教"之学界大讨论。笔者试图避开其中的学术思想"陷阱"，避免陷入解释的"恶性循环"，争取回到"中国哲学合法性"事情本身。

一、"现象学现象" 给中国乃至世界学界的启示

"现象学现象"是笔者对近现代以来至今，现象学风靡世界现象之概括。现象学自胡塞尔（意向性）发端，经海德格尔（此在存在论生存论）理论转化，以及德国舍勒之理论发展，风靡德国、法国（如罗素、列维纳斯、梅洛庞蒂等）、英美等，乃至亚洲特别是东亚之中国、日本、韩国等。同时，现象学理论亦渗入文学、历史学、哲学、宗教学、人类学、心理学、教育学、社会学等各学科门类之中，作为一种最为前沿的理论研究方法获得广泛接受（同英美分析哲学并驾齐驱），可谓"天下谁人不识君"。现象学之获得"凡有井水处，皆能歌柳词"的旷世殊遇，绝不是偶然之幸事。

---

① 与"古今之变"相伴随的便是"古今中西之争"。汤一介先生正确指出："近百年来，一直存在'古今中西'之争，实际上也就是所谓'全盘西化'和'本位文化'之争。其中包含着把'古'与'今'对立起来的思想趋向，这种简单化地处理文化间问题的思想方法，是不利于文化健康合理发展的。当前，我们应该抛弃把'中'与'西'和'今'与'古'对立起来的观点，走出'中西古今'之争。根据以上的分析，我们是否可以说，我国的目前文化发展似乎正处在如南北朝至隋唐之间印度佛教对中国文化冲击的第二阶段向第三阶段转化之初，即由两种文化的矛盾冲突阶段转向本土文化开始消化外来文化的第三阶段。在这第三阶段中，我们中国文化的发展将会走出'中西古今'之争，而进入全面、深入地吸收、融合西方文化的时期。"参见汤一介：《走出"中西古今"之争 融会"中西古今"之学》，载乐黛云、［法］李比雄主编：《跨文化对话 14》，上海：上海文化出版社 2004 年版，第 5—6 页。

海德格尔已然在其《存在与时间》一书"导论"第三节"存在问题在存在论上的优先地位"中，提出了"存在"为科学（自然科学和人文科学）包括数学、物理学、生物学、历史学、哲学乃至神学奠基的"宏伟志向"。正如其所言："存在问题的目标不仅在于保障一种使科学成为可能的先天条件（科学对存在者之为如此这般的存在者进行考察，于是科学一向已经活动在某种存在之领会中），而且也在于保障那使先于任何研究存在者的科学且奠定这种科学的基础的存在论本身成为可能的条件。任何存在论，如果它不曾首先充分澄清存在的意义并把澄清存在的意义理解为自己的基本任务，那么，无论它具有多么丰富多么紧凑的范畴体系，归根到底它仍然是盲目的，并背离了它最本己的意图。"① 海德格尔这种"先行的决心"（其师胡塞尔亦然）如同其此在的存在论生存论结构一样，不但在其《存在与时间》一书中得到实现，亦在自然科学和人文科学诸学科、学术、话语体系及相关领域开花结果，得到了集体共鸣与普遍实现。以其自身之话语来说，此在实现了其"天命"，而这种天命是以其先行的"时间性"决定的，它已然在先行的决心及筹划中"到时"，并在历史的"当前化"中得以实现其"命运"。近现代西方著名哲学家如笛卡尔、康德、黑格尔、马克思等皆有不少类似的划时代宣言。

那么，这一风靡全球的"现象学现象"给我们以什么启示？它是否如上面我们所分析的，源于海德格尔的"雄心壮志"？亦或他对自己所秉承的"天命"的"矢志不移"，如孔子所言"天生德于予"（《论语·述而》），孔子是认为"天命在己"的。孟子亦曾言："五百年必有王者兴，其间必有名世者。由周而来，七百有余岁矣，以其数则过矣，以其时考之则可矣。夫天，未欲平治天下也；如欲平治天下，当今之世，舍我其谁也？"（《孟子·公孙丑下》）孟子之心中，亦有一个先天之道（先天结构或无形之规律），即"五百年必有王者兴"，这是一个"先行的时间性"。"其间必有名

---

① 参见［德］马丁·海德格尔：《存在与时间》，陈嘉映、王庆节合译，北京：生活·读书·新知三联书店 2006 年版，第 13 页。

世者"，可谓"先行时间性"中之一伟大的"此在"，而在历史的时间"到时"时，他自然会在"世界历史"中出现，承担起"济世救民"之责（基督教中称为"救世主"）。这便是其伟大的"天命"。孟子亦以此自任。而且，他在《孟子》一书最后一章还对"五百年必有王者兴，其间必有名世者"予以了历史性的论证。孟子曰："由尧舜至于汤，五百有余岁，若禹、皋陶，则见而知之；若汤，则闻而知之。由汤至于文王，五百有余岁，若伊尹、莱朱则见而知之；若文王，则闻而知之。由文王至于孔子，五百有余岁，若太公望、散宜生，则见而知之；若孔子，则闻而知之。由孔子而来至于今，百有余岁，去圣人之世，若此其未远也；近圣人之居，若此其甚也，然而无有乎尔，则亦无有乎尔。"（《孟子·尽心下》）这一"先行的时间性"及其中诸伟大的"此在"，包括"见而知之"或"闻而知之"的伟大"此在"，于是在孟子叙述的历史中"到时"，而其伟大的功勋业绩亦在历史中演历并"当前化"。

就海德格尔而言，或者说，他早已参透这一现象学理论及存在论生存论建构（范式）之理论革命，必将给科学（自然科学和人文科学）奠基，并开疆拓土，于未来世界大放异彩和光芒。现象学绝非心血来潮式空想，亦非宗教式虔诚情怀，而是渊源有自，源远根深。源远则其流长，根深则其枝叶茂。

中国哲人对此亦是有深切感知和领会的。孟子曰："君子之泽五世而斩，小人之泽五世而斩。"（《孟子·离娄下》）这一先在的时间性结构，已决定了其流泽之长短。"五世"可对应于中国古代流传至今"五服"制，历"五世"，出"五服"之后，血缘关系已经变得疏远。如孔子曰："仁者人也，亲亲为大；义者宜也，尊贤为大；亲亲之杀，尊贤之等，礼所生也。"（《礼记·中庸》）这里的"亲亲之杀"，便由这种"五世""五服"制得以体现。而"亲亲之杀"经"五世""五服"制之体现，又实现了"君子之泽五世而斩，小人之泽五世而斩"中所包含的"时间性""历史性"的"到时"和"当前化"。又子张问："十世可知也?"子曰："殷因于夏礼，所损益，可知也；周因于殷礼，所损益，可知也；其或继周者，虽百世可知也。"孔子认为历史必然遵循"时间性"及"损益"之先天结构，它在孔子之此在的先行的"时间性"中已然"到时"，而在十世（300年）乃至百世（3000年）实现其"当前化"。这种建基于知性的理性直观，在古人亦并非难事，虽然其并未用"先行的时间性"名之。但是，这一洞察，先圣先哲亦是具备的。甚至对于这一先天结构之先验认知，即"问之所问"后的"问之何所以问"之二阶认识，古圣先哲亦具备（方向红教授在《先验〈易经〉引论——对〈易经〉的现象学考察》一文中已有相当精彩的论述①）。故黑格尔认为孔子是一个实际的世间智者，算不上一个哲学家，"在他那里思辨的哲学是一点也没有的——只有一些善良的、老练的、道德的教训，从里面我们不能获得什么特殊的东西"，甚至认为，"为了保持孔子的名声，假使他的书从来不曾有过翻译，那倒是更好的事。"② 显然有失公允。德里达2001年访问上海时所言"中国没有哲学，只有思想"③，亦值得商榷。

笔者以今古对照的方式展开"现象学现象"对我们中国乃至世界各国学界的启示，并非为昭示今胜于古（毋宁说今生于古）或古胜于今，西胜于中或中胜于西（冯友兰先生所谓"中西之交，古今之异"，当然自有其不可拔处）。这种古今中西之争，在海德格尔之《存在与时间》及其他论著中被"消解"或"超越"了。汤一介先生亦呼吁学界走出"中西古今"之争，融合"中西古今"之学。④ 尽管当今中国学界包括西方学界对此仍纷争不断，自由派或保守派知识分子各执一词，难分高下。民间知识分子亦间其中，相对更加保守，其于2018年在中国举办的世界哲学大会上已有充分体现。如果论辩各方倾听一下海德格尔和汤一介先生的声音，也许会有更

① 参见方向红：《先验〈易经〉引论——对〈易经〉的现象学考察》，《周易研究》2021年第3期。
② 参见［德］黑格尔：《哲学史讲演录》（第一卷），贺麟、王太庆译，北京：商务印书馆1997年版，第119—120页。
③ 参见王元化等：《是哲学，还是思想——王元化谈与德里达对话》，《中国图书商报》2001年12月13日。
④ 参见汤一介：《走出"中西古今"之争 融会"中西古今"之学》，载乐黛云、［法］李比雄主编：《跨文化对话14》，上海：上海文化出版社2004年版，第1—15页。

加美好的结果出现。学术应止于学术，不卑不亢，谦虚学习，友好交流，价值中立，不应闭关自守，更不可崇洋媚外。

"现象学现象"给我们的启示，远不止这些。但以上所云，却为笔者所欲阐明的核心观点，提供了加深领会的"生活世界"背景。我们正是通过这一"生活世界"背景，真正认识到"现象学现象"给中国哲学界带来的启发和意义。"现象学现象"之从德国发源，以德国为中心，向法国，向欧洲，向英美，向亚洲特别是东亚如中国，向世界各大高校学科院系，蓬勃发展，百年来长盛不衰，与中国近现代以来西学东渐，中国学者向西方学习先进理论方法，建立学科学术和话语体系，是否亦具有异曲同工之妙呢？

下面，笔者通过近现代百年来中国哲学特别是儒学发展予以探析。

二、作为现代儒学现象的存在——儒分十八

在中国近现代追求救亡图存、民族独立和国家复兴中，伴随着政治制度、经济制度、文化制度、社会风潮、教育制度、思想观念、学术范式的古今之变，儒学之发展变迁亦可谓"萧瑟秋风今又是，换了人间"。自民国开始，至中华人民共和国成立，以至今日，儒学亦在中国迈向自由、民主、富强、文明的现代民族国家过程中，与世浮沉，在坎坷曲折中向前发展，形成了多家现代新儒学形态。

据笔者粗略统计，百年来学界所提出并有较大影响的现代新儒学形态大约有十八家，笔者称之为"儒分十八"。如果单就数量上来说，其已经超越了"儒分为八"（《韩非子·显学》）的春秋战国时期。它们分别是心性儒学①、

---

① 其代表有马一浮、熊十力、梁漱溟、冯友兰、方东美、牟宗三、唐君毅、杜维明、刘述先、余英时、成中英、汤一介、陈来、郭齐勇等。熊十力提出"新唯识论"，牟宗三提出"内在超越说"，杜维明提出"精神人文主义"，成中英提出"易学本体论"，汤一介提出"中国解释学"和"三个合一"，陈来提出"仁学本体论"。

情感儒学①（以蒙培元代表）、政治儒学②（以蒋庆等为代表）、文化儒学③（以陈明为代表）、制度儒学④（以干春松为代表）、生活儒学⑤（以黄玉顺为代表）、公民儒学⑥（以林安梧为代表）、社会儒学⑦（以涂可国、韩星、谢晓东等为代表）、教化儒学⑧（以李景林为代表）、功夫儒学（以倪培民为代表）、乡村儒学⑨（以赵法生为代表）、企业儒学⑩（以黎红雷为代表）、自由儒学⑪（以赵广明、郭萍等为代表）、仕林儒学⑫（以王杰为代

---

① 参见蒙培元：《情感与理性》，北京：中国人民大学出版社 2009 年版；蒙培元：《论中国传统的情感哲学》，《哲学研究》1994 年第 1 期；蒙培元：《漫谈情感哲学》（上、下），《新视野》2001 年第 1 期、第 2 期；蒙培元：《中国情感哲学的现代发展》，《杭州师范学院学报》（社会科学版）2002 年第 3 期。另参见陈来、李存山、张再林等：《"情感儒学"评析——蒙培元八十寿辰学术座谈会发言选登》，《东岳论丛》2018 年第 6 期；宋大琦：《"儒学现代转型中的情感转向"学术研讨会暨蒙培元先生八十寿辰学术座谈会综述》，《哲学动态》2018 年第 6 期；黄玉顺：《情感儒学：当代哲学家蒙培元的情感哲学》，《孔子研究》2020 年第 4 期；黄玉顺：《"情感超越"对"内在超越"的超越——论情感儒学的超越观念》，《哲学动态》2020 年第 10 期。

② 参见蒋庆：《政治儒学——当代儒学的转向、特质与发展》，北京：生活·读书·新知三联书店 2003 年版。

③ 参见陈明：《文化儒学：思辨与论辩》，成都：四川人民出版社 2009 年版。

④ 参见干春松：《制度儒学》，上海：上海人民出版社 2006 年版；干春松：《制度化儒家及其解体》（修订版），北京：中国人民大学出版社 2012 年版。

⑤ 参见黄玉顺：《面向生活本身的儒学：黄玉顺"生活儒学"自选集》，成都：四川大学出版社 2006 年版；黄玉顺：《爱与思——生活儒学的观念》（增补本），成都：四川人民出版社 2017 年版。

⑥ 参见林安梧：《后新儒学及"公民儒学"相关问题之探讨》，《求是学刊》2008 年第 1 期；林安梧：《从"心性修养"到"公民道德"——从"新儒学"到"后新儒学"的哲学反思》，《中国德育》2008 年第 10 期；林安梧：《孔子思想与"公民儒学"》，《当代儒学》2011 年第 1 期。

⑦ 参见涂可国主编：《社会儒学论丛》，济南：山东人民出版社 2017 年版。

⑧ 参见李景林：《教化的哲学：儒家思想的一种新诠释》，哈尔滨：黑龙江人民出版社 2006 年版；李景林：《教化视域中的儒学》，北京：中国社会科学出版社 2013 年版；李景林：《教化儒学论》，贵阳：孔学堂书局 2014 年版；李景林：《教化的哲学：儒家思想的一种新诠释》，北京：中国社会科学出版社 2020 年版；李景林：《教化儒学续说》，北京：中国社会科学出版社 2020 年版。

⑨ 中央电视台《新闻联播》曾以大篇幅翔实报道，可谓当今乡村社会治理、精神文明建设之重要途径方式。

⑩ 参见黎红雷：《儒家管理学》，广州：广东高等教育出版社 1997 年版；黎红雷：《企业儒学》，北京：人民出版社 2017 年版。

⑪ 参见赵广明：《自由、信仰与情感：从康德哲学到自由儒学》，北京：社会科学文献出版社 2019 年版。

⑫ 参见王杰：《仕林儒学 新时代的"士大夫儒学"》，"中国孔子网"转参见载"领导干部学国学"公众号，http://www. chinakongzi. org/xsyj/xmcg/202207/t20220704_ 550320. htm，2022 年 7 月 4 日。

表）、生态儒学①（以乔清举为代表）、科技儒学②（以马来平为代表）、本原儒学③（以黄藤为代表）、实践儒学④（以麻尧宾为代表）。这从另一方面也说明了儒学在现当代的繁荣兴旺。其具体理论，可以参看各位学者所发表的代表性论著及相关学术成果。

如梁涛教授所言："'儒学'在今日中国已由学术研究进入儒学创新或儒学重建的时代，创建当下的儒学思想体系，出现当代的董仲舒、朱子、阳明，已成为儒学研究者的共识。学界已出现一系列方案，如公民儒学、生活儒学、社会儒学等，这些都有其意义，但也存在一些问题，就是缺乏自身的学术根基，往往以西方的某种理论来诠释儒学，表现出强烈的'以西释中'的特点。……儒学的基本表达方式是经学，经学是儒学的学术载体，是儒学之学统。历史上每一次儒学创新都无不与经学变革联系在一起，并在这一过程中形成了一个通过经典诠释建构思想体系的传统。"⑤

梁教授所言非常切合当前儒学发展的实际，儒学在今日中国的确进入创新或重建的时代。这是中国学术研究发展的结果，亦是以儒学为代表的传统文化在新世纪逐步走向复兴，儒学界广大学者积极响应时代要求进行了长期思考、研究、探讨和不断理论完善的结果。熊十力先生的人心本体论（《体用论》《明心篇》等）、"新唯识论"⑥，冯友兰先生的"新理学"

---

① 参见乔清举：《儒家生态思想通论》，北京：北京大学出版社 2013 年版；乔清举：《儒家生态哲学史》，北京：人民出版社 2023 年版。

② 参见马来平：《追问科学究竟是什么》，济南：山东大学出版社 2024 年版。

③ 参见黄藤：《"为仁由己"的本原儒学——在本原儒学院成立大会上的讲话》，"世界本原文化"微信公众号，2024 年 6 月 17 日；黄藤：《本原儒学的确立》，"世界本原文化"微信公众号，2024 年 7 月 5 日。另参见梁涛：《本原儒学与自由儒学——在本原儒学院成立大会上的讲话》，"世界本原文化"微信公众号，2024 年 6 月 17 日；赵广明：《得自由儒学者得天下——在本原儒学院成立大会上的讲话》，"世界本原文化"微信公众号，2024 年 6 月 17 日；黄裕生：《本原儒学：一种朝向未来的儒学——在本原儒学院成立大会上的讲话》，"世界本原文化"微信公众号，2024 年 6 月 17 日。

④ 参见麻尧宾：《在黑格尔、马克思与孔子之间：实践儒学引论》，"中华文化己学堂"微信公众号，2018 年 3 月 19 日至 2024 年 6 月 4 日。

⑤ 梁涛：《新四书与新儒学》，北京：中国人民大学出版社 2020 年版，第 1 页。

⑥ 参见熊十力：《新唯识论》，上海：上海书店出版社 2008 年版。

"四境界说"①，张岱年先生的"文化综合创新论"②，汤一介先生的"中国解释学""三个合一"（天人合一、知行合一、情景合一)③，李泽厚先生的"情本体论"④，张世英、叶秀山先生的中西哲学比较会通⑤，方克立先生的"马魂中体西用说"⑥，张立文先生的"和合学"⑦，李学勤先生的"走出疑古时代"⑧，钱耕森先生的大道和生学⑨等，是大陆第一代儒家学者比较有代表性的思想学说。大陆第二代儒家学者有蒙培元先生的情感哲学、情感儒学，牟钟鉴先生的"新仁学"⑩，周桂钿先生的求真、求善、求美哲学⑪及"一本五常"⑫，陈来先生的"仁学本体论"⑬，李存山先生的"常道与新命"⑭，杨泽波先生的生生伦理学⑮，李景林先生的教化哲学、教化儒学，杨国荣先生对伦理学、形上学的当代重建⑯，黄玉顺先生的生活儒学，以及黎红雷先生的企业儒学、马来平先生的科技儒学、黄藤先生的本原儒学等。

---

① 参见冯友兰：《新理学》，北京：生活·读书·新知三联书店 2007 年版。

② 参见郑万耕：《张岱年先生对中国文化的贡献》，《衡水学院学报》2014 年第 6 期；李宗桂：《"文化综合创新论"的价值与中国文化前景》，《黑龙江社会科学》2019 年第 5 期。

③ 参见汤一介：《中国传统文化的特质》，上海：上海教育出版社 2018 年版。

④ 参见李泽厚：《哲学纲要》，北京：北京大学出版社 2011 年版。

⑤ 参见张世英：《天人之际》，北京：人民出版社 2005 年版；叶秀山：《中西智慧的贯通——叶秀山中国哲学文化论集》，南京：江苏人民出版社 2002 年版。

⑥ 参见方克立等：《马魂 中体 西用——当代中国文化的理论自觉》，北京：人民出版社 2019 年版。

⑦ 参见张立文：《和合学：21 世纪文化战略的构想》（上下卷），北京：中国人民大学出版社 2016 年版。

⑧ 参见李学勤：《走出疑古时代》，长春：长春出版社 2007 年版。

⑨ 参见钱耕森：《大道和生学》，《光明日报》2015 年 3 月 2 日第 16 版。

⑩ 参见牟钟鉴：《新仁学构想：爱的追寻》，北京：人民出版社 2013 年版。另可参牟钟鉴：《新仁学探讨》，《青岛科技大学学报》（社会科学版）2013 年第 1 期。

⑪ 参见周桂钿：《哲学有什么用》，《光明日报》2017 年 5 月 22 日第 15 版。

⑫ 参见周桂钿：《儒学"一本五常"及其现代价值》，《国际儒学研究》2005 年国际儒学高峰论坛专集。

⑬ 参见陈来：《仁学本体论》，北京：生活·读书·新知三联书店 2014 年版。

⑭ 参见李存山：《儒家文化的"常道"与"新命"》，贵阳：孔学堂书局 2020 年版；李存山：《儒家文化的"常道"与"新命"》，《光明日报》2015 年 8 月 24 日第 16 版。

⑮ 参见杨泽波：《儒家生生伦理学引论》，北京：商务印书馆 2020 年版。

⑯ 参见杨国荣：《善的历程：儒家价值体系的历史衍化及现代转换》，上海：上海人民出版社 1994 年版；杨国荣：《伦理与存在——道德哲学研究》，上海：上海人民出版社 2002 年版；杨国荣：《存在之维——后形而上学时代的形上学》，北京：人民出版社 2005 年版。

大陆第三代学者例如干春松先生的制度儒学，陈明先生的文化儒学，韩星、涂可国、谢晓东先生的社会儒学，赵法生先生的乡村儒学，赵广明先生、郭萍教授的自由儒学，梁涛先生的"新四书"和"统合孟荀"、李洪卫先生的身心哲学①、王杰先生的仕林儒学②、乔清举先生的生态儒学、陈立胜先生的"儒家修身学""儒家内圣学"③、麻尧宾先生的实践儒学等。

但是，诚如梁涛教授所言，当下的儒学发展也存在一些问题，就是缺乏自身的学术根基，往往以西方的某种理论来诠释儒学，表现出强烈的"以西释中"的特点。不少学者业已意识到了此问题之严重性，如刘笑敢教授所言的"反向格义"④，彭国翔教授所言的"援西入中"⑤，实即"西学化儒学"或"儒学西学化"。如梁教授所言，未来儒学新形态的发展必须是立足于儒学自身的学术根基，否则很难走得长远持久。一些学者由此更进一步，提出建设性解决方案。如李景林教授指出："此一'创作'，乃以古学为无生命之客观资料和过去时意义之知识，其'创作'之原则与概念模式悉由外'拿来'。由此，中国学术、文化既失其主体性，亦无由关联切合于社会生活。近百年来中国学术文化之建设缺乏原创性因而收效甚微，其原因要在于此。今欲救此失，重振儒学和中华文明为一当代性的活的文化精神，借资先儒先哲'不作''不立'之诠释传统，乃一种可能之途径。"⑥ 孙向晨

① 参见李洪卫：《王阳明身心哲学研究——基于身心整体的生命养成》，上海：上海三联书店2021年版。

② 参见王杰：《仕林儒学 新时代的"士大夫儒学"》，"中国孔子网"转载"领导干部学国学"公众号，http://www.chinakongzi.org/xsyj/xmcg/202207/t20220704_550320.htm，2022年7月4日。

③ 参见陈立胜：《儒家修身之道的历程及其现代命运》，《华东师范大学学报》（哲学社会科学版）2020年第5期；陈立胜：《从"修身"到"工夫"：儒家"内圣学"的开显与转折》，台北：台湾大学出版中心2021年版。

④ 参见刘笑敢：《"反向格义"与中国哲学研究的困境——以老子之道的诠释为例》，《南京大学学报》（哲学·人文科学·社会科学版）2006年第2期。

⑤ 参见彭国翔：《中国哲学研究方法论的再反思——"援西入中"及其两种模式》，《南京大学学报》（哲学·人文科学·社会科学版）2007年第4期。

⑥ 参见李景林：《孔孟大义今诠》自序，贵阳：孔学堂书局2019年版。并参见李景林：《"述而不作"，是重振儒学的一种可能性路径》，《南阳日报》（文化版）2020年7月17日。

教授倡导的"双重主体"① 思想以及"汉语哲学"论说亦颇有建树。②

　　由以上学者自身学术经历及学术观点来看，现当代儒学发展方向可归纳为"泛滥西学，返归中学"。梁涛教授通过回顾总结儒学发展历史，认为儒学的基本表达方式是经学，经学是儒学的学术载体，是儒学之学统。历史上每一次儒学创新都无不与经学变革联系在一起，并在这一过程中形成一个通过经典诠释建构思想体系的传统。也正是在此基础上，他提出了独具特色的"新四书"和"统合孟荀"。郭齐勇先生亦特别指出，陈来、姜广辉、李存山、蔡方鹿、李景林、干春松、曾亦、郭晓东等，在经学研究上取得了很多研究成果。经学在研究范式、文本研究、人才培养、研究队伍建设等各个方面，都有了纵向的深入发展。大家越来越重视经学，经学学科成为越来越有成就的一个学科，这也是青年儒学发展的一个重要方向。如果我们没有经学的理路，没有经学的研究，所谓中国哲学就会有流入玄虚的可能。③ 曾亦教授亦认为"若从西方文明对近现代中国的巨大影响来重建现代中国思想，或许有其合理性，但是，如果因此延伸到对古代中国思想的理解和诠释，则完全没有合法性可言"④。余治平教授明确提出儒学的未来不可能走哲学化的道路，相信"历史叙事无疑会比哲学叙事更接地气，更有未来"⑤。韩星教授则指出："要在确立中国文化主体地位的前提下，立足中国传统，以经学作为中国哲学建构的主体，以子学、玄学、道学、佛学作为多元辅助，借鉴西方哲学的话语体系来诠释和表述中国传统思想，使西方哲学的术语和概念服务于揭示中国传统思想的历史脉络和基本精神，使中国哲学史虽具有西方哲学的外貌，而其实质仍是中国传统思想本身，

---

　　① 参见孙向晨：《论家——个体与亲亲》，上海：华东师范大学出版社 2019 年版。

　　② 参见孙向晨：《"汉语哲学"论纲：本源思想、论域与方法》，《中国社会科学》2021 年第 12 期。

　　③ 参见郭齐勇、刘依平、李念：《郭齐勇：近 50 年中国哲学史研究涌现的新议题和新贡献》，载《文汇报》公众号，https：//www. sohu. com/a/542760641_ 120244154，2022 年 4 月 30 日。

　　④ 曾亦：《儒家伦理与中国社会·自序》，上海：上海三联书店 2018 年版，第Ⅱ页。

　　⑤ 上海研究院：《一儒多表：儒学经学化还是哲学化》，《澎湃新闻》，https：//www. sohu. com/a/152426097——260616，2017 年 6 月 27 日。

以实现经学模式向哲学模式的非断裂性转换，推动中国哲学史研究的不断发展与完善。"① 韩教授这一儒学由经学模式向哲学模式的非断裂性转换的思想方法，亦具有启发意义。

苟东锋教授则指出，华东师范大学哲学系特别是其中国哲学专业素有"金冯学脉"（金岳霖、冯契）的传统，近代以来以哲学的方式研究中国传统思想的做法在这里一直延续并得到进一步发展，杨国荣教授可以看作这一华东师大传统的代表。② 杨国荣教授（包括刘梁剑、苟东锋、郭美华等学者）明确反对儒学经学化的路向，他主张扬弃经学的视域，以更为开放的眼光来看待传统儒学。③ 张汝伦教授对中国传统思想研究，则持一种温和的哲学进路。④ 安乐哲教授指出："儒学有它独特的思想贡献，它应该在世界文化和世界哲学中有自己的位置，所以，儒学思想是应当国际化的。因此，我们需要一个批评性的、进步性的儒学，而不是昨天的、僵化的儒学，因为儒学应是现代的、活的儒学。"⑤ 所言非常深刻。

百年来儒学走过的道路，其实便是中国哲学所走过的漫长艰辛的探索旅程。在对参与其中、作为开创者和铺路人的诸位先进表达敬意之外，我们还需要进行深度反思，那就是——我们中国哲学百年来所走过的这条道路到底是否正确和必要？中国哲学的合法性问题是否能够成立？其"合法"在什么地方，"不合法"又在什么地方？是否我们因为学习西方哲学思想体系并用以重新解读阐发中国古代先圣先哲先贤先儒思想，建立起中国哲学（史）学科体系，便真的丧失了我们文化的"主体性"？笔者以为，其中一些问题必然是真问题，而一些则可能是假问题。而中国哲学的合法性问题，是真问题还是假问题？有没有一种可能是"亦真亦假"，如海德格尔所言此

---

① 参见杜维明、安乐哲：《中国哲学研究的世界视野与未来趋向》，《哲学动态》2018 年第 8 期。

② 参见苟东锋：《经学、哲学之辩与海派中国哲学——2017—2018 年上海中国哲学学科发展评议》，《思想与文化》2019 年第 1 期。

③ 参见杨国荣：《走向现代儒学》，《贵阳学院学报》（社会科学版）2016 年第 6 期。

④ 参见张汝伦：《我们需要什么样的文明》，北京：商务印书馆 2017 年版。

⑤ 杜维明、安乐哲：《中国哲学研究的世界视野与未来趋向》，《哲学动态》2018 年第 8 期。

在"向来我属"性之阐示，即此在具有本真自我的一面，亦有非本真自我（沉沦于世界之中）的一面。

下面，笔者试图结合以上问题及现象学理论对此予以探析。

三、中国哲学合法性的再审查和现象学揭示

（一）"中国哲学"为什么"不合法"又"合法"

近百年来，中国学界包括西方学界对中国哲学合法性的相关论述，不外乎两种观点：一、中国哲学（史）具有合法性，能够成立；二、中国哲学（史）不具有合法性，无法成立。而这两个必须围绕"哲学是什么"这一定义展开。然而"哲学是什么"？两千年来，西方学界也没有标准答案，尽管我们现在用流俗的古希腊"哲学"之本义"爱智慧"（Philosophy）一词予以含糊定义。但是，经过古希腊哲学、中世纪基督教哲学、近代古典哲学和现代哲学之发展，我们会发现，这一"哲学就是爱智慧"定义经过不断引申发展，早已超越了其源初本义。[1] 而且，"哲学"这一概念与"宗教"这一概念一样，皆是中国近代清末民初中国学者从日本引入，已经经过了日本学者（如西周）的翻译，与西方之"哲学""宗教"概念已然大不相同，而有了汉语世界的若干地域属性。[2] 而且，"哲学""宗教""科学"这些词汇，本来便不是中国本土词汇中所具有。

据考察，中国现在常用汉语，大部分来自日本翻译。准确地说，今日亚洲之现代化、世界化，离不开近代以来日本之引进和翻译，日本乃是连接西方世界和亚洲世界之桥梁和枢纽。这一近现代历史背景和生活世界之

---

① 参见吴晓明：《重论"中国哲学"的合法性问题》，《学术月刊》2021 年第 4 期。李明辉先生亦指出，"哲学"是西方文化中含义最复杂的概念之一。参见李明辉：《关于"中国哲学之正当性问题"的一个批注》，《国际汉学》2009 年第 2 期。

② 希腊文 philsophia 中的"智慧"往往意谓知识或科学，与逻辑推理、理性思辨有关，与古汉语中的"智""智慧"含义甚远。参见方朝晖：《中国哲学是如何可能的？——再谈中国哲学的合法性危机》，《文史哲》2022 年第 3 期。

形成，值得我们广大学者予以高度关注和思考。列文森曾说过："西方向中国施加的影响大概就是改变了中国的语言，而中国向西方施加的影响则是扩大了西方的词汇量。"① 如海德格尔所言"语言是存在之家"，而我们现在的语言，我们感受世界和理解世界的方式，已非三千年来我们惯常习用的那种"古代语言""古代之家"，而是一种全新的"现代语言""现代之家"。由此而言，中国古代没有"哲学"从语词学、语言学上是可以成立的。

但是，冯友兰先生早已提出"形式的系统"与"实质的系统"之分别，"然所谓系统有二：即形式上的系统与实质上的系统……所谓哲学系统之系统，即指一个哲学家之实质的系统也……讲哲学史之一要义，即是要在形式上无系统之哲学中，找出其实质的系统"②。冯先生认为中国古代虽无"哲学"一词，其实即无"哲学"的"形式的系统"，却有"哲学"之"实质的系统"。此划分有其重要历史意义，且其正是以此为中国哲学（史）奠基。笔者对此深为认同，"哲学"之普遍性必然寓于"中国哲学"之特殊性中，而"中国哲学"之特殊性中必然具有"哲学"之普遍性。李明辉先生亦敏锐指出，对"哲学"一词采取较严格定义的人往往忽略了一项重要的区别，即"作为思想传统的哲学"与"作为现代学科的哲学"之区别。那些强调所谓"中国哲学"是近代中国人根据西方哲学的模式建构起来的，因而主张以"哲学在中国"取代"中国哲学"一词的人便是如此。③ 李先生之观点与冯先生实质上是一致的，我们首先应将作为"思想传统"的"中国哲学"与作为"现代学科"的"中国哲学"区别开来。

"中国哲学"是"哲学在中国"，还是"中国的哲学"？近现代以来，学界很明显走的是以西方哲学为参照，打造作为"现代学科"的"中国哲

---

① Joseph Levenson, *Confusion China and it's Modern Fate: A Trilogy*, Berkely: University of California Press, 1968 年，第 157 页。

② 冯友兰：《中国哲学史》（上），载《三松堂全集》第二卷，郑州：河南人民出版社 2001 年版，第 252—253 页。

③ 参见李明辉：《关于"中国哲学之正当性问题"的一个批注》，《国际汉学》2009 年第 2 期。

学",并以此为基础,进而阐释作为"思想传统"的"中国哲学"。这也即隐秘地承认,我们中国之前没有"形式上"的"哲学"(学科)。但是,中国古代有没有哲学的"内容"(思想传统)①,用冯友兰先生之言即"实质上"的"哲学"?② 首先,"中国哲学"有无形而上学和辩证法?有的。《易传》、老庄道家和佛教哲学比较明显。③ 其次, "中国哲学"有无存有论(宇宙论和本体论)? 有的。汉代哲学、魏晋玄学皆有,宋明理学也有。叶秀山先生赞赏中国哲学有相当丰富的存在论思想,对形而上学"问题"的"体会"比西方哲学深刻,但最大的缺失在于知识论部分,中国哲学的超越性也不足。④ 那么,第三,"中国哲学"有无知识论? 中国古代却少有类西方的知识论传统,包括西方古希腊学、中世纪基督教哲学以及近代古典哲学和现代哲学,这一传统一直在西方世界延续,只是不同时代对其认识理解和阐释有了很大变化。但"中国哲学"至少自宋明理学开始,是有知识论特色的,即"为知识而知识"之倾向,所谓"格物致知"。但其又与诚意、正心、修齐治平紧密连接,重"知行合一"。理学、心学皆然,只是程朱理学将知行分开来说,而陆王心学则是合起来说。第四,"中国哲学"有无方法论呢? 也有。例如训诂、考据、义理、辞章、音韵等;孔子的"述而不作",汉代古文经学与今文经学、理学与心学、清代朴学等皆是。其

---

① 方朝晖教授认为,"讨论中国古代哲学是否合法的前提,是区分'有哲学'与'是哲学'。对这一区分的模糊或忽视,是导致争论无法有效进行的主要原因"。(方朝晖:《中国哲学是如何可能的? ——再谈中国哲学的合法性危机》,《文史哲》2022 年第 3 期。)笔者以为方教授关于"有哲学"与"是哲学"之区分确有见地,故笔者此处用"有没有哲学"而非"是不是哲学"是允当的。但是,笔者对方教授在其文中所表达的"我们可从思维方式说明儒学、尤其宋明理学是宗教学说。不仅如此,我们也可从活动方式来说明儒家的宗教特征"并不认同。笔者仍然持学界大多数学者所认可的观点,即儒学并不是宗教,但是具有一定"宗教性"。关于儒家、儒学、儒教与宗教之联系及区别,笔者将有专文予以论证说明。

② 澳大利亚学者梅约翰指出:一百二十年以前,尼采已注意到"印度、希腊与德国的哲学论述都具有一种巧妙的家族相似关系"。将这个家族网络推及到中国,应无任何重大障碍。参见 [澳] 梅约翰:《从旁观者的角度看中国哲学的合法性》,《人文论丛(2006 年春)》,武汉:武汉大学出版社 2007 年版。

③ 参见罗启权:《中西形而上学的会通——叶秀山的〈老子〉之思》,《哲学研究》2021 年第 12 期。

④ 参见罗启权:《中西形而上学的会通——叶秀山的〈老子〉之思》,《哲学研究》2021 年第 12 期。

中，经典诠释是中西共有的历史传统。而中国现代又引入西方解释学，以及各学术流派研究方法。王国维先生于1903年发表了《哲学辨惑》一文。他在文中强调：一、哲学非有害之学；二、哲学非无益之学；三、中国现时研究哲学之必要；四、哲学为中国固有之学；五、研究西洋哲学之必要。① 王国维先生亦是认定哲学为中国固有之学的。

同时，在"中国哲学"的历史传统中，除了宇宙论、本体论，还有心性论、工夫论、境界论，这可能是中国哲学所特有的。当然，西方天主教、基督教等也有诸如三位一体、灵修等心性修养、工夫境界理论方法。郭齐勇先生亦指出，中国不只有思想，而且有哲学。和西方哲学相比较，中国哲学有它的特殊性，比如说天人性命之学，这是西方所没有的。他将中国哲学传统的特色归纳为：存有的连续、生机的自然、整体的和谐和天人合一、自强不息和创造革新、德性修养和内在超越、秩序建构和正义诉求、具体理性和象数思维、知行合一和简易精神。② 所言极有见地。

"中国哲学"传统近现代基本上断裂了。西学东渐，新学兴起，学科分立，专业殊途，中国传统文化统统被纳入西方建立的学科专业教育体系。中国人与中国哲学、文化传统的断裂首先是情感（王国维先生所谓"可爱的不可信""可信的不可爱"，体现的正是这种爱恨交织的"文化传统断裂期"的复杂情感），然后是语言，进而是思想和行为上。具体到国家历史上，即是从器物到制度，到文化，再到社会各方面全方位的变革。其实，"中国哲学"自孔子起就有分科，例如德行、言语、政事、文学（《论语·先进》），所谓"四门十哲"。汉代选官有举孝廉、贤良文学，太学设五经博士，授徒设教，五经各有师法家法，亦算专门之学。隋唐建立科举制度，有国子学、太学和四门学，科举考试分明经科和进士科；宋代沿袭，还有算学、历学等专业分类；清代还有翻译科（主要是满、蒙、藏语之间翻

---

① 参见姚淦铭、王燕编：《王国维文集》第3卷，北京：中国文史出版社1993年版，第3—5页。此文原刊于《教育世界》第55号（1903年7月）。

② 参见郭齐勇、刘依平、李念：《郭齐勇：近50年中国哲学史研究涌现的新议题和新贡献》，载《文汇报》公众号，https://www.sohu.com/a/542760641_120244154，2022年4月30日。

译）、博学鸿词科等。这足以说明，中国古代教育也是分科的，只是近现代以来完全西方化了。诚如李明辉先生所言："由于中国现代学术体制之建立系仿自西方，现代汉语的学术语言在相当程度内已成为西化的语言。面对这个事实，除非我们拒绝现代学术体制，否则我们实无理由因担心主体性之丧失而拒绝将'哲学'一词应用于中国传统。这种主体性的焦虑不但有错置对象之嫌，也是不合时宜的。"① 1980 年后国学逐渐复苏，从民间社会开始，然后到学界，到政府及其文化政策的变革，开始愈来愈重视"思想传统"意义上的"中国哲学"。

（二）"中国哲学合法性"须与"哲学"之定义"解绑"

此外，既然西方哲学中对"哲学"之定义千差万别、莫衷一是（同宗教之定义一样），而中国乃至亚洲古代传统学术中没有"哲学"一词，我们对"哲学"之引入源自日本，那么日本学者便应该拥有对"哲学"一词的解释权。但是，尽管日本和中国皆属于亚洲，其语言、文化、生活习俗存在千丝万缕之关联，然毕竟是两个差异很大的国度和生活世界，特别是日本通过明治维新早早脱亚入欧，较中国更早进入近现代民族国家行列。而日本的近代世界崛起，给予中国知识分子莫大的精神鼓舞和未来想象。故近代以来，广大知识分子为实现中国之救亡图存，纷纷赴日留学，学习先进知识文化。② 而一系列近现代词汇亦随之传入中国。语言文字的变革，其实亦是中国走向现代化的重要一环，包括民国时期胡适等倡导的"白话文"运动。中国知识分子将"哲学"一词引进入中国后，同样有一个"本土化"过程。也即"哲学"一词，先经过了"日本化"，然后是"中国化"，故经过这一转圜，其义涵自然发生很大变迁。如吴根友教授所言，当西方的哲

① 李明辉：《关于"中国哲学之正当性问题"的一个批注》，《国际汉学》2009 年第 2 期。

② 中国古代文明在近现代的确较西方文明落后了，特别是清代建立后差距愈来愈大，据考察约有百年之差距。落后文明向先进文明学习，接受先进文明熏陶洗礼，历史上亦并非鲜见，且是一客观历史发展规律（马克思亦曾言），或一历史存在的先天结构。中国古代四夷向中原文明学习，唐代乃至明朝，东亚国家朝鲜、日本、越南向中国学习，亦是主动积极的。近现代中国之追随日本向欧美先进文明国家学习，亦符合此文明发展规律，这亦是历史发展的"先天结构"所决定的。

学观念经过汉语或隐或显的翻译之后，就或深或浅地打上了中国文化的印记。① 当然，近代亦有不少中国留学生赴欧美留学，亦可直面"哲学"诞生地，以及发展传播地区，对"哲学"一词予以再矫正和释义。"哲学"这一从西方经日本引进的概念，于是在亚洲和中国汉语世界一步步得以形成和定型，并得到学界、政府和民间公认。然而，从另一方面看，事实真相亦可呈现相反的样态，如安乐哲教授所指出："在 19 世纪中期之后，中国、日本、韩国和越南把西方的制度、思想、文化等予以引进。在这种情况下，一个个现代主义的词汇被翻译成东方的语言，在中国、日本、韩国、越南出现并使用。尽管当他们把 philosophy 翻译成'哲学'的时候，借用的是中国经典文化中的相关词汇，但其实它是一个新创造出来的东亚西方化的概念。"② 安乐哲先生之"东亚西方化"亦准确把握到事实之真相。

之所以说围绕"哲学是什么"这一定义来展开论辩，中国哲学之合法性问题很难得到解答，主要便因为"哲学是什么"这一定义表面看具有一定的相似性，但又差异巨大，甚至达到无法沟通的地步。不但西方哲学界很大程度上不肯承认"中国哲学是哲学"，国内不少学者亦不肯承认。至于为什么说"中国哲学不是哲学"，其实直观来看也很简单，即中国和西方学界对"哲学"的定义及表达方式是很不相同的（胡适、冯友兰先生对其定义亦不相同）。而且，近现代以来，"哲学"是带有"西方性"的。也即是说，"哲学"一词，是带有近现代以来西方政治、经济、文化和学术背景的，尽管我们很多学者一再希望摆脱"欧洲中心论"这一历史背景影响。

笔者不欲再追问"哲学是什么"，是因为这一追问实在于事无补，因为我们对"哲学"的定义实在不尽相同。那么，我们又该如何解答中国哲学（史）的合法性问题？事情似乎又回到了源初，但事实的真相其实就蕴涵在

---

① 参见吴根友：《判教与比较：比较哲学探论》，上海：中国出版集团东方出版中心 2019 年版，第 36 页。

② 杜维明、安乐哲：《中国哲学研究的世界视野与未来趋向》，《哲学动态》2018 年第 8 期。

我们对"哲学"一词的引入、转化、创建历史和中西世界对之的不同领会中。而且，对于中国哲学的合法性问题，似乎是我们中国学者最先提出的，包括郑家栋、陈来、张立文、李存山、干春松、李景林、景海峰、杨国荣、黄进兴、李明辉、陈少明、彭永捷、陈明、朱汉民等著名学者专家纷纷论辩其中，加剧了学界对这一问题的敏感性和紧迫性。也即是说，西方学界大部分学者对于这一问题似乎是淡漠的或者不屑一顾的。

这一局面形成的原因：首先，"中国哲学"有"形式"（学科）和"实质"（思想传统）之分，冯友兰先生等创建"中国哲学"学科时已然贞定，然百年来学者依然纠缠其中，未彻底分开。我们这一学科虽然总体已历经百年，却仍然显得年轻，它是以西方哲学为"范式"建构的，很多方面皆不够成熟。① 而且这也充分说明了一点，我们的"中国哲学"（思想传统）虽看似历史悠久，其实就现代学科建构而言，它是一个还很年轻的学科。"形式的哲学"与"实质的哲学"，"学科的哲学"与"思想传统的哲学"之双重性，让研究者们屡屡失其本真。

相对于中华文明上下五千年，轴心时代两千五百年，"中国哲学"是一个崭新的学科，属于新鲜事物。李鸿章之所言"三千年未有之大变局""三千年未有之强敌"，即因为近现代西方文明、文化和哲学，对于我们中国人是全新的、异质的。冯友兰先生谓之"中西之交，古今之异"，是站在世界文明文化发展进程的高度而言。这一差异应非清末才有感受，明末清初天主教入中土，君主士子已有认识体会（当时差距尚未如此之大）。而且当时只是以传教士为媒介，中西文明之间相隔了千山万水。明末清初（1661 年）郑成功打败荷兰殖民侵略者，收复台湾，是中国五百年来直面西方文明并与之交锋的第一次。而清军收复台湾（1683 年），并未与西方文明正面交锋。直至晚清（以 1840 年鸦片战争为开端），已逾近两百年之久，中西差距已如天壤，故屡战屡败，割地赔款，委曲求全，苟延残喘，有亡国灭种

---

① 诚如方朝晖教授所言："这一危机的根源在于：在将古人的功夫传统、德性实践转化成了理论分析、概念辨析的过程中，我们没有找到新的意义之源，尚未建立成熟的学科范式。"方朝晖：《中国哲学是如何可能的？——再谈中国哲学的合法性危机》，《文史哲》2022 年第 3 期。

之大忧患。李鸿章与西方列强包括东亚日本交涉甚多，认识体会最深，他的这一认识体会是非常本真的。

其次，这是中国大陆改革开放以来，面对西方世界，中国学者对"中国哲学"（学科及思想传统）其实也是"此在"自身的"自我定位"。这是由"中国哲学"之特殊性走向"哲学"（世界）之普遍性的必然历程。1949年中华人民共和国成立，中国人民从此站起来了。但此后的三十年中历尽封锁，与西方世界基本隔绝，国人对西方世界之认识了解，较港台而言滞后三十年。1978年改革开放后，伴随着国门打开，以广东、福建之深圳、珠海、厦门、汕头为前沿，中国逐步实现全面对外开放。四十年后，中国人民富起来了，中国的经济实力、综合国力亦跃居世界第二位，变得日益强大。在改革开放不断推进的过程中，衍生出招商引资热、下海经商热、出国热、留学热、旅游热等，国内外政治、经济、文化、学术交往增多，交流频繁，我们逐渐对西方世界有了更为全面深入的认识。正是在此过程中，我们开始重新对自身进行世界定位，国内学者亦对"中国哲学"自身进行重新世界定位。

第三，这亦与"哲学"乃处于文化传统、文化系统之核心密切相关。"中国哲学"对自身"合法性"的焦虑，同样亦体现了整个中国政治、经济、文化、社会系统此在的"合法性"焦虑。这一"此在"在现当代世界历史中对应焦虑的方式，不外乎顺从（自我）、反抗（本我）和综合创新（超我）三途。近现代以来，中国经历了器物、制度、文化三个方面的全方位学习西方，自我救赎和全面更新。新文化运动是中国近现代的第一次文化启蒙，引进的是西方的"民主"和"科学"。然后，近百年来最后、最核心的学习和变革其实就是哲学层面。哲学是时代思想之精华，是整个国家、社会文化系统核心之核心，也是最形而上、最稳定、不易变化的层面，亦可称为中华民族的集体潜意识、集体无意识，是中国人的先天文化思想心理结构。中华民族剥之又剥，变之又变，改之又改，革之又革，终于到了面临最为核心层面——哲学（社会科学）的变革了。中国哲学（包括社会科学）的合法性问题便是处于思想文化变革核心的中国知识分子自发的一种集体忧虑乃至焦虑。国家提出的"文化自信"①，中国哲学社会科学学科体系、学术体系、话语体系"三大体系"建设②，皆建基于此，并以此重新构建中华民族自我的文化主体性。

（三）中国哲学合法性问题的现象学揭示

中国哲学学科的建构，自胡适、冯友兰、张岱年先生等老一辈学者起，便是以"西方哲学"（学科）为范型的，其从诞生之日起便打上了深深的"西方哲学"（学科）的烙印的。③ 所以，它的"原生家庭"成长环境，很大程度上便决定了其未来的学科历史命运。就"中国哲学"（思想传统）而言，它在历史上曾经历过汉代经学范式、宋明理学（心学）范式、清代汉学（朴学）范式，而近现代以来，它又引入了（西方）"哲学"范式。"中国哲学"（学科）的发展，自开始便存在先天的"西方哲学"结构，而这一先行的"西方哲学"结构，决定了其百年来所走过的道路，皆是以"西方哲学"为方向的。"西方哲学"，代表了"哲学"的普遍性范式，"中国哲学"只能跟随着其"母体"亦步亦趋。从先行的可能性而言，它永远是在

---

① 2016 年 7 月 1 日，庆祝中国共产党成立 95 周年大会在北京人民大会堂隆重举行。习近平总书记在讲话中特别指出："文化自信，是更基础、更广泛、更深厚的自信。在 5000 多年文明发展中孕育的中华优秀传统文化，在党和人民伟大斗争中孕育的革命文化和社会主义先进文化，积淀着中华民族最深层的精神追求，代表着中华民族独特的精神标识。"习近平：《在庆祝中国共产党成立 95 周年大会上的讲话》，新华网 http：//www. xinhuanet. com/politics/2016-07/01/c_ 1119150660. htm，2016 年 7 月 1 日。

② 参见习近平：《在哲学社会科学工作座谈会上的讲话》，新华网 http：//www. xinhuanet. com/politics/2016-05/18/c_ 1118891128. htm，2016 年 5 月 17 日。

③ 汤一介先生指出："从历史上看，中国有着不同于西方哲学的哲学，这点现今大体上得到许多中外学者的承认，不过我们也承认正是由于有西方哲学的传入，我们把它作为一个参照系，才逐步使'中国的哲学'由'经学'、'子学'等分离出来而称为一门独立的学科。"（汤一介：《走出"中西古今"之争 融会"中西古今"之学》，载乐黛云、［法］李比雄主编：《跨文化对话14》，上海：上海文化出版社 2004 年版，第 7 页。）方朝晖先生亦言："所谓的'中国古代哲学'就是一个现代人为建构的产物。就此而言，胡适、冯友兰、张岱年、劳思光、任继愈、牟宗三等人的中国哲学史研究，均是现代人建构出来的中国古代哲学样式。……无论如何，今天我们建构出来的中国哲学（往往等于中国哲学史）作为一个学科，已经根本不等同于中国古代相应的学问。它是我们以知识化语言和理性分辨方式建构出来的东西。从学科形态上看，中国传统学问绝不是这种性质的。"（方朝晖：《中国哲学是如何可能的？——再谈中国哲学的合法性危机》，《文史哲》2022 年第3 期。）

"西方哲学"之后的。结合现象学而言，德国是现象学的"母体"，法国、英美、亚洲各国的现象学，便是德国现象学的"子子孙孙"。这是现象学的"天命"。但是，为什么"中国哲学"似乎总是感到如此与众不同呢？主要是因为"中国哲学"从诞生之初至今，所学习的"母体"实在太多了，如进化论、康德哲学、叔本华哲学、尼采哲学、无政府主义思潮、马克思主义哲学、古希腊哲学、实用主义、实在论、黑格尔哲学、分析哲学（罗素等）、维也纳学派哲学、现象学、存在主义、结构主义、解构主义、后现代主义、诠释学、符号学等。没有固定的学习对象，其实恰恰反映了"中国哲学"自身的不成熟性。我们一直在借助"他者"来建构自我，不仅仅是"中国哲学"，几乎所有人文社会学科（乃至社会方方面面）大都如此。因我们从事的"中国哲学"接近思想理论核心区，加剧了学者们自身对此的敏感性，最终使得这一问题成为中国哲学界包括汉学界备受瞩目的问题。如陈来先生所言，中国哲学史的学者"一方面在理论上认定以西方哲学的内容为标准，另一方面在实际上以中国义理之学为范围。20世纪的学者并没有表现出强烈的愿望去在理论上充分解决这个问题"。[1]

由此而来，未来的中国哲学发展，将走向何方？这是我们不得不重新反思的首要问题。其实，通过前面所述，我们心中已有答案。

首先，"泛滥西学，返归中学"，曾经发生且正在发生，这是中国传统思想文化走向"现代"的必由之路。汤一介先生亦指出："中国哲学与西方哲学相遇后，现正处在如同佛教传入中国后的第三期之初那个时期，正在走向吸收和融合西方哲学的时期，并可预期在经过一个不太长的时间，会形成全新的与西方哲学存在不同的现代中国哲学。"[2] 他指出："无论现代新儒学或现代新道家都必定是经过西方哲学洗礼的现代中国哲学。"[3] 尽管我们从情感上可能与百年前一样不愿面对，乃至不愿相信和认可。中国的传

---

① 陈来：《关于"中国哲学"的若干问题浅议》，《江汉论坛》2003年第7期。

② 汤一介：《走出"中西古今"之争 融会"中西古今"之学》，载乐黛云、［法］李比雄主编：《跨文化对话14》，上海：上海文化出版社2004年版，第6页。

③ 汤一介：《走出"中西古今"之争 融会"中西古今"之学》，载乐黛云、［法］李比雄主编：《跨文化对话14》，上海：上海文化出版社2004年版，第12页。

统思想文化必须摆脱三千年以来之"舒适区",这亦是中国百年来发展之路的"先行结构"所决定,而在百年发展过程中不断"到时"并"当前化"。我们只能前进不能后退,"泛滥西学"后的"返归",亦非"再回到从前",亦不可能"再回到从前"。这是"先行时间性""历史性"的"天命"和文化命运。孔子曰"畏天命"(《论语·季氏》),便是对这种"先行时间性""历史性"的"天命"的敬畏,因为它是先行于人和历史而在的,并将在人和历史中必然"到时"和"完成"。欧美和中国学界当下对现象学的普遍学习和接受,亦是有其"先行的时间性",也即历史的必然性的。此在的现象学获得了它的"先行的时间性及筹划",获得了此在的"先行本真",必然将在存在者及历史世界"到时"并"当前化",也即获得充分实现。彭国翔教授深刻指出,对于作为一门"比较哲学"的现代"中国哲学"来说,西方哲学不仅不是"负担",反而是"资源"。中国哲学当下和将来发展的必由之路不应当是"去西方哲学化",其诠释和建构恰恰需要与西方哲学甚至整个人文学科的深度互动。如此才能真正避免那种"以西解中"的"单向格义",从而在"以中为主"的"中西双向互诠"中建立中国哲学自身的主体性。①

其次,我们也会看到,中国哲学的发展过程中,除了这一道路之外,还存在一个很好地保存了中国历史文化研究传统的研究范式,即传统训诂、考据、经典诠释的研究。② 这一研究范式,尽管遭受到"西学化"中国哲学包括西方哲学的巨大冲击和压迫,但依然在顽强地茁壮成长。如陈居渊教授所言:"由经典和经典诠释所构成的传统经学并没有因此而中断,经学的研究形态开始转向学术层面。"③ 笔者以为,这便是为现代中国哲学保存下

---

① 参见彭国翔:《中国哲学研究方法论的再反思——"援西入中"及其两种模式》,《南京大学学报》(哲学·人文科学·社会科学版) 2007 年第 4 期。

② 诚如朱汉民先生所言:"中国哲人通过经典诠释、义理体认而建立的理论体系,能够充分体现出中国人对宇宙、社会、人生的思考,使得'中国哲学'成为一门既有人类哲学普遍性、又有中国文化特殊性的知识体系。"朱汉民:《中国哲学的建构:经典诠释与义理体认》,《历史文献研究》2014 年第 2 期。

③ 陈居渊:《20 世纪中国经学研究的回顾与展望》,《中华文化论坛》2006 年第 4 期。

来的为数不多的"根"与"魂"，它能通过现代性的"漏斗"过滤，传承至今，殊为不易，是中国哲学未来发展所不应忘却的"常道"。抓住了这一"常道"，中国哲学的未来才有可能获得"新命"！

第三，我们如何才能更好地"泛滥西学，返归中学"，而非在"西学化"道路上愈走愈远？

中国哲学未来需要做的，除了保留训诂、考据、经典诠释的"常道"之外，就是如何更好地"泛滥西学，返归中学"。方向红教授《先验〈易经〉引论——对〈易经〉的现象学考察》一文给人以莫大启发。方教授是对通过康德—布伦塔诺—胡塞尔—海德格尔对先验的认知和内存在、意向性的理解把握，从而对《易经》的先验性予以论证。尽管他的结论即阴阳—太极、神具有先验性（与之相应八卦六十四卦具先天结构），是我们所能知并接受的理论观点，但是他其实在"问之所问"基础上又做了"问之何所以问"的现象学理论证明。①

中国哲学文化传统可能往往将其作为自明的，并未立足康德或近现代西方哲学之感性、知性、理性层阶之划分，从而对易经八卦、阴阳—太极、神等概念从以上层次予以准确定位，甚至我们对这些概念本身就是模糊不清似是而非的（中哲老一辈学者先进以整体性、模糊性等以与西方哲学比较）。本身可能是晦暗不明缺乏有效论证的概念和思维，加之我们误以为较西方哲学为优长，故其长时间在中国哲学界占很大优势。它标识着中国哲学开始走向他者，直面西方哲学文化，但由于受二元对立思维影响，不能实现突破自我认识阈限，在一定程度上阻碍了中国哲学自身之更快发展。当然，这也与中西哲学界受当时政治、经济、文化大环境影响，缺乏充分沟通交流所致。我们未能走向他者，他者亦未能走向我们。

这也是新一代学者在全新的政治、经济、文化条件下的学术优势，即世界多极化、经济全球化、文化多元化、社会信息化、全球一体化。随着

① 参见方向红：《先验〈易经〉引论——对〈易经〉的现象学考察》，《周易研究》2021年第3期。

中国几代学者主动学习西方哲学文化，今日我们对西方哲学史及古今哲学流派乃至西方文化的认知熟悉和了解，可能超过了西方对我们的认知熟悉和了解（当然欧美学界不少学者已先后将目光转向东方，试图从东方学界之中国哲学中获得新的学术生长点和启示，例如海德格尔、哈贝马斯、弗朗索瓦·于连、恩贝托·埃柯等）。这正一步步转化为我们中国学界的自身优势。①

方向红教授的《先验〈易经〉引论——对〈易经〉的现象学考察》一文就是很好的证明，也是一个写作的典范。他已经开始用西方哲学当今最为炙手可热的现象学解读《易经》，其意是为了让《易经》之思想智慧用现代西方哲学予以证明。我们皆知阴阳—太极、神乃中国哲学最高概念和智慧，然而我们如何去给世界证明（不仅仅是西方哲学界）？这即是我们当前面临的重要时代课题。这一时代课题，一些中国学者已渐次感觉、体会和意识到，另如一些学者提出"儒学的现代性"或"现代儒学"（避免情感主义、文学色彩之论文书写等）等。用西方哲学论证中国哲学，包括中西互释、中西会通，可能是中国哲学走向现代、走向世界的必由之路。②

此外，我们应认识到中国哲学与西方哲学包括德国哲学（近现代哲学的摇篮和圣地）特别是现象学之间的差距，还有中国哲学之"前学科性"与现象学之"后学科性"的"隔代差距"。如王光所言："现代新儒学努力塑造新的关于本体论的知识，后现代哲学则努力地消解现代哲学认识论的专断性命题。……这是由于它们生存状况不同所造成的差异：现代新儒学

---

① 当然，亦如杜维明先生所言："我们对西方的精神世界是不是有了相当好的掌握。我觉得其实还不够，我们还应去进行更好的理解。同时，我们中国人是在自己的语境中面对西方的，所以要对自己的传统文化作更加深入的思考。因为，只有我们对自己的问题和传统有了更深刻的理解，我们对待其他文明的态度才不会简单化，对待各种思想和文化的方式才不会肤浅。"杜维明、安乐哲：《中国哲学研究的世界视野与未来趋向》，《哲学动态》2018 年第 8 期。

② 汤一介先生正确指出："一个世纪以来的'中西古今'之争应该结束，我们必须看到中国哲学、西方哲学各有所长，而其事实证明目前中西哲学已在对话中相互吸收。中国哲学因吸收了西方哲学，而正在从'传统'走向'现代'。西方哲学的重要学者（如海德格尔、哈贝马斯、弗朗索瓦·于连、恩贝托·埃柯等）都先后把目光转向中国，希望从中国哲学中得到某些启示。"汤一介：《走出"中西古今"之争 融会"中西古今"之学》，载乐黛云、[法] 李比雄主编：《跨文化对话14》，上海：上海文化出版社 2004 年版，第 15 页。

诞生于中国现代化急剧变革的时代，它的合法性问题亟待解决；后现代哲学则出现在后工业社会的萌芽之中，它是对现代社会、现代哲学的一种反思甚至是反叛。"① 中国哲学学科建构需要一哲学形而上学作为基础，我们在这方面是非常薄弱的。在中国文化传统中是具有"形而上学""本体论"的，只是如今晦暗不明，需要学者们予以发掘和理论建构。这个是中国哲学走出国门、走向世界的重要依傍。而现象学现在已然在为传统的形而上学以及现代科学诸学科，奠定存在论生存论基础。所以，我们现在实际上在同时做两方面事情，"形而上学""本体论"的建构和"形而上学""本体论"的解构。在一定程度上说，现象学就是对西方传统形而上学的解构和超越，又同时包含着存在论生存论的建构。故"中国哲学"学科奋起直追，迎头赶上相对的一条捷径，就是学习、熟悉、掌握和运用现象学及其方法，建构新时代的"中国哲学"。

第四，构建新时代"中国哲学"学科的同时，我们还应兼顾中华文明五千年的悠久历史及思想传统。方朝晖教授敏锐指出："今天我们追求的'中国哲学'，其终极指向其实是意识形态和精神信仰（历史上精神信仰主要通过宗教来落实）。也就是说，当我们谈论中国哲学时，心里真正想的是意识形态和精神信仰建设。"② 方教授的这一总结及"中国哲学"范式下学者及众多学子生命意义之追问是振聋发聩的。其核心之义应该是"中国哲学"这门学科之"新瓶"能否盛得下中国古代思想传统之"旧酒"？现代中国学界用"范式"来翻译指称从西方引进的各学科研究方法是非常传神的，因为古代的"范"正是指的打造各种器具的"模子"，例如陶范、酒范（酒瓶，如爵、觚、觥）等。相对国人常用的"旧瓶装新酒"而言，现代中国各学科对古代历史文化、思想哲学之研究，则是典型的"新瓶装旧酒"。中国思想传统是一种意识形态和精神信仰（包括宗教），那么在传统学问体系

① 王光：《立场、方法、路径：现代新儒学与后现代哲学之比较》，《哲学基础理论研究》（第三辑），北京：中国社会科学出版社2010年版，第253页。

② 方朝晖：《中国哲学是如何可能的？——再谈中国哲学的合法性危机》，《文史哲》2022年第3期。

（包括儒、道、释）建制性崩溃后，新的意识形态（包括政治意义上的）如何重建、新建？新的精神信仰如何得以重新树立？这是百年来中国知识分子乃至全体中国人面临的"双重危机"。"中国哲学的合法性问题"其实不过是其冰山一角。马克思主义哲学之在近现代百年中最终成为中国的指导思想，以及国家明确提出哲学社会科学"三大体系"建设、"把马克思主义基本原理同中国具体实际相结合、同中华优秀传统文化相结合"的重要理论观点，一定意义上正是对此问题的回答。这里面还包含着五千年之中华文明、中国文化在现代社会如何安放、如何继续滋养民众生命和心灵，以及中华文明文化本位如何重新树立等一系列重大问题之思考和解答。

语言与人
——试析海德格尔对赫尔德的批评

陈波蓉*

摘　要： 关于语言的讨论是历代哲学家津津乐道的话题，因为语言不仅渗透在人的日常生活中，而且触及人的本质这一关键的哲学命题。通过考察海德格尔对赫尔德《论语言的起源》的批评，可以看到在人和语言的关系问题上两种不同的思考视角。赫尔德所主张的语言人创论，乃是基于自然语言和人的语言之分，最终走向了一种"人类中心主义"。海德格尔对赫尔德语言学说的批评，则以对人之本质的重思为落脚点，由此深入到对理性的反思与对存在的追问，意欲去除人类在世界中的中心地位。从"人类中心主义"到"去人类中心主义"，既是海德格尔自身哲学思想的发展脉络，也是从赫尔德所在的 18 世纪到海德格尔所处的 20 世纪整体思想图景的发展趋势。

关键词： 赫尔德；海德格尔；《论语言的起源》；人类中心主义

一、引　言

18 世纪中叶，德意志在政治和经济上四分五裂，但在科学方面高速发展。科学知识的进步和社会变革促进了德意志思想界的进步，诞生了以沃

---

* 陈波蓉，北京大学哲学系博士研究生。

尔夫（Christian Wolff）、康德（Immanuel Kant）、哈曼（Johann Georg Hamann）、莱辛（Gotthold Ephraim Lessing）为代表的启蒙思想家。总体上讲，他们普遍弘扬知识和理性，试图通过唤醒民众困于宗教教条之下的蒙昧之心，追求民主与自由。1744 年出生于东普鲁士的赫尔德早年深受康德、哈曼、狄德罗（Denis Diderot）、达朗贝尔（Jean le Rond d'Alembert）的影响，成长为德意志启蒙语言学家、哲学家。[①] 1769 年，柏林普鲁士皇家科学院悬奖征求论述语言的起源的优秀作品竞赛，征文题目是："假如人们具有了天赋才能，他们就能发明语言吗？他们通过什么方式得以自己达到这种发明呢？"这一问题并非偶然，而是远在中世纪和古代就有其根源。[②] 而在 18 世纪，语言的起源问题之所以再次跃入人们的视野、成为启蒙者们所热切关注的话题，是因为语言起源于神还是人，涉及了对人的理解与定位这一关键问题。在征文比赛开始的三年前，普鲁士科学院出版了该科学院院士苏斯米希（J. P. Süssmilch）《试论证语言的起源不是来自于人类而是源于造物主》（*Versuch eines Beweises, dass die erste Sprache ihren Ursprung nicht vom Menschen, sondern allein vom Schöpfer erhalten habe*）一文[③]，三年后，赫尔德写作的《论语言的起源》首先反对的便是苏斯米希的语言神授论，而试图论证语言人创论的观点。

而在近两百年后的 20 世纪，作为传统形而上学的拆解者，海德格尔对 18 世纪赫尔德《论语言的起源》的讨论，一方面固然来自他本人对语言本质问题的关心，另一方面也服务于其批评传统形而上学、构建新的存在论的整体工作目标。在这个意义上，厘清海德格尔对赫尔德关于语言起源问题的批评，不仅有助于我们丰富对语言理解的视角，更能为我们把握德语世界从 18 世纪到 20 世纪的思想嬗变提供一个有趣的入手点。

---

① 参见［苏］阿·符·古留加：《赫尔德》，侯鸿勋译，上海：上海人民出版社 1985 年版，第 13—14 页。

② 参见［苏］阿·符·古留加：《赫尔德》，侯鸿勋译，上海：上海人民出版社 1985 年版，第 27 页。

③ 参见庞文薇：《人与语言——赫尔德语言哲学思想研究》，博士学位论文，上海外国语大学，2013 年，第 66 页。

二、赫尔德：从语言到人

（一）自然的语言和人的语言

赫尔德写作此文的核心即论证人是语言的起源，进而扭转中世纪以来以神为中心的思想，将人重新置于世界秩序的中心。[①] 为此，赫尔德反驳了两种与之相对立的观点。其一为苏斯米希的语言神授说，针对这种主张，赫尔德在论文开篇即指出，"当人还是动物的时候，就已经有了语言"[②]，通过将人的语言追溯到表达感情的、与动物所共享的"自然语言"（die Sprache der Natur），[③] 从而反驳苏斯米希所主张的语言来自神发明的二十四个字母，由此论证了"语言并非源出于神，恰恰相反，它源自动物"[④]。其二是孔狄亚克（E. B. de Condillac）、卢梭（Jean-Jacques Rousseau）、莫白迪（Philippe Louis Moreau de Maupertuis）、迪奥多（Diodor）、维图（Vitruv）等人所主张的动物起源论。他们将语言追溯到感觉的叫喊中，但却将这种发声的自然本能视为人类语言的全部来源，而否认人的语言具有超出动物

[①] 需要指出的是，尽管这篇文章探讨的主题是语言的起源问题，并且赫尔德的探究方式也颇具人类学色彩，但赫尔德并不是将写作此文仅仅视为语言学的探讨，而是清楚地意识到语言问题在根本上关涉的是人的问题："我们面对的这个宏大的题目，深深地关系到心理学和人类自然秩序，关系到语言的哲学以及一切借助语言形成的知识，有谁不想试着回答一下呢？"参见［德］J. G. 赫尔德：《论语言的起源》，姚小平译，北京：商务印书馆2017年版，第20页。德文本参考：Dr. Theodor Matthias, *Herders Abhandlung über den Ursprung der Sprache*, Leipzig: Friedrich Brandstetter, 1901.

[②] ［德］J. G. 赫尔德：《论语言的起源》，姚小平译，北京：商务印书馆2017年版，第5页。

[③] 赫尔德亦称之为"感觉的语言"（die Sprache der Empfindung），指感官受到触动后本能发出的表达感情的声音，而区别于人所独有的、蕴含词和逻辑的"人为的语言"（künstliche Sprache）、"形而上学的语言"（metaphysische Sprache）、"人的语言"（menschliche Sprache）："这类呻吟，这类声音，便是语言。所以，存在着一种感觉的语言，它是自然规律的直接结果。""较晚形成的形而上学的语言，也许是人类野性未驯的始祖所生成的某一级亚种，经过千万年的蜕变之后，许多世纪以来有受到人类文明的熏陶和修正。这样一种语言，作为理性和社会的孩子……"（［德］J. G. 赫尔德：《论语言的起源》，姚小平译，北京：商务印书馆2017年版，第7、9页。）

[④] ［德］J. G. 赫尔德：《论语言的起源》，姚小平译，北京：商务印书馆2017年版，第12—13页。

性的来源，或把人运用符号的能力也完全归之于感觉的喊叫，或将人的语言视为社会约定的结果。在赫尔德看来，他们都没有正确认识人和动物之间的区别，从而错失了人的语言具有超越动物性的本源。

在第一篇对上述两种观点的初步反驳中，赫尔德实际上谈及了"自然语言"和"人的语言"这两种语言，前者作为后者的初始阶段，是后者所具有的自然根源，它将语言从《圣经》传统中的神的领域拉回到世俗领域；而人的语言与自然语言的根本区别，则进一步揭示出在世俗世界之中人超越于动物的位次。至此，我们已经初步看到，赫尔德对语言起源于人的论证，实质是在论述一种"人类中心主义"：人一方面摆脱了神的掌控，成为独立的语言创造者和使用者；另一方面，人也在根本上不同于动物，具有超出自然本能的能力。接下来，赫尔德具体阐述了人所独具的能力所在——悟性（Besonnenheit），并基于人的自然感性和悟性详细阐述了人类语言的生成过程。

（二）人类悟性说

赫尔德首先在论文第一章第二篇提出人的种属特征（der Charakter der Gattung，亦称 die Eigenheit，der Charakter des Geschlechts），该特征促使人形成"心灵的语词"（Wort der Seele）这种内在语言。赫尔德所谓的"种属特征"仍然沿用了古希腊哲学家亚里士多德对实体定义的框架，他区分出本质和属性，本质构成了实体之为实体，而偶然的、变动不居的属性则从属于本质。① 赫尔德沿用了这一"本质"概念，并将人的本质理解为悟性（Besonnenheit）或理性（Vernunft）。需要指出的是，赫尔德在《论语言的起源》一书中并没有严格区分悟性和理性这两个概念，其之所以提出了一个新的"悟性"概念，在一定程度上是为了和传统灵魂学说中的理性概念

---

① 参见亚里士多德《后分析篇》，《形而上学》第七卷 12—13 节。参见苗力田主编：《亚里士多德全集》（第 1 卷），北京：中国人民大学出版社 2016 年版；亚里士多德：《形而上学》，苗力田译，北京：中国人民大学出版社 2003 年版。

相区分。① 赫尔德多次强调人心灵的统一性，如"不论在何处，心灵的作用都是一个不可拆分的整体"②，因而心灵并非可以划分成感性、理性等不同层级的综合体，而是说，理性就是心灵全部的能力，它本身已经综合了人动物性本能（Triebe）的一面："即使是人的最感性化的状态，也是人类的状态，他身上仍有悟性存在"③，这意味着，人感性、冲动的动物性面向，也被认定为是人所独具的悟性的表现形式。在这个意义上，赫尔德排除了人退回动物的可能，使得动物与人彻底区隔开来，正如他所说，"人类高于动物并不是程度有别，而是种属不同。"④ 赫尔德基于这种天赋的能力，进一步论述了专属于人的自由：人"不像动物那样完全被宇宙所制服"，而是"拥有更自由地施展力量的空间"⑤。概言之，赫尔德对传统理性概念的改造，意在将人从动物的谱系中分离出来，赋予人超越于自然秩序的地位。

赫尔德在论文中花费不少笔墨澄清悟性概念，一方面是为了突出人与动物之间的本质区隔，另一方面固然是服从于征文主题——对语言起源的探讨。在赫尔德看来，人的悟性自由地发挥作用，于是人便能清晰明确地

---

① 赫尔德谈到，"为避免与独有的理性力量等等相混淆，我们将把人的这种天生的禀赋称为悟性。"（［德］J. G. 赫尔德：《论语言的起源》，姚小平译，北京：商务印书馆 2017 年版，第 29 页。）对应的德文为：Dies Geschöpf ist der Mensch und diese ganze Disposition seiner Natur wollen wir, um den Verwirrungen mit eigenen Vernunftkräften usw. zu entkommen, Besonnenheit nennen. 从字面上看，赫尔德似乎要将理性和悟性两个概念区分开来，但笔者认为，赫尔德在此试图与悟性区分开的"独有的理性力量"，指向的是传统灵魂学说中和欲望、激情相区隔的理性，而并不是要用"悟性"取代"理性"这样一种思辨能力，进而否认传统中认为的人所具备的逻辑思维能力。毋宁说，赫尔德通过提出"悟性"这个新的概念而重新改造了西方传统哲学中的"理性"，把它变成一种含括了感性、激情的综合性能力。这一经过赫尔德改造的"理性"是与"悟性"相等同的概念，例如而在赫尔德指出人是一种有悟性的动物（ein besonnenes Geschöpf）之后，他紧接着就说"如果理性（Vernunft）不是分割开来、单独作用的力量，而是人类特有的力量综合的一种方向，那么，人正因为他是人，从一开始就必须具有理性"。（［德］J. G. 赫尔德：《论语言的起源》，姚小平译，北京：商务印书馆 2017 年版，第 29 页。）海德格尔在其讲课稿中也将理性、悟性等视为类同的概念，参见 Martin Heidegger, *Vom Wesen der Sprache：Die Metaphysik der Sprache und die Wesung des Wortes, Zu Herders Abhandlung 'Über den Ursprung der Sprache'（Gesamtausgabe Band 85）*, Vittorio Klostermann, Frankfurt am Main, 1999, S. 163, 189. 文中简称 *GA 85*。

② ［德］J. G. 赫尔德：《论语言的起源》，姚小平译，北京：商务印书馆 2017 年版，第 28 页。
③ ［德］J. G. 赫尔德：《论语言的起源》，姚小平译，北京：商务印书馆 2017 年版，第 31 页。
④ ［德］J. G. 赫尔德：《论语言的起源》，姚小平译，北京：商务印书馆 2017 年版，第 26 页。
⑤ ［德］J. G. 赫尔德：《论语言的起源》，姚小平译，北京：商务印书馆 2017 年版，第 31 页。

认识事物的特性，进而区分出被意识到的特征，而这被意识到的特征就是"心灵的语词"（Wort der Seele），与之相随，语言就被发明了。例如，当人面对羊时，便会从白色、柔软、毛茸茸、咩咩叫的诸多特征中筛选出咩咩叫的特征（因为赫尔德认为，声音给心灵带来最强烈的印象，下文详述），以之标记眼前的这一生物。于是羊的这种特征作为内在的记号（Merkwort）被保留在心灵之中，成为人对羊的特征的命名。当人再次看到羊时，便会依循其叫声在心灵中找到曾经标记过的特征，确认眼前的就是"那咩咩叫的"。以声音为特征的原始语词就此形成，而人的语言作为语词的集合，就以类似的形式被发明了出来。

在上述例子中，我们已经可以看到赫尔德对声音的倚重。因此在论文第一章的第三篇，赫尔德专门探讨了语声（Töne）在人类语言形成过程中所扮演的角色。在此，他对比分析了听觉相较于其他感觉，在面对外部的刺激时所扮演的角色、清晰明确性、生动性、作用的时间、自我表达的需要以及发展这六个方面所具有的适中性特质，以此证明听觉是外界事物通往心灵的中介，基于此，赫尔德甚至激进地主张"没有听觉他（人）就不可能发明语言"①，"最早的词汇是由整个世界的声音聚集而成的"②。

赫尔德对声音的侧重，乃至对人的感性体验的歌颂，在很大程度上是为了反驳语言的超自然起源，那么当他极力主张人类语言的形成以听觉为基础时，是否意味着倒退回语言自然起源论呢？赫尔德相当审慎地处理了这种潜在的危险，强调"从纯粹感觉的发声中是决不可能产生出人类语言的"③，人还需要运用其知性，从声音中提取出区分特征，进而实现语言从动词到名词、从具象到抽象的过渡。因此从人的心灵出发，赫尔德将人类对语言的发明视为一个分环勾连的过程：人首先通过以听觉为基础的感官接收了外界信息，进而运用知性能力将信息整合、提取为语词。这一过程同样适用于整个人类社会的语言发展，通过对原始语言特征的考察与人类

---

① ［德］J. G. 赫尔德：《论语言的起源》，姚小平译，北京：商务印书馆 2017 年版，第 58 页。
② ［德］J. G. 赫尔德：《论语言的起源》，姚小平译，北京：商务印书馆 2017 年版，第 47 页。
③ ［德］J. G. 赫尔德：《论语言的起源》，姚小平译，北京：商务印书馆 2017 年版，第 52 页。

语言发展趋势的分析，赫尔德向我们揭示出一个以感性为基础、不断为理性所发展的语言演化机制。

作为康德的学生，赫尔德对语言形成过程的分析很容易让我们联想起康德对于"知识如何可能"的认识论分析。在《纯粹理性批判》中，康德从感性出发，逐次讨论知性、想象力、判断力，最终上升到理性，并最终将知识的来源归于感性直观和知性概念①；而赫尔德对人从接收外物到创造出语言的描述，也类似地勾勒了一个从感性质料的接收到高级思维能力综合的过程。不管其后赫尔德对康德展开了多么激烈的批评，强调知识的经验来源，不可否认的是，赫尔德在对语言的分析中并没有完全剔除先验的知性能力。在这个意义上，无论两人的分歧有多么大，我们仍然可以说，康德在哲学领域实现了"哥白尼革命"② 之后，赫尔德在语言学领域延续了这种"人类中心主义"——人虽然接受自然的教导，却始终是自然世界的例外；人所创造出的人类语言的世界，是一个超越于自然的动物世界的独立王国。

三、海德格尔的批评：从人到语言

在 1938 年的《论语言的本质》讲座稿第一节，海格德尔就已明确指出，课程的目的是借助赫尔德的《论语言的起源》来重新发问语言的本质。这里作为探讨主题的"语言"并非广义的语言——形式语言（Formensprache），而是要将语言置于和人的关系中进行探讨（GA 85, 155）。在这个意义上，海德格尔通过对赫尔德的批评而对语言本质的重构，实质也是一种对人本质的重思。为此，我们有必要首先回到海德格尔对人的理解，进而再审视其对语言的思考。

---

① 参见 Immanuel Kant, *Kritik der reinen Vernunft（Nach der ersten und zweiten Originalausgabe）*, herausgegeben von Jens Timmermann, Hamburg: Felix Meiner Verlag, 1998, S. 84 – 89.

② 所谓康德的"哥白尼革命"，指的是康德的先验哲学方法转换视角不再像传统哲学那样让认识主体迁就对象，而是让对象迁就认识主体，主体的可能性的条件是一切事物的可能性的条件。就此而言，赫尔德语言人创论的提出与康德的思考方式非常类似。

在赫尔德对语言起源的分析中，人的理性实现了从本能的喊叫到人类语言的跨越，从而使人从自然世界中超越而出。对于赫尔德来说，语言和理性是同源的，为此他举出，在许多语言里，"词"和"理性"、"概念"和"词"、"语言"和"起因"是用同一个名称表示的，最鲜明的例证即希腊文中的 ἄλογος 一词同时囊括了"无语言的"和"无理性的"双重含义。① 因此，"任何人，只要他不想否认人有理性，并且懂得什么是理性，只要他就语言的要素作过哲学的思考，只要他冷静地观察过地球上各种语言的属性和历史，那么他对人类发明语言的能力就不会有片刻的怀疑。"② "人是有理性的动物"（ἄνθρωπος = ζῷον λόγον ἔχον）这一对人的定义，是语言起源于人的最好注脚。恰恰相反，海格德尔质疑赫尔德"人作为有理性的动物而创造了语言"（GA 85, 157）这一主张，认为这种理解既没有澄清人也没有澄清语言的本质，反而陷入了循环规定之中：语言是人的语言，语言的本质与人的本质相关联，而人的本质又由语言来规定（GA 85, 156）。进一步来说，这种从语言出发对人的定义完全错失了人的本质，一个根本的问题是："人的本质是否可以从 λόγος 来定义？"（GA 85, 158）

对此，海德格尔试图回到 λόγος 一词的希腊文原义来回应这一问题。不过，在《论语言的本质》的讲座稿中，海格德尔对这一问题仅仅一笔带过，关于这一概念的讨论在此前的《形而上学导论》（1935）、《存在与时间》（1921）中有更为详细的内容展开。在《形而上学导论》的讲座稿中，海德格尔援引赫拉克利特两个明确讨论 λόγος 的残篇而指出，其源初的含义是采集（sammeln），更准确地说，是在自身中站立的存在者的会集，即存在，而和语言、语词、言谈毫无关系（GA 40, 95）③。因此，λόγος 原本和作为存

① 参见［德］J. G. 赫尔德：《论语言的起源》，姚小平译，北京：商务印书馆2017年版，第43页。
② ［德］J. G. 赫尔德：《论语言的起源》，姚小平译，北京：商务印书馆2017年版，第80页。
③ Martin Heidegger, Einführung in die Metaphysik (Gesamtausgabe Band 40), Vittorio Klostermann, Frankfurt am Main, 1983. 文中简称 GA 40。中译本参考［德］海德格尔：《形而上学导论》，王庆杰译，北京：商务印书馆2018年版。

在之涌现的φύσις是同一的（*GA 40*，100）。λόγος的动词λέγειν正是基于λόγος和φύσις的共属关联而获得了"公开""去蔽"的含义（*GA 40*，130），而λόγος在赫拉克利特、柏拉图那里拥有显示、使公开的性质，则是基于λέγειν这一含义的演化。而在此前写作的《存在与时间》中，海德格尔便已经指出，这种"显示"亦即话语——把言谈之时"话题"所及的东西公开出来（*SZ* 32）①，在此基础上，λόγος进一步派生出理性、关系等含义（*SZ* 34）。

当然，海德格尔的上述考察并非仅仅是为了规避λόγος的理性含义而对之进行词源学考辩②，而是为了回答人的本质问题。λόγος和φύσις统一于存在之中，不管是作为存在的涌现还是采集，都是向着人的存在之发力运作（walten），在此，人作为闻讯者参与其中。这里所谓的"闻讯"并非"那业已被规定好了的人的某种能力"，而是存在的历事发生（Geschehen），在这个意义上，人完全隶属于存在，是发生着（geschehend）进入历史（Geschichte）之中，既为存在之闻讯这一历事（Geschehnis）所占有，同时也是存在的保真者（Verwahrer）（*GA 40*，107—108）。通过第一分词geschehend 的使用，海德格尔意在解构掉人现成固定的本质，而强调其本质是一种与存在相互扭结的动态发生过程。

---

① Martin Heidegger, *Sein und Zeit*, Elfte, unveränderte Auflage, Tübingen：Max Niemeyer Verlag, 1967. 文中简称 *SZ*。中译本参考〔德〕马丁·海德格尔：《存在与时间》，陈嘉映、王庆节译，熊伟校、陈嘉映修订，北京：商务印书馆 2018 年版。

② 叶起昌认为，海德格尔对赫尔德的批评是为了探究比理性更原初的东西（参见叶起昌：《"人拥有语言"与"语词拥有人"——海德格尔论赫尔德》，《外语学刊》2008 年第 2 期。）这一点是准确的，但并不是海德格尔根本的问题意识，海德格尔最终要关切的是存在与人的问题。理性之所以具有非理性、非根据的地基（Boden），是因为存在的边界是无（nichts），这一无构成了人的根本境域，就意味着因果链的断裂、意义的缺失。另外一提，人们通常基于赫尔德对感性之基础作用的强调而将其视为反理性主义的代表，但在海德格尔看来，这种反理性主义仍然没有挣脱理性主义的思路，而仅仅是为并非全能的理性补充了感性。如在《形而上学导论》中他说道："我们长久以来站立其中的这一历史的漫长结局，是思作为 ratio（即作为知性和作为理性）的对存在者存在的统治。由此开始了'理性主义和非理性主义'之间的对台戏，它至今日还在所有可能得伪装和不尽矛盾的名称下上演着。非理性主义仅仅是理性主义的明显的软弱无能和全然的失败，因此它自身是这样一种理性主义。非理性主义是从理性主义中的出逃，这一出逃并没有导向自由，而仅仅还更多地纠缠在理性主义之中，因为在此唤起了这样一种观点，即认为理性主义通过单纯的拒绝而得以克服，而现在它仅仅是更危险了，因为它隐蔽而不受干扰地上演着戏剧。"（*GA 40*，136）

　　这样一种对人的理解，其实与其早年从生存论出发对人的刻画一脉相承。在其成名作《存在与时间》（1921）中，海德格尔提出用"此在"（Dasein）来指称对人的新的称呼。① 海德格尔为何要刻意提出一个新的概念？根据 Foseph Rose 的考察，Dasein 和 Existenz 在源始的德语中是同义的②，因而海德格尔将人称为 Dasein，是对人生存性特征的强调，而这样一种强调同时也是对传统形而上学混淆了存在和存在者的区分，进而遗忘了存在的批评。在《存在与时间》第九节中，海德格尔勾勒出了此在的两个形式特征而与传统的主体相区别，其中之一就是此在的生存性。他谈到，此在如果有所谓的"本质"，那么其本质也仅仅是去存在（Zu-sein）（SZ 42），换言之，此在并没有现成固定的规定性，而是始终处在流动的可能性中。与之相对，传统哲学总是依循现成状态规定存在，把存在混同于存在者，并认为人也具有某种固定的本质或规定性——不管是亚里士多德把人的目的理解为"善"（good），还是笛卡尔把人的本质认定为数学认识意义上的理智（intellectio），抑或是尼采把人解构为自行设定价值的权力意志（Wille zur Macht），在海德格尔看来都预设了人的某种规范性维度，这种规范性维度构成了人的存在性，在这个意义上，人就变成了某种僵死的实在。作为对这种传统思路的批评，海德格尔放弃了 existentia（存在）和 essentia（本质）两个流行的术语，而专门以"生存"（Existenz）描述此在的存在。

　　由此再来反观"人是有理性的动物"这一定义，它用"有理性的动物"回答"人是什么"（Was）的问题，其背后预设的是对人的本质（essentia）的发问；而"有理性的动物"这一回答，也仍然停留在亚里士多德"属+种差"的实体定义方式之中。因此，海德格尔认为赫尔德对语言起源的分析不过是一种模仿（Nachahmung）（GA 85，185），并没有突破传统哲学的思路，将人视为现成的存在者或实体。而海德格尔已经指出，作为此在的人

---

　　① "这种存在者，就是我们自己向来所是的存在者，就是除了其他可能的存在方式以外还能够对存在发问的存在者。我们用此在（Dasein）这个术语来称呼这种存在者。"（SZ 7）

　　② 参见 MarKA，Wrathall，*The Cambridge Heidegger lexicon*，Cambridge：Cambridge University Press，2021，p. 201.

没有任何规定性作为其本质，不管人采取怎样的方式生存，都是其存在，而没有存在性的高低之分。因此，对于人这样一种特殊的存在者来说，不能用 Was 而只能用 Wer 来追问（*SZ* 45）。而当我们用常人自身或本真自身来回答这一"谁"的问题时，也并不意味着在人所作为（als）的谁背后隐藏着另一副面孔，这样一个谁就是人的全部，是人在世存在的具体展开。

至此我们可以看到，海德格尔针对赫尔德把人理解为"理性的动物"，进而论证出语言人创论的批评，实质是要迈向一种对人的全新理解。该批评不仅触及了对理性主义的不满，要否定理性作为人的源初本性，更是深入到对人的发问方式的探讨中，试图去除人的一切固定本质。在这样一种新的刻画下，人不再能够抓住任何东西作为自己的根据（Grund），而只剩下虚无处境中对自身存在的关切与领会。正是人和存在的这样一种特殊关联，将海德格尔带向了他对于语言的独特理解。

限于篇幅以及海德格尔自身关于语言观点的错综复杂，在此笔者并不打算深入讨论海德格尔的语言观，而仅仅想要指出，尽管海德格尔前后期关于语言的思想发生了巨大的转变，但其对语言的思考始终是一种与人相关的形而上学思考，指向的是人与存在。不管是前期在《存在与时间》第三十四节中对话语（Rede）以及解释学循环的阐释，还是中期关于"语言是存在之家"（die Sprache ist das Haus des Seins）的讨论[①]，抑或后期在《从一次关于语言的对话而来》（1953—1954）、《语言的本质》（1957—1958）等讲座中对语言作为"存在之家"的反思、对语言和词语思考的推进[②]，海德格尔始终有意识地把自己的工作和对关于语言的科学知识的追寻区分开来，关注奠基性的人在语言上的经验，提醒人们在把语言作为对象进行科学分析之时，不要遗忘了人首先是栖居于语言之中才得以说话的。

海德格尔与赫尔德的根本分歧即在于此，可以说，海德格尔关于语言

---

① 参见［德］海德格尔：《海德格尔文集：路标》，孙周兴、王庆节主编，孙周兴译，北京：商务印书馆 2014 年版，第 369、395 页。

② 参见［德］海德格尔：《海德格尔文集：在通向语言的途中》，孙周兴、王庆节主编，孙周兴译，北京：商务印书馆 2015 年版，第 86—213 页。

的讨论一直保持在现象学对原初经验的关怀视野下，在这个意义上，语言绝非某种现成客观的科学研究对象，而是和人的存在息息相关。海德格尔在《论语言的本质》中区分出起源（Ursprung, ἀρχή, αἰτία）的两种含义（*GA 85*，153，207，210），即体现了这种看待语言的不同思考方向所蕴含的根本差异。对海德格尔来说，赫尔德的研究是从语言形成（Entstehung）角度对来源（Herkommen）的追溯，是一种历史学（historisch）的考察；而海德格尔意欲追问的是语言的本质根基（Wesensgrund），探问的是语言之发生（geschehen）。而从现象学对原初经验对发生之根基的追问比历史学意义上的探源更为源初，这是因为只有发生之历事（Geschichte），才会形成客观的、以一个一个时间点为记录的历史（Historie）。

四、结语：人之安在？

基于上述的讨论分析，我们不难发现两人在探究语言问题时思路的巨大差异。如果说赫尔德遵从从语言到人的路径，最终将人确立为世界的中心；那么海德格尔则是从对人的理解出发而重新思考语言的本质。可以说，海德格尔的批评是一种基于其哲学立场的外部批评，它回避了赫尔德探究方法细节的讨论，并不拘泥于其所用材料或证明步骤的科学与否，而是将赫尔德语言起源的考察本身视为对人的某种理解的产物，并认为这种理解仍然处在传统形而上学的桎梏之中。海德格尔的批评并不是精确的，但却不无启发意义，他无意为我们提供语言学研究方法的具体指导，而是试图唤醒我们去思考那隐没在语言学背后却又为之奠基的存在与人。

值得一提的是，在对人的理解上，海德格尔与赫尔德相反，持有一种"去人类中心主义"的立场，并且在一生的哲学思考中不断深化着对人类中心主义的去除。在早年的《存在与时间》中，此在作为一种"在世界中存在"（In-der-Welt-Sein），一方面被抛入世界中，而成为一定程度上的受动的"主体"；另一方面，此在基于存在领会又总是对世界这一意义整体有预先的把握，因而世界是此在所筹划的世界，世界的被揭示（erschlossen）和此在的展开（erschließen）成为一体两面的同一个现象。由此在《存在与时间》中，人不再是像神一样的创世者，站在世界对面对之进行构造，而是人嵌入世界之中，世界结构化为人生存在的要素。但是，这一去人类中心主义的工作并不彻底，因为这样一个世界是此在所筹划出来的世界，世界基于此在的领会而被收束在"我"的视域之内、成为为我的世界①。于是，《存在与时间》再次滑向了一种"人类中心主义"。

20世纪30年代之后的海德格尔开始走向一种更彻底的对人类中心主义的去除，他严肃地批评了自己早年的生存论思路，并开始回避从人出发对存在问题的讨论。例如在《哲学论稿：从本有而来》（1936—1938）中，他就谈道："在《存在与时间》中，此—在尚处于'人类学'、'主体主义'和'个人主义'等等之类的假象中"②。在该书中，海格德尔不再从此在出发去追问存在，而是转向了一种存在史（Seinsgeschichte）视角的叙述，从作为给予者的存在出发去理解此在；与之相应，人也不再被理解为向着死亡筹划自己存在的此在（Dasein），而是作为接受存在之馈赠的此—在（Da-sein），这一此—在似乎被剥夺了所有一切权能，而不过是接受存在所安排的命运：

> 在此—在中，并且作为此—在，存有居有真理，这种真理本身把存有揭示为那种拒予，那种暗示和隐匿之领域，亦即寂静之领域，而在其中，最后之神的到达和逃遁才首先得到了裁定。为此，人是做不了什么的——当人已经受命去为此—在之建基做准备，而且这种使命重又原初地规定了人的本质时，人能做的少之又少。③

在赫尔德写作《论语言的起源》之后的近两百年间，西方世界经历了深刻的思想转型。启蒙运动将人从神的秩序中解放出来，上升为自律的主

---

① 世界的"为我"特征在海德格尔对用具指引的分析中展现得尤为明显，参见《存在与时间》第15—18节。

② ［德］马丁·海德格尔：《哲学论稿：从本有而来》，孙周兴译，北京：商务印书馆2012年版，第310—311页。

③ ［德］马丁·海德格尔：《哲学论稿：从本有而来》，孙周兴译，北京：商务印书馆2012年版，第23页。

体，能够独立运用其理性展开批判[①]。但至 20 世纪，这一批判的矛头最终指向了理性自身，并开始通过一种去中心化的思路避免理性的狂妄与人类的自负。海德格尔在对赫尔德语言起源论的批评中所折射出的对人的重思，向我们揭示出人所处身的更广阔的背景。正是这一背景的开拓，使得人类世界的版图能够向异质性的要素开放，进而拓展乃至打破了理性主体的边界。在推崇多元主义的 21 世纪，我们仍然能听到海德格尔的发问所产生的回响。

---

① 关于此，康德《回答这个问题：什么是启蒙？》非常鲜明地展现了对理性的歌颂和呼吁。参见李秋零主编：《康德著作全集第 8 卷：1781 年之后的论文》，北京：中国人民大学出版社 2013 年版，第 40—46 页。

心性、情感与道德认知之间的内在统一性考察[*]
——当代儒学道德现象学和道德心理学前沿思考的巡礼

李洪卫^{**}

摘　要：心性、情感与道德认知之间的内在统一性问题是对当代儒学道德现象学和道德心理学研究中的核心问题之一。"心性、情感与道德认知"问题可以简称为"情理"问题。"情理"问题，借用西方哲学和伦理学的术语来说，就是理性主义伦理学和情感主义伦理学之间的关系的问题。本文的主旨问题，即这种在西方伦理学中展现为相互分离、相对存在甚至有些内在紧张甚或冲突的关系，在中国哲学尤其是儒学思想中是一个什么样的样态的问题。该问题的探究对儒学发展、中国哲学发展乃至对哲学本身（包括可能的未来的世界哲学）的发展或可能提供新的契机。"情理"问题是当代儒学的一个重要问题，本文集的具体目标是指向情感与理性的统一。因此本文集收录的文章即是对儒学之中情的根源、发用与理的规范、节制以及理的自我认知之间内在关系特性或者"情理"内在机理究竟为何问题进行探索的理论文章。本文即集中从"情理有关基础性的理论问题""情理界定与原始儒家相关思想的起源讨论""中西哲学比较视域中的儒家道德情感思想及超越性与西方情感主义伦理学""儒学的道德情感思维与西方情感主义伦理学的对话""儒学与现代西方道德心理学的异同观照""行动理由、精神性价值的特征属性与儒家教化的潜能"几个方面进行总体考

---

　　* 此文为笔者编选《心性、情感与道德认知——当代儒学道德心理学的前沿问题探索》一书所撰写的导言，特在此发表。
　　** 李洪卫，河北省社会科学院哲学研究所研究员、所长。

察，确认理性与情感之间的内在统一性，当然这个理性是心性澄明和情感之意诚的展现，不是理智分解意义上的理性。

关键词：儒学；心性；情感与理性；道德认知

编辑这本文集的主要目的是，尝试以此为路径探索儒家思想的核心要义究竟为何？当然，从最终目的来说，这本书并不试图直接回答这个问题，而只是为这个问题的探索提供一些可能的侧面的思考，即对"情理"问题的思考。就本文集来说，这个问题探索的着力点是儒学之中情的根源、发用与理的规范、节制及理的自我认知之间的内在关系特性，或者"情理"的内在机理究竟是什么，以及是否有某种本体论的根据在其中存焉？如果借用西方哲学和伦理学的术语来说，就是理性主义伦理学和情感主义伦理学之间的关系。这种在西方伦理学中展现为相互分离、相对存在甚至有些内在紧张甚或冲突的关系，在中国哲学尤其是儒学思想中是一个什么样的样态？同时，该问题的探究对儒学发展、中国哲学发展乃至对哲学本身（包括可能的未来的世界哲学）的发展可能提供什么样的契机？

一、有关基础性的理论问题

本文集的具体目标是指向情感与理性统一性的[①]，但是这二者在哲学史上向来是分属于人类个体两个不同层面的范畴，一般来讲是相对而出的，甚至于从讨论的性质来说经常处于一种对立关系之中，至少在西方哲学史上是很难并立的，这当然需要说明的是，它首先是从人类行动的维度展开的论证。从柏拉图那里开始基于人的天赋秉性的差异强调个体内在理性的特殊性质及其决定性或行动性质的层次性，这是他的认识论和实践哲学思

---

① 这里所谓的"统一性"并不是要说二者之间的"同一性"，这是自然的，因为作为哲学范畴二者之间的对象指称就存在基本的差异，这里的意思在如下文所说的，是就讨论个体行动的功能方面而言的。当然从中国哲学尤其是儒释道观念来说，二者之间的统一性还有更深层意义的蕴涵，但这是另外一个更加重大而且更加复杂的问题，还不是本文和选编本文集的主旨。

想相一致的表现，到了近代经验主义哲学家那里呈现出相反的态势，譬如休谟就说情感是人类行动法则的依据，理性只是供情感展开发挥的手段。他说："第一，理性单独决不能成为任何意志活动的动机，第二，理性在指导意志方面并不能反对情感。"① "单是理性既然不足以产生任何行为，或是引起意志作用，所以我就推断说，这个官能（理性）同样也不能制止意志作用，或与任何情感或情绪争夺优先权。"② 休谟强调的是"我们的行为与我们的动机、性情和环境，都有一种恒常的结合"③，他将人的行为和自然界存在的生物的行动的"动机"属性有类似的比拟，至少从行动"必然性"上是如此④，这与康德强调的人的行动主要是道德行动的自觉性自主性是直接冲突的，当然，休谟这里并没有直接区分道德行为和其他行为，而是将之一体观之，这也是他与理性主义尤其是义务论的伦理学相区别之所在。在这个意义上，儒家哲学在某些方面与之类似，譬如人类行动的先天动机方面，这是二者具有共性的地方；但是又有很大的不同，譬如人类行动的自主性层面，二者之间就存在着十分明显的差异。如果我们说牟宗三哲学之所以要和康德哲学做出对接，其中的重要原因之一即在于此。⑤

　　本文集所选编的论文从认识基础上聚焦于儒家的"情理"观念，它超越了关于儒学单纯的理论或性论的争执，仅就这个问题的相关思考，自20世纪以来以及晚近三十年来中国哲学的研究看，有三个环节值得注意：第

---

① ［英］休谟：《人性论》（下），关文运译，郑之骧校，北京：商务印书馆1996年版，第451页。

② ［英］休谟：《人性论》（下），关文运译，郑之骧校，北京：商务印书馆1996年版，第452—453页。

③ ［英］休谟：《人性论》（下），关文运译，郑之骧校，北京：商务印书馆1996年版，第439页。

④ 参见［英］休谟：《人性论》（下），关文运译，郑之骧校，北京：商务印书馆1996年版，第442页。休谟在这一节都在讨论人的行动的必然性问题，他说："由于证明我们自由的欲望是我们行动的唯一动机，所以我们就永远不能摆脱必然的束缚。"（［英］休谟：《人性论》（下），关文运译，郑之骧校，北京：商务印书馆1996年版，第447页。）

⑤ 当然，这不是牟宗三哲学主动与康德哲学对接比较的唯一原因，因为牟宗三对接康德哲学，既看到了他与儒家哲学之间的对应性一面，又看到可以改变和发展的一面，同时，牟宗三注意到康德提出的现象与物自身、智的直觉、自由意志等诸多方面的思考与儒家哲学之间存在着相互对话的契机，这是需要作出说明的。

一阶段是梁漱溟先生对儒学特性之"理性"（情理）界定的断言，这个概念在今天仍被学界继续关注和诠释，其思想意义及其潜能仍然十分可观；第二阶段是 20 世纪现代新儒家心学一系尤其是牟宗三哲学的内涵，他虽然没有就理性主义和情感主义伦理学做直接的论述，但是其对儒家的分系说、对康德哲学的分疏与整合、对儒家仁性特质的把握，其实是将这二者的复杂性和可能的潜在的联系进行了相当程度的疏导，但是在学界的讨论中，被表面上他对康德哲学的关注所笼罩，导致产生了诸多可能的多元解释甚至误解（诸如黄进兴与李明辉的争论便多少涉及于此，即儒学究竟是近康德还是近休谟等等意见的提出和不同论证），本文集中的部分篇章多少触及了这部分内容；第三个阶段是近三十年来，舍勒现象学的引入与会通以及关于 resonableness 和 raitionality 等问题的讨论，将这个问题的研究拓宽到更加复杂和深厚的中西哲学的比较视域中。我这里仅就部分问题尤其是与本文相关度较高的论题做一简要的概述，以大体呈现文集选编的基本要旨。

　　本文集大体涉及三个方面的问题，第一，从儒学视角考察孔子仁心和孟子恻隐之心的情理向度及其经验根据和先验根据；第二，以道德现象学和情感主义伦理学的西方视野，即从舍勒等现象学和西方情感主义伦理学角度审视或比较儒家道德情感与理性之间的内在同一性问题；第三，道德心理学中的移情和同情，这也是晚近以来西方道德心理学的重要话题之一，而其中正涉及儒家尤其是先秦儒家譬如孟子恻隐之心的分析，涉及移情与同情之间的区分及其关联。最早就儒家"情理"做出界定和思考的是现代新儒家的早期代表梁漱溟先生，他根据孔子之仁的特性最先界定儒家之心是仁心，但不是纯粹的"理性"，当然也不是单纯的情感，而是"情理"，他又将之称为"理性"，但这是与西方哲学中的理性概念大异其趣的，笔者曾就此有一评论：

　　　　梁漱溟把仁心称作"情理"、"理性"。梁漱溟提出的孔子的"理性"概念颠覆了我们通常从西方哲学所接受的"理性"概念，他指的是人的"情理"，梁漱溟对"理性"的界定，本于他在《东西方文化及其哲学》中的直觉，尤其是仁心之"寂"和"感"。寂是根本，感是寂的直发状态，是理性具体的呈现，它以寂为本。寂不是枯，而是平和，从根本上说也不是一般的平和而是一种完全的不受外界扰动困惑的心理状态，即喜怒哀乐未发谓之中，即中的状态，但是作为本体之中显然不易得，因此，梁漱溟有时候也用我们寻常的平和说理性。①

关于梁漱溟"理性"或情理问题的探讨，学界于最近二十年有多种相关论著研究，尤其是论文涉及更多，有些知名学者如李景林、童世骏、顾红亮等，还有一些青年学者也有相关研究发表，本文集中也有多位学者如赵法生、蔡祥元等涉及这个话题。与此相关的是有关儒家仁心本身的属性及其本体论的认识，这是一个更加显赫且探讨更多的问题，这个问题与牟宗三的三卷本名著《心体与性体》密切相关，由此引发的一个话题是宋明儒家直接提出（其实从孟子"万物皆备于我"开始）的"万物一体之仁"的问题。这个话题牵涉到儒家从孔子开始的仁心的情感属性、理性或理智属性以及其对天地万物的感通能力等等多方面的研究课题，甚至间接关系到儒学本体论中的理论、气论和心论等相关问题，同时它本身也是一个本体论思考的进路，即"万物一体之仁"既是孔子以降儒家仁性的属性及其内涵检讨，也是儒家对人与天地关系之根源性的考察，因此，所谓内外超越作为一个近二三十年来的重要研究课题始终不衰皆与此有关，本文集中蔡祥元、李洪卫的论文即涉及后面这个问题。因此，所谓内在超越问题不是与儒学的道德情感的伦理学和道德心理学无关，而是有深层的关联，甚至是对其本体论的思考方向之一。

就第二和第三个问题，我想就此做一个整体性的简要概述。黄进兴在《所谓"道德自主性"——以西方观念解释中国思想之限制的例证》一文中提出下列看法：

> 如果把道德的来源或基础建立在"道德情感"之上，依康德而言，即为"道德他律"（moral heteronomy），由此而衍生的行为准则即缺乏

---

① 李洪卫：《天道、仁道与公共规则——儒学中个体价值的天道根基与时代转进》，石家庄：河北人民出版社 2022 年版，第 168 页。

"普遍性"与"必然性"。譬如，一个人因为"怜悯"而帮助他人，如果他后来对此人"失去怜悯感"，则必将不再帮助此人。伦理真正的关键却是一个人"应该"或"必须"帮助他人（假若后者需要援助的话），即使此一行为违反他主观的喜好或意愿，而这个只能经由理性来决定，非能诉诸所谓的"道德情感"。①

黄进兴就此问题展开的讨论指向是牟宗三对中国儒学的研究应该嫁接的是苏格兰情感伦理主义的哲学，而不是康德哲学，作为牟宗三弟子的李明辉就此进行了辩护性论证，他分析了晚期康德和早期康德之间的差异，强调早期的康德对情感的思考更加复杂，另外，他想指出的是："在康德底系统中，道德主体虽仅是理性主体，这个理性主体却也是道德法则底制定者；但在朱子底理、气二元的间架中，性只是理（道德法则），心则旁落于气，只能认知地赅摄理，而不能规定之。"② 李明辉试图借助朱子和象山、阳明之间的区分肯定牟宗三对道德主体性的关注，这是与康德哲学相通的。他们争论的焦点其实是儒家哲学的情感与理性如何分布的问题，或者是仁心是否是理性的？仁心中的"情感"是一种什么样的情感？这些问题与本文集也是直接相关的。

　　本文集论文作者之一的卢盈华教授在其专著《道德情感现象学——透过儒家哲学的阐明》中，对该问题有过不小篇幅的论述，他指出孟子因为提出四端之心而有时被理解为一个休谟主义者，即黄进兴的看法，他随即指出，"然而，二者之间存在着一个被忽略的根本差异：对休谟来说，感受可以被还原为感觉（sensation），而孟子认为感受并不建立在生理心理状况之上。这一差异对他们各自的伦理学理论具有重要意义。"③ "笔者认为，康德的义务论（deontology）更接近孟子的思想。"④ 但是，这不等于卢盈华就

① 黄进兴：《优入圣域：权力、信仰与正当性》（修改版），北京：中华书局2010年版，第12页。
② 李明辉：《儒家与康德》，台北：台湾联经出版事业公司1990年版，第9页。
③ 卢盈华：《道德情感现象学——透过儒家哲学的阐明》，南京：江苏人民出版社2021年版，第8页。
④ 卢盈华：《道德情感现象学——透过儒家哲学的阐明》，南京：江苏人民出版社2021年版，第9页。

认同孟子思想与康德思想的贯通性，他在一些方面赞同李明辉，一些方面又有所批评，譬如他说，"牟宗三和李明辉明智地宣称，儒家心学认可'本体论的觉情'，然而他们将理以及仁义礼智解释为道德法则却是缺乏说服力的。"① 卢盈华的主要观点更加接近并采用舍勒现象学的架构方式，这也是当下中国儒学现象学的重要研究侧面。但是，就本文集来说，只有卢盈华、蔡祥元的论文比较多地运用了这个方法，但是仅就其解释能力和研究前景说，还是有很大前景的。

道德现象学或儒学现象学研究是当代中国儒学研究的一个热点，也是一个重点，其中包括倪梁康教授、已故的张祥龙教授、张庆熊教授等以西学起家又会通中西的学者，以及后起的张伟（张任之）教授等等，这个学术进路上的学者进行了广泛的中西比较研究，舍勒现象学是这个学术脉络中的主要学理基础（倪梁康教授则以胡塞尔为主，同时延伸到舍勒等），卢盈华教授也大体在这个方向上着力。就新近研究来说，儒学的伦理学研究还是以与舍勒现象学的比较为主，因为，舍勒现象学的特征就是现象学的价值伦理学，他强调人类的伦理价值的先验性与经验性的统一，同时强调存在"纯粹经验"，同时反对康德纯粹的形式主义的偏向，仅就这一点我们就能直观地感受到舍勒现象学与儒学尤其是以心性学为主的这个向度的儒学之间的内在联系，因此这种比较研究方兴未艾，虽然在本文集中展现并不为多。我们这里只是选取了卢盈华教授关于"敬"的一篇论文作为代表。因为，笔者在选编该论文集的时候，其实在开始并没有一个规范性的设定或标准，只是凭借一个感觉在知网上下载相关论文。直到去年卢盈华教授惠赐他的大作，我才看到在他的著作中可能有其他论文也可以选取。但是我个人还是基于普遍选自期刊的原则，没有增加或更替，因为这篇论文同样非常典型地代表着相关研究的成果。

---

① 卢盈华：《道德情感现象学——透过儒家哲学的阐明》，南京：江苏人民出版社 2021 年版，第 16 页。就该问题说，笔者也曾在讨论牟宗三的论文中提及黄进兴和李明辉的争论，该文是笔者投稿于 2018 年孔学堂现代新儒学大会的会议论文，探讨牟宗三的"理性心"的观念，其中涉及相关内容，但是由于该文后期修改延宕，直到近期或可能刊发，故此处便不再赘述文中内容。

如果从本文集的选编篇幅看，其实情感主义伦理学和道德心理学的研究几乎成为主流，而且是以西方哲学和心理学或神经科学的新近研究成果为基础的，并作了认真的中西会通式研究。这里面包括了当代流行的美国情感主义伦理学家斯洛特的成果的引入，并就此与儒学伦理学尤其是孟子伦理学中的恻隐等观念以及引申出来的同情、移情等哲学和心理学问题展开了比较深入的探讨，这些论文的特点是直接面对儒家尤其是孟子思想的恻隐等观念本身，把移情说与同情说、感通说等进行了比较思考，也对斯洛特思想本身进行了比较细致的分析。而本文集作者中的心理学家们则对当代心理学和神经科学的最新成果作了介绍，乃至于将宗教学中的"精神性"（sipirituality）和心理学中身心健康、心理咨询以及更加重要的是儒家思想中显性的和潜能性的价值进行了疏通，试图对此在学理乃至身心实践方面提供一些思想和实践方案，显然这是有大功于学界和社会层面的事业。因为儒学本身并不仅仅是书斋中的研究工作，从其本身的历史起源来说，它就是对个体和人类生存样式、发展方式等思考，与其他信仰性的价值体系有其相近之处。凡此上述种种，只是试图概括性地就本文集选编的宗旨或主题作一简要说明。下文则会就每一篇论文都作一介绍，以试图为读者通读文集提供一个思想引领，但这只是一个导读，是阅读思考的开始而不是阅读和思考的终结，因为下面的介绍只是笔者个人的阅读经验，而且是十分肤浅的。下面就按照选集的几个结构性顺序作一介绍。

二、情理界定与原始儒家相关思想的起源讨论

本文集第一辑部分主要是初步论述儒家情感与理性的统一性问题，包括"情理"观念的大体界定及其形成[1]，包括原始儒家相关的论述。

---

[1] 就本书而言，"情理"的内涵并不特别严谨，学术界的相关论述根据侧重点不同，也存在比较多元化的看法，因此关于"情理"还没有形成一个十分严格的定义，但是不妨碍在日常交流中使用它，而且还无法就此以"情理"直接界定儒家关于人性本质与展开、良知本性、良知发用等方面的属性，只是作为该问题讨论的重要出发点之一。

徐嘉的《儒家伦理的"情理"逻辑》，开篇即指出：

可以说，儒家伦理在起源阶段具有明显的美德伦理的特征，即美德的形成以人性为基础，而人性以"情感"为本质特征。其所遵循的是"情理"逻辑，这也成为儒家伦理的一种"基因"，一直影响到宋、明时期的理学与心学。此言"情理"，指的是"情感理性"，即以情感为出发点与价值标准的理性思维形式，在伦理学研究中，是指具有道德意味的情感的理性化，也就是将主观性、个体性的情感经由人的理智的加工，而成为具有普遍性、合理性的伦理原则。具体而言，儒家伦理以"共通的情感"（"共情"）为基础，确定人皆有"移情（empathy）"的能力，并以概念化、逻辑化的方式确立了善恶标准与道德行为方式。这种"情感理性"不同于康德的理性主义伦理学（"纯粹实践理性"以先验的普遍必然性为前提，无关乎情感），而与休谟、斯洛特（Michael Slote）的情感主义伦理学相似。①

他和本文集很多学者同样准确地指出，"梁漱溟先生是最早意识到儒家伦理这个特点的学者。"②"自孔子开创儒学一脉，儒家伦理就以'仁'为核心，并将'仁'奠基于血缘亲情之上，朴素、自然而直接，既尊重人之常情，视其为基本价值，又超越血缘情感，走向'爱人'。不仅如此，孔子认为，合乎自然的情感都是美好的，情感的熏陶是达到'仁'的重要方式。"③"李泽厚先生在反思理性主义的缺憾时认为，人之情感应该成为哲学最根本的基石，并将情感提高到'情本体'的高度。他说：'所谓本体即是不能问其存在意义的最后实在，它是对经验因果的超越。'情感本身即是'人生的真谛、存在的真实、最后的意义'。要全面把握'人'就要从情本体入手，而这恰恰是儒家哲学、儒家伦理的根基。"④徐嘉在这里从孔子之仁直接通到了李泽厚的"情本体论"，因此，他在某种意义上亦是以情或仁

---

① 徐嘉：《儒家伦理的"情理"逻辑》，《哲学动态》2021年第7期。
② 徐嘉：《儒家伦理的"情理"逻辑》，《哲学动态》2021年第7期。
③ 徐嘉：《儒家伦理的"情理"逻辑》，《哲学动态》2021年第7期。
④ 徐嘉：《儒家伦理的"情理"逻辑》，《哲学动态》2021年第7期。

情言性，因此，他又指出，"孔子强调内心的仁始于亲情；孟子言性善源于'不忍人之心'，并以情言性，以'共情'为基础作为人的'善之萌芽'，使得伦理的根基更具普遍性；而道德行为的最终价值目标，在孔子看来是实现'仁'，在孟子看来是'求放心'，亦是以人的情感为根据。"[1] 儒家的思想特质"情理"其实自身存在一些紧张，即情即理，但是情如果是理，那么情感是千差万别的，都能确认为理吗？心学的良知在阳明那里是理，但是是要回到其本体上才能有所保证，如果仅仅是良知端绪的发用，这是否是理，就又是一个有争议的问题了。

徐嘉看到了这个问题，他说："'致良知'是一种情感体验式的认识，不思不能自觉其存在，而把握良知在某种程度上要靠'觉'，'随他多少邪思枉念，这里一觉，都自消融'（《传习录》下）。这是良知的自我觉悟，但人之觉悟各不相同，其与主观性思维相关，因而是不确定的。这是王阳明'致良知'的真正问题，也是心学体系内无法克服的难题"[2]。徐嘉在这里肯定阳明对朱子外在性天理的超越，回到情性自身，但是由于徐嘉将良知之情本身视作理，尤其是没有看到情理本身的先验基础性，即他肯定了李泽厚的"情本体"则在一定程度上忽略了儒家关于"性"的思考与生命体验，这样对情理问题的处理，则失去了宋明儒家在超越层面上的"平衡"，即情或情理出于先验的非情非理的转折，其实他对此也有所认识，即阳明强调的"无过无不及"等。如果我们说儒家的思想特质是"情理"的时候，不仅仅是以情为理（当然该文以及其他论文对此都有清晰的认识，这个情不是常规意义上的"情感"之情），而是一种"性情"（当然不是日常所谓"真性情"，日常的"真性情"是真情，儒家的"性情"则是由性展开的情），所以，徐嘉关于儒家"情理"逻辑的探讨揭示了一些重要的问题，但是也遗留了一些困难有待澄清。

赵法生的《情理、心性和理性——论先秦儒家道德理性的形成与特

---

[1] 徐嘉：《儒家伦理的"情理"逻辑》，《哲学动态》2021年第7期。
[2] 徐嘉：《儒家伦理的"情理"逻辑》，《哲学动态》2021年第7期。

色》，强调从孔子仁学开始，经历思孟之间的历史过渡，到孟子才最终完成其总体的逻辑构造，该文的标题即充分彰显一种规范性的界定之意：

> 因此，如果我们用"理性化"来表达儒家道德思想的特征，那么理性化的实现正是通过从性情论到心性论的转变而完成的，儒家的理性其实是"心性"，孟子的心性论是儒家道德思想理性化的完成形态。当然，这里理性的含义不同于康德的实践理性。正如叔本华指出的，康德的实践理性从本质上讲依然是理论理性，是对道德法则的理性分析，意在把握道德法则的形而上本质，至于道德行为的现实发生路径，并非它关注的重点。就此而言，康德的实践理性依然是知识论，仍然不是实践的。相比而言，儒家的道德理性由于通过心性论有机整合了心、性、情三者，实现了情理合一、心性合一、性情合一，它就不仅是理性的，而且是实践的，这种心性论必然导向工夫论，以工夫论为归宿。①

从笔者思考的角度看，赵法生该段论述基本抓住了儒家作为生命实践"哲学"的本质，同时也点出了儒家"道德理性"不同于康德"实践理性"的特质，即实践或践履与纯粹的理论思维之间的基本区别。

李洪卫的《孔子论"直"与儒家心性思想的发端——也从"父子互隐"谈起》，主要是从孔子就一种"情感"的论述展开，即冯友兰特别强调的作为"仁"之基础和底色的"直"的特征与属性，借此展开孔子本人思想的特性之一，即孔子的仁学论述是从人性之情感展开出发的，他没有直接设定人性的本质，也没有像宋明理学家那样就人性之仁心充分展开而讨论与天地感通的属性，而是从生命的基本元素出发的，依赖这些元素同时辅之以生活修行中的锻造成就个体。此文指出，孔子的道德价值目标是"仁"，"直"是它的素朴的底色和基础，冯友兰曾经于此有深入的论述。李洪卫由上述进一步展开，"'直'是'仁'的内在心理基础、底色，它可能合于中

---

① 赵法生：《情理、心性和理性——论先秦儒家道德理性的形成与特色》，《道德与文明》2020 年第 1 期。

道，也可能有时失于偏激。但由此不难看出，'诚'如果表征个人心理状态的一种完善状况，那么，'直'则是它的初级或原始状态，二者之间是相通的。故刘宝楠训'直'为'诚'：'盖直者，诚也。诚者内不以自欺，外不以欺人。《中庸》云：'天地之道可一言而尽也。其为物不二，则其生物不测。'不二者诚也，即直也。故《系辞》传言乾之大静专动直，专直皆诚也，不诚则无物，故诚为生物之本。"① "在孔子看来，只有仁者才能够真正喜欢一个人，或厌恶一个人。可能在一般人看来，这里有些奇怪，'好人''恶人'成了一种能力，一般人的好恶未必是真的，而这正是孔子的高迈之处。"② "直与礼是矛盾的统一体，'直'具有先赋性，而'礼'则是后天学习的结果，没有前者，后者即失去了赋有的基础和条件。荀子谈化性起伪，但人如果没有善根，则'伪'就彻底成了伪装，与其内心就成了两张皮，人就成了披着道德枷锁的奴隶。所以，孔子又说：'义以为质，礼以行之'（《论语·卫灵公》）。"③

从作者这里的论述可以看出，儒家是以人性中素朴的本性为基础并加以道德锻造的，即"天生德于予"与"性相近，习相远"二者之间的辩证统一。同时，又须看到，在人性之中先天也有"恶"的元素（如果通过修养工夫溯其本源、回复到本体，则"恶"的元素消解）也需要双重规范才能实现对它的遏制，即道德和法律的双重制约，道德约束一般是以道德习俗和个人自律相结合的形式出现，同时必须看到的是，道德的约束就共同体而言最终是要建立在法律普遍性的基础之上的，同时，道德习俗不仅能抑恶还能扬善，否则人类所有宗教和道德习俗的意义就消失了。

李瑞全在《儒家道德规范之情理一源论——孟子不忍人之心之解读》中强调：

---

① 李洪卫：《孔子论"直"与儒家心性思想的发端——也从"父子互隐"谈起》，《河北学刊》2010 年第 2 期。

② 李洪卫：《孔子论"直"与儒家心性思想的发端——也从"父子互隐"谈起》，《河北学刊》2010 年第 2 期。

③ 李洪卫：《孔子论"直"与儒家心性思想的发端——也从"父子互隐"谈起》，《河北学刊》2010 年第 2 期。

在此我们所要强调的是孟子以仁义礼智皆出于心，皆以心为道德之善的根源所在：仁义礼智都是基本的道德原则，都是理，此即表示"不忍人之心"显然不只是一感情而已，它同时即是一理性的存有（rational being）之主体性。理性的特色就是具有普遍性，普遍的意义。但此理性存有的心同时具有另一重要的特色就是能思（think or reflect）。孟子在其后即谓：我们常判定别人之"不能"实行仁义，或能够"知皆扩而充之"等，都说明孟子之"不忍人之心"具有认知和反省的能力。孟子更在另外的一些文献中特别指出"心之官则思，思则得之，不思则不得也"（《孟子·告子》上6A：15）等说法，强调心之思的能力。这说明了孟子之"怵惕恻隐之心"同时具备了思考反省的能力，不纯然只是一感性或感官机能。而孟子之"思"或"知皆扩而充之"所指的固然可包含各种事物之思考或反思，更重要的是对于道德的认知与反思。换言之，不忍人之心不但是道德感情的发源地，也同时是道德理性或道德原则的根据地。因此，不忍人之心既是情，亦是理。此即初步表示孟子所说的不忍人之心在怵惕恻隐的道德经验中，情与理实为一体，并未分家，不是两组机能结合，亦非如西方哲学家常是以情、理为对反而不可共容于道德的根源之说。孔孟或儒家在此毋宁是以道德经验所含的正是合情合理而不可无端分割的整体的经验实在。西方哲学的知、情、意三分毋宁是经分解之后的说明，而非道德经验之本真情状。①

李瑞全在此处同上述赵法生所言，他特别强调了儒家的实践性本质特征，同时也具体展开了这种实践性本质的修养工夫论特质。当然，说此工夫论即意味着其中的"能动性"特征，而不是理性本身纯粹的"认知"属性，他说："工夫论之成立有两个先行的条件，一是有一理想人格的目标，二是有一能实现此人格之能力。工夫则是由发挥此能力，而成就理想人格

---

① 李瑞全：《儒家道德规范之情理一源论——孟子不忍人之心之解读》，《国学学刊》2014年第3期。

实现的历程。因此，工夫论即说明成就理想人格的能力之不断升进之历程，而且此能力之累积对于行动主体成功理想人格的表现是有所增益的。"① 这种对于实践工夫论的重视，其实可以展示儒学的特殊性，即其非宗教非哲学，亦宗教亦哲学之特殊品格，这是值得我们继续深入研究的。

赵法生《从性情论到性善论——论孟子性善论的历史形成》一文则尝试将他前面所说的性情与心性合一的儒学特质通过对孟子思想的研究展现出来并确证之：

> 性善论与性情论一脉相承之处在于以情论性，但是，作为四端之情与孟子之前的性情之情也有显著差异，包含着孟子性善论对传统的以情论性的重要发展，主要表现在以下方面：首先，孟子的四端已经是纯粹的道德感情。如前所述，《性自命出》中的情虽然具有道德指向性，但并不完全是道德情感；《中庸》之"喜怒哀乐"与此相似，因而才有发而中节与不中节的问题。楚简《五行》主要从道德心理机制的角度考察与仁义礼相对应的情感反应，许多情感被说成是道德的基础。到孟子，则明确将道德的情感基础限定为四端，即恻隐之心、羞恶之心、恭敬之心、是非之心，并且将这四种情感说成是"天之予我"者，其他消极性的自然感情均被排除在外。其次，性善论是性情论的完成形态。性情论以情论性，确立了从人的情感中寻找道德依据的基本路向。孟子之前，尽管可以说是性情一本，情与性在内涵上相通，层次上相同，但是，性具于人而源于天，比情离天命更近一层，所以孔孟之间的儒家文献资料论性情，必先言天言命，再言性，然后由性说到情。可是，在孟子的性善论中，对性与情的言说方式发生了重要变化。②

他在对孟子思想的阐释中推及到了气的层面，也由此就牟宗三单纯强

---

① 李瑞全：《儒家道德规范之情理一源论——孟子不忍人之心之解读》，《国学学刊》2014 年第 3 期。

② 赵法生：《从性情论到性善论——论孟子性善论的历史形成》，《南京大学学报》（哲学·人文科学·社会科学版）2020 年第 4 期。

调道德之性提出了一定的批评：

> 然而，人何以有此道德感情，道德感情形成的内在机制是什么？楚简《五行》对仁义礼智圣五行"形于内"之说已经触及这一问题，而孟子很可能是受此启发，并根据"心之官则思"的思想，进一步提出了"恻隐之心、羞恶之心、恭敬之心、是非之心"的四端，并形成了良心和本心的概念，说这是"天之与我者"，而良心或本心正是道德感情的感受主体，所以四心的说法，实现了情的官能化和主体化，从而在心性论的意义上确证了人之道德主体性，由此迈出了性善论最重要的一步。但是，正如前面已经说过的，孟子所说的心，是感受性的心，心之内容包括情，孟子从未脱离人的道德情感说心。这样，孟子以心论性，从不离开人之心说性；然而孟子又是以情论心，从不脱离人的感情说心，而不论是道德感情还是自然感情，都属于气，所以以心论性的确是孟子的新说，但此新说其实是对于以情论性和以气论性的总结与提升，孟子完成了一大综合，将原始儒家心、性与情这三个核心概念统一起来并赋予了新的含义，《性自命出》中的性情一本演变为心、性、情一本，原始儒家的人性论也从性情论转变为性善论，性善论成了性情论的完成形态，但无论是以情论性和以心论性，都与气论存在着某种历史渊源。①

牟先生说情才"其所指之实即是心性"，本无不可，关键在于他对于心与性的理解，心与性是本体与实体，必然与气无干，而情与才既然只是表达心性而无独立意义，也必然与气无关，他于是建立了另一个"洁净空阔"的世界，它不叫"理"而称"心"，但在隔绝本体与现象方面，与理具有异曲同工之妙。所以，其心性尽管获得了绝对性和超越性，却面临着与朱子说的理相同的困境：它究竟如何与形下世界贯通？解决此困境，或者再走朱子"理能生气"的路子，说本心虽

---

① 赵法生：《从性情论到性善论——论孟子性善论的历史形成》，《南京大学学报》（哲学·人文科学·社会科学版）2020 年第 4 期。

非气，却能生气，但这将重新陷于二本，非孟子义；或者说不取此说，只是认定本心的发用可以直通生活世界，可是，由于本心与气无关，体用殊绝，且心本身丧失活动义，心性本体向生活世界的跨越便无法得到切实有效说明而只能是个假设，而孟子学中居于重要地位的"践形"工夫，也就丧失了实践基础。①

赵法生此处提出的关键问题是，牟宗三的心性论或心学论述在思想深处又回到了他视之为"歧出"的理学，这其实也是笔者在思考牟宗三某些思想内涵时的困惑之处。由此，我们又可以知道，儒学所以在宋明理学中形成理学和心学的分野在理论和实践层面都有其深刻的背景和发展可能性，这方面的研究虽然很多，但是如何在理、心二元性对立的思维中跳出来，则是我们今天需要面对的课题。

三、中西哲学比较视域中的儒家道德情感思想 及其超越性与西方情感主义伦理学

本文集第二辑内容重点讨论对宋明理学道德情感相关思想的论证和该阶段思想对原始儒学的演进，尤其是在本体论证明方面的推进，同时涉及与该阶段哲学家与斯洛特等人的比较问题，即所谓情感主义伦理学与儒家思想的对话。

黄勇试图通过对宋明儒家的思考，为儒家思想特性寻找一个坚实的理论基础，但是这个基础是超越所谓理性主义和情感主义二元论的，他个人倾向于美德伦理学的论证。他在《程颢的美德伦理学：超越理性主义与情感主义之争》中认为，"如果如牟宗三所说，理本身也是一个变化之物，那么它跟同样作为变化之物的万物有什么根本的不同呢？它跟万物的关系是什么呢？它的变化跟万物的变化的关系是什么呢？这些牟宗三的解释必然

---

① 赵法生：《从性情论到性善论——论孟子性善论的历史形成》，《南京大学学报》（哲学·人文科学·社会科学版）2020 年第 4 期。

会面临的问题都是理论上无法回答的问题，而程颢的理的概念本身根本不会面临这样的问题。"① 其实这里可以辨析的是，牟宗三之理有两个维度：第一，它是宇宙变化之道；第二，它是人心中之理。二者在一定意义上又存在统一性，这是他的即存有即活动的真义。但是黄勇在这里将牟宗三之所谓理理解为和程颐同样的外在之理则似乎是不太相应的，程颢和程颐的关系与此相类似，因为程颢的理并不是一个设定，也不是法定的规则，而是生命状态的中和。黄勇与其他学者稍有不同的是，他在此特别强调了明道对"生"的二元性阐释，即生是万物的特性，因此不能就以此作为界定为人的本质，故他（明道）进一步强调仁义礼智信的人的特质属性，这才是仁性和人性，二者之整合构成儒家的本体论证明。但是揆诸牟宗三学说，仅仅从这一点来说与黄勇的观点不仅不冲突还是一致的。② 黄勇在论述儒家尤其是宋明儒家之仁体即"一体之仁"中则确切把握了明道思想宗旨：

> 但我们如果知道他人身上有痛痒，我们则往往没有帮助他们去除这样的痛痒的自然倾向，特别是如果这样的帮助行为与去除我们自身的痛痒或追求我们自身的快乐发生冲突的时候。在这种情况下，我们还是有可能决定去帮助他人解除他们的痛痒，我们需要确立坚强的意志去克服我们想解除自身的痛痒或追求自身的快乐的自然倾向，然后才能去做这件我们没有欲望去做的帮助行为。在这样的帮助行为中我们就不会有乐趣。为什么会这样呢？程颢说，这是因为"人只为自私，将自家躯壳上头起意，故看得道理小了佗底"（《遗书》卷二上，33）。换言之，这是因为我们还不是仁者，我们还不能感知他人的痛痒，我们还不能以需要帮助的他者为一体，将需要帮助的他者视为自己的一部分。相反，如果能以万物为一体，将他者的痛痒感知为自身的痛痒，我们帮助他者解除痛痒的行为就会与我们解除自身的痛痒的行为一样

---

① 黄勇：《程颢的美德伦理学：超越理性主义与情感主义之争》，《东南大学学报》（哲学社会科学版）2020 年第 5 期。

② 在收录于本文集中笔者关于牟宗三超越性论述中尤其是对于明道相关思想有比较多的展开，可以参阅。

自然，也就是说，我们也跟解除自己的痛痒一样乐于去做解除他者的痛痒的事情，因为这里的他者已经成了我自身的一部分。①

当然，这里涉及的问题是，如何"能够"实现以他人痛痒为自身的"痛痒"，这是一个实践或践履的问题，从儒家自身来说，这是个体变化气质的问题，由此实现"同感"。黄勇在论文中尤其解释了"同感"的六个特征，其中与同情差异的分析结论十分精彩：

> 在这个意义上，具有同感的人过的生活比具有同情的人过的生活更加令人羡慕。这是从帮助者的角度看。我们也可以从被帮助的人的角度来看具有同感的人的帮助行为和具有同情的人的帮助行为之间的差别。假如我是一个被帮助者，知道帮助我的人并没有帮助我的自然倾向，甚至是在克服了其相反的自然倾向后才帮助我，我的感受不一定会好，如果不是一定不会好的话。这也许就是有时我们听到或自己会说"我不需要你的同情"的话。相反，如果我们知道帮助我的人很乐意帮助我，他的帮助行为非常轻松和自然，我们的感受会更好一些。从这个意义上，来自同感的帮助行为较之来自同情的帮助行为，即使对于被帮助者，也有更高的价值。②

黄勇设定明道思想为美德伦理学，同时又认为，他的美德伦理学不同于单纯的情感主义或理性主义，而是二者的统一，可以避免在当代西方美德伦理学复兴运动中理性主义和情感主义的非此即彼。明道的超越性在于"关键是他独特的关于仁这种美德的概念。由于他将仁理解为对他人的痛痒的知觉及其伴随的想解除他人所感知的这种痛痒的动机，他所理解的儒家的仁实际上就是当代心理学讨论的同感概念，而这个概念乃是当代情感主义美德伦理学的核心"③。但是，当代情感主义伦理学的"同感"充其极是

---

① 黄勇：《程颢的美德伦理学：超越理性主义与情感主义之争》，《东南大学学报》（哲学社会科学版）2020年第5期。
② 黄勇：《程颢的美德伦理学：超越理性主义与情感主义之争》，《东南大学学报》（哲学社会科学版）2020年第5期。
③ 黄勇：《程颢的美德伦理学：超越理性主义与情感主义之争》，《东南大学学报》（哲学社会科学版）2020年第5期。

情感的心理学或激发分析，它的论述中并没有儒家通过变化气质实现身心万物的一体感，也可以说，这类似于与康德哲学之间的比较，仍然是实践与理论之间的差异。

蔡祥元在《从内在超越到感通——从牟宗三"内在超越"说起》中，对牟宗三的"内在超越"说进行了一定的辩护，这个辩护有一定的力量与价值。如果说"内在超越"是现代新儒学研究中最富争议的课题实不为过，而且以批判性的声音为主，牟宗三弟子包括李明辉等在内对此都有一些辩护，包括强调牟宗三对康德的诠释不是一个哲学史叙述性描述，而是哲学家的创造性诠释即对康德思想的自我理解基础上的发挥等等。[①]"内在超越"这个问题的理解和诠释难度较大，但是蔡祥元的解释中包含不少有价值的值得注意的内涵。他认为：

> 牟宗三的内在超越说是相对于西方哲学与宗教的外在超越说而言的。牟宗三本人也已经意识到这一概念可能包含理解上的矛盾，他指出"内在"与"超越"是相反的（"Immanent"与"Transcendent 是相反字"）。牟宗三为什么要把这两个矛盾的词合在一起使用呢？这是为了标识中西方文化传统对超越者理解上的区别。西方哲学宗教传统中的超越者，无论是上帝还是实体，整体上言，都具有一种超出自然界或现实世界的存在方式。中国古代哲学传统中的天或天道同样也具有这个维度。但是，与西方传统不同，中国古代哲人，无论儒家还是道家，都在寻求如何把此外在的天跟人心打通。"内在超越"标识的就是这一哲理特征。[②]

蔡祥元在这里明确指出，牟宗三并非没有意识到中西哲学对"超越"的不同认识，而是他继承了中国哲学传统中的人心与天或天道沟通的特征，这是"内在超越"说提出的主要目的。"当他着眼于中国哲学来反思此超越的

---

① 这个理解不限于智的直觉、内在超越等问题，几乎囊括牟宗三对康德哲学的整个理解过程和结果。

② 蔡祥元：《从内在超越到感通——从牟宗三"内在超越"说起》，《中国哲学史》2021 年第5 期。

本体界时，他改变了康德那里的超出经验、隔离于经验之外的意思，相反，此超越界是可以为'人心'所通达的。'内在超越'说的就是此种通达的可能性。"① 他引用牟宗三所采用的张载"廓之"试图说明牟宗三如何论证心的涵盖与超越之语义的："张载用了'心知廓之'来描述它。牟宗三指出，这里的'廓之'表明'心知'把握天道的方式不是把它作为认知对象（如果那样，会陷入对象化的巢窟，产生先验幻相），而是'廓之'，即以开阔其心以达到与天道的如如相应，并以此获得对天道的体知。因此心知是通过'廓之'来让天道得以'形著'的。"②

由此，蔡祥元进而论证牟宗三的内在超越与感通的关联性甚至内在一体性，并进而说明牟宗三内在超越思想的巨大空间，因此他在该文中还随机辨析了牟宗三借用发挥康德物自身概念的特殊性，即在直接对比层面是错位的，但是从中国哲学（譬如"自得"等概念）理解的维度又有相当的合理性，③ 同时又明确指出，牟宗三所使用的"仁体"的创生义与西方哲学传统的明显区别。他试图通过这些辨析使包括张汝伦、黄玉顺以及杨泽波等批评限定在一定范围内，至少是对牟宗三内在超越基础性理解或同情理解的基础上，他的另一层想法则是试图阐明牟宗三的感通的相对终极的价值。他在该文最后提到，"牟宗三有关'感应'的分析可以视作其感通论的一部分。他区分了两种不同的感应。一种是'物感物应'，也即经验层面外物感动人心的方式，此种接物的方式把握物的'现象'。另一种是'神感神应'，这就是本心仁体的觉物方式，它把握到的是'无相'的物自体。"牟宗三关于"智的直觉"的讨论试图超越康德，带来了巨大的争议，其论证结果究竟如何，还需要对个体身心涵养工夫的实践层面做深入探究才行。蔡祥元则试图由此批评单纯外在超越的建构会走向与内在的对立，现象学

---

① 蔡祥元：《从内在超越到感通——从牟宗三"内在超越"说起》，《中国哲学史》2021 年第 5 期。

② 蔡祥元：《从内在超越到感通——从牟宗三"内在超越"说起》，《中国哲学史》2021 年第 5 期。

③ 参见蔡祥元：《从内在超越到感通——从牟宗三"内在超越"说起》，《中国哲学史》2021 年第 5 期。

的研究则是一种对此思考实现深化的进路。他认为，"外部世界的超越性问题只能通过深化认识论的方式来重构，而不是通过回归人类文明早期的那种外在超越者来获得；也不同于内部批评者，感通现象学可以视作对内在超越如何可能的一个现象学展示，它不是去'终结'内在超越论，而是对它的深化或拓展。"① 蔡祥元上述讨论是有一定见地的，"感通"涉及儒学和宋明儒学以及现代新儒家的基本思考和论证，同时又关涉到中西哲学之间的差异和会通的契机等方面，而内外超越的讨论则直接触及该问题的核心部分，感通论主要是心性学的理路，但是根本上说还是"工夫论"的问题，所以李洪卫对牟宗三的相关讨论便诉诸了阳明个人的一些身心经验。

李洪卫在《心之感通与於穆不已之天道的合一——论现代新儒家"道德形上学"建构的根基》中开篇也和蔡祥元一样指出了对内在超越的三位批评者，即张汝伦、黄玉顺和杨泽波，他详述了三位的主要观点，但是没有像蔡祥元那样将他们区分为外在批评和内在批评。② 李洪卫就坊间批判牟宗三为人文主义的看法进行了辩护，引用了牟宗三的原文："儒家所肯定之人伦（伦常），虽是定然的，不是一主义或理论，然徒此现实生活中之人伦并不足以成宗教。必其不舍离人伦而即经由人伦以印证并肯定一真善美之'神性之实'或'价值之源'，即一普遍的道德实体，而后可以成为宗教。"③ "一般人常说基督教以神为本，儒家以人为本。这是不中肯的。儒家

---

① 蔡祥元：《从内在超越到感通——从牟宗三"内在超越"说起》，《中国哲学史》2021年第5期。

② 关于牟宗三"内在超越"的讨论学术界已经十分丰富，参见赵法生，李洪卫主编：《天道与超越性：当代儒学前沿问题丛书Ⅰ》之一种《究天人之际——儒家超越性问题探研》。李洪卫该文是其《心性之主客观的统一与超越存有论治建立——论牟宗三"内在超越"的本质特性兼及大陆儒学的相关论述》（赵法生编：《究天人之际——儒家超越性问题探研》，石家庄：河北人民出版社2022年版，第358—397页）的节略版，原文3.5万字，综述中还讨论了任剑涛的相关观点，即实际是四种批评观点的综合整理，而原文最后结论部分还讨论了持一定肯定看法的黄勇《内向超越与多元文化》中的论述，限于期刊篇幅，这些内容在这篇论文删节了。

③ 牟宗三：《生命的学问》，台北：台湾三民书局1984年版，第73页。参见李洪卫：《心之感通与於穆不已之天道的合一——论现代新儒家"道德形上学"建构的根基》，《中国社会科学院大学学报》2023年第8期。

并不以现实有限的人为本，而隔绝了天。他是重如何通过人的觉悟而体现天道。"①

李洪卫为了论证王阳明"一体之仁"的贯通性，借以说明牟宗三论证的有效性，引用了其专著《王阳明身心哲学研究——基于身心整体的生命养成》中的片段：

> 能证得万物皆备于我者大体有三类共同的体认——第一，万物一体，这个一体的进一步解释是用象山语即，"宇宙不限隔于人，人自限隔于宇宙"、甚或"宇宙即是吾心，吾心即是宇宙"，有一气流通的"通感"才有真确一体的身心状态，即身心敞开的状态和一气流通的状态，这一条是体证的基础和表现，是基础和根本；第二，心即理。无论是象山还是阳明都持此论，因为都是基于第一点而来；第三，理气不能截然对立分开。在这一点上，象山所言不多，但是明道与阳明所论多有。因为宇宙的"心"是吾心，而吾体之气是宇宙之气，所以是贯通的。这是天地万物贯通的根据。②

王阳明强调的是人心之本体是一个"天渊"，他所讨论的"物"当然也包括世界之"事"都是"心体之物"，这就不是批评者所说的"以心代天"了，即心是心体，而不是我们平常所说的各种层面或意义上的"心"，而由此也才能理解与把握孟子所谓"尽心知性知天"的真实意蕴：

> 宋明儒家所说的"万物一体""体物不遗""大心""合内外之道""宇宙便是吾心"等，也就是象山所言的"宇宙不限隔人，人自限隔宇宙"，是在体悟的境界层面个体与外部世界打破界限、实现贯通的生命状态，根据是气机的贯穿性。也就是说，我们每一个人本来是从存在境界与外部世界贯通的，至少是心体流行层面的贯通，没有经过道德

---

① 牟宗三：《中国哲学的特质》，长春：吉林出版集团有限责任公司 2010 年版，第 107 页。参见李洪卫：《心之感通与於穆不已之天道的合一——论现代新儒家"道德形上学"建构的根基》，《中国社会科学院大学学报》2023 年第 8 期。

② 李洪卫：《王阳明身心哲学研究——基于身心整体的生命养成》，上海：上海三联书店 2021 年版，第 377 页。参见李洪卫：《心之感通与於穆不已之天道的合一——论现代新儒家"道德形上学"建构的根基》，《中国社会科学院大学学报》2023 年第 8 期。

修养和气机工夫修养的人则明显感受到个体与外部世界之间的对立，而在心学的涵养者那里则能实现这种贯通，至少是在生命体悟的层面上有此感受，甚至于实现身心的贯通并构成道德行为上的知行合一。①

从王阳明的视角出发，感通来自通感，通感来自个人通过身心修养实现的生命境界的转化，用宋儒的话即"变化气质"，是变化气质之后的"自得之境"，但是牟宗三就儒家仁心和仁体统一的论述与此也是相合的：

> 牟宗三综合了觉与生生之意，将其概括为"觉润与创生"。牟宗三认为，自孔子以下的儒家，他们从仁（仁心）的觉性入手，既展示了主体的主观的情感属性，即仁心的情感性和超情感性，也即感通性和觉性，也进而以此展开了其中的万物生存成长的内在含义，谓之"觉润与创生"，"由不安、不忍、愤悱、不容已说，是感通之无隔，是觉润之无方。虽亲亲、仁民、爱物，差等不容泯灭，然其为不安、不忍则一也。不安、不忍、愤悱、不容已，即直接涵着健行不息、纯亦不已。故吾常说仁有二特性：一曰觉，二曰健"，"故吾亦说仁以感通为性，以润物为用。横说是觉润，竖说是创生"。牟宗三由此展开了仁道与仁心的统一性论述，即天道仁心之同一性论说。②

牟宗三之所以提出内在超越，并不是仅仅像大家所认为的是心的超越，这是一般性认识，最好的说法是心之内在理性超越现实情感或欲望的向上一机，即超越现实生命存在的现象层面的"因果必然性"而达成一种"自由"，其实牟宗三是在体会体认宋明儒家"仁"的涵摄性、遍润性、感通性层面上加以论证的。当然，他个人缺乏宋明儒家的身心体证，这个论证还是偏于解悟层面的疏解，但是已经大体有所说明，即心与心体的界限其实已经分开，并由此试图形成一个主客观世界沟通的一体性的本体论证明："心体充其极，性体亦充其极。心即是体，故曰心体。自其为'形而上的

---

① 李洪卫：《心之感通与於穆不已之天道的合一——论现代新儒家"道德形上学"建构的根基》，《中国社会科学院大学学报》2023 年第 8 期。

② 李洪卫：《心之感通与於穆不已之天道的合一——论现代新儒家"道德形上学"建构的根基》，《中国社会科学院大学学报》2023 年第 8 期。

心'（Metaphysical mind），与'於穆不已'之体合一而为一，则心也而性矣。自其为道德的心而言，则性因此始有真实的道德创造（道德行为之纯亦不已）之可言，是则性也而心矣。"① 牟宗三并不是简单的陆王心学派，而是广义的心学派，他最赞叹认同的恰恰是他自己又细化分疏的濂溪、明道等所谓的主客观两面饱满论者。"他认为从濂溪、明道和横渠到五峰是主观与客观两方面都饱满圆润之'圆教模型'，'以心著性'以明心性为一本的最终关切，成就一本圆教（心与性非二而实则为一，也就是天道外在与德性内在的统一与同一）之实。"②

　　牟宗三并没有特别将理性与道德情感的二分与统一作为一个专门的课题加以充分论述，但是在他的思想展开的过程中是有相对丰富的观点的，李洪卫在该文中指出，按照康德所言，道德情感是不能普遍化而为道德法则的，因此牟宗三强调这个道德心或道德情感可以上下其讲，"下讲，则落实于实然层面，自不能由之建立道德法则，但亦可以上提而至超越的层面，使之成为道德法则、道德理性之表现上最为本质的一环。"③ 牟宗三显然试图将人们通常所理解的道德情感的本体层面展开，以此实现二者的统一性，但是这个统一性并不是在认识层面即能实现的，因为认识层面是基于个体生命的现实状态之下，在这个维度上，个体没有实现气质变化，则无法实现心体的呈露，也无法实现真实的感通。我们自然在自身存有恻隐悱恻之心，这是仁体的作用，但是这是心体的作用性发挥，而不是心体本身，所谓情感的展示与情感的超越性上升不是一回事，这是需要特别注意的。

---

　　① 牟宗三：《心体与性体》（上），上海：上海古籍出版社 1999 年版，第 36 页。参见李洪卫：《心之感通与於穆不已之天道的合一——论现代新儒家"道德形上学"建构的根基》，《中国社会科学院大学学报》2023 年第 8 期。
　　② 李洪卫：《心之感通与於穆不已之天道的合一——论现代新儒家"道德形上学"建构的根基》，《中国社会科学院大学学报》2023 年第 8 期。
　　③ 牟宗三：《心体与性体》（上），上海：上海古籍出版社 1999 年版，第 108 页。参见李洪卫：《心之感通与於穆不已之天道的合一——论现代新儒家"道德形上学"建构的根基》，《中国社会科学院大学学报》2023 年第 8 期。

四、儒学的道德情感思维与西方情感主义伦理学的对话

单虹泽在《论王阳明道德哲学的情感之维》中讨论了一个历久弥新的话题，即从宋代儒学理气观、性理论到阳明良知学到"自然主义"的转进问题："具体地讲，性情二元论向一元论的转变暗含了心学对宋代以来的理气观、身心观的调整，最终导致良知说成为一种自然主义和情感主义。首先，在理学那里，理与气分别被规定为形而上者和形而下者，七情与四端则分别被认为是气之发与理之发，二者之间存在着显著的张力。到了阳明这里，气不再被当作形下之物，反而得到了更为积极的对待。"① 他指出，良知既是一种道德情感，又是一种自然情感，二者圆融地统一于良知的本体论内涵之中。单虹泽分析阳明后学中出现自然主义情感倾向的原因时认为，"前者蕴含了伦理的向度，而后者纯是自然知觉之发用。在陆王那里，虽然接受'作用是性'的命题，但他们所讲的'作用'应兼含上述两个向度，且伦理层面的'着实用功'应在这种关系中为主导。而对王门后学而言，则在高度标榜自然情感的同时，使'自然用功'掩盖了'着实用功'，以知觉发用纯为良知之流行。"② 他和部分学者同样认为，儒学的本质是情感儒学，"我们认为，中国的传统伦理本质上就是一种情感伦理。情感构成了宋明儒学心性论的重要内核。在王阳明的道德哲学中，情感的维度得到了前所未有的提升，甚至达到了本体论意义上的形上地位。"③ 当然，他也认为，后期的弊端及其问题也与此有关，那么与黄勇的思考相比，他忽略了宋明儒家思想中理性主义的一面，如果我们说阳明后学有可能的问题的话，应该与对阳明思想的理解与把握水平有关，而不是理论本身的问题，这就涉及情感与理性在儒家道德心理学中的真实定位了。

姚新中和张燕的《两种情感主义的"心学"理论——斯洛特与王阳明

---

① 单虹泽：《论王阳明道德哲学的情感之维》，《孔子研究》2018 年第 6 期。
② 单虹泽：《论王阳明道德哲学的情感之维》，《孔子研究》2018 年第 6 期。
③ 单虹泽：《论王阳明道德哲学的情感之维》，《孔子研究》2018 年第 6 期。

比较研究》指出，美国道德情感主义哲学家所强调的认知德性或恰当地认识他人观点的过程本质上是一个情感机制，其结果也属于一种由移情而来的同感，此同感源于原来信念所内含的情感，又借助移情得以传递到具有认知德性的人的信念中。本身包含情感，信念是以支持的态度看待事物的方式，而支持一个信念包含着一种喜欢的情感。① "在斯洛特那里，所有的心灵状态包括信念都成为情感状态，如果说欲望与信念之间存在差异，那也只是程度上的而非质上的，前者更接近纯粹的情感，后者则包含更多认知因素。"② 斯洛特和王阳明的差异是 "斯洛特虽然也突出情感的重要性，但不曾赋予人心作为宇宙根基的重要地位"③。姚新中和张燕认为，斯洛特的理论中没有纯粹道德和 "真我" 的概念，对于王阳明而言，一方面，心灵的统一有本体论的依据和可能性；另一方面，个体还需要通过主观努力才能发挥良心的功用，实现心灵层面的情理融合。而在斯洛特那里，心灵中的信念（甚至是错误的信念）总包含支持性、喜爱的情感，他并不曾将信念包含情感的状态或者心灵整合的状态称为一种应然状态和道德状态。"斯洛特虽然承认道德判断的驱动力，但一般不以道德判断之知为行为动机的产生来源。与之不同，王阳明的知善与行善一体则旨在说明道德判断（规范之 '知'）在实践中的驱动力，由此得以突出良知的是非判断能力。"④ 道德判断的动机使王阳明的思想偏离了单纯的自然情感的范围：

> 王阳明的心的整合获得了心宇宙论的支持，斯洛特则难以提供这样的理论根基；王阳明区分纯粹情感与经验情感，斯洛特则未曾作出这样的区分；王阳明试图以纯粹的道德情感（理）统摄经验情感（情），而知行合一就是前者统摄后者的理想状态，这似乎说明理与情

---

① 参见姚新中、张燕：《两种情感主义的 "心学" 理论——斯洛特与王阳明比较研究》，《中国人民大学学报》2019 年第 6 期。

② 姚新中、张燕：《两种情感主义的 "心学" 理论——斯洛特与王阳明比较研究》，《中国人民大学学报》2019 年第 6 期。

③ 姚新中、张燕：《两种情感主义的 "心学" 理论——斯洛特与王阳明比较研究》，《中国人民大学学报》2019 年第 6 期。

④ 姚新中、张燕：《两种情感主义的 "心学" 理论——斯洛特与王阳明比较研究》，《中国人民大学学报》2019 年第 6 期。

在现实中分离的可能性，而斯洛特则不承认存在情感与理智分离的情况；虽然良知是知情意的统一体，但王阳明尤其突出良知在判断是非上的认知能力，甚至可能因此减弱恻隐之心的情感属性，如此也与斯洛特将认知均还原为情感而忽视认知的做法有很大区别。[1]

由此一个重要的结论是，"在王阳明那里，心灵的统一性与世界的统一性相互支撑，世界是一个'天人合一'的整体性的世界，万物都因良知而存在且有意义，皆与心灵相关联。因此，王阳明不是通过把外物纳入情感范围来肯定心中不同功能的融合、人与世界的连接，而是认为人与世界万物本为一体，不存在心与物的二元论，不需要弥合心灵中认知因素与非认知因素之间的鸿沟。"[2] 姚新中和张燕从本体论层面将王阳明心学与斯洛特情感主义伦理学做了严格的区分，同时将"仁"这个"情感"赋予"理性"色彩，即构筑亲亲之情的表象与万物一体超越性的二元一体性关系。"王阳明的'仁'这一纯粹的情感，它感通万物，但并不是基于相似性或某种心理机制。'仁'在经验世界里体现为亲亲之情，有远近亲疏之别，但'仁'同时是超越个体差异的万物一体感，这种先验情感作为经验之心的本体根基和终极目标，统摄经验性的道德情感来保证心的整体性。"[3] 这个视角的确可以将体用区分开来，将王阳明与斯洛特鉴别开来，当然，"纯粹的道德情感"是否还是可经验的？又如何经验之？这都需要理论和实践（尤其是工夫论实践）的进一步展开才行。

孔文清在《道德情感主义与儒家德性论的区别——从自闭症患者案例的挑战看》指出，斯洛特强调感同身受是道德的基础，没有感同身受就没有道德。斯洛特的感同身受作为一种心理传递机制，所起的作用就是将他人的情感传递到我们自己内心。斯洛特用休谟常用的词汇，诸如传染、灌

① 姚新中、张燕：《两种情感主义的"心学"理论——斯洛特与王阳明比较研究》，《中国人民大学学报》2019年第6期。
② 姚新中、张燕：《两种情感主义的"心学"理论——斯洛特与王阳明比较研究》，《中国人民大学学报》2019年第6期。
③ 姚新中、张燕：《两种情感主义的"心学"理论——斯洛特与王阳明比较研究》，《中国人民大学学报》2019年第6期。

输等来形容这种传递机制。① "很明显，斯洛特并没有如儒家那样对人生而具有的某种情感有所言说，也并没有将这种人内在固有的情感作为道德的基础。在斯洛特那里，德性既然是经由感同身受这一心理传递机制形成的，德性的形成也就有赖于感同身受这一能力的发展。没有外在情感和影响，道德动机与德性也就无从谈起。就此意义而言，斯洛特的德性可以说是外铄的。"② "正是通过这一情感的传递机制，他人的情感、感受被我们所感受到，并由此产生了对他人痛苦快乐的关心，进而产生了帮助他人的情感动机。因此，道德动机与德性——关怀（caring）——并非本来就存在于我们内心或本性之中的，它们都是通过感同身受的心理机制而产生的。这一产生的过程依赖于外在的情感的传入，然后再在我们内心形成相应的情感与德性。在此意义上说，斯洛特的德性是外铄而非人内在固有的。"③ 孔文清指出，斯洛特道德情感主义是一种"外铄"说，即斯洛特认为，德性是通过感同身受的影响塑造而形成，但这是否就是"外铄"，还需要进一步思考。"感同身受"作为一种心理能力，应该同时也是一种德性能力，既然是一种德性能力，就不仅仅是"外铄"了得之，它应该是基于一种内在机制形成的，但是斯洛特与孟子最大的思想差异即后者思想中所不具备的是孟子所强调的"扩充"说，这正是孟子基于个体内在的良知本质而言的。

蔡祥元在《感通与同情——对恻隐本质的现象学再审视》中指出，李泽厚强调的是一种经验主义的情感，而蒙培元更为强调情感中的"超越之维"，他明确区分了道德情感与心理情感，并指出作为仁爱之根本乃是前者。④ 蔡祥元也是从舍勒现象学的分析出发的，重点辨析爱与同情的分别，分析恻隐与同情的差异性，论证核心在于界定恻隐究竟是同情还是爱，因

---

① 参见孔文清：《道德情感主义与儒家德性论的区别——从自闭症患者案例的挑战看》，《道德与文明》2015 年第 3 期。

② 孔文清：《道德情感主义与儒家德性论的区别——从自闭症患者案例的挑战看》，《道德与文明》2015 年第 3 期。

③ 孔文清：《道德情感主义与儒家德性论的区别——从自闭症患者案例的挑战看》，《道德与文明》2015 年第 3 期。

④ 参见蔡祥元：《感通与同情——对恻隐本质的现象学再审视》，《哲学动态》2020 年第 4 期。

为爱在舍勒那里是本源性的、自发性的、非目的性的，而同情则不是。"根据舍勒的分析，对他人苦难的同情包含一种'异心'，即把这种苦难视作他人的苦难来对待的心理。换言之，这种苦难是无关自己的，我们与被同情者的苦难之间保持着某种'距离感'，甚至在对他人的苦难抱以同情的同时还可能因为自己没有遭受类似苦难而拥有一种'优越感'。恻隐则不同，它恰恰是要超出和克服这种内在于同情现象的、包含人己之别的'距离感'以及由之而来的'优越感'。"① 蔡祥元根据舍勒爱与同情的区分，判断恻隐既不是爱也不是同情，"朱子把恻隐这种人心的最初萌动解读为'随感而应'。笔者试图把恻隐或不忍人之心背后的发生机制描述为感通，希望以此凸显它是一种先行开辟通道、建立关联的行为。"② 他的结论也是强调恻隐的感通属性，是仁的属性的展现，而不是情感主义传统中的"同情"，"孟子用来彰显人心之'仁'的恻隐不是情感主义传统中的同情。情感主义传统中的同情是反思型的，以对他人感受状态的把握为前提；而恻隐彰显的则是人与人以及人与万物之间具有一种前反思的生存论、存在论关联。感通视角正是对此生存论关联何以可能的进一步追问。相关讨论表明，恻隐现象的本质是感通，可以说，感通乃是人心之'仁'的内在本质或发生机制。"③ 蔡祥元此文虽然没有展开仁尤其是恻隐感通的内在机理分析，但是却明确了舍勒现象学关于爱与同情的关系，进而指出恻隐在儒家伦理学中的特殊含义乃至于本质，这是十分有意义的。

卢盈华在《敬之现象学——基于儒家、康德与舍勒的考察》一文中有两个指向，其一，是指出儒家或儒家思想现象学层面的"敬"的内涵，以此对此进行现象学的哲学分析；其二，以从康德到舍勒的哲学思想辨析儒学之"敬"与康德尤其是现象学视域中的"敬"的相似性以及差异，其最后的目标应该还是关于对儒家"仁"的境界的考察，以确定儒家各种礼敬现象以及各种类似于礼或礼仪规范之于"仁"的关联，但是仍然是现象学

---

① 蔡祥元：《感通与同情——对恻隐本质的现象学再审视》，《哲学动态》2020 年第 4 期。
② 蔡祥元：《感通与同情——对恻隐本质的现象学再审视》，《哲学动态》2020 年第 4 期。
③ 蔡祥元：《感通与同情——对恻隐本质的现象学再审视》，《哲学动态》2020 年第 4 期。

的考察，同时兼容了与西方哲学尤其是现象学之间的比较。卢盈华研究的特点或优长在于对各种精神现象所展开的个案性的逐步研究，在整体思想背景考察（这里主要是舍勒现象学的依据）和儒学精神现象的比较之中得出哲学和宗教分析的结论。他这篇论文对上述问题或主要问题都有比较系统的分析，譬如儒家之敬的种种含义，康德和舍勒的哲学思考，我这里不拟就此做出细致的重述，以集中于他的结论性思考，他说：

> 一些人仅仅将儒家思想理解为世俗的伦理学，缺乏对超越者与无限者的信仰。这一观点是站不住脚的。首先，天所具有的形而上含义是无可置疑的。在陈荣捷为他的《中庸》翻译所写的导言中，他写道："天道超越时间、空间、实体和运动，同时是不间断的、永恒的和清楚明白的。"其次，即便承认天的形而上特征，主张儒家并无宗教信仰者仍然可以争辩说儒家的天并不具有人格性，有形而上学不等于有宗教信仰。批判者倾向于从启示宗教的一神论视角来衡量信仰的存在。我们自然可以回应说无限者不能简单地等同于完全人格化的无限。①

卢盈华试图从"无限者"本身的视角考察儒家思想中"敬"的思想根源及其指向，探究其中可能的宗教性属性，显然这是一直存在争议但是又有重要思想和学术价值的问题，他由此展开对儒家敬的类宗教性考察。

> 简而言之，对天的敬畏与谦卑是儒家传统中主要的宗教体验。儒家的尊敬和谦卑同时具备宗教和道德意义。不同于基督教所清晰展示的，宗教的尊敬是道德的尊敬的根基，儒家中宗教之敬与道德之敬的奠基关系更为模糊，即便一些人认可这些感受的源头在于天。儒家的道德之敬是建立在对人格之天的宗教崇敬上，还是建立在对天道、天理、天德、天命等非人格的原则、价值、德性、使命的超越敬畏上，仍是悬而未决的。两种感受形态或可并行不悖。②

---

① 卢盈华：《敬之现象学——基于儒家、康德与舍勒的考察》，《中国现象学与哲学评论》第二十二辑，上海：上海译文出版社 2018 年版，第 99 页。

② 卢盈华：《敬之现象学——基于儒家、康德与舍勒的考察》，《中国现象学与哲学评论》第二十二辑，上海：上海译文出版社 2018 年版，第 103 页。

儒学的道德现象学分析及道德心理学分析都会触及"外在超越"与"内在超越"的各自存在之可能性问题。敬本身可以从多维视角展开考察，譬如对外在神圣存在的敬畏或内心自身中先天存有的畏、惧、敬等心理现象的根源等等，对该问题的研究还有很大空间，值得继续开发和探索。

五、恻隐、移情与同情：儒学与现代西方道德心理学的异同观照

孔文清在《恻隐之心、万物皆备于我与感同身受——论孟子是否谈论过感同身受》中指出，斯洛特是从感受到他人的情感从而两人同时感受到相同或相似的情感、感受，由此出现合二为一的体验这一点上来指认感同身受这一现象的：

> 斯洛特在这里所谈论的合一，也就是我们前面所说到的经由感同身受的心理机制，观察者有了与被观察者相同或相似的情感、感受。在这时，观察者所感受到的是他人的情感或感受，二人的感受合一于观察者。斯洛特为什么这么重视合一呢？其原因在于，这种与他人合一而又非与他人为一的状态，正是利他的道德动机产生的根源。为什么我们要利他，要帮助他人、关心他人？正是由于别人的痛苦被我感受到了，我感受到了这种痛苦，又知道这痛苦的源头是他人的感受，因此，要消除这种痛苦，我们就需要帮助他人，使他们脱离困境，不再感到痛苦，这样，我内心中的痛苦才能随之消失。①

> 熟悉孟子思想的人都知道，"万物皆备于我"其本意是说天人本一，亦即自然界中的万事万物和人一样，都具有相同的本性。有了这个相同的本性，我们才有了推己及人，为他人着想的基础。孟子的天人本一是本体论意义上的，而感同身受毫无疑问是心理学层面的。在

---

① 孔文清：《恻隐之心、万物皆备于我与感同身受——论孟子是否谈论过感同身受》，《道德与文明》2017 年第 2 期。

认为万物皆备于我的时候，孟子根本没有提到天人本一是由感同身受的心理机制所引起的。而且，从逻辑上讲，感同身受的心理机制发生作用在先，在这一心理机制的作用下，才产生了与他人合一的情感体验。然而，我们并不能从与他人合一反向推导出感同身受的心理机制的必然存在。因为合一也可能是由其他原因所引起的。①

但是，孔文清的研究结论指向是，孟子"万物皆备于我"与王阳明的"万物一体"目的都是"推己及人"，由此才可以将中国哲学家的思考与斯洛特的感同身受区分开来，也才能把握中国哲学家尤其是心学家思想的实质：

> 我们都不希望自己受到伤害，这种共同的人性预设让我们对孺子将入井这一情形产生了怵惕恻隐之心。相应地，在推己及人的过程中，我们也不需要分清到底是通过情感的传递还是通过认知的方式而产生恻隐之心的。我们既可以是感受到了他们的痛苦，也可以是对他们所处的处境有清楚的认识，这些都无关紧要，重要的是我们知道了他人所处的处境，以及在这种处境中我们会作何感想，然后推己及人，做出自己的判断并付诸行动。同样道理，用推己及人去解释霍夫曼和斯洛特的癌症病人的案例也要顺畅得多。②

> 经过以上分析，我们能得出的结论是，斯洛特、黄勇所认为的孟子、王阳明所谈论感同身受的地方并非真的在谈论感同身受。而孺子将入井的案例也并不是在谈论感同身受。概而言之，孟子并没有谈论过感同身受。将这一结论推而广之，王阳明也没有谈论过感同身受。③

孔文清在这里认为，孟子与阳明没有说过"感同身受"，应该是不准确的，或者说他是在特定意义上这样说孟子和阳明的。他首先把"感同身受"

① 孔文清：《恻隐之心、万物皆备于我与感同身受——论孟子是否谈论过感同身受》，《道德与文明》2017年第2期。
② 孔文清：《恻隐之心、万物皆备于我与感同身受——论孟子是否谈论过感同身受》，《道德与文明》2017年第2期。
③ 孔文清：《恻隐之心、万物皆备于我与感同身受——论孟子是否谈论过感同身受》，《道德与文明》2017年第2期。

当作一个心理学术语和心理认知机制来看待，在此基础上考察这个机制和儒学心学之间的关联，因此这里的感同身受只是一种心理状态和经验性的心理机制，而不是身心合一、天人合一概念基础上的"感同身受"，但是就孟子和阳明来说，他们既有心理机制层面的思考，也有超越纯粹的经验反应，而同时又有先天本体层面的考察的，也就是说，他们对这两个维度都作了相应的研究，即具有层次性、二维性和体用双向的思考。

孔文清的论文还考察了一个有意义的问题，即儒学"推己及人"的消极性：

> 儒家的推己及人缺少了一个由人及己的维度，而这一维度的缺乏使得家长作风成为一种隐患。而在中国文化中，家长作风可谓是常见现象。要避免这一危险似乎只能寄希望于推己及人者的修养与见识。如果引入感同身受，将它与推己及人融合起来，以一种双向的推及与感染来打通人我的界限，似乎能够让这一过程更为丰满合理，也能更有效地避免家长作风。①

就这个思考维度来说，我们过去在整个 20 世纪反思儒家思想的时候，谈论较多，但是真正将其纳入不同学科的学术思考还很有欠缺，因此，无论"推己及人"的积极维度还是消极现象都还有很多具体的研究工作等待去展开。

蔡蓁和赵研妍在《从当代道德心理学的视角看孟子的恻隐之心》中侧重于从当代道德心理学的思想观念讨论孟子恻隐之心中的移情和同情关系，这几乎是本文集中甚至学术界讨论该问题中的公共议题，她们试图论证，"恻隐之心作为人性中最首要的善之端，既包括对他人痛苦感到移情式的不安（empathic distress），也包括对他人的福祉（well-being）怀有同情式的关切（sympathetic concern）。"② 这个结论几乎也是本文集中所选论文大致相似

---

① 孔文清：《恻隐之心、万物皆备于我与感同身受——论孟子是否谈论过感同身受》，《道德与文明》2017 年第 2 期。

② 蔡蓁、赵研妍：《从当代道德心理学的视角看孟子的恻隐之心》，《社会科学》2016 年第 12 期。

的结论。蔡蓁和赵研妍的不同之处在于其论证方法和入手模型。她们在论文中提到了多种道德心理学的模式，并以灵长类动物学家和心理学家弗朗茨·德·瓦尔（Frans de Waal）提出的理论模型作为基本出发点展开："德·瓦尔试图延续达尔文的设想，进一步阐释道德得以演化的某些心理机制。基于对灵长类动物的社会生活长达几十年的观察，德·瓦尔识别出某些灵长类动物，尤其是那些在基因谱系上与人类最为接近的黑猩猩与波诺波猿，表现出与人类非常接近的利他行为，而且更重要的是，在这些行为背后，它们还拥有同情和互助的能力。他由此论证这些灵长类动物所拥有的心理能力和人类的道德心理要素很有可能是同源物（homologue），并进一步得出结论说，在人类道德和灵长类动物的社会性之间存在演化上的连续性。"① 但是她们首先强调，孟子的同情与德·瓦尔移情论是不同的，"他建构了一个俄罗斯套娃模型来解释移情的不同层面。就移情的核心机制而言，是一种简单的感知—行动机制（perception-action mechanism，PAM），它产生出情感的传染（emotional contagion），即直接而自动地捕捉到来自对象的感受或情感状态。"②

但是，蔡蓁和赵研妍认为，他们的共性是在于说明人类情感具有内在性、自然性和自发性，甚至是一种生物机能性属性，但是德·瓦尔并没有区分移情和同情，因此，他把"怵惕"作为条件反射来看待，同时也是一种传染传递。蔡蓁和赵研妍指出，问题是假设孩子在井边是高高兴兴玩耍而不是痛苦不堪，这时候的突然入井作为一种意外，孩子还没有来得及展现惊恐与痛苦，那么施救者的"同情"就不是由被施救者的痛苦而来的，就此，她们正确地指出："就孟子认为我们天生就对他人的痛苦表示敏感并倾向于做出回应而言，德·瓦尔的研究的确可以给予孟子以经验上的支持。但是，对于孟子来说，只是分享他人的情感是远远不够的，也不足以成为

① 蔡蓁、赵研妍：《从当代道德心理学的视角看孟子的恻隐之心》，《社会科学》2016 年第12 期。
② 蔡蓁、赵研妍：《从当代道德心理学的视角看孟子的恻隐之心》，《社会科学》2016 年第12 期。

道德的萌芽，而必须辅之以对他人福祉的关怀。"① 在此分析基础上，蔡蓁和赵研妍又分析了多种当代心理学家和哲学家对相关问题的思考范式，她们分享了南希·艾森伯格（Nancy Eisenberg）对同情的经典定义，"她如此表明同情和移情之间的差别：'我把同情定义为一种情感反应，它包含着对处于痛苦或危难中的他人感到难过或者表达关切（而不是与他人感受到同样的情感）。同情被认为是涉及指向他人的、利他的动机'。与此对照，移情则在于借助于拟态（mimicry）、模拟（simulation）、想象等方式分享他人的心理状态。"② 这导致的是德·瓦尔思想和孟子思想之间的共性与根本差异，共性是先天本性之连续性，差异是前者认为这是基础，而孟子则强调了人与动物之间属性的本质性差别，这显然是一个很有意思的话题。

蔡蓁和赵研妍还分析了普林茨的观点，即对移情作为道德发展培养机制和道德行动的观点提出的批评，即移情对于道德能力缺陷者来说解释力是比较低的，"面对这种批评，要从孟子的立场上做出回应的话，我们可以说，即便普林茨的确证明了移情式的不安并非道德能力得以培养的必要前提，但这并不意味着这种能力在道德发展中是不重要的，培养对他人痛苦的敏感性无疑可以有助于道德规则的理解和应用。此外，这个论证也并没有表明对他人福祉的关切对道德发展是否是必要的。"③ 她们就相关问题的基本结论是：当代哲学家和心理学家甚至生物学家、古人类学家的研究既对孟子思想提出了理论支持，也同样提出了若干挑战，这些支持和挑战都是深化研究孟子思想的重要契机，她们认为：

> 这些批评的确对以同情为基础的道德理论，包括孟子的道德理论提出了合理的质疑，也有助于我们思考恻隐之心的有限性。而我们能从孟子的角度做出的回应就是，孟子的确注意到同情心的限度以及将

---

① 蔡蓁、赵研妍：《从当代道德心理学的视角看孟子的恻隐之心》，《社会科学》2016 年第 12 期。

② 蔡蓁、赵研妍：《从当代道德心理学的视角看孟子的恻隐之心》，《社会科学》2016 年第 12 期。

③ 蔡蓁、赵研妍：《从当代道德心理学的视角看孟子的恻隐之心》，《社会科学》2016 年第 12 期。

天生的恻隐之心扩展到更广泛的情形所具有的困难，也正是出于这个原因，孟子认为只有少数人才能充分发展和培养恻隐之心，成为真正的君子。不过，他并没有对如何培养并扩展这种同情心给出具体的说明，而这也正是我们需要借助于对孟子的理论进行系统化发展的宋明理学来进一步探讨的问题。①

这里可以思考的是，第一，我们如何认识个体身体和心灵的先天缺陷与道德的内在之间的复杂性关系；第二，同情与关心同情与关心他人福祉是同一的还是具有层次性？这个层次的关联性又是什么？诸如此类的问题都值得我们继续思考。

王嘉在《神经科学与西方道德心理学视野下的移情、同情以及共同感》中也同样是试图剖析移情与同情之间的区别，同时指出共同感的意义，他运用的方法是通过阐述神经科学中"镜像理论"说明移情、同情和共同感在人类生物机理方面的属性。他首先解析的是移情与镜像理论的关联或后者对移情的科学解释："相较于同情，移情通常被视为更为'科学'的概念，因为它的发生、作用机制在神经—生物学层面上得到了诸种自然科学理论的证实。需要指出的是，在这些自然科学理论中同情与移情并不像在社会科学中这样得到严格而细致的区分，有些被标识以'同情'且关于大脑（心理）活动的研究，实际上属于社会科学中移情的范畴。"② 王嘉介绍了 21 世纪以来神经科学和心理学对人类情感的最新研究，尤其是移情和同情的生理—物理基础，他在文中指出：

> 杰迪斯（Karen E. Gerdes，2011）等人对 20 世纪 90 年代末以来，尤其是进入 21 世纪以来神经科学（neuroscientific）在移情作用上的研究进行了总结："当我们看到他人的行为，我们的身体会自然而然地、无意识地作出反应，就好像我们是'行为者'，而不仅仅是一个观察

---

① 蔡蓁、赵研妍：《从当代道德心理学的视角看孟子的恻隐之心》，《社会科学》2016 年第 12 期。

② 王嘉：《神经科学与西方道德心理学视野下的移情、同情以及共同感》，《云南社会科学》2014 年第 1 期。

者。这一现象被称为镜像，负责此反应的大脑回路被称为镜像神经元系统（Mirror Neuron System）。"从神经科学的角度来看，"当我们听到人们说话或看到他们的姿势、手势以及面部表情的时候，我们脑中的神经网络就被一种'共享表征'（shared representation）所刺激。其结果就是一种对我们所观察的对象的体验产生内在的反映或模拟。"①

王嘉还介绍了基斯林（Lynne Kiesling, 2012）的研究，主要是神经科学中由人类镜像理论形成的关于亚当·斯密的同情论：在两个相似而独立的当事人之间作为刺激物或联系物而存在的其中一个当事人的处境，对他人行为的一种外部视角，一种能够让观察者以身处当事人之处境的方式将自己想象为当事人的先天想象能力。这一同情过程以及镜像神经系统都使得个体更易于对他人之情感及行为的表达产生协调。②但是他引用基斯林又指出，"尽管移情作用可以在人的镜像神经系统中找到根据，但是就算这种作用再充分、再彻底，它也只是一种对他人意识、感觉进行复制和再现的意识活动，而非'原始性'的意识活动。"③特别值得一提的是，王嘉的论文引用基斯林的观点强调神经科学的镜像理论研究在某种程度上支持斯密式的人类同情感的发生：

> 基斯林还进一步指出："在斯密的模式中，这一分散式的协调（即现代意义上的斯密式的移情作用——译者注）导致了社会秩序的出现，并在基于同情过程的正式和非正式制度的出现和演化中得到支持和强化。基于这种同情过程的社会秩序，有赖于一种相互连通感（a sense of interconnectedness）以及行为的意义共享，而镜像神经系统则使人类更倾向于这种相互连通。"从基斯林的研究中可以看出，在斯密理论中具有现代移情概念特征的所谓同情作用，乃是人类社会秩序、社会制度

---

① 王嘉：《神经科学与西方道德心理学视野下的移情、同情以及共同感》，《云南社会科学》2014年第1期。

② 参见王嘉：《神经科学与西方道德心理学视野下的移情、同情以及共同感》，《云南社会科学》2014年第1期。

③ 王嘉：《神经科学与西方道德心理学视野下的移情、同情以及共同感》，《云南社会科学》2014年第1期。

之产生及演化的核心道德心理基础。而现代神经科学所研究的镜像神经系统则揭示出这一道德心理基础的生理依据。①

与上篇蔡蓁和赵研妍的论文相近的是，王嘉也介绍了德·瓦尔（Frans de Waal）（王嘉文中译为"沃尔"）的移情论点，也同样强调该理论中关于同情感染等当代心理研究的观点，此不赘述。他在阐述相关理论时候，特别重要的是同时介绍了一些经济学家的观点，如宾默尔（Ken Binmore）和萨金（Robert Sugden）等。萨金的不同之处在于他对受难者同情的心理活动不认为是可以用同情或移情来做解释，而是一种自身意识的共同感的作用，这是一种本能反应，是个体意识中的先天的情感属性，这种心理状态"应被理解为一个人关于他人的某些情感状态的活生生的意识（lively consciousness），在此意识中，意识自身具有类似的情感品质——如果他人的状态是令人快乐的，那么此意识就是令人快乐的，如果是痛苦的那么此意识就是痛苦的"②。这些情感产生的根源在于人类自身生物系统中先天存在的"镜像"体系，他引用奥尔森（Gary Olson，2013）的研究："镜像神经元在相同的情感性大脑回路中被自动激发去感受他人的痛苦，此种神经回路几乎是瞬间激发的，它是对他人的不幸产生反应的移情式行为的基础。我们总是比喻说'我能体会到别人的痛苦'，但是现在我们知道真正能体会到你的痛苦的是我的镜像神经元。"③

王嘉借助于当代神经科学研究成果指出，移情并不必然导致同情，但是移情的确存在一个自然生物性的基础，他认为，"从道德理论研究的角度讲，要从移情出发来理解和研究人类的同情心、侧隐之心乃至亲社会行为，镜像神经系统为我们提供了一条重要的路径，并且有可能改写整个伦理学

① 王嘉：《神经科学与西方道德心理学视野下的移情、同情以及共同感》，《云南社会科学》2014年第1期。
② 王嘉：《神经科学与西方道德心理学视野下的移情、同情以及共同感》，《云南社会科学》2014年第1期。
③ 王嘉：《神经科学与西方道德心理学视野下的移情、同情以及共同感》，《云南社会科学》2014年第1期。

体系。"① 他这里试图指出的是，人类情感尤其是同情伦理学的研究不应该仅仅是在哲学的轨道上阔步前进，而是应该也已经越来越走向自然科学或实验科学的探究，诸如移情、同情和共感等的道德情感的研究越来越受到伦理学的重视，或成为重要的研究方向。②

六、行动理由、精神性价值的特征属性
与儒家教化的潜能

李义天在《理由、原因、动机或意图——对道德心理学基本分析框架的梳理与建构》中试图对道德心理学的历史架构做一个梳理，从而形成一个相对稳定的看待人类行为尤其是道德行动形成的动因性的观念框架。他首先对伦理生活与伦理学作出了明确的区分，借以说明伦理学的真实的存在意义是什么，同时说明社会生活的动因不是伦理学（ethics）而是伦理生活（ethos），也就是说，实际支配人的行动不是哪种具体的观念体系，而是人的行动动机发挥决定作用。"伦理学的使命不是考虑提出怎样的道德要求，而是要考虑如何论证道德要求背后的道德理由。"③ 伦理学在于对现实世界中人的多元行动的特殊行动和相似行动的相近性给出理由式的解释和说明，对于不同的道德学说来说，"道德要求或有重叠之处，但其道德理由却各自不同。道德理由的差异而不是道德要求的差异：康德主义：你应当采取行动 A，因为行动 A 可以成为一条可普遍化的行动法则。功利主义：你应当采取行动 A，因为行动 A 可以实现最大多数人的最大快乐。亚里士多德主义：你应当采取行动 A，因为行动 A 可以有助你获得幸福或实现繁荣。休

---

① 王嘉：《神经科学与西方道德心理学视野下的移情、同情以及共同感》，《云南社会科学》2014 年第 1 期。

② 参见王嘉：《神经科学与西方道德心理学视野下的移情、同情以及共同感》，《云南社会科学》2014 年第 1 期。

③ 李义天：《理由、原因、动机或意图——对道德心理学基本分析框架的梳理与建构》，《哲学研究》2015 年第 12 期。

谟主义：你应当采取行动 A，因为行动 A 是可以实现你的欲望的途径。"①

李义天依次解释了理由、原因动机和意图对人类行动策动的特殊性，或者说从主观角度看，它们各自的差异何在，重点试图说明"理由"作为解释人类行动尤其是道德行动的多侧面性。理由是一种判断，但不是所有判断都构成理由，理由是构成行动合理性的判断。"与一般的理由不同，道德理由不仅需要将道德要求所包含的那个应该采取的行动'解释为'合理的行动，而且还需要将这个行动'论证为'正当的行动。"② 理由和动机不同，一般解释是内在理由构成动机，这是从哲学家的分析视角来看这个问题的，外在理由和内在理由其实只是作为行动解释的内外划分，所谓内在理由即直接的行为动机。但是作为理由来说，是对一个行动做出解释的时候的说明方式。李义天甚至于认为，康德主义者的理性法则并不是外在理由，而是更强的内在主义者，因此行动理由的划分不是一般理性原则和欲望感性动力之间的区分，二者都会参与人的行动动力之中，"其一，如前所述，任何理由都是行为者的内心判断；当事实成为理由时，它已经是行为者观念的一部分，而且是经过行为者认知、理解、承认等一系列心理过程塑造而成的观念的一部分。其二，只要行为者相信这些事实及其观念的规范性，那么他就生成动机；作为动机内容而呈现出来的事实（观念的事实）当然成为行为者的一项内在理由。"③ 李义天这种理解在我们看来是可以成立的，譬如我们举出宗教信徒的例证来说明人的行动动机，无论他的行动在常规道德判断是善还是恶，他的动机既是外在的，又是内在的，因为他受到了内在双重规制，但是行动又是由他发出的，因此，这是一个很值得

---

① 李义天：《理由、原因、动机或意图——对道德心理学基本分析框架的梳理与建构》，《哲学研究》2015 年第 12 期。
② 李义天：《理由、原因、动机或意图——对道德心理学基本分析框架的梳理与建构》，《哲学研究》2015 年第 12 期。
③ 李义天：《理由、原因、动机或意图——对道德心理学基本分析框架的梳理与建构》，《哲学研究》2015 年第 12 期。

思考的问题。①

　　李义天就理由和原因关系做出解释的时候指出，物理事件和心理事件都能构成行动的原因，"理由并不能直接成为引发行动的原因；只有当理由成为内在理由时，只有当理由实际构成动机时，它才引发行动（如果理由停留于外在理由层面，则根本不会构成动机，更不会引发行动）。所以，更准确的说法应该是'行动的理由是行动的间接原因，而行动的动机是行动的直接原因'。"② 从可以被表达、可以被传递的角度看，人的理性动因、感性欲望或情感动因都是可以呈现为一种直接表达、表现或被分析说明的理由，但是诸如直觉、冲动的概念心理过程则比较难以被分析和表达或推理还原等等，但是，这不等于说直觉或冲动的行动本身"缺乏动机"。③ 从意图角度分析行动理由，有理由不等于有意图，无理由也不等于无意图，"因此不妨说，意图就是动机的另一种表述；它们都是对作为行为者原因的同一种心理事件的刻画。两者的差异在于，'意图'侧重于揭示上述心理过程的指向性及其所指向的内容，而'动机'则更强调这种心理过程所表现的一种被激发的动态状况及其作用于相关对象的实践功能。"④

　　李义天该文的主要目的在于分析理由、原因、动机和意图的不同蕴涵和相互交叉点，借以说明作为道德心理学解释行动原因的概念其侧重点及其分析理据，最根本的在于将伦理学分析与伦理生活既做出严格区分，又要基于现实伦理生活本身的特征看到其共同作用的根源，进而实现在学理上对相关问题进行深层次的研究。从本文集编辑视角说，这篇文章的选入似乎与其他论文论旨相去较远，但是它是对道德心理学的哲学维度即行动

---

　　① 因此，我们在后面选编了一些作者从"精神性"信仰考察人类行动的心理学分析，则是有它的规范理据和经验事实根据的。

　　② 李义天：《理由、原因、动机或意图——对道德心理学基本分析框架的梳理与建构》，《哲学研究》2015 年第 12 期。

　　③ 参见李义天：《理由、原因、动机或意图——对道德心理学基本分析框架的梳理与建构》，《哲学研究》2015 年第 12 期。

　　④ 李义天：《理由、原因、动机或意图——对道德心理学基本分析框架的梳理与建构》，《哲学研究》2015 年第 12 期。

哲学的一个确认，从而为以后的道德心理学研究的展开提示出一些理论概念性的思考，它和牟宗三"内在超越"问题一样，虽然是一个哲学甚至偏重形上学的思考，但是真实根据在现实生活或个体生命自身，从作为为其他学科提供概念支持或体证支撑的角度说，这也是本文集题中之义。

郭斯萍和柳林在《试论儒家伦理的精神性内涵及其心理健康价值》中重点研究人类精神性特质与普通伦理道德价值之间的差异，尤其是"精神性"的"宗教意蕴"，它具备宗教性价值的内在属性，但是并不必然依附于宗教的外壳，在此理论基础上分析儒家伦理中可能具有的相关品质。他们重新梳理了"精神性"（spirituality）的西方词源根据："精神性"一词来自拉丁语，意为"呼吸、勇气、活力、灵魂"等，主要指"内部自我"的活动。① "最初'精神性'在希伯来语的旧约和希腊的新约全书中使用较广泛，后逐渐被引用为宗教用语。因此，对'精神性'的研究最早较多的集中在宗教背景下。"② 仅仅从西方哲学、西方宗教学和心理学等维度看，"精神性"早期集中于宗教研究的视野中，该文列举了相关哲学家、心理学家多人和书籍多种，包括詹姆士、弗洛伊德、荣格、弗洛姆、冯特等等。郭斯萍和柳林随即指出，20 世纪以后，人们越来越发现宗教和精神性之间的差异，并将之加以区分，认为精神性是人类普遍存在的心理现象，它可以存在于宗教组织中，也可以在宗教组织之外，它是人们日常经验中渗透着的神圣。③ 两位作者首先分析了精神性和宗教之间的联系，第一，宗教通过和神圣相连，确立永恒信念；第二，宗教满足人们的情感需要，促进精神性

---

① F. David, *Psychology, Religion and Spirituality*, British Psychology Society and Blackwell Publishing LTD, 2003, pp. 11 – 13. 参见郭斯萍、柳林：《试论儒家伦理的精神性内涵及其心理健康价值》，金泽、梁恒豪主编：《宗教心理学》第四辑，北京：社会科学文献出版社 2018 年版，第 34 页。

② 郭斯萍、柳林：《试论儒家伦理的精神性内涵及其心理健康价值》，金泽、梁恒豪主编：《宗教心理学》第四辑，北京：社会科学文献出版社 2018 年版，第 34 页。

③ K. I. Pargament, "The Bitter and the Sweet: An Evaluation of the Costs and Benefits of Religiousness", *Psychological Inquiry*, 2002, 13, pp. 168 – 181. 参见郭斯萍、柳林：《试论儒家伦理的精神性内涵及其心理健康价值》，金泽、梁恒豪主编：《宗教心理学》第四辑，北京：社会科学文献出版社 2018 年版，第 34 页。

的情感联通；第三，宗教寻求自我超越的境界。但是，20 世纪以降，人们逐渐意识到宗教性精神性的人类心灵品格，"精神性是个人对理解生活终极问题答案的追求，如关于意义、关于与神圣或卓越事物的关系等，但这不一定会导致对宗教仪式的追求或团体的发展。"①

郭斯萍和柳林后面集中分析了精神性的内涵及其与心理健康之间的关系。其中涉及个体与超级存在之间的关系、个体寻找终极实在的过程中内在情感、思想和精神体验，包括作为信仰体系与他人关系、与自然世界关系等各个方面，是价值系统，也是认知系统。② 该文集中论述了"精神性"在生活积极层面的意义，譬如与个体幸福感的关系，如何应对生活压力的功能性，"精神性"与心理治疗的关联，根据中外文献，"大多数研究证明精神性/宗教信仰的卷入水平越高，抑郁、物质滥用以及自杀等心理疾病的预后越好，尤其在抑郁症、药物成瘾、癌症、慢性病等方面的治疗有很大的帮助。"③ 在心理咨询中同时大量运用了宗教或一般人类精神性体验或修证过程中运用的一些方法，如祈祷、冥想、静坐等。作者认为，儒学虽然源于人类家族家庭文化的根基，但是它的向内用力、克己省察的工夫、变化气质的要求以及君子、圣贤的标准和规范等，体现了追求人性完美的价值目标。作者概括了三种儒家伦理超越性的特征："伦理天理化"决定了传统中国人伦理认知的信念化、"民胞物与"的情怀体现了儒家伦理的情感联通、"圣人之道"开辟了中国人伦理自我超越的途径等几个方面，两位作者进而认为：

> 儒家伦理的超越特色是，一方面在超越的主体上希望人们在有限的心灵中寻找一种不灭的灵魂，它认为个体的生命是有限的，群体的

---

① H. G. Koenig, M. McCullough & D. B. Larson, *Handbook of Religion and Health*. Oxford University Press: New York, 2000. 参见郭斯萍、柳林：《试论儒家伦理的精神性内涵及其心理健康价值》，金泽、梁恒豪主编：《宗教心理学》第四辑，北京：社会科学文献出版社 2018 年版，第 37 页。

② 参见郭斯萍、柳林：《试论儒家伦理的精神性内涵及其心理健康价值》，金泽、梁恒豪主编：《宗教心理学》第四辑，北京：社会科学文献出版社 2018 年版，第 39—41 页。

③ 郭斯萍、柳林：《试论儒家伦理的精神性内涵及其心理健康价值》，金泽、梁恒豪主编：《宗教心理学》第四辑，北京：社会科学文献出版社 2018 年版，第 41 页。

生命（家、国、天下）是无限的、永恒存在的，舍弃"小我"投身于更具有神圣价值的"大我"之中，才能安身立命；另一方面，在超越的目标上，"天"是超越性的存在，它不仅具有神圣的性质，更是伦理之天、道德之天，它还是人类道德生活的终极价值，是人类社会道德生活的超越性根据，"天人合一"是自我不断超越的永恒动力。儒家伦理文化影响下的传统中国人，都希望自己成为一个"好公民"，扮演好自己的伦理角色，承担好自己的社会责任，从而获得生命的意义和内在的力量，它更强调的是充塞于天地间的一种"浩然之气"的伦理精神。①

该文所注意到的儒家伦理与个人精神健康之间的关联性，这应该是今天重新考察儒家伦理特性尤其是其精神性特性的重要意义之一，儒家伦理在历史上有积极意义，也曾产生过消极影响，开发儒家伦理内核的"精神性"是真正探究儒家伦理真谛、解放其核心价值的重要方法，也是该文的研究价值之一。

李明和宋晔在《神圣性德育的内核、机制与途径》中，采取了与郭斯萍和柳林研究进路相似的方法，即首先区分宗教性和精神性，这是基于20世纪科学主义洗礼之后的新的科学观的形成，实证主义的哲学逻辑有其积极意义，但是对形而上学的彻底否定也是存在严重争议的，即哲学界认为它本身构成了"最后的"形而上学。但是，依据现代科学思维方法对宗教性的外在建制与内在精神的分离是对宗教和人类精神研究的提升，这一点是毫无疑问的。但是，20世纪实证主义哲学的推动并没有清除人类对精神内在的神圣性的思考，道德心理学的研究趋向恰恰是表征着一种回归性倾向：

　　总体上说，西方道德心理学的发展，先后形成了三条研究路线，其人性假设，决定了各自对道德神圣性的认识，但其主旋律则是神圣

① 郭斯萍、柳林：《试论儒家伦理的精神性内涵及其心理健康价值》，金泽、梁恒豪主编：《宗教心理学》第四辑，北京：社会科学文献出版社2018年版，第46页。

性主题的回归。第一条路线是皮亚杰发起的道德认知研究，但因假设"人是机器"，总体上对神圣性主题关注不多。第二条路线是道德新综合研究，假设"人是动物"，认为道德判断非常类似于审美判断，是一种快速的直觉加工。第三条路线来自冯特和詹姆斯对宗教心理的论述，后又受中国传统文化启发。马斯洛、罗杰斯、荣格等人曾大量涉及神圣性主题，海特最近又倡导：道德心理学要进一步发展，还需要宗教或信仰视角。在积极心理学及其实践领域，精神性（spirituality，或译"灵性"）神圣性主题已经非常火热，甚至教育的灵性研究也认为，提升人的灵性应该作为教育的本体性功能。此时对人的信仰的神圣性的理解已经将精神性从其宗教形式之中剥离出来。①

李明和宋晔的研究同时指出了神圣性价值追求的两面性，一面是它的积极意义，即其实能够构成个人道德品质和道德行为的重要影响因素，构成个人道德行动持久性的支撑，同时，"其对道德的影响存在'双刃剑'效应。比如有实验研究发现，宗教启动导致了内群体偏好，甚至增强了明显的种族偏见"。② 这种二重性还体现在很多方面，譬如在实证性调查中发现一些自我悖谬的情况，宗教家庭中的孩子同情心、公正性或比较强、比较敏感，但是利他行为还不如非宗教家庭子女等，说明宗教与道德的联结关系比较复杂，不是简单的线性关系。另外一个值得关注的现象是，宗教性活动逐渐流于形式。繁荣的状态不代表人心精神性的同步成长，尤其是在志愿服务、公共服务的动机考察中，核心的驱动力是超越性价值观（即人的精神性内核），③ 因此，宗教性和精神性的区分就成为一个现实的话题。

该文还关注了儒家伦理道德价值中的精神性和积极心理学的关联：

> 在积极心理学中，精神性的内涵极为丰富，比如既个人化又强调

---

① 李明、宋晔：《神圣性德育的内核、机制与途径》，《河南师范大学学报》（哲学社会科学版）2018年第5期。

② 李明、宋晔：《神圣性德育的内核、机制与途径》，《河南师范大学学报》（哲学社会科学版）2018年第5期。

③ 参见李明、宋晔：《神圣性德育的内核、机制与途径》，《河南师范大学学报》（哲学社会科学版）2018年第5期。

与万物联系，既情感化又经过认真思考，是用来表达意义寻求、强调身心灵整合的、超越性的人类潜能。这些内涵主要来自东方传统文化，比如儒家经典《中庸》有云："故君子尊德性而道问学，致广大而尽精微，极高明而道中庸。"其中的"德性"就是一种道德性的、超越性的、人生境界性的终极追求。这种精神性也有不同表达，如"天道、天性、良知"等等，类似于佛道两家的神佛信仰，但相比之下，儒家不太强调宗教形式，因而更彰显了对精神性内核的追求，同时又通过人伦日用而外化，以"知行合一"达致"致良知"甚至"内圣外王""天人合一"的至高境界。①

在对不同信仰价值进行综合比较研究之后，该文作者精心提炼了几种他们认为比较重要的通向神圣性德育的内在机制，首先是通向道德智慧的基础性观念：因果观，包括在儒家伦理道德价值中同样存在着各种确认人类行为因果关系的阐述和观点，譬如"积善之家必有余庆，积恶之家必有余殃""德不孤，必有邻""多行不义必自毙"，等等。其次是道德成长的内在动力：敬畏感。作者认为，敬畏感是对浩大、宏阔、神秘、庄严、神圣以及与神圣性一体化的感觉，虽然会使人有个体渺小的感觉，但又是一种积极性情感伴随，这是比较微妙的情感现象。② 再次是自制自律的起点：监视感。"被监视感的直接道德效应就是自制（Self-Control）和自律（Self-Regulation）。这里的自制是指对自身欲望的把控，主要表现为能抵抗诱惑；自律指对自己行为的把控，主要表现为不做坏事。"③ 作者认为，被监视感（精神性的体现）的激活是个体行动自律实现的条件，它是宗教—道德关系中的重要中介变量，但是这种监视感的内涵和应用范围比较微妙，各种宗

① 李明、宋晔：《神圣性德育的内核、机制与途径》，《河南师范大学学报》（哲学社会科学版）2018 年第 5 期。

② 参见李明、宋晔：《神圣性德育的内核、机制与途径》，《河南师范大学学报》（哲学社会科学版）2018 年第 5 期。

③ 李明、宋晔：《神圣性德育的内核、机制与途径》，《河南师范大学学报》（哲学社会科学版）2018 年第 5 期。

教各有侧重，也不适宜外推运用，但是它是"精神性"属性中的一种。① 儒家伦理在天、天道、天命等层面的设置具有独到性，而到明代王阳明那里则变成了内求的"心学"，"这种心体、意动、良知、格物的分析与综合，将道德本源、道德观念、道德判断和道德行为紧密相连，基本展现了近代道德心理学的雏形。冯友兰先生曾指出：'阳明知行合一之说，在心理学上实有根据。'"② 作者在积极心理学和儒家的"天人合一"、心学的"心外无物"都做了引人注目的联结，以及长期修养中的"事上磨炼"等，作者认为，王阳明的心学实际就是中国文化中的道德心理学。③

该文作者的总体观点是，道德教育失效，源于神圣性的丧失；道德教育的前途，在于神圣性的回归，尤其是复兴民族传统文化中的精神性内核，而非仅仅保留其宗教性表面，中国自古以来的传统信仰禀赋了神圣性，彰显了精神性，也蕴含着丰富的神圣性德育内涵，这些内容都是值得在今天高度重视的。④ 该文作者从比较宗教学与道德心理学的关联性维度提出了很多重要的有启发性的观点，尤其是关于宗教形式与其精神性内涵的二元化、神圣性道德价值的三个重要涵养指标等。这些内容与儒家伦理既有一致性，也可能存在某些差异，但是就精神性而言，儒家伦理价值关切中的确是存在的，尤其是孔子的"天"，孟子的"美大圣神"和"尽心知性知天"等论述，以及宋明儒家的"万物一体之仁"都有其不容忽视的精神性内涵，是需要高度重视和择其精要予以发扬的。

邓旭阳在《试论先秦儒家仁爱道德情感培养机制》中提出了先秦儒家道德培养机制的三层次、六环节路径。他认为，在先秦儒家那里，"仁者爱

---

① 参见李明、宋晔：《神圣性德育的内核、机制与途径》，《河南师范大学学报》（哲学社会科学版）2018 年第 5 期。

② 李明、宋晔：《神圣性德育的内核、机制与途径》，《河南师范大学学报》（哲学社会科学版）2018 年第 5 期。

③ 参见李明、宋晔：《神圣性德育的内核、机制与途径》，《河南师范大学学报》（哲学社会科学版）2018 年第 5 期。

④ 参见李明、宋晔：《神圣性德育的内核、机制与途径》，《河南师范大学学报》（哲学社会科学版）2018 年第 5 期。

人"之情感发挥是第一位的，这个机制包含情感表达和情感培养两个方面，他特别强调了孔孟对真情实感的认同与表达的要求，其中心在于对人的价值的尊重。① 他也运用了前述几篇论文中提到的同情和移情观念，但是他把同情看作是移情的必要环节，而不是像前述几位学者刻意要将二者区分开来："所谓同理（empathy），也称同情或同感，是对他人内心情绪、情感活动感同身受的情感体验，是移情表达过程的必备环节；通常人们会产生直觉的情绪反应和唤起与他人相似的情绪体验，但不一定会产生积极意义上的同情、同感或同理心，或许会被过度关注自我、理智化克制等某些因素所遮蔽而无法表达出来。"②

邓旭阳对先秦儒家情感的分析如上所述，特别重视"真情实感"。"情感具有两极性特征，比如'悲'与'喜'、'急躁'与'淡定'等。先秦儒家道德情感培养中充分体现了情感的两极性，以坦诚的态度直接表达内心真实情感。"③ 他特别指出孔子的爱憎分明的情感表达特征，同时又有升华性的人与自然和谐的内在性，此其一；他后面又特别指出了另外两种需要关注的先秦儒家的情感诉求，一个是宽容，一个是培养积极的愉悦心情，二者都是积极情感和积极心理所要求的："要做到情感宽容需要经历对情感的理解和接纳过程，情感接纳与宽容是积极情感发展的重要环节和情感表达的基础，没有对他人的情感理解、接纳和宽容，要达到移情传递、情感推恩是有困难的。"④ 宽容的重要性在于能够促进积极心态和积极人格的形成，而孔子在《论语》中所时时处处表现出来的"乐"也是儒家价值理念十分值得重视的内容，以形成良好的心境和情感状态。在邓旭阳看来，情感升华则需要理智感和审美感的培养，"理智感可以帮助我们更好地选择把

---

① 参见邓旭阳：《试论先秦儒家仁爱道德情感培养机制》，《东南大学学报》（哲学社会科学版）2013 年第 2 期。

② 邓旭阳：《试论先秦儒家仁爱道德情感培养机制》，《东南大学学报》（哲学社会科学版）2013 年第 2 期。

③ 邓旭阳：《试论先秦儒家仁爱道德情感培养机制》，《东南大学学报》（哲学社会科学版）2013 年第 2 期。

④ 邓旭阳：《试论先秦儒家仁爱道德情感培养机制》，《东南大学学报》（哲学社会科学版）2013 年第 2 期。

握道德学习、认知发展的方向和平衡，获得理性认知的升华的。审美感可以促进道德美感的发展，使道德感得到升华，通过艺术审美而更易被深刻体验。"① 理智感貌似与审美价值不是直接的对应关系，但是在儒家思想观念中二者又是具有统一性的，是个体先天朴素情感升华的途径之一，即道德仁艺四元的一体呈现。②

邓旭阳的结论是，"先秦儒家道德情感的培养是一个逐渐养成的过程。仁爱情感是道德情感的核心和基础，仁爱情感的移情表达是通过同理推恩来实现对更多人的仁爱关怀表达。在同理推恩过程中，觉察并允许自己真实的爱憎分明的情感反应，并注重培养情感的接纳与包容；在各种生活情境中保持积极愉悦的心境，并将生活中朴素的情感升华为理智感、审美感，最终促进仁爱道德情感的整体发展。"③ 显然，道德养成或君子圣贤的人格养成是儒家的最终价值目标，当然更是实践与行动的目标，但是这个过程需要理性、理智、高尚的情感以及审美能力的参与其间。以此文作为本文集的终篇，大致也可以体现笔者选编本文集的初心和归宿吧。

① 邓旭阳：《试论先秦儒家仁爱道德情感培养机制》，《东南大学学报》（哲学社会科学版）2013 年第 2 期。
② 参见邓旭阳：《试论先秦儒家仁爱道德情感培养机制》，《东南大学学报》（哲学社会科学版）2013 年第 2 期。
③ 邓旭阳：《试论先秦儒家仁爱道德情感培养机制》，《东南大学学报》（哲学社会科学版）2013 年第 2 期。

现代新儒学研究

超越论人本主义视野下的儒学宗教性问题

——以牟宗三内在超越思想为中心

陈　骏*

摘　要：儒学宗教性问题是现代新儒家所思考的主要问题。这个问题包括启蒙心态的反思、宗教概念的定义、儒家的超越性问题等。它关系到儒家哲学的形上学建构。以牟宗三为代表的现代新儒家在这个问题上以中西哲学与宗教比照参证的文化视角为根据反思西方文化的问题，逐渐走出西方文化的限定性，深入探求西方文化的宗教本质，以心性关系所表证的儒家超越性问题为进路，观照儒家哲学的思想特点，提出了内在超越说的观点。这种观点阐明了儒家与西方文化的差异，但是也忽视了儒家思想中的天人关系所指向的外在超越性。儒家哲学根据这个问题在反思牟宗三的相关思想的基础上，发掘出一种不同于西方人本主义的建立在超越性前提下的人本主义思想。

关键词：儒学宗教性；超越；超验；超越论的人本主义

早在 20 世纪初，现代新儒家的第一代学者就遇到了儒学宗教性问题，然而，由于当时社会上盛行的反宗教浪潮的影响，现代新儒家的第一代学者为了证明儒家不像宗教那样具有迷信性质，或是认为儒家不是宗教，或是认为以儒家代替宗教，或是认为儒家高于宗教，以此说明儒家完全可以接受代表民主与科学的西方文化，从而为自己争取一席之地。但是，随着

---

* 陈骏，辽宁大学哲学院博士研究生。

中西文化从对立逐渐走向会通，以牟宗三、唐君毅、徐复观为代表的现代新儒家的第二代学者们在《为中国文化敬告世界人士宣言》中重新提出了儒学宗教性的问题，主张从哲学与宗教的高度来思考儒学的宗教性问题，发掘出儒家所具有的形上学的、本体论的、超越性的特点。儒家哲学根据牟宗三先生的相关思想，在反思牟宗三的内在超越说的问题时可以建立起一种新的人本主义，即超越论的人本主义。

一、超越与超验的分辨

超越性问题是儒学宗教问题的主要问题。它关系到儒家思想在现当代世界的意义，而衡量儒家思想在现当代世界的意义就离不开对儒家思想的整体观照与理论定位。因此之故，儒家思想的超越性问题也就显现出来了。

超越性（Transcendental）往往与超验性（Transcendent）有关。这个问题在欧洲中世纪本来没有差别，但随着近代西方哲学认识论的转向，它在康德哲学中出现了差别。康德认为：

> 我把一切与其说是关注于对象，不如说是一般地关注于有关我们对象的，就其为先天可能的而言的认识方式的知识，则是先验的……我们可以把那些完全限定在经验范围内的原理称作内在的原理，而把想要超越这一界限的原理称作超验的原理。①

牟宗三也认为：

> 在康德，"超越"一词与"超绝"或"超离"的用法绝不相同。"超越"是指某种先验的（a priori）东西，先乎经验而有，不由经验得来，但却不能离开经验而又返回来驾驭经验，有此一来往，便是 transcendental 一词之意义。假如是超绝或超离，便是 transcendent，则此超绝或超离就是与经验界隔绝，完全隔离，一去不返；而超越则往

---

① ［德］康德：《纯粹理性批判》，邓晓芒译，北京：人民出版社 2004 年版，第 260 页。

而复返。①

与中世纪把超越理解为基督徒信仰上帝以超越世俗的界定不同，康德把 transcendental 理解为先验的，把 transcendent 理解为超验的，先验是规定经验之所以成为经验之理，虽然超越于经验，但依然指导经验的认识活动；超验则超出人类理性范围之外，探求的是人类理性所不能掌握的知识，诸如意志自由、灵魂不朽、上帝存在这样的终极关怀的问题。康德哲学所思考的问题是认识论的问题，因而需要在认识主体认识其客体对象之前考察认识主体的认识能力。

然而，儒学宗教性的超越性问题并不是认识论问题，它所思考的问题乃是性与天道的本体论问题。以康德建立在考察认识主体的认识能力前提下分辨先验与超验的方式思考儒学宗教性的超越性问题并不合适。一方面，儒家哲学也承认"性与天道，不可得而闻也"，天道也是超越于经验与理性、表象与思辨之上，无法以感觉直观、知性分辨和理性思辨的方式来开展认识活动；由此可见，儒家的天道也如同基督教的上帝一样具有超验性。另一方面，儒家的天道在其自身的演进历程中没有形成人格神的形象，却保留了其形上学的本体超越性，而这种超越性却内在于人与万有存在当中，通过"一阴一阳之谓道"的创始、凝聚与生成而"各正性命""物各付物"，呈现出"乾道变化"的存在形态，形成人与万有存在的本质。

很多学者据此认为儒学宗教性的超越性是一种内在超越性，甚至根本否认儒家思想具有形上学的本体论的超越性；但是，他们忽视了内在超越性的天道本体也无法为认识主体的认识能力所把握，而内在性与外在性的差别则在于儒家的天道可以通过人自身的心性功夫直觉参悟，反观自照，证成人与世界本然一体的原初存有情态，而基督徒则必须通过自己的忏悔以期望上帝的救赎。这也是很多学者认为儒家的天道本体即超越且内在的原因。

---

① 牟宗三：《中西哲学之会通十四讲》，《牟宗三先生全集》（30），台北：台湾联经出版事业股份有限公司 2003 年版，第 50 页。

内在超越说的观点源于以牟宗三为代表的现代新儒家学者。这个观点成为学者们以阐述儒学宗教性的超越性问题来定位儒家哲学的形上学特点。

二、牟宗三的内在超越思想

内在超越说虽然在现代新儒家第一代学者那里有所涉及，但并未展开。现代新儒家的第二代学者随着中西文化交流的展开，也意识到西方文化的本质并非民主科学而是宗教。儒学宗教性的问题因而出现。而这就关系到了儒家哲学的超越性问题。作为现代新儒家第二代学者的代表性人物，牟宗三根据这个问题提出了内在超越说的观点。

（一）内在超越说的宗教概念

牟宗三的内在超越说建立在他对宗教的理解之上。现代新儒家的第二代学者们在回应五四新文化运动提出的民主与科学的问题时，逐渐发现它们并不是西方文化的精神实质，比民主科学更具有本质性的是西方的基督教。随着中西文化交流的展开，儒家哲学与基督教的文明对话也成了儒学宗教性问题的主要内容。

其实，作为现代新儒家的第一代哲学家，贺麟已经认识到了基督教在西方文化中的意义。他在建构自己的新心学体系时就主张儒家思想应该吸取基督教的精诚信仰、坚贞不二、牺牲奉献、慈悲博爱的精神，重新激活儒家礼教的超越性，重建强有力的新儒家思想。[①] 然而，贺麟的观点在当时并未得到大多数学者的认同，西化派把基督教认作迷信，现代新儒家则意在证明儒家思想的人本主义性质而非迷信。他们都没有认识到宗教的意义，更遑论思考儒学宗教性问题了。

儒学宗教性的问题在现代新儒家第二代学者当中日益凸显出来。牟宗

---

① 参见贺麟：《文化与人生》，《贺麟全集》第四卷，上海：上海人民出版社 2011 年版，第 15 页。

三身处中西文化交流的文明对话中，认为有必要站在儒家思想的立场上来阐述自己的宗教思想。

> 宗教思想，本是一种向上的自我超越的精神，我们不能以平面的庸俗的态度去了解，此种了解，即是理智主义。须知膜拜之虔诚，即是超越的，即是精神上有一种开阔。①

在牟宗三看来，超越性是一切宗教的基本特点。这种超越性超出了理性思辨的范围。宗教的超越性对象的意义不在于理性的证明，而在于宗教信徒的信仰。对信徒们而言，这种信仰本身就是个体从感性存在的经验世界进入超感性存在的超越世界的过程。个体的精神在此过程中实现其生命情态的提升。

在此基础上，牟宗三根据儒家与基督教各自的宗教特点对其展开了判教。他认为：

> 从义理方面讲，在耶教中有一上帝为崇拜之对象，我们的天道，是否可以有如上帝之无上权威成为无限祈祷之对象呢？须知我们这人文教与耶教不同，在耶教，通上帝，须通过耶稣，故基督教之上帝，成为宗教上之上帝，关键唯在耶稣之上十字架……在中国，天道一定要通过孔子，故孔子为教主。但只能称作人文教，而与耶教不同。在儒教义理言，应天地并立，不独上达天德，还要下开地德。此点更加丰富。耶稣仅能上达天德，不能下开地德。只信上帝与耶稣。我们要祭天、祭祖、祭圣贤。②

牟宗三在儒家与基督教的比照参证中发现，基督教所信仰的上帝必须通过耶稣牺牲在十字架上才能向信徒们展现上帝的人格化形象，因而使信徒们皈依上帝，得到上帝对自己的救赎。作为一种宗教形态，儒教则认为"天地者，性之本也；先祖者，类之本也；君师者，治之本也"，通过祭祀

---

① 牟宗三：《人文讲习录》，《牟宗三先生全集》（28），台北：台湾联经出版事业股份有限公司 2003 年版，第 3 页。

② 牟宗三：《人文讲习录》，《牟宗三先生全集》（28），台北：台湾联经出版事业股份有限公司 2003 年版，第 3—4 页。

作为生命之本、人类之本和文化之本的天地、祖先、圣贤证成天道实有诸己于人的当下存在的生命情境之中。如果按照基督教三位一体说的观点，天地人则构成了儒家的三位一体。不过，在他看来，不同于基督教的超验性，儒教乃是一种人文教，这种形态的宗教的超越者更内在于人的日用常行之中。牟宗三这样阐述这种宗教：

> 当属于道德宗教者，宋明儒所讲者即"性理之学也"。此亦道德亦宗教也，即道德即宗教也。①

又说：

> 此"内圣之学"亦曰"成德之教"。"成德"之最高目标是圣，是仁者，是大人，而其真实意义则在于个人有限之生命中取得一无限而圆满之意义。此即道德即宗教，而为人类建立一"道德的宗教也"。②

牟宗三所论的人文教就是作为现代新儒家理论资源的宋明儒学，宋明儒学以成圣成德作为其精神境界的理想人格。现代新儒家继承宋明儒学，以此作为其终极关怀的目标。现代新儒家在现代化进程中所追求的这种终极关怀就触及了宗教性的问题。现代新儒家的这种追求因而具有了宗教的特点。这种宗教又不同于凭借信徒忏悔而期待上帝救赎的基督教，而是相信个体在其生命存在的限定性中可以逐渐克服其缺陷而成圣成德，感通天道的道德宗教。这种宗教在他看来：

> 此道德的而又是宇宙的性体心体通过"寂感真几"一概念即转而为本体宇宙论的生化之理，实现之理。这生化之理是由实践的体证而呈现，它自必"显诸仁，藏诸用，鼓万物而不与圣人同忧，盛德大业至矣哉"！它自然非直贯下来不可。依是，他虽是超越的，而却不是隔绝的。③

---

① 牟宗三：《心体与性体》（01），《牟宗三先生全集》（05），台北：台湾联经出版事业股份有限公司2003年版，第6页。
② 牟宗三：《心体与性体》（01），《牟宗三先生全集》（05），台北：台湾联经出版事业股份有限公司2003年版，第8页。
③ 牟宗三：《心体与性体》（01），《牟宗三先生全集》（05），台北：台湾联经出版事业股份有限公司2003年版，第186页。

由此可见，牟宗三所主张的人文教的含义也就是道德宗教。在他看来，道德与宗教之间没有什么明确的界限，人们通过道德功夫的实践就可以证成天道本体的实有诸己，从道德存在进入本体存在。他根据康德哲学来建立儒家的道德宗教，但康德哲学的根本特点即是严格分别现象界与物自身，牟宗三以此思路确实使道德获得了纯粹的极致，然而这也导致了道德功夫上的空疏虚泛。

牟宗三的判教活动揭示出了儒教与基督教的特点。根据他对儒家属于道德宗教的认定，已经显现出了儒家天道的内在超越性。内在超越性成了儒家的根本特点和理论定位。

（二）内在超越说的理论内涵

牟宗三根据儒家与基督教的特点，发现作为宗教的特定形态的儒家与基督教都具有指向终极关怀的超越性。他在分辨儒家与基督教的特点时发现他的这种宗教观点已经不同于一神教的宗教概念，反而更接近于现代宗教哲学家蒂立希以终极关怀定义宗教概念的观点。

以此之故，牟宗三在这种宗教概念的指引下，指出了儒家人文教的超越性的特点。

> 儒家所肯定之人伦（伦常），虽是定然的，不是一主义的理论，然徒此现实生活中之人伦并不足以成宗教。必其不舍离人伦而即经由人伦以印证并肯定真善美之"神性之实"或"价值之源"，即一普遍的道德实体，而后可以成为宗教。此普遍的道德实体，吾人不说为"出世间法"，而只说为超越实体。然亦超越亦内在，并不隔离；亦内在亦外在，亦并不隔离。若为中国文化生活，儒家所承继而发展者，只是俗世（世间）之伦常道德，而并无其超越一面，并无一超越的道德精神实体之肯定，神性之实、价值之源之肯定，则即不成为其文化生命，中华民族即不成一有文化生命之民族。此上溯尧舜周孔，下开宋明儒者，若平心睁眼观之，有谁敢如此说，肯如此做，而忍如此说？佛弟子根据其出世间法而如此低抑儒家，基督徒根据其超越而外在之上帝

*亦如此低抑儒家。*①

显然，牟宗三在这里已经明确指出作为人文教的儒家与佛教和基督教的差别。佛教以其出世间法看破红尘，认为世事无常，追求的是个体的涅盘与解脱；基督教所信仰的上帝乃是一个超越而外在的实体，祂必须通过耶稣的牺牲奉献来展现上帝的慈悲博爱以救赎忏悔其原罪的信徒。在这两种宗教看来，儒家人文教显然缺少佛陀与上帝的出世间法与外在超越性。然而，以牟宗三之见，相比于佛教与基督教的出世间法与上帝的外在超越性，儒家的人文教之所以能够成为中国文化生活的"价值之源""神性之实"就是因为儒家以人们的日用常行中的道德伦理随时给予指点启发，使之体证道德伦理的形上学的本体论的超越意义，参悟到普适性的道德实体的实有诸己内在于其日用常行当中，以此进入宗教的超越世界。

这种内在于人的日用常行的道德伦理之中的超越性就成了内在的超越性。内在超越性不仅体现在日用常行的道德伦理中，也蕴含于天道本体之中。牟宗三认为：

> 天道高高在上，有超越的意义。天道贯注于人身之时，又内在于人而为人的性，这时天道又是内在的（Imannent）。因此，我们可以用康德喜用的字眼，说天道一方面是超越的（Transcendental），另一方面又是内在的（Imannent 与 Transcendental 是相反字）。天道既超越又内在，此时可见于宗教与道德的意味，宗教重超越义，而道德重内在义。②

在西方文化的观念里，内在与超越是一组对立的概念。内在性指人的感性经验的存在，超越性则是外在于人自身的独立存在的形上学的、本体论的实体。形上学的本体论的超越性无法内在于人自身的感性经验存在。人也无法以其感性经验存在的内在性来证成形上学的本体论的超越性。所以，西方人很难理解儒家人文教的内在超越性。斯宾格勒就认为儒家的道

---

① 牟宗三：《生命的学问》，桂林：广西师范大学出版社 2005 年版，第 63 页。
② 牟宗三：《中国哲学的特质》，《牟宗三先生全集》（28），台北：台湾联经出版事业股份有限公司 2003 年版，第 22 页。

德伦理"不需要向深处探索",这些外在的形式没有形上学的本体论的超越性。

然而,在中国文化的视域中,"善的形式不徒是外在的,且亦是内在的,是彻上彻下,彻里彻外,已至通透之境。"① 这种内外通透的前提就在于儒家的天道本体的内在超越性。作为形上学的天道以其终极存在而论确实是一个超越于人与万有存在的本体,无法为人类理性所把握,但天道本身却具有创生性的特点,可以凭借象征着创生性的乾阳之刚创造诞生人与万有存在,凭借象征着生成性的坤阴之柔凝聚成就人与万有存在,人与万有存在即在天道本体的创生性当中形成自己的形状与本质。天道也呈现在人与万有存在的形状与本质之中。

因此,牟宗三认为作为儒家形上学的天道本体所不同于佛教的佛陀与基督教的上帝的根本特点便是其即超越而又内在的特点。内在超越性之所以优于外在超越性就在于内在超越性没有离开人的日用常行的道德伦理去形成神职人员,建立宗教组织,发明宗教仪式,制订宗教教义,而是在人的日用常行中指点启发作为形上学前提的天道本体的实有诸己。

牟宗三以其对儒家、佛教与基督教的判教活动,提出了内在超越性的观点来定位儒家天道本体的根本特点,对人们从更宽广的宗教概念视角来理解儒学宗教性的超越性问题具有重要的意义,但是,牟宗三的内在超越论也具有不可避免的理论缺失,这也成为后世学者必须反思的问题。现代新儒家的演进不能回避牟宗三的观点不仅指继承其理论成果,也应该包括克服他的思想所存在的理论限制。只有这样,现代新儒家才会具有生机。

(三)内在超越说的意义与阈限

无论以儒学宗教性的视角,还是以中西文化交流的视角来观照牟宗三的内在超越说,他的观点都具有深远的理论意义。

首先,牟宗三的内在超越说改变了一神教视域下的宗教概念。儒学宗

---

① 牟宗三:《生命的学问》,桂林:广西师范大学出版社 2005 年版,第 29 页。

教性问题首先要面对的就是宗教的概念定义。如果学者们的宗教概念始终限定在一神教的视域下，那么就无法承认儒家哲学的超越性，进而否认儒家哲学具有超越性，最终消解了儒家哲学对人的终极关怀。牟宗三的内在超越说始于对儒家与基督教的判教活动，指出儒家与基督教所存在的内在超越性与外在超越性的差别，认为以天道超越内在为信仰前提，依靠心性功夫实践的儒家哲学不同于以上帝超越外在为信仰前提依靠上帝救赎的基督教。相比于后者，前者更体现了人的道德自觉性。

其次，牟宗三的内在超越说重建了儒家的形上学。这个问题也与儒家是否具有超越性有关。以斯宾格勒为代表的一些西方学者根据其一神教观念的思想视角一直否认儒家哲学形上学的本体论的超越性，认为儒家哲学只是老练的世俗道德伦理说教，没有什么深刻的思辨性。但是，当中国学者根据《周易》的"形而上者之谓道，形而下者之谓器"把西方的 Metaphysics 诠释成为"形而上学"，以此定位儒家哲学与西方哲学为后道德学或后伦理学（meta-morality or meta-ethics）与后物理学（meta-physics）来建构其道德的形而上学的体系时①，就已经在中国文化的视野下发掘与重构儒家哲学的形而上学体系了。这本身也内在地包含着对儒家哲学的超越性维度的证明。

再次，牟宗三的内在超越论推进了 20 世纪的中西文化交流。五四新文化运动以来的思想家们一直以民主科学来定位西方文化的特点，根据这个标准来衡量儒家哲学，认为儒家哲学是君主专制的指导思想，因而主张抛弃儒家哲学，接受西方的民主科学。民主科学的思想不仅启迪了当时的进步青年的民主意识与科学精神，即使是当时的现代新儒家学者也不得不对此作出回应。然而，随着中西文化交流的深入，越来越多的学者在反思五四新文化运动以民主与科学把握西方文化的特点时认识到民主与科学并不是西方文化的本质，早期受到自由主义西化派学者所否认的"基督教实为

---

① 参见贺麟：《近代唯心论简释》，《贺麟全集》第三卷，上海：上海人民出版社 2009 年版，第 247 页。

西方文明的骨干，其支配西洋人的精神生活，实深刻而周至"，西方文化所取得的成就恰恰是基督教的忠诚不二、牺牲奉献、博爱慈悲的宗教精神实现在其文明历程中的结果。儒家哲学与相关的西方哲学展开文明对话固然对其具有启发性的意义，但西方哲学本身也是源于西方的宗教文化，西方的宗教哲学以其终极关怀性形成了西方文化的传统，成为西方哲学的隐形思维结构。儒家哲学真正需要对话的不仅是西方哲学，更包括西方的宗教思想。儒家哲学的源头活水要在当代世界生生不息，现代新儒家的新生代学者们不仅不能回避牟宗三，更无法不去理会唐君毅与杜维明在这方面的理论创造所取得的成绩。

最后，牟宗三的内在超越说也体现了人本主义的精神。虽然牟宗三不像梁漱溟、熊十力那样在科学主义与人本主义思潮盛行的五四新文化运动时期证明儒家并非宗教而属于人本主义，但牟宗三在思考儒学的宗教性时依然在比较儒家与基督教的差异时把儒教定位为人文教。在他看来，儒家人文教"不离日用常行内，直造天地未画前"，既具有宗教的终极关怀，又内在于人自身的日用常行之中。这种人文化了的宗教相信人的自觉能力，在某种意义上也保证了人的主体性。这显然比强调信徒自身忏悔以获得外在超越性的上帝对其进行灵魂救赎的基督教更合理。

然而，牟宗三的内在超越论也不是没有问题的。这些问题也成为现代新儒家第三代学者超越他的理论起点。

牟宗三根据对儒家与基督教的判教活动，提出内在超越论与外在超越论的观点并不准确。儒家哲学的天道本体是否只有内在超越性而无外在超越性也是一个需要认真思考的问题。根据当代学者赵法生的观点，牟宗三在阐述人文教"亦内在亦外在"，天道超越而内在的特点时就已经包含了天道本体的外在超越性，天道之所以作为一个神圣崇高的超越性的形上学的本体就在于它高居于人类之上，而牟宗三的道德的形而上学以心性道德为进路，以心性理论的内外原则代替了天人之际的上下原则，心性理论走向极致的理论后果导致了心性理论达到了纯粹的形上学的本体论的内在超越性。内外原则下的道德功夫实践活动遮蔽了下学人事以上达天德的上下原则的外在超越性。① 因而不难发现，牟宗三的哲学中没有儒家礼乐教化的位置。道德的形而上学尽心知性而代替知天，天道本体反而成为先在内存于心性的"道德创造之真几"的结果。这个观点不仅存在着道德如何创造宇宙本体的问题，而且它所建立的道德宗教掩盖了道德与宗教之间的界限。混淆道德与宗教的界限所导致的结果或是以宗教的教理教义的虚幻性代替道德禁锢了人性，或是以道德代替宗教僭越了天道或上帝的位格造成了人本学的主体主义的虚无性。

牟宗三以外在超越性来定位基督教的上帝也有待商榷。如果说早期基督教确实存在着牟宗三所认定的特点的话，那么经过宗教改革后的基督教，上帝的实体化、自然化、人本化逐渐从超越的外在性演变成为超越的内在性。现代意义上的基督教更强调上帝内在于人自身在终极关怀方面的意义而非作为造物主的意义。牟宗三以外在超越性来定位基督教的上帝，说明他并不了解基督教的演进历程，他对基督教的理解还是停留在早期基督教的阶段。这就妨碍了儒家与基督教进一步展开文明对话的可能。

在此基础上，现代新儒家的第三代学者在承认儒家与基督教在各自的文化体系中的本质性的前提下，以儒家形上学思想、现代基督教思想、宗教存在主义、人格主义等思想比照参证，推进儒学宗教性问题的反思，据此提出一种包容的人文主义，推动新轴心时代的到来，塑造现代世界的文化性格。

其实，牟宗三关于儒学宗教性问题的思想已经表露出了一种人本主义的思想。只是这种人本主义还是属于近代西方文艺复兴以来的人本主义的范围，这种人本主义诚然在解放于宗教神学的禁锢中建立起了人的主体性，但也导致了人类中心论的主体主义的虚无主义危机，人本主义若想化解这种危机，非但不能乞灵于传统形上学的虚幻性，还必须反思自身所存在的问题，重新面对自己曾经所要解构的形上学的本体论的超越性。

---

① 参见赵法生：《儒家超越思想的起源》，北京：中国社会科学出版社 2019 年版，第 312—333 页；赵法生：《内在与超越之间：论牟宗三的内在超越说》，《哲学动态》2021 年第 10 期。

三、儒学宗教性中的超越论人本主义

牟宗三在回应儒学宗教性问题的过程中体现了不同于科学主义的人本主义精神。现代新儒家从诞生之日起就分辨事实世界与价值世界、实然世界与应然世界、科学世界与哲学世界，自觉地确定后者作为自己的研究领域。因而把自己定位为人本主义学派。

顺此思路，牟宗三把儒家的宗教定位为人文教其实是按照人本主义的精神来重新理解宗教的概念。这无疑启发了人们反思宗教的定义，也意味着形成一种现代宗教的可能。这种观点也与多数学者以人本主义定位儒家哲学的观点不谋而合。然而，人本主义自身也是一个需要反思的概念。以人本主义来定位儒家虽然突显了儒家的人学思想，但源于近代西方文艺复兴以来的人本主义在儒家哲学中却面临着如何安顿人的终极关怀的问题。

（一）人本主义思想的理论意义

人本主义是兴起于 14 世纪欧洲文艺复兴时的一股思潮。这股思潮以人的存在、人的尊严、人的意义、人的价值以及人在宇宙中的地位作为其思想主题。雅各布·布克哈特据此认为：

> 在中世纪……人类只是作为一个种族、民族、党派、家族或社团的一员——只是通过某些一般的范畴，而意识到自己。在意大利，这层纱幕最先烟消云散；对于国家和这个世界上的一切事物做客观的处理和考虑成为可能的了。同时，主观方面也相应地强调表现了它自己；人成了精神的个体。①

走出中世纪宗教神学对人性的禁锢的文学家们、艺术家们与思想家

---

① ［瑞士］雅各布·布克哈特：《意大利文艺复兴时期的文化》，何新译，北京：商务印书馆1979 年版，第 125 页。

们，"集焦点于人，以人的经验作为人对自己，对上帝，对自然了解的出发点。"① 他们根据古希腊古罗马文艺作品发现了被宗教神学所遮蔽的人。他们根据自己所掌握的古典拉丁语在其所创作的文艺作品中勇敢地表现人类健美的身躯、曼妙的体形、坚强的性格、优雅的气质、忠诚的友谊、坚贞的爱情、英勇的气魄以及世俗的幸福。欲望、情感、意志等现实幸福所必需的因素在人本主义者们的作品中得到了充分的展现。一直以来受到宗教神学所压抑的感性需求在其释放过程中得到了认可。人通过感性的解放获得了自己的尊严，表现了自己的意义与价值在于追求现世的幸福。由此可见，文艺复兴时期的人本主义的含义其实是人的感性欲求。人在上帝面前再也不是背负原罪的存在者，而是上帝的杰作。文艺复兴是后来的启蒙运动的先驱，成为现代文明的本源。

在文艺复兴的指引下，启蒙运动不仅继续反思了宗教神学理论的荒谬，还在当时的科学成果的启发下深入人性内部，发掘出了人的理性能力，使人本主义的概念获得了新的含义。恩格斯认为：

> 在法国为行将到来的革命启发过人们头脑的那些伟大人物，本身都是非常革命的。他们不承认任何外界的权威，不管这种权威是什么样的。宗教、自然观、社会、国家制度，一切都受到了最无情的批判；一切都必须在理性的法庭面前为自己的存在作辩护或者放弃存在的权利。……从今以后，迷信、偏私、特权和压迫，必将为永恒的真理，为永恒的正义，为基于自然的平等和不可剥夺的人权所排挤。②

启蒙思想家们抛弃了宗教神学中上帝创世的世界图景，根据理性原则建构了理性主义的世界图景。他们认为一切都必须在理性面前阐明自己存在的合理性，否则就失去了自己存在的合理性，不能得到理性的认可。理性本身也必须得到反思，认识到自己的能力与限度，才可以成为衡量万有存在的尺度、根据与标准。透过启蒙思想家们的观点，可以发现，人本主

---

① ［英］阿伦·布洛克：《西方人文主义传统》，董乐山译，北京：生活·读书·新知三联书店1997年版，第12页。
② 《马克思恩格斯全集》（20），北京：中央编译出版社1986年版，第19—20页。

义的概念从文艺复兴时期的感性欲求变成了启蒙时期的理性思维。理性原则的确立说明了人本主义在启蒙运动这里走向了成熟。

人本主义在启蒙运动中所确立的理性原则使人从宗教神学的禁锢中解放出来，标志着人类走出了自己的幼稚状态，摆脱了外界权威对自己的监管，可以大胆地运用自己的理智①来进行理性思辨，在此过程中形成了人自身的主体性。然而，在人以其主体性解构了宗教神学的形上学的本体论的超越性以后，终极关怀的问题也随之成了人本主义所必须面对的问题。这就需要人本主义者们对自己的思想展开反思。

（二）人本主义思想的理论限制

任何一种思想都会在其自身的演进历程中出现与之对立的思想，从而走向反面，产生新的问题。人本主义也是如此。

人本主义以人的感性欲求把人从宗教神学的禁锢中解放出来，使人聚焦于自然的真实存在，摆脱了人在宗教世界中的异化，自然成了人自身所要面对的对象。人本主义者认为：

> 自然是为人而存在的，是为人类服务的工具，人与非人世界的关系完全是一种工具理念。②

自然在满足人自身的需求时，才会具有其存在的意义，自然自身没有意义。这就意味着自然成了人类征服的对象。人与自然的关系成了一种独立的关系，"人为了自己至高无上的尊严则可以向自身以外的世界开战，从而规定和改变着世界的面貌。"③ 人与自然的这种关系也就呈现为人与世界的内在的紧张。

在人与自然的这种对立性的关系下，人为了自己的需求，凭借自己的

---

① 参见［德］康德：《历史理性批判文集》，何兆武译，北京：商务印书馆1990年版，第23页。

② 陈凡、赵迎欢：《后人道主义：哲学人道主义的现时代反思与定位》，《社会科学辑刊》2005年第1期。

③ 陈凡、赵迎欢：《后人道主义：哲学人道主义的现时代反思与定位》，《社会科学辑刊》2005年第1期。

知识能力几乎掌握了可以毁灭人类自身，重建整个世界的现代科技。然而，人类在发展现代科技时，却引发了一系列道德的、伦理的问题，从而危及到了人自身的存在。这些问题不仅是科技方面的问题，更根本的也是这种人本主义的人类中心论问题。

人本主义在其自身的演进历程中，也导致了人与他人之间的原子化。根据人本主义的观点，"人与他人或他物的观点是外在的，偶然的、派生的。"① 他人如同自然一样成为个体视野中的对象，进而言之，每个个体都是彼此眼中的对象，每个个体都成了孤立自存的原子，因而个体成了原子化的存在。这意味着个体的意义也像自然的意义一样，只有在满足他人的需求时才有意义。人本主义的思想在这里恰恰就出现了异化，主张人类中心论的人本主义在思考人与他人的关系问题时成了功利主义与实用主义。人成了对方眼中的手段、工具与媒介而非目的。

人与他人的原子化源于个人主义（individualism），个人主义把人从宗教神学的禁锢中解放出来，人脱离了自己与当时的社会制度的依附关系，个体的觉醒促使人根据自己的个体需要来重新建立人与社会的关系，但是，他们忘记了，"人只有在社会中才能实现自由和全面的发展"，社会性之外的鲁滨逊式的孤立的个人并不存在人的自由全面发展的问题。"人的本质并不是单个人所固有的抽象物，实际上，它是一切社会关系的总和。"② 人的本质必须从他所身处的社会当中才可以了解，脱离人的现实性所得到的人的本质其实是不完整的人。换言之，脱离了人的个体性所理解的由每个个体所构成的社会也是无法洞察社会演进的实质。

这些问题也可以说是人本主义在思索人与世界的关系时突显了人的主体性，遮蔽了世界对于人自身的本原性。人本主义者否认了人的本真存在其实是内在于世界的存在。剥离了人与世界的本然一体性的前提，根据主客分离对立的思维模式来处理人与世界的关系，人自身在成为主体的同时，

---

① ［美］大卫·雷·格里芬：《后现代精神》，王成兵译，北京：中央编译出版社1998年版，第21页。

② 《马克思恩格斯全集》，北京：人民出版社1956年版，第5页。

世界也就成了按照人的感性欲求任意改变的对象、质料、媒介、手段。世界存在的意义只在于满足人的感性欲求。

人本主义所导致的这些变化说明人本主义解构了宗教神学的超越性所导致的虚幻性，人的所有解放中最后的解放是从代表上帝的教会组织的虚幻说教中解放出来。教会组织的神职人员受到人本主义者讽刺的同时，上帝的神圣性也就随着他们的荒谬一起倒塌了。人自身的感性欲求得到了承认，人自身的能力得到了实现。宗教教义作为一种惨无人道的精神枷锁而遭到现代人的抛弃。人的感性欲求从未像现在这样释放到了极致。在此基础上，人类不再相信上帝，而只相信自己的理性，理性成了新的上帝。

所以，人们需要追问与反思的一个问题是感性欲求是否等于人性的全部内容？即便是人的感性存在中的经验活动是否完全属于经验领域？康德已经从认识论的角度指出人的感性认识需要作为感性直观纯形式的时空因素，那么，人的感性存在的经验活动的形上学的自明性前提又是什么呢？人本主义者们似乎忘记了感性欲求不能成为一个伟大民族的文化传统。当人们把上帝的隐退所导致的超越性被解构视作解放时，那恰恰是堕落的开始。

人本主义以理性代替宗教中的上帝作为人的主体性的含义，理性就成了新的上帝，一切都必须接受理性的认可。然而，理性是否即是人类精神领域的全部内容？如果认为理性即是人类精神领域的全部内容，会不会否认人类精神领域内的非理性内容？理性是否因此异化成为新的精神枷锁？如果理性真的成为新的上帝的话，那么又如何解释这个新的上帝早在19世纪中期就受到了哲学家们的解构而被判处死刑呢？其实，这其中存在着的一个问题就是理性是否可以代替上帝来解决人自身的终极关怀问题。

人本主义以理性主义的世界图景代替了宗教神学的世界图景，确立了理性原则，改变了人与自然、人与他人和人与社会的关系，促使人类运用其理性能力去探寻自然的奥秘，掌握自然的规律，改变自然物质的形态，征服自然界以满足自己的需求，破除人与他人之间的依附性关系，承认每个人原子化的个体性，认为社会的合理性前提建立在统治者与被统治者之间所订立的契约之上。早在启蒙时期，理性与自由的对立就显现出来了，理性主义的世界图景虽然消除了宗教神学的迷信，但理性原则的确立却吞没了人本主义的自由理想。人类社会中原子化的个体以其理性能力征服自然界却导致了人类中心论的主体主义，人成了对立于他人、人类社会与自然界的虚托孤立之人。

人本主义消解了宗教神学的虚幻性的同时，也引发了虚无主义的盛行，带来了终极关怀的问题。人取代上帝或天道获得了宇宙中心的地位，使其主体性达到了极致，成为自我崇拜的偶像，人反而成了真空中的、抽象的、虚幻的人。人类中心论的主体主义以此为前提建立起来。然而，人终究不是神，无法消除其感性存在的情感欲望，但人为了维系自己的神的地位，又不得不把自己的感性欲求掩盖起来，以神的形象满足其动物性的需求，这样的人非但没有成为神反而成了魔。尽管人本主义可以揭露宗教神学的虚幻性，但人本主义真的可以抛弃宗教神学所蕴含的终极关怀问题吗？在人本主义视野中的人的主体性真的不证自明吗？这种人真的可以成为新的神而无所不能吗？如果人本主义成了一切思想、理论、学说、观点、信仰的存在本原与价值衡量标准，就很难保证这种消解了一切超越者的思想观点、理论学说不会引发新的虚无主义，从而导致人自身的精神危机。

现在的一些学者以这种人本主义来定位儒家哲学，在发掘心性论的理论意义时却遗失了天道本体与王道理想，试图以心性来代替天道与王道，混淆了天道、王道与人道的界限，把本体论与境界论层次上的天人合一认作现成意义上的天人合一，从而导致了人道对天道与王道的僭越，提出了以哲学代宗教、以伦理代宗教、以美育代宗教的种种观点。在这些人的观点中，儒家哲学失落了其宗教意义，成了一种供学者们研究的哲学学派而无法实现其终极关怀的意义。当然，把儒家思想定位为一种哲学并不算错，但相比于西方哲学，儒家哲学不仅是一种理论创造，也是一整套教化系统，而教化本身就是宗教的功能。如果儒家不是宗教，那么又如何体现其教化性呢？郑家栋就曾对以人本主义的视角切入儒家哲学研究提出过疑问：

> 人究竟在什么意义和多大程度上可以超越自身的有限性？究竟在

什么意义和多大程度上可以做到"知天""同天"?①

这就说明以这种人本主义来定位儒家哲学并不准确,因为对于儒家哲学的这种研究不仅解构了天道对人道的终极关怀,还遗失了儒家哲学所具有的宗教性。儒家所具有的即哲学即宗教、即道德即宗教的特点不仅说明其圆融无碍,也说明它作为哲学和宗教,理论和信仰存在着学理上的分疏,不能顾此失彼。但是,近代西方的人本主义却是在解构宗教的超越性的过程中,以上帝的隐退为其前提而形成的一种理论。这个理论并不存在人自身的终极关怀的问题。儒家哲学的理论定位还是要以儒学宗教性的问题来走出近代西方人本主义的限制,形成超越论的人本主义。

(三)超越论人本主义的可能

牟宗三在儒学宗教性问题中提出的内在超越说虽然体现了人本主义的精神,但这种人本主义非但没有解构本体的存在,反而为了人自身的终极关怀问题承认了超越本体的合理性。从这点来看,近代西方的人本主义并不能准确把握儒家哲学。其实,根据任何一种西方的哲学思想或宗教学说来定位儒家哲学都无法完全符合儒家哲学的特点,与其如此,倒不如面向儒学宗教性的问题本身。

当人们认为儒家具有人本主义思想时,他们是指儒家没有像基督教那样追寻一个彼岸世界的超验本体,关注的是人在此岸世界中的成圣成贤成德。然而,人在此岸世界中的成圣成贤成德是否也是一个不断地超越当下存在情态的功夫实践历程?儒家的圣人本身是否也包含着超越性?儒家所追求的生命的永恒性依然不可能在当下的世俗世界中实现于完成。不然,子贡就不会感叹"性与天道不可得而闻也",董仲舒不会提醒人们"天人之际,甚可畏也",当下的世俗的经验的感性的生命情态是不能成就圣人的。人们虽然可以在儒家的思想体系中找到诸如"天地之性人为贵"这样类似

---

① 郑家栋:《断裂中的传统:信念与理性之间》,北京:中国社会科学出版社 2001 年版,第287 页。

于近代西方人本主义的话语，但在儒家视野中的人不是什么理性存在者，而是天道本体创始生成的结果。人在儒家视野中不是无所不能的宇宙主宰，而是一个有限的生命存在者。在儒家看来，人不可能战胜作为其存在本原的天道。人定胜天意味着人道僭越天道，从而毁灭自己的存在本原，而这么做则会毁灭整个人类种群。因此之故，儒家的这种观点如果继续以人本主义定位的话，应是一种超越论的人本主义。

超越论的人本主义不是超离或超出人本主义，也不是否认人本主义的意义，更不是要反对人本主义，而是以儒学宗教性问题重新定位儒家哲学，反思近代西方人本主义的问题，重新承认作为天道或上帝这样的超越者对人自身的意义。海德格尔也认为他的反人道主义不是要使人倒退到野蛮状态中，而是反思传统西方形而上学视野中人与世界对立相视关系中的前定预设的人。① 高清海也指出传统哲学根据物种思维来思考人的问题，人在他们的眼中成了对象物，人与物一样存在着前定的、预设的、现成的本质，人的整个生命存在历程所显现的意义就是为了证明这个本质。② 人的本质其实在这种思维模式下异化成了外在于人自身的精神枷锁。

超越论人本主义的"超越"（transcendence）包括哲学与宗教的层面。根据当代学者黄玉顺的观点，哲学的层面超越主体是人自身，人自身所要超越的界限则是其经验世界，人在这里成了超越的主体。超越的主体的含义就是人的心性。人的这种超越性就成了内在的超越性。人在这种超越的过程中成了超验的存在。在宗教层面上的超越主体是天道与上帝，祂们的超越界限则是世俗界（secular world）。这说明天道与上帝独立于世俗界，而是一个超凡的存在。③ 作为一种哲学，儒学确实具有内在超越性，儒学认为人禽之辨的根本在于人在其生命存在历程中凭借自己的心性就可以追寻存

① 参见孙周兴选编：《海德格尔选集》（上），北京：生活·读书·新知三联书店1996年版，第374页。

② 参见高清海：《高清海哲学文存》（02），长春：吉林人民出版社1997年版，第3—8、13—15、27—32页。

③ 参见黄玉顺：《"超越"还是"超凡"——儒家超越观念省思》，《探索与争鸣》2021年第5期。

在的意义。人的心性成了超越本体的内在性基础。然而，超越本体的内在基础不等于超越性本身，人在追寻其生命存在历程的意义时必须以对象化、客观化、现实化、外在化、人格化的方式生成其超越者。否则，超越主体完全凭借内在超越的路径而否认外在超越的路径就意味着否认人在超越者面前的限定性，以人的超越于经验的超验存在僭越了超越于世俗界的天道与上帝的超凡存在，导致了天人、神人界限的混淆。

> 至于所谓"超凡入圣""即凡而圣"之类的说法，其所谓"凡"（ordinary）是指与"圣人"相对的"常人""庸人"，而不是指凡俗世界之"凡"（secular）；圣人与常人都属于这个凡俗世界，而不可能超越这个凡俗世界，这就是人的存在的有限性，这个"有限"乃是人所不可逾越的界限。所以，"圣"的境界是超验的，但绝不是超凡的。①

由此可见，即使是圣人也不即是天道与上帝。儒家从没有把圣人等于天道，圣人只能感通天道而不能成为天道。圣人乃是从平常人经过君子、贤人而成为圣人②。作为一种宗教，儒教也存在着外在超越性，天道的外在超越性意味着祂是一种超越于世俗界的超凡存在。圣人感通天道以后的言说内容其实是天道之所命，天道之所令。在这个意义上可以说圣人替天行道，绝不能认为圣人即是天道，不然就是僭越。儒教可以承认每个人都可以成为圣人，但绝不可能承认每个人都可以成为天道。天人合一也只是儒家人本主义视野下的超凡存在与超验存在的关联性，而非以人自身的全知全能全善僭越作为超越者的天道。由此可见，无论以哲学还是宗教来观照儒家都不准确，所谓的儒家的即哲学即宗教、亦哲学亦宗教、半哲学半宗教其实意在说明儒家不是绝对意义上的哲学或宗教学，而是一种哲学—宗教学—形而上学（philosophical religious metaphysics）。一方面，儒家呈现为学理性的思想形态；另一方面，儒家的天道信仰也是一种宗教信仰，而这两者又归向形而上学。

---

① 黄玉顺：《"超越"还是"超凡"——儒家超越观念省思》，《探索与争鸣》2021 年第 5 期。

② 参见黄玉顺：《"超越"还是"超凡"——儒家超越观念省思》，《探索与争鸣》2021 年第 5 期。

在现代性当中，最严重的灾难就是由于人本主义在解构了超越者的超凡存在而代以人自身的超验存在以后认为根据自己的理性就可以征服自然界，凭借自己所设计的乌托邦神话就可以掌控整个世界。征服自然的理性危及到了人的生命存在，乌托邦神话剥夺了人的自由。所以，超越论的人本主义所认为的"超越"不能简单地以为是人把自己的本质交给神所造成的人的本质在神圣性面前的异化。对人之为人的本质而言，人的超验存在是人的生命存在意义的实现；对超越性而言，天道与上帝的超凡存在是超越本体以其普遍必然性指引人的现有存在。

因此，儒家的哲学—宗教学—形而上学就必须超出或超离内在超越与外在超越的对立，内在超越与外在超越现在似乎成了中西哲学特点的标志。这虽然指明了中西哲学的差别，但也容易遮蔽思想体系内部的多重维度与思想创造的多种可能。内在超越的心性论虽然意义深远，但人类能否仅仅凭借内圣学意义上的心性就可以实现其超越性则是一个问题。因此也需要作为外在超越途径的礼乐教化对人的现有存在的规范促使人自身在其中亲身体证到超越本体的实有诸己。牟宗三确实认识到了宋明儒学内圣强而外王弱的问题，但他在回应儒学宗教性问题时却遗失了超越本体的外在性，因而使学者们对其观点表示疑虑。现代新儒家若想推陈出新，就必须走出内在超越与外在超越高下优劣的争论，承认外在超越性的意义，从内在与超越的架构进入内在、外在与超越性的架构。现代新儒家虽然内圣学与外王学建构其理论体系，但却没有把天道学独立于内圣学之外，使天道学失去了其超凡存在而限定于超验存在，也使内圣学以超验存在僭越了超凡存在。

超越论的人本主义认为人、他人、超越者、世界都因人的感通作用而呈现自身。在儒家看来：

> 能尽其性，则能尽人之性；能尽人之性；则能尽物之性；能尽物之性，则可以赞天地之化育；可以赞天地之化育，则可以与天地参矣。①

---

① 朱熹：《四书章句集注》，北京：中华书局1983年版，第32页。

如同存在主义者所认为的"此在—在世界中—存在"一样，存在主义的这个观点也可以诠释为人是在世界中存在的存在者。人作为实现自我实现的成己并不限定于个体自身，也意识到了他人的存在，自我与他我的关系不是对立性的主客关系而呈现出人与他人的主体间性，正如马丁·布伯所说，主体间性的关系不是主客之间的我与它（I and it）的关系，而是我与你（I and thou）的关系，① 人与他人的主体间性构成了人的类主体性。

在儒家看来，主体间性的形成以天道本体作为保证。人若要亲身体证到天道的存在，就必须超越于主体间性的限定性，无论是自我的主体性，还是自我—他人的主体间性与人的类主体性都形成于天道的创始生成。天道实有诸己于人与自我、他人与世界的本然一体。人在此成了一个向他人、世界与超越者开放的存在者。

儒家的这个观点在后现代主义哲学那里也得到了证明。大卫·格里芬认为在后现代哲学看来，"个体与其躯体的关系，他（她）与较广阔的自然环境的关系、与其家庭的关系、与文化的关系等等，都是个人身份的构成性的东西。"② 后现代哲学的这个观点已经蕴含着一种新的人本主义，有的学者称作后人文主义或后人道主义，这种人本主义视野下的人超出了传统人本主义视域下的原子化个体的狭窄视野，成了在世界中存在的人。

但是，儒家的人本主义与现代人本主义和后现代人本主义还有一点显著的差别就是前者所蕴含着的超越性。彭国翔认为：

> 将儒家思想称为人文主义，很大程度上也在于认为孔子以降整个儒学传统的基本关怀在于"此岸"的"人间性"，而不在于"彼岸"的"超越性"。认为"人"是儒家传统关注的重点，无疑是正确的。但是，儒家以人为本的精神方向，却不是以世俗性、人间性与神圣性、宗教性的二元对立为出发点，视前者为人类精神的唯一领域，后者不

① 参见［德］马丁·布伯：《我与你》，陈维纲译，北京：生活·读书·新知三联书店1986年版，第17—19页。

② ［美］大卫·雷·格里芬：《后现代精神》，王成兵译，北京：中央编译出版社1998年版，第22页。

过是人们的心理投射或至少不应当是人类生活关注的重点。对儒家而言，"人本"绝不意味着对超越的"天"的否定或忽略。①

又说：

> 如果说西方人文主义的一个基本预设是神人两分的话，儒家人文主义的出发点则是"天人合一"。儒家固然不在"人间"之外寻求"天国"，但也不是轻视甚至无视神圣性、超越性对于人类生活的实在意义。儒家人文主义的特点在于将神圣性寓于世俗性之中，或者说善于从世俗生活中发掘、感受到神圣的意义与价值。②

彭国翔根据比照参证西方人本主义与儒家人本主义，指出了它们的思想差异。与西方人本主义解构上帝的神圣性与崇高性以突显的人的主体性不同，儒家人本主义虽然也强调人的主体性，但儒家并未因此使超越者隐退；相反，儒家认为超越者就显现在人的当下存在情境中。因此，儒家的人本主义是一种宗教性的人本主义。儒家所追求的天人合一不仅是一个哲学问题，更是一个宗教问题。从这点看，把儒家定位为宗教人文主义考虑到了儒家自身所具有的宗教性质。但是，宗教概念本身存在着歧义，儒家是不是宗教的问题本身就存在着争议。

相比于彭国翔的宗教人文主义，杜维明则从另一个角度来定位儒家的人本主义。杜维明认为：

> 精神人文主义的理念就是以天、地、万物与我为一体。……在己、群和自然万物（地）之外，还有第四个维度，名之为天。精神人文主义之所以为精神人文主义的概念本质（defining characteristic）是我们对天的敬畏之觉悟。③

杜维明的精神人文主义（Spiritual Humanism）与彭国翔的宗教性人文主义相比具有更广阔的视野。后者只是分辨西方人本主义与儒家人本主义的

---

① 彭国翔：《儒家传统的诠释与思辨——从先秦儒学、宋明理学到现代新儒学》，武汉：武汉大学出版社 2012 年版，第 80 页。
② 彭国翔：《儒家传统的诠释与思辨——从先秦儒学、宋明理学到现代新儒学》，武汉：武汉大学出版社 2012 年版，第 80 页。
③ 杜维明：《精神人文主义：一个正在喷薄而出的全球论域》，《船山学刊》2021 年第 1 期。

差别，前者的精神人文主义面对现代世界中的人的物化与异化，反思奠定现代性的启蒙心态，从世界各大宗教的角度，提出这个观点。在精神人文主义视域下的人不仅关联着他人和自然，还通向天道的生生不息。儒家的人与天地万物为一体的精神境界在此获得了当代的意义。根据杜维明的观点，精神人文主义中的"精神"即是人自身在敬畏天道时觉悟到自己的限定性。精神人文主义表示了人类在形而上学的本体论的超越性遭受各种物质主义、经验主义、功利主义、实用主义、虚无主义的解构的当代世界中重建形而上学的理论尝试。

杜维明以"精神"这个概念来指称他对超越者的形而上学的重建，但是精神概念与宗教概念一样也是一个充满歧义性的概念，因为精神的内涵可以指代人自身的任何一种内在的主观因素，它们并不都具有超越性；而且，现代人本主义也并非不关注人的精神的内在性。所以，发端于儒学宗教性的人本主义应是超越论的人本主义。其实，宗教性人文主义与精神人文主义表示的也都是这个观点。自我、他人、自然都因天道的本体的超越性而生成其存在的意义。人与世界的关系最终是人与超越者的关系。这是超越论的人本主义的基本问题。

这个问题源于学者们对儒学宗教性问题的发掘，形成了他们观照儒家哲学的一种思想视角。在他们对这个问题的深入思考中，根据这个问题所进行的思想建构意味着超越论的人本主义的形成，这种人本主义在对从文艺复兴到启蒙运动时期的人本主义的反思与超越当中，回应后现代主义所提出的人与超越者的理论问题，形成后现代意义上的超越论的人本主义。

结　　论

牟宗三在儒学宗教性问题中所提出的内在超越说阐明了儒家哲学超越性的内在维度，体现了现在人本主义的精神。然而，牟宗三的内在超越说也由于缺乏超越性的外在维度而存在着人类中心论的主体主义问题。

因此，不仅要反思内在超越说的理论缺失，还要反思近代西方人本主义的问题，关注后现代主义哲学的反人道主义所提出的理论问题。这就需要后来的学者们聚焦于现代新儒家的当代走向，面向儒家哲学本身，以儒家哲学关于天人之际的思想作为其思辨对象，在承认人本主义思想成果的前提下重新思考人与超越者的关系问题，建构起关注人的终极关怀问题的超越论人本主义，指明人在超越者面前的自我限制，承认人的存在本原的存在，在人与超越者的基本问题中重建作为人之为人的超越者，以回应关系其安身立命之本的终极关怀问题。

在这个问题下建立起来的超越论的人本主义，一方面植根于现代新儒家的儒学宗教性问题，从此出发来建构其自身的理论形态；另一方面通过与当代西方哲学思想和宗教思想所展开的前沿对话，以理论建构的方式形成其开放性的理论品格，重新追寻形而上学的超越性关怀，回应人的安身立命之本所需要的终极关怀问题。

现代中国思想研究

"势""理""法"三元关系的内在紧张与统一

——严复引进西学及个人思想取向的复杂性考察

郝晏荣[*]

摘　要：我们通常把严复定义为自由主义或者进化论思想家，但是，这种单一性的定义仅仅表达出严复思想的一方面，即他的西化的、现代性的观念特征；而严复思想中另一方面内容——他对传统观念的引用与激活，却被我们严重忽视。本文在这里试图走出以往严复研究的套路，用一个新的路径来概括严复的思想内涵，以期对认识与理解严复思想的复杂性，有一个深化的可能。势、理、法，可以说既是很传统的中国思想概念，又是严复那个时代被热衷使用的词汇，同时也是在研究严复思想时完全被忽略的概念，因此，以它们作为认识严复思想的新的视角，可以梳理出一个与以往完全不同的严复的思想形象。

关键词：严复；思想；三元关系；复杂性

思想史研究最常遇到的困境是，我们用一个标签锁定了某一研究对象，但该研究对象的思想性质，经常溢出标签之外。这样的难题，在严复研究方面体现得最为明显。我们通常把严复定义为自由主义或者进化论思想家，但是，如果严复真的仅仅是一个自由主义者，或者进化论者的话，那么，他的主要思想活动都应该围绕译述、阐发自由主义或者进化论思想展开。严复的很多译著，实际上都是远离自由主义或者进化论的。另一种更普遍

---

　　* 郝晏荣，河北省社会科学院哲学研究所研究员。

的说法是把严复定义为致力于中国国家富强的思想者，就当时中国的富强所需来说，很多最紧迫的学术与思想问题，严复都没有关注，而他所急于阐发与引进的内容，很多与富强这一现实目标是完全不搭界的。本文在这里试图走出以往严复研究的套路，用一个新的路径来概括严复的思想内涵，以期对严复思想复杂性的认识与理解有一个深化的可能性。势、理、法，可以说既是很传统的中国思想概念，又是那个时代被特别热衷引用的词汇，同时也是研究严复思想时被完全忽略的概念。但是，以它们作为认识严复思想的新的视角，可以梳理出一个与以往完全不同的严复的思想形象。

一、势的观念的引用以及对两种对立思潮的激发

"势"这一概念在中国传统哲学中早已产生。在先秦中国思想争鸣的园地中，势是一个重要的政治哲学范畴。势在这一时期大约有权势、地位、时机，以及客观的态势、事物发展的趋势、政治关系、强大的外在力量等多种含义。先秦之后，势这一概念逐渐隐没了其存在，直到晚清时期，才再次凸显，思想界对此重新有了兴趣，对势的引用也突然增多。原因是，鸦片战争之后，一种全新的世界事态突然降临，强烈的现实压力使晚清的思想者有一种重回先秦时代的境遇感，迫使晚清思想者一致用"中外之势"这样的语境来概括当下的局势。势在近代人的眼里，成为一个外在的、具有强制力量的、与具有道德伦理含义的理完全对立的概念，成为强权的代名词。中国近代思想者普遍认为，这些来自欧美远方的侵略者，在中国面前是"占势不占理"，列强虽有船坚炮利，但他们"性如犬羊"，在道德心性上完全低于中国人。于是，当时国人的头脑中普遍有了一种对理与势的对立感和分离感，即列强对中国是占势不占理，中国对列强则是占理不站势。近代中国被迫开关、定约、割地、通商等，完全是屈从于列强的势，并不是认可西方的理，这种理与势的分裂，是当时思想者的普遍认识，也是他们的普遍困惑，这种认识和困惑给当时的国人带来了无限的精神委屈和行为迟滞。

　　由于理与势的对立和分离，使当时国人在应对列强侵略之时，形成了"和戎"与"拒敌"两大对立的阵营，产生了两种完全对立的应对态度。前者由于对外夷强势比较了解，主张对外和戎；后者基于自身文化道德的优越感和理的自负，主张强硬外交，反对对外任何和解。第一种是站在现实的立场，以势为理，或者是屈理以从势。主张在观念上放弃中国传统的信条和尊严，在现实中向列强学习，在外交上对列强让步妥协。另一种则是基于文化立场和理的优势，抱定宁为玉碎、不为瓦全的态度，以理抗势。面对列强的船坚炮利，他们"忠信以为甲胄，礼义以为干橹"[1]，在列强的强势面前保持自己文明的尊严，不妥协、不让步、不合作。前者以地方督抚为主体，后者以大学士、御史等京官为代表；后者批评前者的行为是"用夷变夏""寡廉鲜耻""上亏国体，下失人心"，使"礼义廉耻纲常伦纪必然失而勿守"；前者批评后者是"局外论事""空言塞责，取义天下"。在整个近代史上，举凡重要的对内政策和对外方针，一直充满了这两个对立团体的争执。由于这两派势力相持不下，导致晚清的外交与内政政策左右摇摆，很多大政方针都难以确立。

　　势与理的分裂，也引发文化群体的分裂，也就是汤因比所说的"希罗德主义"与"狂热主义"两种互不相容的政策与观念的对立。一种观念从思想启蒙的角度出发，认为西方列强是先进文化、先进政体的代表，列强在中国面前，不仅有势的优势，同时也有理的优势，他们对列强侵略中国并战胜中国的行径公开给予欢迎。谭嗣同说："幸而中国之兵不强也，向使海军如英法，陆军如俄德，恃以逞其残贼，岂直君主之祸愈不可思议……故东西各国之压制中国，天实使之，所以曲用其仁爱，至于极致也。"[2] 不仅西方列强是这样，在甲午战争打败清军的日本军队，也被褒奖为"恪遵公法""以善仿效西国仁义之师"[3]。按照谭嗣同的观点，列强以及日本打败中国是符合公理的，中国打败列强或者日本，这就违背公理了。另一种站

---

① 王文锦译注：《大学中庸译注》，北京：中华书局 2008 年版，第 44 页。
② 谭嗣同著，加润国选注：《仁学：谭嗣同集》，沈阳：辽宁人民出版社 1994 年版，第 79 页。
③ 丁守和主编：《中国近代启蒙思潮》上卷，北京：社会科学文献出版社 1999 年版，第 258 页。

在民族主义立场的观点，认为列强各国在东方民族面前没有任何文化的、道德的优势，他们所谓的传播文明、传播"福音"，推动进步的口号，其实都是为了掩盖其"谋利"的目的。章太炎说："今日欧罗巴白种之灭国也，则先之以谋利之心，而后行其杀人之事。"① 他又说："若欧罗巴之伦理则旃陀罗（屠夫）与蔑戾车（野人）之伦理耳。"② 对西方列强所恃的道德和理的优越感给予痛切的剥示。

作为当时中国最深刻的"知夷派"人士，严复沿用了晚清流行的认识思路和判断模式，也是从势与理分离的角度看待当时中国所面临的国际局势，认为列强对中国的包围、侵略、通商、传教等是一种没有人道、违背公理的强权行为。他说："方西人之初来也，持不义害人之物，而与我搆难，此不独有识所同疾，即彼都人士，亦至今引为大垢者也。……乃一旦有数万里外之荒服岛夷，鸟言鴂面，飘然戾止，叩关求通，所请不得，遂而突我海疆，虏我官宰，甚而至焚毁宫阙，震惊乘舆。当是之时，所不食其肉而寝其皮者，力不足耳。"③ 1897 年 11 月，针对德国人"借端教案，突据胶澳"之事，严复愤怒地谴责："此不特以野蛮生番之道待吾国，直以野蛮生番之举动自待而已矣。"④ "遂置一切公道于不顾，忽发野蛮之心思，露生番之面目，利之所在，虽不大义而亦蹈之。"⑤ 由于英国人在这件事上不支持中国人，反而支持德国人，严复把英国人也一并批评谴责："今此论出，则英之国民，其亦有野蛮生番之性也欤？"⑥ 严复还告诉国人，西方列强的贪婪和强势，不仅给中国文明造成生死危机，也给其他文明和国家造成惊人的毁灭。"欧人之拓外属也，既尽其利，必残其民。"⑦

① 王汎森：《章太炎的思想：兼论其对儒学思想的冲击》，上海：上海人民出版社 2012 年版，第 96 页。

② 王汎森：《章太炎的思想：兼论其对儒学思想的冲击》，上海：上海人民出版社 2012 年版，第 96 页。

③ 王栻主编：《严复集》第一册，北京：中华书局 1986 年版，第 4 页。

④ 王栻主编：《严复集》第一册，北京：中华书局 1986 年版，第 55 页。

⑤ 王栻主编：《严复集》第一册，北京：中华书局 1986 年版，第 56 页。

⑥ 王栻主编：《严复集》第一册，北京：中华书局 1986 年版，第 56 页。

⑦ ［英］亚当·斯密：《原富》，严复译，北京：北京时代华文书局 2014 版，第 457—458 页。

列强强势无理的行径，不仅表现在其武力的掠夺、条约的不平等等，同时还表现在自我的优越感和对中国民众的歧视，即"西人不以人理待中国也"。对列强以文明、进步为理由的自鸣得意的优越感，严复指出："今之欧人，动曰天生白种，所以君人者也。嗟乎！此与云匈奴天之骄子，何以异乎？"① 在西方列强引以为傲的文明、进步的背后，其实是一付十足的贪婪心理、野蛮性格。所谓的文明人，其实都是野蛮行为。严复进一步揭示西方人来中国通商、殖民、传教的本质："大抵合群为国，有劣有优。优之于劣，使其势便力裕，则公然收之，名为启文明，而实则自固其圈，抑为通商殖民地耳。"② 说透了，西方的行为就是仗势欺人，就是侵略掠夺。

但是，人性之恶仅仅展示了列强的势的本质的一方面。严复进而又分析展示了列强的势的另外一层意义。严复认为，列强各国从遥远的西方来到东方，一而再地战胜中国，其背后有着深刻的社会历史原因。他说："至于今之西洋，无法与法并用而皆有以胜我者也。自其自由平等观之，则其捐忌讳，去烦苛，决壅蔽，人人得其意，申其言，上下之势不相悬隔，君不甚尊民不甚贱，而联若一体者，是无法胜也。自其官工兵商法制之明备而观之，则人知其职，不督而办，事至纤悉，莫不备具，进退作息，皆有常节，无间远迩，朝令夕改，而人不以为烦，则是有法胜也。……苟求其故，则彼以自由为体，以民主为用。"③ 在道德伦理的角度，西方之势是无理之势；但在社会历史的角度，西方之势又是有理之势，这种势不仅仅是强权，同时也体现了历史的必然性，"虽然，有可知者。曰顺天者存，逆天者亡。天者何？自然之机，必至之势也"④。这就是说，列强对中国的侵略，也是一种"必至之势"，借对势的这一解说，严复力图让国人从简单的道德本位的观念走出，用历史的观念来看待西方对中国的入侵：尽管西方的行径在道德上是卑鄙的无耻的，却是符合历史大势的，这种历史大势是不可

---

① ［英］亚当·斯密：《原富》，严复译，北京：北京时代华文书局 2014 版，第 441—442 页。
② 王栻主编：《严复集》第一册，北京：中华书局 1986 年版，第 178 页。
③ 王栻主编：《严复集》第一册，北京：中华书局 1986 年版，第 22—23 页。
④ ［英］亚当·斯密：《原富》，严复译，北京：北京时代华文书局 2014 年版，第 465 页。

简单地以一种道德意志能够拒绝的。

根据对列强之势的双重性的认识，严复得出了一系列与当时国人完全不同的结论。首先，对洋务运动的反对者，人们一致斥其是阻碍历史进步的顽固派，严复却认为："是故道咸之间，斥洋务之汗，求驱夷之策者，智虽囿于无知，术或操其已促，然其人谓非忠孝节义者徒，殆不可也。"① 严复认为，所谓顽固派的那些人，虽然认识浅薄，智术低劣，但其动机并不错，应该对其捍卫道德、文化和国家尊严的正当性予以肯定。其次，对于义和团，当时中外人士咸称之为"邪教""乱民""土匪""劫盗"，对其所引发的历史灾难给予同声谴责，但严复却指出："嗟呼！庚子妖民愚竖，盗兵潢池，其贻祸国家至矣，然而其中不可谓无爱国者。特愚妄愤戾，而其术又纯出于野蛮，此其所以终被恶名，而无以自解于天下。呜呼也可伤已。"② 再次，对于造成庚子灾难、支持义和团行为的清王朝诸官员，严复也有类似的观念，他说："吾于刚、李诸罪魁亦然，宁为李秉衡流涕，不为许景澄道屈也。"③ 严复的这种观念，是他对公认的那些历史罪人和事件基于道德立场的肯定，在当时简直是惊世骇俗，但与马克思评价太平天国"这是一场维护中华民族生存的人民战争。虽然你可以说，这场战争充满了这个民族的目空一切的偏见、愚蠢的行动和迂腐的野蛮，但它终究是人民的战争"④ 的观点，有着惊人的一致性。

所以，严复一方面在观念上给予那些勇敢地、不自量力地对抗列强侵略的人物和行为予以道德的褒奖；另一方面，在现实的层面他却反对任何鲁莽的对抗列强的行为，认为他们终究都是误国误民的罪魁。他更赞成自强运动所倡导的与西方和解、向西方学习的做法，对他们的努力严复表示出由衷的感谢，对他们的失败也表示出极大的同情。他说："中国自海通以来，咸同间中兴诸公，颇存高瞻远瞩之概。天津、江南之制造局，福州之

---

① 王栻主编：《严复集》第一册，北京：中华书局1986年版，第4页。
② 王栻主编：《严复集》第一册，北京：中华书局1986年版，第119页。
③ 王栻主编：《严复集》第三册，北京：中华书局1986年版，第540页。
④ 《马克思恩格斯选集》，北京：人民出版社2012年版，第798—799页。

船厂，其尤著者。顾为之者一，而败之者十。畛域之致严，侵蚀之时有，遂使事设三十余年，无一实效之可指。"① 严复的观念显示，他对于势与理的背离，对于和戎与拒敌的对立，以及对于西方列强在中国在现实层面的一再胜出，不是给予简单地拒斥和接受，而是拿出一种对双方都理解、容忍和接受的态度，认为各方都体现出一种合理性。但是，这种容忍仅仅是一种基于现实层面的容忍，也是一种暂时的容忍。从长远的、理论的角度，严复并不认为势与理是永远分离的，他说："今人皆曰：天下有强权无公理矣。然而自我观之，强权公理竞争剧烈之时，最后之胜必归公理。臂之于水，固有过颡在山之时，而其归墟必在大海。"② 今日中国之败于列强的强权，只是暂时之事。从长久的观念看，中国在与列强的争夺之战中必将胜出，在理与势的较量中，体现人道与公正的理一定是最终的胜者。

二、理：作为富强根源与社会存在
基本依据的双重内涵

严复认为，列强各国对中国侵略掠夺，是一种完全野蛮无理的行为，但列强的富强之路，其背后却有深刻的理的依据。在近代中国，西方的优势是什么？西方富强的根源在哪里？这些问题长期困扰国人。对此的答案有三种：其一认为西方优势的根源在船坚炮利，其二认为西方优势的根源在政治体制，其三认为西方的真正优势在文化观念。严复的回答与上述三个答案完全不同，他说："今日之称西人者，曰彼善会计而已，又曰彼擅机巧而已。不知吾今兹之所见所闻，如汽机兵械之伦，皆其形下粗迹，即所谓天算格致之最精，亦其能事之见端，而非命脉之所在。其命脉云何？苟扼要而谈，不外于学术则黜伪而崇真，于刑政则屈私以为公而已。"③ 应该说，这一段话是严复研究沉思了多少年之后，对西方富强奥秘的一个核心

① 王栻主编：《严复集》第四册，北京：中华书局1986年版，第888—889页。
② 孙应祥、皮后锋编：《〈严复集〉补编》，福州：福建人民出版社2004年版，第356页。
③ 王栻主编：《严复集》第一册，北京：中华书局1986年版，第2页。

解答；严复之后的文章和著述，可以说都是对这几句话的发挥和注解。严复在英国留学的时候，就为追溯列强富强之源，上下考察英国社会各个方面，得出与时人完全不同的看法。他后来追忆道："犹忆不佞初游欧时，尝入法庭，观其听狱，归邸数日，如有所失。尝语湘阴郭先生，谓英国与诸欧之所以富强，公理日申，其端在此一事。先生深以为然，见谓卓识。"① 在严复的心目中，列强的真正强大之处，不是"汽机兵械"，不是"天算格致"，甚至也不是后来人特别热衷的"议会宪政"之类，而是在这些背后的精神特质。这种精神特质，史华慈称之为"浮士德式力量"，很多国人称之为"自由主义精神"。但是，在笔者看来，严复自己对此用"命脉"二字的界说更为准确，这就是西方人对真理的崇尚和对公德的崇尚，用我们现在最具有概括性的话就是：一是求真，二是求善。前者也叫科学或理性精神，后者又叫仁政思想或道德精神；前者集中体现在西方的学术和经济成就上，后者集中体现在西方的政治体制上。

在严复进一步的解释中，他认为所谓的求真与求善，所谓的科学精神与道德精神，落实到人类社会，其一就是理性社会，其二就是人道社会。严复还认为，这两种精神实际上并不是西方独有的，而是东西方国家和文化共同拥有、共同崇尚的，因此，对这种精神严复也称之为公理或者是天理，也就说这是人类共有的精神特质和追求。他说："上下数千年，东西数万里，风尚不齐，举其大经，则一而已。忠信廉贞，公恕正直，本之修己以为及人，秉彝之好，黄白棕黑之民不大异也。"② 国家的存在、兴盛居于此公理，国家的衰败、灭亡也是居于此公理。他说："今夫社会之所以为社会者，正恃有天理耳！正恃有人伦耳！天理亡，人伦堕，则社会将散，散则他族得以压力御之，虽有健者，不能脱也。"③ 严复又说："须知东西历史，凡国之亡，必其人心先坏；前若罗马，后若印度、波兰，彰彰可考，未有国民好义，君不暴虐，吏不贪污，而其国以亡，而为他族所奴隶者。

① 王栻主编：《严复集》第四册，北京：中华书局1986年版，第969页。
② 王栻主编：《严复集》第一册，北京：中华书局1986年版，第200页。
③ 王栻主编：《严复集》第一册，北京：中华书局1986年版，第168页。

故世界天演虽极离奇，而不孝、不慈、负君、卖友一切无义男子之所为，终为复载所不容，神人所共疾，此则百世不惑者也。"①

不仅人类历史的存在与盛衰体现的是一种公理，科学的诞生与发展也在于这种公理，所以"从一开始，他（指严复）就不像现代许多人那样，认为科学是与中国传统思想或哲学截然相反或根本不是一回事，而是认为它们在精神上是完全一致的。无论是群学还是天演之学（进化论），他都认为与中国传统思想，尤其是儒家经典（《大学》《周易》，等等）中所阐发的思想'有不期而合者'，'夫西学之最为切实而执其例可以御蕃变者，名、数、质、力之学是已。而吾《易》则名、数以为经，质、力以为纬，而合而名之曰《易》。'不同只在详略精粗之间"②。

严复对公理观念的推出，其无意中是在张扬这样一个道理，即近代以来的中国，是一个丧失了中国古典精神的中国；而近代以来的西方，则是光大了中国古典精神的西方。"在严复看来，近代中国的根本问题，在于无天理人道（人伦）。……近代中国最大的问题不在贫弱，而在于'无道'……这是严复对近代中国危机的根本诊断！这个诊断贯彻他生命的始终，他一生对中国问题的言论都是建立在这个根本诊断的基础之上。而这个诊断，依据的不是近代西方物质文明的标准，不是现代性的标准，而是传统根据世道人心来判断国之兴衰的标准。"③ 所谓的"世道人心"，也就是严复公理概念中的人性与道德观念。更进一步，严复认为，西方富强的文化与精神资本，并不是西方特有的那些东西，而是东西方共有的那些东西。这就是说，严复在追寻西方富强的文化根源的时候，发现的却是东方中国的价值。中华文明与西方文明有共同的价值元素，有共同的理想追求，东西方文化的真善美追求是一致的，两种文化是有通约性的。严复的这一观念，其实并不孤立，而且在中国近代史上曾经多次出现。徐继畬在其《瀛寰志略》中曾经这样夸奖华盛顿："异人也，起事勇于胜、广，割据雄于

---

① 王栻主编：《严复集》第一册，北京：中华书局1986年版，第168—169页。
② 张汝伦：《现代中国思想研究》，上海：上海人民出版社2014年版，第715页。
③ 张汝伦：《现代中国思想研究》，上海：上海人民出版社2014年版，第713—714页。

曹、刘，既已提三尺剑，开疆万里，乃不僭位号，不传子孙，而创为推举之法，几于天下为公，骎骎乎三代之遗意。……呜呼，可不谓人杰矣哉！"① 其后，担任过驻英、法大使的郭嵩焘则认为："西洋立国两千年，政教修明，具有本末，与辽金崛起一时，倏盛倏衰，情形绝异。"他进一步指出："英吉利有程朱之意，能追三代之治。"② 他们有的认为西洋富强之本就是中国的三代治国理想，有的认为西洋富强之本等同于中国的程朱理学观念。总而言之一句话，他们都认为中国的文化理想与欧美的治国之本是有相通之处的。而严复则对他们的这一观念作了更深入的论述，并把它扩展为完整的思想体系。严复提出这样的观念，一方面是为了纠正洋务运动时期在学者、官僚群体中普遍信仰的"道与器""体与用""形而上与形而下"，以及"东方道德，西方物质"等绝对主义的文化二分法，这种绝对主义的二分法隔绝了东西方文化的共同性，以"中本西末""中主西辅""中学为体，西学为用"等貌似合理的观念和构架，阻断东西方文化的深层关联和沟通。严复的这一观念，无疑也是对五四运动之后在思想文化界盛行不衰的"全盘西化"观念的深层阻击和解构。另一方面，公理观念的提出，也是包含了严复对西方富强根源的深层解答，从严复的答案来看，这种解答已经超出了简单的政治、经济、文化的范畴，进入了历史哲学的高度，上升到了人类各民族和国家兴亡之理层次。须知，探讨西方兴盛和衰败的原因，是近代以来学术界一个非常引人注目的话题，从黑格尔、韦伯到汤因比、施本格勒、福山等，学术界有无数人加入到这场讨论中，产出的成果不计其数，但直到今天仍然没有能够给出一个共同认可的答案。而严复对这一问题的回答是如此简单明确，他认为西方的富强根源，就在上述所说的公理精神的培植和光大，中国的富强之路也必须着力于这种公理精神的培植，其他一切端在其次。

问题的答案找到了，但严复并没有满足于此，他循着上行与下行两个

① 熊月之：《西学东渐与晚清社会》，上海：上海人民出版社1994年版，第247页。
② 台湾中华文化总会，王寿南主编：《中国历代思想家·清（三）》，北京：九州出版社2011年版，第18页。

方向，进一步扩大对这一问题的解释。所谓上行是指对这一问题在历史层面的追溯，所谓下行则是指对这一问题在现实角度的补足。在上行的角度，严复设问道：所谓求真与求善的公理精神，是东西方国家都具备的，那为什么这种精神在西方国家能够保持并光大，并在现实中结出富强之果，在中国却丧失殆尽，以至于国势衰落被西方欺凌呢？为什么公理精神在西方行得通，在中国却行不通呢？严复对此的回答是：西方国家有自由，而中国没有。

从对历史的深层解析中严复认识到，中国历史上并不缺乏追求自由的人文现象，他曾经指出韩愈与朱熹的观念，但那终究是个别例子，作为一个整体的历史特征，严复认为，中国不仅没有自由，而且对自由这样的主题一直是深感畏惧。他说："夫自由一言，真中国历古一个圣贤之所深畏，而从未尝立以为教者也。……自由既异，于是群异丛然以生。"[1] 其认为最终造成东西方国家两种截然不同结局的原因是自由。在一个没有自由的国家，民众是什么存在状况？严复说："盖自秦以降，为治虽有宽苛之异，而大抵皆以奴虏待吾民……夫上既以奴虏待民，则民亦以奴虏自待。夫奴虏至于主人，特形劫势禁，无可如何已耳。"[2] "中国自秦以来，其立政大体，多与罗马季年相若。知防奸塞弊矣，而不知有远且大者之邦本利源，与所塞所防者将俱去矣……三代后法，大抵以禁非有余，而以进知不足，卒之祸常发于所虑之外，弊即伏于周防之中。而财力匮单，人才削乏，有欲图挽救而不能者矣。"[3] 在上的是作君作师的帝王，在下是为奴为虏的民众，中间是庞大的官僚群体，严复接着指出："所云农工商三业之困，求之中国，几于无地无之……官不为民谋，民不为己谋，国日以庶，而养民理财之计，若一任天运自然者，其贫且若，非不幸也。"[4]

检讨了中国失败的原因，严复还以公理为坐标，分析列强各国的成败。

---

① 王栻主编：《严复集》第一册，北京：中华书局1986年版，第2—3页。
② 王栻主编：《严复集》第一册，北京：中华书局1986年版，第31页。
③ 王栻主编：《严复集》第四册，北京：中华书局1986年版，第883页。
④ 王栻主编：《严复集》第四册，北京：中华书局1986年版，第882页。

严复首先批评西班牙，对于这个曾经主宰欧洲的强国，严复给予严厉地批评。严复认为西班牙最终的失败，根源就在其不人道的殖民政策之中，他说："噫！逐一国之利，既夺其地矣，且将灭其种而不恤。西班牙之不振，岂天道有时而信者。"① 西班牙的发展之路是违背天道也就是违背公理的，这是西班牙衰败的根本原因。俄国也是 19 世纪的重要列强，托克维尔在 19 世纪 30 年代曾预言未来两大民族将要主宰世界，其一是美国，其二就是俄国，"当今世界上有两大民族，从不同的起点出发，但好像在走向同一目标。这就是俄国人和英裔美国人。这两个民族在神不知鬼不觉之中壮大起来。当人们的视线只顾他处的时候，它们突然跻身于各国之前列……他们的起点不同，道路各异。然而，其中的每一民族都好像受到天意的密令指派，终有一天要各主世界一半的命运。"② 在当时中国人的眼里，俄国无疑是世界的巨无霸，是对中国构成巨大威胁的对手。但严复依据公理观念，对这个貌似强大的民族和国家从来就没有看好过。在严复的眼里，这个国家对内对外的政策是一贯的，既没有理性又没有人道，"且世所谓虎狼国，行其先王之遗策，有长驾远驭，并吞六合之心者，非俄罗斯乎？虽然，论者将特震于其外云耳。以言其实，则俄不足畏也"③。"至于俄则专制之治，遏之无由，故其国不足望长治也。……腹剥之利，入于私家，政以贿通，官由宠用，可以见矣！其为国如此，则其外虽强，要不能望其长治。俄用彼得之制以兴，亦将以彼得之制以废。此诚天道，无如何也！"④ 早在日俄战争之前，严复就已经预言到俄国皇室的溃败和国家的解体；同西班牙一样，严复认为俄国也会因为其体制和对内对外的政策，完全没有公理元素而最终衰败。

除了西班牙、俄国，还有两个国家也是严复特别关注的对象。其一是德国，其二是日本。这两个国家都是后起的现代化强国，对这两个国家，

---

① 王栻主编：《严复集》第四册，北京：中华书局 1986 年版，第 872 页。
② ［法］托克维尔：《论美国的民主》，董果良译，北京：商务印书馆 2004 年版，第 480—481 页。
③ 王栻主编：《严复集》第四册，北京：中华书局 1986 年版，第 834 页。
④ 王栻主编：《严复集》第四册，北京：中华书局 1986 年版，第 899 页。

严复表达了非常复杂的感情和认识。他一方面叹服于这两个国家的理性成就，即这两个国家在教育、实业、军事等方面的快速崛起。对于德国，严复说："近世国家，于教训小民之政，最为留意者，莫若德国。而其效遂大可见。时平，则见于工商耕作之业；时乱，则见于战守攻伐之间。其以谋生而远适异国者，如在美洲与中国海诸岛，其守法勤苦，往往驾英法之民上之，此德所以能于五十年之中，转弱为强，由贫而富也。"① "德意志联邦，自千八百七十年来，可谓放一异彩，不独兵事船械事事见长，起夺英、法之席；而国民学术，如医、如商、如农、如哲学、如物理、如教育，皆极精进。"② 对于日本，严复说："往者东方日本，尝与我同其弊矣。癸巳、甲午之交，力争于各国而革之，非以其兵力胜也。"③ "日本与中国，同时被创于西人者也，顾三十年之倾，日本勃然以兴，而中国痿然若不可救。"④ 另一方面，严复又对这两个国家的内外政策完全缺乏公理的元素感到震惊。他说："西方一德，东方一倭，皆犹吾古秦，知有权力，而不信有礼义公理者也。……故使果有真宰上帝，则如是国种，必所不福；又使人性果善，则如是学说，必不久行，可断言也。"⑤ 严复接着说："今夫德以地形言，则处中央散地，四战之境，犹战国之韩、魏也。顾自伏烈大力以来，即持强权主义……其国家学说，大抵以'有强权无公理'一言蔽之而已。"⑥ "倭变法以来，凡几稔矣。吾不谓其中无豪杰能者，主权势而运国机，然彼不务和其民，培其本，以待其长成而自至，乃欲用强暴，力征经营以劫夺天下。其民才未长也，其民力未增也，其民德未和也，而唯兵之治，不知兵者可恃而长雄者，皆富强以后之果实。无其本而强为其实，其树不颠仆者寡矣。"⑦ "倭在群虎竞命之时，将于吾国求所大欲，若竞遂其

① 王栻主编：《严复集》第四册，北京：中华书局 1986 年版，第 908 页。
② 王栻主编：《严复集》第三册，北京：中华书局 1986 年版，第 616 页。
③ 王栻主编：《严复集》第四册，北京：中华书局 1986 年版，第 901 页。
④ 王栻主编：《严复集》第四册，北京：中华书局 1986 年版，第 958 页。
⑤ 王栻主编：《严复集》第三册，北京：中华书局 1986 年版，第 622 页。
⑥ 王栻主编：《严复集》第三册，北京：中华书局 1986 年版，第 625 页。
⑦ 王栻主编：《严复集》第一册，北京：中华书局 1986 年版，第 38 页。

画，吾国诚破碎。顾从其终效看之，倭也未必长享胜利，如此谋国，可谓短矣。"① 严复在日本与德国这两个国家的成长之路上，既看到了其符合公理的一面，又看到了其违背公理的一面。他既羡慕又敬佩这两个国家顺遂公理的观念而极速强大，又无可奈何地预言了这两个国家因为违背公理最终不可避免地要走向失败的命运。

在下行的方面，严复认为，中国的富强之路除却循着西方的富强之源，追求公理，"于学术则黜伪而崇真，于刑政则屈私以为公"，在求真与求善方面稳步进取，建立与理性与人道双双俱全的社会，再没有其他捷径。严复认为，不仅国家的富强，是政治的发展、文明的进步等，一切都要建立在公理水平的台阶上，具体地说就是民德、民智、民力的提高。"是故，国之强弱贫富治乱者，其民力、民智、民德三者之验证也，必三者既立而后政法从之。于是一政之举，一令之施，合于其智、德、力者存，违于其智、德、力者废。"② 首先，这三者是富强的基础。"是故，苟民力已茶，民智已卑，民德已薄，虽有富强之政，莫之能行。"③ 其次，这三者还是民主政治的基础。"民主者，治制之极盛也。使五洲而有郅治之一日，其民主乎？虽然，其制有至难者。何则，斯民之智德力，常不逮此制也。"④ "呜呼！民主者，天下之精之制也。然欲其制有立而长久，必其时上下之民德，足以副之。"⑤ "且夫自由，心德之事也……吾未见民智既开，民德既烝之国，其治犹可为专制者也。"⑥

严复对西方富强之根源的挖掘，对各国历史成败的总结，以及对中国富强之路的开掘都落实在公理之上，但在具体论述时，他更侧重于公理之中道德、人性的一面，而对公理之中科学、理性的内容阐述不多。他所说的公理，就是一种唯道德、唯人性的公理。他以人性善为基础，构造出一

---

① 王栻主编：《严复集》第三册，北京：中华书局1986年版，第620页。
② 王栻主编：《严复集》第一册，北京：中华书局1986年版，第25页。
③ 王栻主编：《严复集》第一册，北京：中华书局1986年版，第26页。
④ 王栻主编：《严复集》第四册，北京：中华书局1986年版，第957页。
⑤ 王栻主编：《严复集》第四册，北京：中华书局1986年版，第965页。
⑥ 王栻主编：《严复集》第四册，北京：中华书局1986年版，第986页。

个唯道德、唯人性的社会存在论。社会的存在与发展，是在建立道德观念落实的基础之上，凡有利于人性善的社会或国家，就是发展的社会，就是成功的国家，违背了人性善的社会或国家，就一定要败亡。由此可见，严复所发现的公理，虽然其自认为是集东西方文化而成的文化混合物，但由于其过于重视公理之中的道德因素人性成分，所谓的公理，实际上变成了中国文化和儒家观念之理。史华慈正确地指出："严复确实感觉到了两种文化（指东西方文化）的相同之处"，在严复的论文中，"我们清楚地看到在'深一层'的抽象的宇宙论方面，斯宾塞对于天地万物的想象与中国某些根深蒂固的思维模式非常明显地相吻合"①。史华慈没有注意到，严复更强调的是中国文化与西方文化在伦理道德观念方面的同构性和一致性。循着这种认识和逻辑的发展，再加上外在压力的加强，严复内心中的道德意识越来越强烈。其早年对中国文化的发现、倚重和推崇，到晚年变得更加突出；而早期对西方列强的道德谴责到晚年则变得更加激烈，他说："文明科学终效其与人类如此，故不佞今日回观吾国圣哲教化，未必不早见及于此，乃所尚与彼族不同耳"②。他又说："不佞垂老，亲见脂那七年之民国与欧罗巴四年亘古未有之血战，觉彼族三百年之进化，只做到'利己杀人，寡廉鲜耻'八个字。回观孔孟之道，真量同天地，泽被寰区。"③ 此时的严复，已经不由自主地违背了他原来的东西方观念一致、文化同构的思想，颇有一种把中西文化对立，把公理中的科学、理性与人道、伦理相对立的念头。

三、法：作为现实社会运行规则的总概念

法，在严复的思想体系之中，是另一个核心的概念。严复思想之中的法，是相对于理而建立的，既不同于古代韩非、李斯等法家所说的法，也

---

① ［美］史华慈：《寻求富强：严复与西方》，叶凤美译，北京：中信出版社 2016 年版，第 48 页。
② 王栻主编：《严复集》第三册，北京：中华书局 1986 年版，第 642 页。
③ 王栻主编：《严复集》第三册，北京：中华书局 1986 年版，第 692 页。

不是我们今天所用的法制、法律之法。严复说："盖在中文，物有是非谓之理，国有禁令谓之法。"① 严复所谓的法，应该是今天的法则之法。理与法，严复有时候又称作是道与法。他说："天下有万世不变之道，而无百年不变之法。盖道者，有国有民所莫能外。自皇古以至今日，由中国以讫五洲，但使有群，则莫不有其相为生养、相为保持之事。既有其相生养、相保持之事矣，则仁义、忠信、公平、廉耻之实，必行与其间。否则其群必散，种亦浸灭。至于法则不然。盖古之圣贤人，相一时之宜，本不变之道，制为可变之法，以利其群之相生养、相保持而已。是以质文代变，自三代而已然。"② 在严复的思想体系中，理与法是这样区分的：理是抽象的，法是具体的；理是形而上的，法是形而下的；理是理想的观念，法是现实的政策。在严复的心目中，科学也好，理性也好，民主也好，自由也好，人道也好，忠信也好，这些都属于理的范畴，是抽象的、理想的概念。从公理的建制出发，严复认为，理是一定的、统一的、不可变更的，是世界五洲各国，"黄白棕黑之民"都必须具备、必须遵守的，共同的社会理念和伦理准则。但是，法就不一样了。法是属于具体的社会制度和政策范畴，法虽然是从理中推演出来，但法却有自己相对的独立性；相对于理的稳定性、统一性，法是一时一事的，是灵活可变的，是"相一时之宜"制定出来的。余英时说："儒家论政，本之于所尊之'道'，而儒家之'道'则是从历史文化的观察中提炼出来的。因此在儒家系统中，'道'比政要高一个层次。"③ 余英时所说的道与政，也就是严复所说的理与法，虽然严复有时候也用道与法这样的概念。由此，在理与法或道与法的关系上，"严复既要求变法，也要求守道。守道是治本，变法是治标。严复重治本甚于重治标，当然也就重守道甚于变法"④。

根据对理与法的这种界定与分疏，严复认为，西方的发展经验提供了

---

① ［法］孟德斯鸠：《法意》，严复译，北京：北京时代华文书局 2014 年版，第 2 页。
② 王栻主编：《严复集》第一册，北京：中华书局 1986 年版，第 63 页。
③ 余英时：《中国思想传统及其现代变迁》，桂林：广西师范大学出版社 2004 年版，第281 页。
④ 张汝伦：《现代中国思想研究》，上海：上海人民出版社 2014 年版，第 718 页。

中国必须遵守的致富强之理，但却没有提供中国必须遵守的致富强之法，他把这一道理概括为“理有公理”“法无死法”。在具体的社会体制、法律政策等方面，中国必须根据自己的实际需要、社会条件等因素，因地制宜，不能照搬西方的经验。早在戊戌变法时期，严复就开始批评一种流行观念，这种观念认为，“吾欲富强，西洋富强之政有在也，何不踵而用之。于是其于朝也，则建民主，开议院；其于野也，则合公司，用公举。练通国之兵以御侮，加什二之赋以足用”等等，对此，严复指出：“如是而亦期之以十年，吾知中国之贫与弱有弥甚者”①。实际上，这种在法与政的层面简单地照搬西方或者其他国家经验的做法，从自强运动时期就已经开始了，严复说：“夫自海禁既开以还，中国之仿行西法也，亦不少矣；总署，一也；船政，二也；招商局，三也；制造局，四也；海军，五也；海军衙门，六也；矿务，七也；学堂，八也；铁道，九也；纺织，十也；电报，十一也；出使，十二也。凡此皆西洋至美之制，亦富强之机，而迁地弗良，若亡若存，辙有淮橘为枳之叹。”② 对于洋务运动的失败，今人一致认为是因为曾、李等人仅仅在船坚炮利的层面上学习西方，而没有把学习西方的内容扩大到政体与文化的深度，但是严复对此有完全不同的解释。自强运动时期在经济领域照搬西洋的理路，到戊戌变法时期扩展到了政治领域，并在此后成为近代中国政治改革的主要趋势，无论是晚清新政还是辛亥革命，都把西洋的国家体制作为中国的改革蓝本，不仅是在政治上，甚至在经济、教育、医疗、历法等方面，也都唯西洋是举。对这样的改革思路，严复是深为不满的。早在戊戌变法期间，严复就曾借上皇帝书的机会，痛陈了他对变法改革的意见。按照严复的规划，改革完全不能循着康有为、梁启超的照搬日本、俄国的改革思路，而是要结合中国当时的实际情况，首要课题是通过“联各国之欢”“结百姓之心”“破把持之局”等办法，提高皇帝的权威和见识。庚子国变之后，清室在一批少年亲贵的主持下，开始谋划布局宏

① 王栻主编：《严复集》第一册，北京：中华书局 1986 年版，第 13 页。
② 王栻主编：《严复集》第一册，北京：中华书局 1986 年版，第 15 页。

大、雄心勃勃的政治改革，目睹此举的严复却忧心忡忡地认为："自庚子以来，中国废科举、立学校，而责人才与斯，大抵取法西国，然不知其本原之甚异而不同，故愈益为之而弊辄见。呜呼，可忧也已。"① 1911 年武昌起义爆发，随后建立中华民国，严复对此也深为不满，他说："东南诸公欲吾国一变而为民主治制，此诚鄙陋所期期以为不可者……合众民主定局之后，不知何以处辽沈，何以处蒙古、准噶尔、卫藏……今日首事诸公大都黄土，取快一时之意，而遗祸彼之子孙，此虽桀纣豺虺之不仁不止于此也。"② 等到民国国体大定，新政权在严复的笔下仍然满眼都是过错："举国暗于政理，为共和幸福种种美言夸辞所炫，故不惜破坏旧法从之；今民国已六年矣，而时事如此，更复数年，势必令人人亲受苦痛，而恶共和与一切自由平等之论如蛇蝎"③，"时事羌无佳耗，而政界及国会之唯利是视，摧斫民生，殆吾国有历史以来所未有……当路诸人，只须有钱以豢养国会中之党众，便可以诸善勿作，诸恶奉行，而身名仍复俱泰。呜呼！真不图吾辈以垂死之年，乃见如此之世界也"④。

如此愤懑之语，当然不能排除严复对民国政体有观念上的偏见，但主要原因还是严复基于理与法在概念上的严格区分，反对国人在法的层面上盲目地"仿行西法"。在严复眼里，鸦片战争之后的半个多世纪，整个中国的自强、改革和革命史，就是一部"仿行西法"史：仿行日本，仿行俄国，仿行法国，仿行美国等；仿行维新，仿行君宪，仿行共和，仿行革命等。他把这种政治、经济、文化上的种种仿行行为，一概称为"耳食而盲随"，他说："不佞非曰吾法不当变，特变之而无其学识，姑耳食而盲随焉，其后害且烈于不变。"并进一步断言："沮吾国之进步，必此耳食而盲随者矣。"⑤

除了从哲理的高度指出"仿行西法"的错误，严复还在很多具体的领域发出自己的这一观念。比如议会问题，早在自强运动时期就有人提出议

① 王栻主编：《严复集》第四册，北京：中华书局 1986 年版，第 1210—1211 页。
② 王栻主编：《严复集》第三册，北京：中华书局 1986 年版，第 556 页。
③ 王栻主编：《严复集》第三册，北京：中华书局 1986 年版，第 663 页。
④ 王栻主编：《严复集》第三册，北京：中华书局 1986 年版，第 662 页。
⑤ 王栻主编：《严复集》第四册，北京：中华书局 1986 年版，第 1026 页。

会政治的重要性；晚清新政期间，朝野改革人士蜂拥而动，都把设议院作为新政的主攻目标；而民国建立，议院成为国家主要的权力所在。但严复却指出："欧洲议院之设，其来至为久远。民习而用之，国久而安之。此其所以能便国而无弊也。今日中国言变法者，徒见其能，而不知其所由能，动欲国家之立议院。此无论吾民之智不足以与之也，就令能之，而议院由国家立者，未见其真为议院也。徒多盈廷之莠言，于国事究何裨乎？"晚清新政改革是以日本为榜样的，为什么日本可以设议院呢？严复接着指出："然则彼日本何以能之？曰彼日本之君固新自无权而为有权者也，权孰与之？曰民与之。其民之得议，不亦宜乎。虽然，彼日本之议院，至今犹未为便国之制也，继今以往，渐为善制，则未可知也。"①

再比如司法问题。严复很早就注意到中国的法制、刑狱没有人性，"谳狱无术，不由公听，专事毒刑棒笞"②，为欧美各国所批评。但是晚清司法改革几乎完全照搬了国外的司法观念和条例，这又引发了严复的不满，他说："立法虽良，无益也。夫以卑劣之民品，而治以最高之宪法，即庄所谓取猿狙而衣以周公之服，彼必龁啮挽裂尽去而后慊者也。"③ 严复认为这种脱离中国国情的立法，必然会造成两种后果："将从此得二弊焉：刑不足以禁奸，而民玩法，一也；否则改良之事，徒为空文，而地方之吏，仍行其习惯，二也"④。

一些在西方正行得通的制度，在中国却行不通；一些在西方已经行不通的制度，在中国却行得通。"盖敝意以为，政权乃对待之物，昨日之所是，可为今日之所非；此际之所祈，可为后来之所弃。国众有大小之殊，民智有明暗之异，演进程度，国以不同，故于此中，不得立为死法。即如十八世纪无扰之说，至于近代，其所致之反动力亦多。……甚矣！政之不可以一端论也。"⑤ 严复进一步举出西方的行业协会与行业垄断制度，他说：

① ［英］亚当·斯密：《原富》，严复译，北京：北京时代华文书局2014年版，第287页。
② 王栻主编：《严复集》第一册，北京：中华书局1986年版，第54页。
③ 王栻主编：《严复集》第四册，北京：中华书局1986年版，第1129页。
④ 王栻主编：《严复集》第四册，北京：中华书局1986年版，第1025页。
⑤ 王栻主编：《严复集》第五册，北京：中华书局1986年版，第1296页。

"业联之所以病国。在辜榷把持。使良楛无异也。使其立之约束。为一地之公利。不许贾伪售欺。则亦未尝无益也。今如闽之茶业，人得为贾。而小民怵于一昔之赢。往往羼杂秽恶。欺外商以邀厚利。贻害通业。所不顾也。二十余年来。印度茶业大兴。而闽之茶市。遂极萧索。向使其地业茶大贾。会和为联。立规约。造商标。令茶之入市。杂伪者有罚。使贾茶之家。久而相任。则闽之茶品。固天下上上。足与印茶为竟有余。未必不收已失之利也。"① 此外，大英帝国的强盛受益于自由贸易政策，但中国的富强却必须走贸易保护的路子，他说："今日中国与欧美商战，其患正复如此。故非保护税法行，仿造洋货，必败之道也。"② 总之，在法这一层面，中国与西方在很多方面正好相反，对此，严复反复告诫国人："同一法也，施之于彼时而利生，出于此时而害著，其见之于历史众矣。……方今吾国以旧法之疲驰，处交通之时期，道在变革，谁曰不宜？顾东西二化，绝然悬殊，而人心习俗不可卒变。窃愿当国者，知利害之无常，拘虚之说，故不可行，而纷更之为，亦不可以轻掉也"③。

为了进一步阐述法的具体性和特殊性，严复还深入研究并解释了北宋王安石的变法。他说："以余观之，吾国史书中，其最宜为学者所深思审问，必得其实而求其所以然者，殆无如熙宁变法一事……夫其人之经术志愿文章节行，虽与异党，犹且称之。得君至专，而其君又有英明睿断之号，励精图治之诚……而其所欲修举之八九事，至今核而言之，犹为善政……然而破众难行之矣，行之又不蒙其利，而其人则为累世所丛垢，言变法者或以之为殷鉴焉。"④ 严复研究总结后认为，王安石变法失败，原因在于"荆公之大蔽二：一不知政之宜于一郡一州者不必宜于天下，犹今日之法，其宜于甲国者不必宜于乙国也；一不知人之攻我而立异者，不必皆奸人；

---

① ［英］亚当·斯密：《原富》，严复译，北京：北京时代华文书局 2014 年版，第 106—107 页。

② 王栻主编：《严复集》第四册，北京：中华书局 1986 年版，第 1216 页。

③ 王栻主编：《严复集》第四册，北京：中华书局 1986 年版，第 1024—1025 页。

④ 王栻主编：《严复集》第四册，北京：中华书局 1986 年版，第 1150 页。

而助我而和同者，亦不必皆吾利"①。严复的这些意见，不仅是对王安石变法的检讨，更是对当时改革路径的批评。

后起国家追随先进国家的发展道路，借鉴先进国家的富强之法，这在全世界是一个普遍的现象，对于后起的国家来说，这是一个重要的赶超捷径。这一点，严复未必不懂。他之所以一而再再而三地强调法的特殊性，强调在法的层面上中国不能一意仿行西方，并批评中国政治、文化界的"耳食盲随"现象，实际上是有晚清思想的特殊原因的。

在严复看来，晚清以来的中国，追求富强，走改革与革命之路的时候，是伴随着许多扭曲的路数与不正常、不成熟的心态展开的。这种扭曲与不正常主要有以下四种。其一，是对西方的社会状况和文化形态的不熟悉。进入近代历史之前的中国，一直处于严重的闭关锁国、政治高压的态势之下，知识人士和政治权贵，都苟活于观念偏见、见识简陋的思想境界中，对于突然到来的近代化的挑战，既没有知识准备，也没有观念准备。即使是那些领导洋务、领导维新的先进人士，也仅仅有一些对西方的制度、文化、历史的极感性、极肤浅的认识，严复称之为"知其然不知其所以然""知其能不知其所以能"，在一知半解的情况下，就急于仿行西方的制度，不可避免会走上盲目追随的道路。其二，是"浮慕西学"群体的泛起。近代中国的改革，在戊戌时期还是一个冒险的事业；但辛丑之后，就成为一种时尚了。"浮慕西法之徒"一哄而起，把改革变成一个谋私逐利的行为，严复说："自陵谷变迁以后，有一种滑头新党，口谈新理，手持新书，日冀新政之行，而己得虱其间，以邀其利，或沽明保为新贵。"② 大批这样的人的参与和搅扰，不能不使改革偏离其原来深沉的主题。其三，是绝对主义、教条主义的理念盛行。绝对主义、教条主义是官方化、意识形态化的儒学的思想模式，受其影响，晚清中国的知识分子及官员，无不具有教条主义、绝对主义的思想特征，在他们眼里，善与恶、好与坏都是全体的、绝对的，

① 王栻主编：《严复集》第四册，北京：中华书局1986年版，第1151页。
② 孙应祥、皮后锋编：《〈严复集〉补编》，福州：福建人民出版社2004年版，第233页。

西方文物制度原来被视为夷狄、犬羊，可是一转眼，就变成了圣物，成为全民膜拜、无可挑剔的完美的学习对象。所以，严复不无刻薄地说："至挽近中国士大夫，其于旧学，除以为门面语外，本无心得，本国伦理政治之根源盛大处，彼也无有真知，故其对于新说也，不为无理偏执之顽固，则为逢迎变化之随波。何则？以其本无所主故也。"① 这种教条主义式的、缺乏辩证分析能力的思维方式，当然为严复所不满，严复为此提醒中国思想界："盖学道者，以拘虚、笃时、束教、囿物为厉禁，有一于此，未有能通者也。"② 其四，是急于改变中国面貌，急于致中国富强的愿望。近代中国的政治派别多，但其却有一个共同的思想特征：都急于在短时间内把国家的所有问题一并解决，都期望中国能在一夜之间就实现富强的目标，实现赶超列强的愿望。当年有人劝李鸿章不要只顾练军，要多办教育，李鸿章的回答是：我们等不及。其后，康有为搞维新变法，也是指望依靠皇上下一纸诏令，就"雷霆震声，皎日照耀，一鸣惊人，万物昭苏，必能令天下回收面内，强邻改视易听"③。康有为甚至极为自信地认为，中国只要搞改革，只须十年就可比肩欧美三百年发展的结果。再往后，1905 年，孙中山在英国伦敦与严复讨论中国的出路之后，批评严复的教育救国理想，说"俟河之清，人寿几何"，坚持其推翻清政府，创建共和的激进道路。但是严复认为，"宗法之入军国社会，当循途渐进，任天演之自然，不宜以人力强为迁变。"④ 面对周围人的激烈的改革和革命主张，面对他们的急切地改变中国面貌的行为，严复指出："国家欲为根本计划，其事前皆需无限预备之手段，而今之人，则欲一蹴而几，又乌可得？"⑤ 这种激进的、认为"一万年太久"，指望一朝一夕之间就彻底改变中国面貌的观念和行为，也把中国推向"仿行西法"之路。

由此可见，严复一而再再而三地强调理与法的分野，强调法的特殊性，

① 王栻主编：《严复集》第三册，北京：中华书局 1986 年版，第 648 页。
② 王栻主编：《严复集》第四册，北京：中华书局 1986 年版，第 1104 页。
③ 汤志钧编：《康有为政论集》，北京：中华书局 1981 年版，第 221 页。
④ 王栻主编：《严复集》第三册，北京：中华书局 1986 年版，第 615 页。
⑤ 王栻主编：《严复集》第三册，北京：中华书局 1986 年版，第 611 页。

既有学理上的原因，也有近代中国思想状况的因素。须知，现代化的普遍规律与各国发展的特殊国情是一个困扰世界各国的难题，严复依据中国传统的思路，从理与法分野的角度，对此作了很恰当的区别，他所总结的"理有公理""法无死法"的理念，是当时一条极为可贵的新理。当时的思想界、政治界，对自由、平等、人权等观念，无论是保守派还是激进派，都视其为"天下公理之至""大同世之极则"，但没有人意识到，理之下还有法，理与法是治国的不同层次的规则和概念。虽然当时也有人懂得，中国的国情与欧美不同，中国的富强不能照搬西方的道路，甚至也有许多人，如梁漱溟等人认识到，中国不应该照搬西方的议会宪政的政体，但无人能够从理法分野的角度，对如何接受和拒绝西方的政治思想作出恰如其分的解释。于是形成一个普遍的观念：天下之公理，也就是天下之公法；西方列强的富强之理、富强之政，也就是中国的富强之理、富强之政。从自强运动、戊戌变法，到清末新政、辛亥革命，中国人都是依据这一理路来推动中国的进步的。严复的理法分野的观念，在当时是一种阻断，在今日仍然是一种警醒。

严复是近代最早、最深刻的为国人引进西方观念的思想家。但是，引进、传播西方先进文化并不是严复唯一的抱负，他更深刻的追求在通过引进传播西方文化而发掘中华传统文化的内在之美。中华传统在现代世界如何生存，中华传统如何与西方文化相处，这是现代中国人必须回答的一个大问题。"五四"时期的思想界，有人提出了"全盘反传统"的口号；之后的学术界，有人提出对传统文化"接着讲"。严复作为"五四"前人，既没有全盘反传统的思维，也没有"接着讲"的意识。但是严复的实际行为却在以另一种方式启发着今人：严复既不是"全盘反"，也不是"接着讲"，而是在"接着做""接着用"，他是在用传统的观念、范畴和思路来思考并解决当时中国的困难和出路。作为一个传播西学的思想者，严复同时也书写自己的话语，喊出中国的声音。虽然严复的观念有很多偏颇之处，但通过对严复的思想探索我们可以看到，在20世纪的世界大舞台，中国传统的思想和观念，依然有着出色的解读能力和指导意义，中国传统的观念并不是如某些人所说的变成了死的文物，而是鲜活的生命。中国观念，在 20 世纪之后的世界，依然荡漾着强烈的活力，对中国问题的解决仍然能够产生重要影响。